高等职业教育铁道信号自动控制专业系列规划教材

列车运行自动控制系统维护

张　玮　杨润广　主　编
邢红霞　高　玉　副主编
张东红　主　审

中国铁道出版社有限公司

2024年·北京

内 容 简 介

本书为高等职业教育铁道信号自动控制专业系列规划教材之一。全书涵盖了中国铁路列车运行控制系统不同等级相关设备的运行模式、基本原理、系统结构、设备组成、设备日常养护维修及故障处理等方面的内容。全书分为四个项目:列车运行自动控制系统结构原理、CTCS-0/1 级列车运行控制系统维护、CTCS-2 级列车运行控制系统维护和 CTCS-3 级列车运行控制系统维护。

本书主要作为高等职业技术学院铁道信号自动控制及高速铁路信号控制专业教材,也可作为成人继续教育或现场工程技术人员和铁道信号设备维护、施工人员的培训教材或参考资料。

本书内容如有不符最新规章标准之处,以最新规章标准为准。

图书在版编目(CIP)数据

列车运行自动控制系统维护/张玮,杨润广主编 .—北京:中国铁道出版社,2017.5(2024.1 重印)

全国铁道职业教育教学指导委员会规划教材　高等职业教育铁道信号自动控制专业系列规划教材

ISBN 978-7-113-22411-0

Ⅰ.①列… Ⅱ.①张… ②杨… Ⅲ.①列车-运行-自动控制系统-维修-高等职业教育-教材 Ⅳ.①U284.48

中国版本图书馆 CIP 数据核字(2016)第 235174 号

书　　名:列车运行自动控制系统维护
作　　者:张　玮　杨润广

责任编辑:吕继函　　**编辑部电话:**(010) 51873205　　**电子邮箱:**312705696@qq.com
封面设计:郑春鹏
责任校对:焦桂荣
责任印制:高春晓

出版发行:中国铁道出版社有限公司(100054,北京市西城区右安门西街 8 号)
网　　址:http://www.tdpress.com
印　　刷:三河市国英印务有限公司
版　　次:2017 年 5 月第 1 版　2024 年 1 月第 5 次印刷
开　　本:787 mm×1 092 mm　1/16　**印张:**18.5　**字数:**490 千
书　　号:ISBN 978-7-113-22411-0
定　　价:45.00 元

重印说明

《列车运行自动控制系统维护》于 2017 年 5 月在我社出版。本次重印作者在第 3 次印刷的基础上做了以下修改：

1. 根据现有机构实际情况，对原书中机构名称进行了更改；

2. 对主要规范、规程与标准有关内容进行了核实与更新，如修改“基站子系统”为“无线子系统”；修改“运行与维护子系统”为“运营与支撑子系统”。

中国铁道出版社有限公司

2023 年 2 月

前言

PREFACE

本书为高等职业教育铁道信号自动控制专业系列规划教材之一。全书根据"列车运行自动控制系统维护"课程标准编写,并经过专家审定。

铁路列车运行自动控制系统是高速铁路信号系统中最重要的技术装备之一,是高速铁路安全畅通的基础和保障。列车运行自动控制系统可以在列车高速运行的过程中,对列车的各项安全因素,特别是列车运行速度和列车运行的追踪间隔进行精确地控制和管理,在保障列车安全运行的前提下,极大地提升了信号控制系统自动化和智能化的程度,有力地保障了高速铁路列车运行的安全、高效和舒适。

本书以铁路列车运行自动控制系统的技术发展为线索组织教材内容,根据高等职业技术教育的特点,按照高等职业技术教育相关专业的人才培养目标确定教材的深度和广度,同时兼顾现场技术人员学习参考的需要。全书共分为四个项目:项目1为列车运行自动控制系统结构原理,重点介绍列车运行自动控制系统的系统结构、发展及系统的分级应用等;项目2为CTCS-0/1级列车运行控制系统维护,介绍200 km/h以下既有线路使用的列车运行控制设备,包括机车信号、站内电码化设备和列车运行监控装置的结构、原理及设备养护检修方法;项目3为CTCS-2级列车运行控制系统维护,介绍200 km/h线路列车运行控制系统的轨旁设备、控制中心设备和车载系统设备的组成、工作原理、设备养护维修及故障处理;项目4为CTCS-3级列车运行控制系统维护,介绍300 km/h高速铁路列车运行控制系统的无线闭塞中心、GSM-R无线传输系统及车载系统的设备结构、工作原理、养护维修及故障处理。

本书由西安铁路职业技术学院张玮和天津铁道职业技术学院杨润广任主编，西安铁路职业技术学院邢红霞、高玉任副主编，西安电务段高级工程师张东红任主审。参加编写的还有天津铁道职业技术学院秦武和西安铁路职业技术学院陈艳华、王小可、马小玲。其中，张玮编写了项目4的典型工作任务4，项目4的典型工作任务2中内容“1”，并承担了全书的文字统稿；杨润广编写了项目2的典型工作任务1和典型工作任务2；高玉编写了项目4的典型工作任务2中内容“2、3”，项目4的典型工作任务3和典型工作任务5；邢红霞编写了项目3的典型工作任务3，典型工作任务4和项目4的典型工作任务6；秦武编写了项目2的典型工作任务3；陈艳华编写了项目3的典型工作任务1和项目4的典型工作任务1；马小玲编写了项目1；王小可编写了项目3的典型工作任务2。

本书编写过程中，北京全路通信信号研究设计院集团有限公司、中国铁道科学研究院通信信号研究所、北京和利时系统工程有限公司、中国铁路西安局集团有限公司电务部、中国铁路西安局集团有限公司西安电务段、南京铁道职业技术学院、柳州铁道职业技术学院、辽宁铁道职业技术学院等相关单位和兄弟院校专家老师为教材编写提供了大量的技术资料，在技术上予以了有力的支持和帮助，在此一并表示感谢！

由于编者水平有限，资料收集和组织上也不够充分全面，教材难免有疏漏和不妥之处，恳请广大读者予以批评指正。

编　者
2017年1月

目录

CONTENTS

项目1　列车运行自动控制系统结构原理

项目描述

列车运行自动控制ATC(Automatic Train Control)系统是对列车运行全过程或部分作业实现自动控制的系统,其特征为列车通过获取的地面信息和命令,控制列车运行,并调整与前行列车必须保持的距离。列车运行自动控制系统要求得到实时的列车速度和位置信息,这就要求实现列车的准确定位、列车速度的准确测量,以及这些信息的及时准确传输。因此,测速、定位、车—地信息传输及安全性和可靠性技术是列车运行控制系统的关键技术。

教学目标

1. 能力目标

能熟知列车运行自动控制系统在铁路技术发展中的地位和作用,能说明列车运行自动控制系统的基本概念及在国内外铁路运输系统中的应用情况。

2. 知识目标

理解列车运行自动控制系统的含义及功能;掌握列车运行自动控制系统的组成;掌握常用的车—地信息传输方式的原理;掌握常用的列车定位技术的原理;掌握常用的测速方式原理。

3. 素质目标

培养学生对该课程的学习兴趣;培养搜集学习资料的习惯。

典型工作任务1　列车运行自动控制系统基本知识

1.1.1　工作任务

在本任务中,我们将学习列车运行自动控制系统的功能、结构和分类,对国内外列控技术的发展使用情况,对车—地信息传输技术、列车测速、定位、列控可靠性、安全性技术等基本知识应有所认识,为后续内容的学习打下基础。

1.1.2　知识链接

1. 列车运行自动控制系统基本结构

列车运行自动控制系统ATC是对列车运行全过程或部分作业实现自动控制的系统,通常是由地面列控中心或无线闭塞中心、轨道电路、地面点式信号设备、车—地传输设备和车载速度控制设备等组成,如图1.1所示。列车运行自动控制系统中,列车通过车—地通信将本列车的信息传输给地面控制中心，获取地面信息和命令，控制列车运行速度，并调整与前行列车之间的距离，以实现对列车运行的自动控制。列车运行自动控制系统设备可划分地面设备和车载设备两部分。

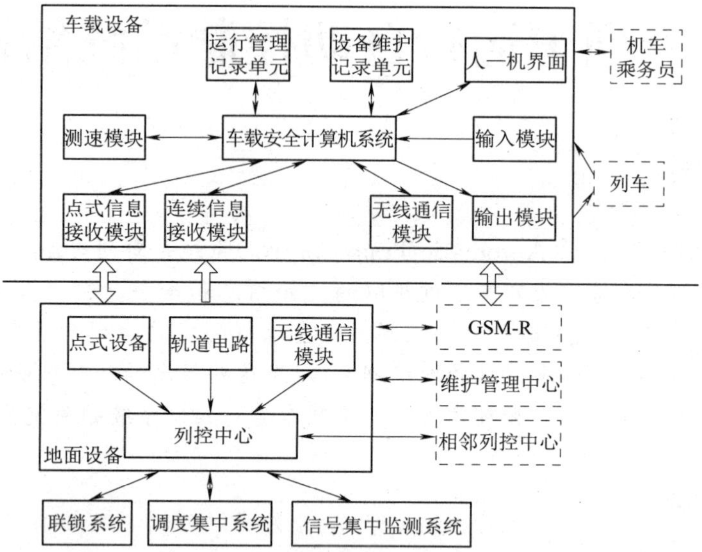

图 1.1　列车运行自动控制系统组成

2. 列车运行自动控制各子系统功能

1)地面设备

地面设备根据行车命令、列车进路、列车运行状况和设备状态，通过安全逻辑运算产生控车命令，然后把该控车命令传送给车—地信息传输设备。地面设备通常要完成以下功能：

(1)检查列车的位置。

(2)采集线路数据。

(3)确定行车许可终点。

(4)向列车传送允许速度、线路参数等信息。

2)车载设备

车载设备是对列车进行操纵和控制的主体，具有多种控制模式，并能够适应轨道电路、点式传输和无线传输多种车—地信息方式。车载设备包括车载安全计算机、连续信息接收模块、点式信息接收模块、无线通信模块、测速模块、人—机界面和记录单元等。车载设备主要完成以下功能：

(1)测速测距。

(2)列车定位。

(3)接收地面信息。

(4)根据接收到的地面信息、列车特性等，计算出列车制动模式曲线。

(5)根据列车的实际运行速度及控制制动模式曲线来控制列车的运行状态。

(6)提供人—机界面功能。

(7)记录列车的运行状态及司机的操作。

3. 列车运行自动控制系统分类

上述列车运行自动控制系统通过车—地信息传输设备把地面信息传送到车载设备,从而完成对列车运行的自动控制。但是因为采用了不同的设备、不同的技术条件,所以各有其特点和适用范围。根据不同技术特点和用途,列车运行自动控制系统可按以下方式进行分类:

1)按人—机关系来分类

按人—机关系来分类可分为设备优先控制和司机优先控制两种方式,其中:

设备优先控制的方式,如日本新干线 ATC 系统;司机优先控制方式,如法国 TVM300/430 系统、德国 LZB 系统。

2)按闭塞方式来分类

按闭塞方式来分类,可分为固定闭塞、准移动闭塞及移动闭塞三种方式。

(1)固定闭塞列控系统:将线路划分为固定的闭塞分区,前后列车的位置及间隔,均以闭塞分区为单元来检测和表示。

(2)移动闭塞列控系统:不存在固定的闭塞分区,列车之间的安全追踪间隔随着列车运行而不断移动且变化。

(3)准移动闭塞列控系统的追踪目标点是前行列车所占用闭塞分区的始端,需留有一定的安全距离,目标点相对固定,而制动的起始点是随线路参数和列车本身性能不同而变化的。

3)按车—地信息传输方式来分类

按车—地信息传输方式来分类,可分为连续式列车运行自动控制系统、点式列车运行自动控制系统和点连式列车运行自动控制系统。

(1)连续式列车运行自动控制系统

车载设备可连续接收到列控地面设备的车—地通信信息,是列控技术应用及发展的主流,如德国 LZB 系统、法国 TVM 系统、日本数字 ATC 系统。采用连续式列车速度控制的日本新干线列车追踪间隔为 5 min;法国 TGV 北部线区间能力甚至达到 3 min。连续式列车运行自动控制系统可细分为阶梯速度控制方式和曲线速度控制方式。

(2)点式列车运行自动控制系统

点式列车运行自动控制系统接收地面信息不连续,但对列车运行与司机操纵的监督并不间断,因此也有很好的安全防护效能。

(3)点连式列车运行自动控制系统

我国 CTCS-2 级列车运行控制系统采用轨道电路完成列车占用检测及完整性检查,连续向列车传送控制信息。点式信息设备在固定地点给列车传输定位信息、进路参数、线路参数、限速和停车信息。

4)按功能、人—机分工和自动化程度来分类

按功能、人—机分工和自动程度来分类,可分为列车运行自动监控(Automatic Train Supervision,简称 ATS)系统、列车超速防护(Automatic Train Protection,简称 ATP)系统和列车自动运行(Automatic Train Operation,简称 ATO)系统。

(1)ATS

ATS 子系统主要是实现对列车运行的监督和控制,辅助行车调度人员对全线列车运行进行管理。它给行车调度人员显示出全线列车的运行状态,监督和记录运行图的执行情况,在列车因故偏离运行图时及时做出反应(提出调整建议或自动修整运行图),通过 ATO 的接口,向旅客提供运行信息通报(如列车到达、出发时间,运行方向,中途停靠站名等)。

(2)ATP

ATP子系统主要用于对列车驾驶进行防护，对与安全有关的设备或系统实行监控，实现列车间隔保护、超速防护等功能，其主要的工作原理是：不断地将一些信息（如来自联锁设备和操作层面上的信息、地形信息、前方目标点的距离和允许速度信息等）从地面传至车上，从而得出此时刻所允许的安全速度，依此来对列车实现速度监督及管理。使用ATP子系统的一大优点是缩短了列车间隔，提高了线路的利用率和行车的安全可靠性。

(3)ATO

ATO子系统主要用于实现"地对车控制"，即用地面信息实现对列车驱动、制动的控制。由于使用ATO子系统后，可以使列车经常处于最佳运行状态，避免了不必要的、过于剧烈的加速和减速，因此明显提高了旅客的舒适度，提高列车准点率及减少轮轨磨损，与列车的再生制动相配合，可以节省电能的消耗。

5)按控制模式来分类

按控制模式分类，可分为阶梯控制方式和速度—距离模式曲线控制方式。

(1)阶梯控制方式

每个闭塞分区设计为一个目标速度，从而对列车速度进行分级控制，因此轨道信息量较少，只送一个速度信息，设备相对比较简单。这种控制方式是较早时期列控系统采用的控制方式。阶梯速度防护模式又分为出口速度检查和入口速度检查两种方式。

一个闭塞分区的进入速度称为入口速度，驶离速度称为出口速度。

出口速度控制方式，给出列车的出口速度值，控制列车不超过出口速度阶梯式实线为速度控制线，粗虚线为列车实际减速运行线，从最高速至零速的列车实际减速运行线为分段曲线组成的一条不连贯曲线组合。出口速度控制方式曲线如图1.2所示。

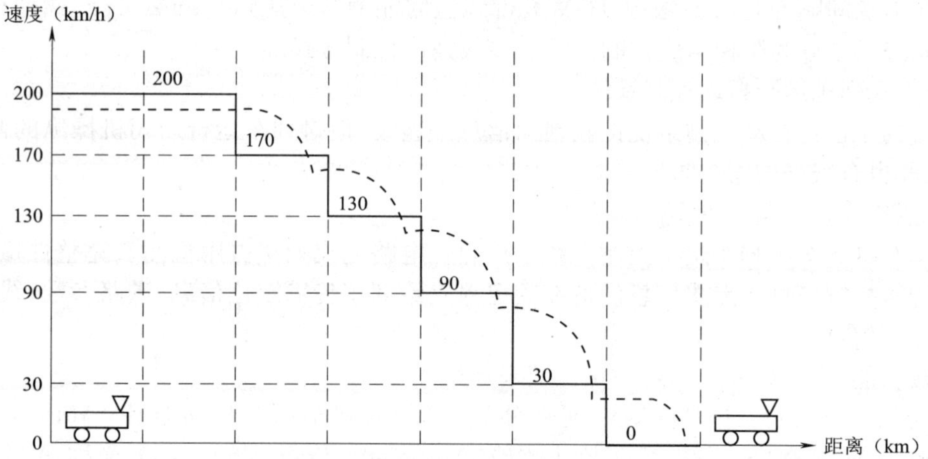

图1.2　出口速度控制方式曲线图

入口速度控制方式，给出列车的入口速度值，监控列车在本闭塞分区不超过给定的入口速度值，采取人控优先的方法，控制列车不超过下一闭塞分区入口速度值。法国TVM300列控系统采用人控优先的方法。考虑万一列车失控，在本闭塞分区的出口即下一闭塞分区的入口处的速度超过了给定的入口速度值，碰撞了速度控制线，即所谓"撞墙"，此时触发设备自动引发紧急制动，此时列车必然会越过第一红灯进入下一闭塞分区，如此必须要增加一个闭塞分区作为安全防护区段，俗称双红灯防护。粗虚线为列车实际减速运行线，从最高速至零速的列车实际减速运行线为分段曲线组成的一条不连贯曲线组合；细虚线为撞墙后的紧急制动曲线。入口速度控制方式曲线如图 1.3 所示。

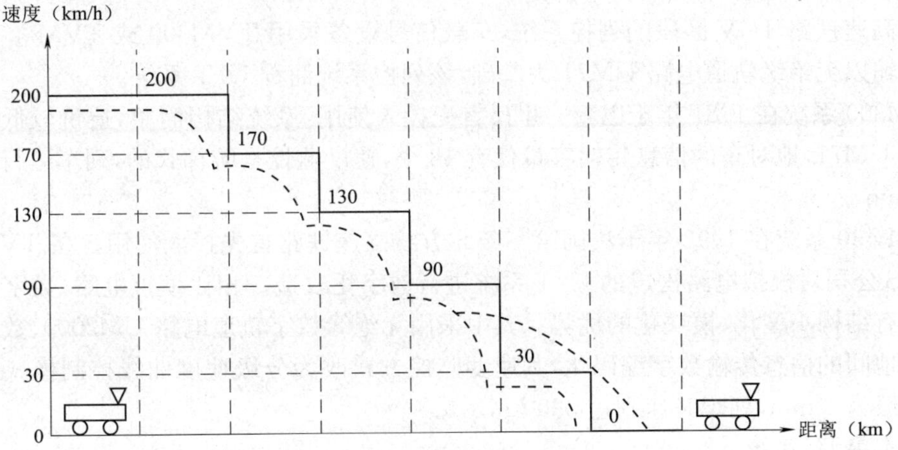

图 1.3　入口速度控制方式曲线图

(2)速度—距离模式曲线控制方式

采用速度—距离模式的列控系统，不再对每一个闭塞分区规定一个目标速度，对列车速度进行连续控制，如德国 LZB 系统、日本新干线数字 ATC 系统。

目标—距离速度控制其采取的制动模式为连续式一次制动速度控制的方式，根据目标距离、目标速度及列车本身的性能确定列车制动曲线，不设定每个闭塞分区速度等级。连续式一次速度控制模式若以前方列车占用的闭塞分区入口为追踪目标点，则为准移动闭塞；若以前方列车的尾部为追踪目标点，则为移动闭塞。速度—距离控制模式曲线如图 1.4 所示。

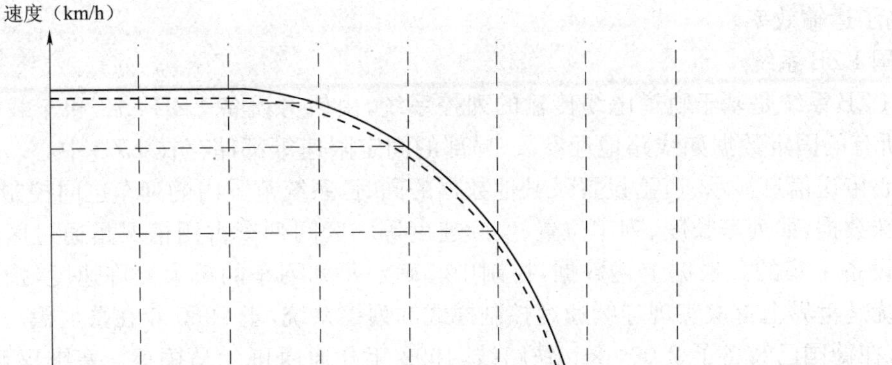

图 1.4　速度—距离控制模式曲线图

4. 国外列车运行控制系统的应用

西方发达国家在列控系统研究方面已有较长发展历史，比较成功的列控系统主要有：日本新干线 ATC 系统、法国的 U/T 系统、德国采用的 LZB 系统及瑞典铁路的 EBICA900 系统等。

1)法国 U/T 系统

法国高速铁路 TGV 区段的列控系统，车载信号设备采用 TVM300 或 TVM 430，地对车的信息传输以无绝缘轨道电路 UM71 为基础，该列控系统简称 U/T 系统。

TVM300 系统在 1981 年于巴黎—里昂首先投入使用，系统结构简单，造价较低。采用无绝缘轨道 UM71，地对车的信息传输容量仅有 18 个，速度监控是阶梯式的，列车运行间隔一般为 4～5 min。

TVM 430 系统在 1993 年于法国第三条北方线高速铁路首先投入使用。在 TVM 430 当中法国 CS 公司对模拟电路构成的 U/T 系统进行数字化改造。相比模拟电路，数字电路技术使设备具有结构小型化、模块化的优势。其中采用无绝缘数字轨道电路 UM2000、数字通信技术使车—地间的信息传输数字编码化，其速度监控方式改为分级速度曲线控制模式。列车运行间隔一般为 3 min，列车时速到达 320 km。

2)日本 ATC 系统

日本于 1964 年开通世界上第一条高速铁路——东海道新干线。日本新干线现有的 ATC 系统普遍采用阶梯式速度监控，它的制动方式为设备优先的模式，即列控车载设备根据轨道电路传送来的速度信息，对列车进行制动或缓解控制，使列车出口速度达到本区段的要求。

从 1991 年日本铁路方面开始试验数字 ATC，亦称 I-ATC，现在东海道新干线上已开通运用了一段。

数字式 ATC 采用目标—距离一次制动模式曲线方式，车载设备根据地面轨道电路传送来的信息和各个开通区间的长度，求取与前方列车所占用区间的距离，综合线路数据、制动性能和允许速度等计算出列车运行速度，若列车接近前方减速点时，即刻生成目标距离一次制动模式曲线。目标距离一次制动模式曲线缩短了制动距离，并可根据列车性能给出不同的模式曲线，提高了运输效率。

3)德国 LZB 系统

德国 LZB 系统是基于轨道电缆传输的列控系统，由轨旁设备 LZB L72 和车载设备 LZB 80 构成，所有的固定数据如线路地理参数、局部的固定限速等都储存在 LZB 中心。联锁系统向控制中心传送信息显示、道岔设置及其他数据的同时，系统范围内的列车也向控制中心传送它们的特殊数据，如列车长度、列车位置、实际速度等。区间列车占用情况是通过区间轨道电路或计轴设备采集的。根据上述数据，控制中心确定每列列车的最大允许速度，指挥列车运行。该系统是世界上首次实现连续速度控制模式的列控系统，于 1965 年在慕尼黑—奥斯堡间首次运用，在德国已装备了 2 000 km 铁路线，1992 年开通西班牙马德里—塞维里亚 471 km 高速线。

LZB 是 1965 年以前开发的系统，它利用轨道电缆作为车—地双向信息传输的通道，还要轨道电路来检查列车占用，轨旁设备较多，给维修带来不便。而且 LZB 以地面控制中心为主计算制动曲线，车载信号设备智能化不够，与其他列控系统兼容也比较困难。

典型工作任务2 中国列车运行控制系统

1.2.1 工作任务

通过本任务的学习，应对中国列车运行控制系统（China Train Control System，简称CTCS）有全面了解，并掌握欧洲列车运行控制系统的特点。

1.2.2 知识链接

1. 中国列车运行控制系统CTCS

既有线提速、客运专线和高速铁路的建设，对我国信号技术的发展提出了新的挑战，也提供了难得的发展机遇。列车速度提高以后，再依靠传统设备，靠司机瞭望地面信号显示行车已不能保证行车安全。自20世纪80年代末期，我国ATP开始起步，经过10多年的实践摸索、经验积累，以及自主研究开发的历程，再加上欧盟的GSM-R/ETCS已进入实际运作阶段，给我们提供了良好的技术借鉴。2002年铁道部开始立项对ETCS技术规范进行研究，提出发展中国列车运行控制系统CTCS的总体目标。2004年初，铁道部组织国内外专家，通过对ETCS技术规范、世界各国列控标准及实际运营情况的分析，结合我国铁路实际运营需求、设备状态和技术政策，经过长时间的论证和研究，提出了《中国列车运行控系统CTCS技术规范总则》，确定CTCS五个等级的总体技术框架；并制定了关于CTCS-2级列控系统暂行的技术条件，由点式应答器＋连续式轨道电路向列车发送许可信息，采用目标—距离模式控制曲线监控列车安全运行。

CTCS是为了保证列车安全运行，并以分级形式满足不同线路运输需求的列车运行控制系统，由地面设备、车载设备、信息传输通道三部分构成。

CTCS要在不干扰机车乘务员正常驾驶的前提下，有效地保证列车安全运行，其主要功能包括：

（1）安全防护

①在任何情况下防止列车无行车许可运行。

②防止列车超速运行。

a. 防止列车超过进路允许速度。

b. 防止列车超过线路结构规定的速度。

c. 防止列车超过机车车辆结构速度。

d. 防止列车超过临时限速及紧急限速。

e. 防止列车超过铁路有关运行设备的限速。

③防止列车溜逸。

④测速环境应保证：

一定范围内的车轮滑行和空转不影响ATP的功能，并具有车轮径修正功能。

（2）人—机界面功能

①能够以字符、数字及图形等方式显示列车运行速度、允许速度、目标速度和目标距离。

②能够实时给出列车超速、制动、允许缓解等表示，以及设备故障状态的报警。

③机车乘务员输入装置应配置必要的开关、按钮和有关数据输入装置。

④具有标准的列车数据输入界面，可根据运营和安全控制要求对输入数据进行有效检查。

(3)监测功能

①具有开机自检和动态检查功能。

②具有关键数据和关键动作的记录功能及监测接口。

(4)可靠性和安全性

①按照信号故障导向安全原则进行系统设计。

②采用冗余结构。

③满足电磁兼容性相关标准。

2. 中国列控系统 CTCS 体系结构

CTCS 的体系结构按铁路运输管理层、网络传输层、地面设备层和车载设备层配置。

1)铁路运输管理层

铁路运输管理系统是行车指挥中心，以 CTCS 为行车安全保障基础，通过通信网络实现列车运行的控制和管理。

2)网络传输层

CTCS 网络分布在系统的各个层面，通过有线和无线通信方式实现数据传输。

3)地面设备层

地面设备层主要包括列控中心(无线闭塞中心)、轨道电路及点式设备、接口单元、无线通信模块等。列控中心(无线闭塞中心)是地面设备的核心，根据行车命令、列车进路、列车运行状态和设备状态，通过安全逻辑运算，产生控车命令，实现对运行列车的控制。

4)车载设备层

车载设备层是对列车进行操纵和控制的主体，具有多种控制模式，并能够适应轨道电路、点式传输和无线传输方式。车载设备层主要包括车载安全计算机、连续信息接收模块、点式信息接收模块、无线通信模块、测速模块、人—机界面和记录单元。

3. 中国列控系统 CTCS 分级

CTCS 根据系统配置、功能划分为 CTCS-0、CTCS-1、CTCS-2、CTCS-3、CTCS-4 五级。

1)CTCS-0 级

CTCS-0 级为既有线的现状，由通用机车信号和列车运行监控装置构成。地面使用国产 4 信息、8 信息、18 信息轨道电路。CTCS-0 级的控制模式也是目标—距离模式，它在既有地面信号设备的基础上，采取大储存的方式，把线路数据全部储存在车载设备中，靠逻辑推断地址调取所需的线路数据，结合列车性能计算给出目标—距离式制动曲线。这种方式可以使地—车信息传输的信息需求量减少。

2)CTCS-1 级

CTCS-1 级由主体化机车信号＋安全型列车运行监控装置组成。面向 160 km/h 以下的区段，在既有设备基础上强化改造，达到机车信号主体化要求，并增加点式设备，实现列车运行安全监控功能。

CTCS-1 级的控制模式为目标—距离式，采用大储存的方式把线路数据全部储存在车载设备中，靠逻辑推断地址调取所需的线路数据，结合列车性能计算给出目标—距离式制动曲线。

3)CTCS-2 级

CTCS-2 级列控系统基于轨道电路和点式应答器传输行车许可信息，采用目标—距离连续速度模式监控列车运行。

4)CTCS-3 级

CTCS-3 级列控系统基于 GSM-R 无线通信实现车—地信息双向传输,无线闭塞中心生成行车许可,轨道电路实现列车占用检查,应答器实现列车定位,并具备 CTCS-2 级功能。

5)CTCS-4 级

CTCS-4 级是基于无线传输信息的列车运行控制系统。CTCS-4 级面向高速新线或特殊线路,基于无线通信传输平台,可实现虚拟闭塞或移动闭塞;CTCS-4 级由 RBC 和车载验证系统共同完成列车定位和列车完整性检查。CTCS-4 级地面不设通过信号机,机车乘务员凭车载信号行车。

CTCS-4 级采取目标—距离控制模式,列车按移动闭塞或虚拟闭塞运行。虚拟闭塞是准移动闭塞的一种特殊方式,它不设轨道电路占用检查设备,采取无线定位方式来实现列车定位和占用轨道电路的检查功能,闭塞分区是通过计算机技术虚拟设置的。

为便于对照,用表 1.1 归纳 CTCS 各级的特点。

表 1.1　列控系统等级对比表

方式	CTCS-0 级	CTCS-1 级	CTCS-2 级	CTCS-3 级	CTCS-4 级
控制模式	目标—距离	目标—距离	目标—距离	目标—距离	目标—距离
制动方式	多次连续	一次连续	一次连续	一次连续	一次连续
闭塞方式	固定闭塞	准移动闭塞	准移动闭塞	准移动闭塞	移动闭塞或虚拟闭塞
地—车信息传输	多信息轨道电路	多信息轨道电路+点式设备	多信息轨道电路+点式设备或数字轨道电路	无线通信双向信息传输	无线通信双向信息传输
轨道占用检查	轨道电路	轨道电路	轨道电路	轨道电路、计轴设备等	无线定位应答器校正
地面信号机	有	有	可取消	无	无
列车运行间隔	按固定闭塞运行大于 L	设为对照值 L	L	L	L
线路数据采集	储存于车载数据库	储存于车载数据库	应答器提供或数字轨道电路	无线电通信提供	无线电通信提供
对应 ETCS	CTCS-0 是中国既有线现状,ETCS-0 是欧洲既有现状	CTCS-1 级是面向 160 km/h 以下区段	面向提速干线和客运专线,基本参照 ETCS-1	面向提速干线和客运专线,基本参照 ETCS-2 级	面向客运专线和特殊线路,基本参照 ETCS-3 级

4. 中国列控系统 CTCS 级间关系

符合 CTCS 规范的列车超速防护系统应能满足一套车载设备全程控制的运用要求:系统车载设备应向下兼容;系统级间转换应自动完成;系统地面、车载设备配置如具备条件,在系统故障条件下应允许降级使用;系统级间转换应不影响列车正常运行;系统各级状态应有清晰的表示。

1.2.3 知识拓展——欧洲列车运行控制系统 ETCS

在欧洲各国铁路网上，各个国家的铁路部门使用各自不同的信号制式管理列车的运营，列车运行控制系统（ATP/ATC）多达十余种，如上面提到的 LZB、TVM 等，这些信号和控制系统互不兼容，因此跨国运行的列车跨过边境到达另一个国家后停下来要么更换机车，要么根据运行线路的不同，装备不同的控制系统（最多的有 6 种），当列车穿过边境到达另一个国家后切换相应的列车控制系统。这不仅影响了欧洲铁路跨国运输的效率，而且使列车运营和维护费用上升。

由于上述原因，就产生了研制通用信号系统和新型列车控制系统的要求，这种通用信号系统能满足：

(1)跨国运营的列车不受限制地穿越边境，提高列车运行效率。

(2)信号和列车运行控制系统界面标准化，尽可能减少不同国家的特殊要求。

(3)通过鼓励对设备的开发市场来产生商业吸引力，从而降低设备的成本。

在欧盟（EU）和国际铁路联盟 UIC 的支持下，欧洲铁路制定了统一的列车运行管理系统 ERTMS（欧洲铁路运输管理系统），包括欧洲列车运行控制系统 ETCS、列车与地面的双向无线通信系统 GSM-R 和欧洲运输管理系统 ETMS。其中 ETCS 涉及列车控制和信号方面。

1. 欧洲列控系统 ETCS 的分级

ETCS 根据功能需要和运用条件配置基本结构，从应用角度分为四级（0～3 级）。

1)ETCS-0 级

ETCS 由车载设备＋传统列控系统组成，主要是为了保证装配 ETCS 车载设备的列车，能在没有 ETCS 地面设备的线路或尚不具备 ETCS 运营条件的线路上运行。即由地面信号系统完成列车检测和完整性监督。ETCS 车载设备只显示列车速度，并只监督列车最大设计速度和线路最大允许速度。车载设备不提供机车信号显示功能，司机凭地面信号行车。为实现制式或级间的转换，必须输入有效的列车数据，确保在转换过程中不停车且地面在特定点（如制式分界点）必须增加应答器，车载设备接收应答器转换信息并完成转换功能。ETCS-0 级组成如图 1.5 所示。

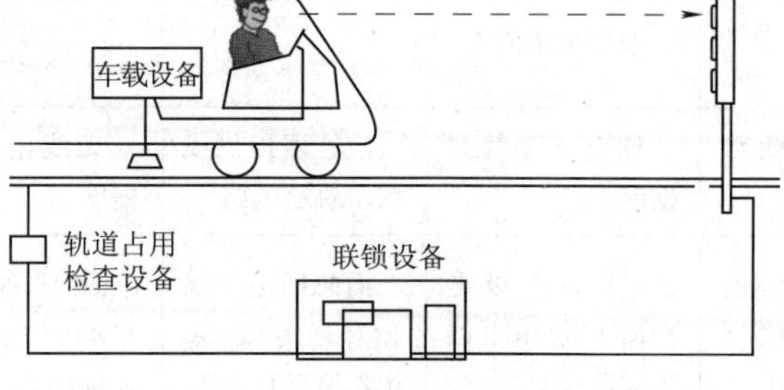

图 1.5　ETCS-0 级组成图

0＋级主要是为了保证装配 ETCS 车载设备的列车，在既有线运行时能够提供通用机车信号功能。在该级中，既有地面信号系统完成列车占用检测和列车完整性监督，并根据既有地面信号系统功能决定是否需要地面信号机。

2)ETCS-1 级

ETCS-1 级由地面信号＋查询应答器＋轨道电路组成，采用固定追踪间隔形式；司机依靠地面信号行车，地面信号机前设备产生速度监控；依靠轨道电路或计轴器设备检查列车占用和完整性；利用查询应答器覆盖各国当前信号系统，并用于列车定位和传送控制命令。该系统基于典型的点式 ATP。ETCS-1 级组成如图 1.6 所示。

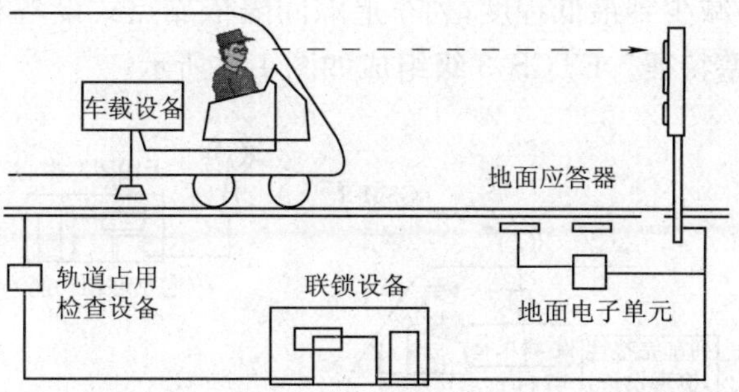

图 1.6　ETCS-1 级组成图

ETCS-1 级虽然提供完全的列车自动防护功能，但因应答器的通信是间断的，列车停车后，恢复运行还要依靠地面信号机。如果取消地面信号机，必须增加半连续的地面—列车传输系统，如欧洲环线或无线传输系统。带欧洲环线的 ETCS-1 级组成如图 1.7 所示。

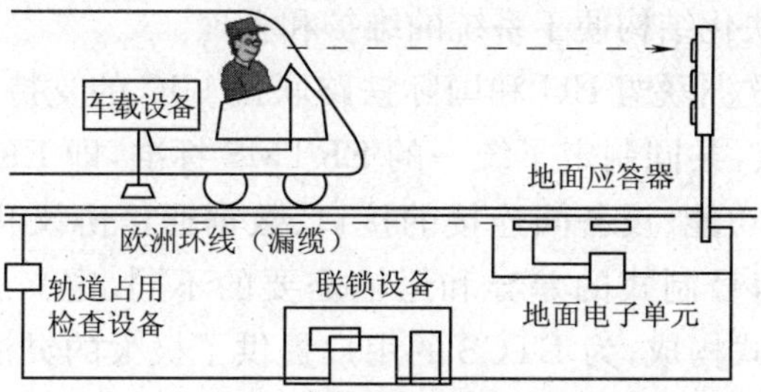

图 1.7　带欧洲环线的 ETCS-1 级组成图

3）ETCS-2 级

ETCS-2 级由轨道电路＋查询应答器＋GSM-R 组成，司机完全依靠车载信号设备行车（可取消地面信号机）；通过 GSM-R 连续传送列车运行控制命令，车—地间可双向通信；在点式设备的配合下，车载设备对列车速度进行连续监控；依靠轨道电路或计轴设备检查列车占用和完整性；建有无线移动闭塞中心。该系统基于移动通信的连续式 ATP。ETCS-2 级组成如图 1.8 所示。

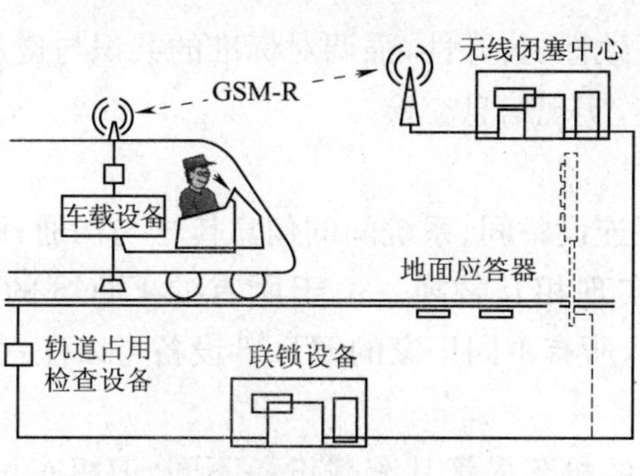

图 1.8　ETCS-2 级组成图

4)ETCS-3 级

ETCS-3 级由查询应答器＋GSM-R 组成。与二级相比，是靠车载设备来检查列车完整性，不需要轨道电路；点式设备、GSM-R 是系统的主要设备。取消地面信号机和轨道电路后，室外线路上的信号设备减少到最低程度；列车追踪间隔依靠点式设备和无线移动闭塞中心实现，具有明显的移动闭塞特征。ETCS-3 级组成如图 1.9 所示。

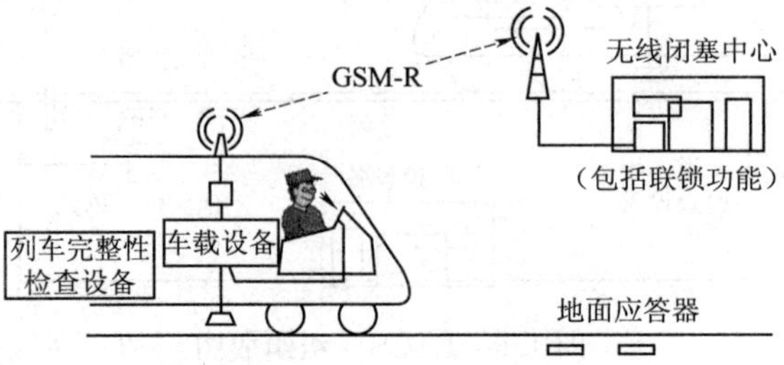

图 1.9　ETCS-3 级组成图

2. 欧洲列控系统 ETCS 的特点

1)ETCS 的结构特点

(1)模块化结构。模块化结构便于系统的维护和管理。

(2)接口标准化。在欧洲联盟 EU 和国际铁路联盟 UIC 的支持下，欧洲所有信号公司共同组建了 UNISIG 工作组，共同制定了统一的 ERTMS 标准，即 ERTMS 技术规范。其中的 ETCS 系统规范对设备的功能、设备间连接的接口、数据通信协议和格式等制定了统一的标准。针对欧洲各国铁路信号制式的差异和运输需要的不同，定义了 4 个不同的应用等级。4 个等级的系统按模块方式构成，为 ETCS 的用户提供了极大的灵活性。低等级系统升级方便，不同等级可以互通运营。

(3)显示界面一致性。不同厂家设备的操作方式相同，只要熟悉一个厂家的设备，就会使用其他厂家的设备。

(4)设备的维护方法相同。

(5)设备的生产和研制依据相同安全性规范生命周期规范。

2)ETCS 的技术特点

(1)系统的开放性

系统的相关标准具备一致性、公开性，强调对标准的共识与遵从。可以与世界上任何遵从相同标准的设备或系统相连，实现信息交换。

(2)互可操作性和互用性

互可操作性是指实现互连设备间、系统间的信息传送与沟通；而互用性则意味着不同生产厂家的性能类似的设备可实现相互替换。由于所有的 ETCS 的设备供应商均按照统一的 ETCS 技术规范来生产设备，所有不同厂家的 ETCS 设备可以任意组合、任意互换使用。

(3)兼容性

ETCS 的 4 个应用等级的机车尽管其车载设备不同，但机车可以在不同等级的线路上互通运营。

(4)可升级性

ETCS的低等级系统在原有设备的基础上,增加一些新的设备(模块),能方便地升级到更高等级。原有的列车运行控制系统车载设备在高等级系统中可继续使用。

项目小结

列车运行自动控制ATC(Automatic Train Control)系统就是对列车运行全过程或部分作业实现自动控制的系统。

发达国家铁路纷纷发展了具有本国特色的列车运行控制系统,比较典型的有法国的U/T系统、日本的ATC系统、德国的LZB系统及欧洲列车运行控制系统ETCS。

列车运行自动控制系统要求随时得到实时的列车速度和位置,这就要求实现列车的准确定位,列车速度的准确测量,以及这些信息的及时准确传输。因此,测速、定位、地—车信息传输及可靠性和安全性技术是列车运行控制系统的关键技术。

在轨道交通运输中,列车位置监测设备是信号系统构成的关键设备,它为整个信号系统运行提供基础条件,轨道电路是最早的列车位置监测设备,随后出现了计轴设备、环线式列车监测设备、GPS定位技术等。

目前存在多种测速方式,根据速度信息的来源,可以把速度方式分成两大类:一类是利用轮轴旋转信息的测速方法,有测速电机法和脉冲转速传感器方式;另一类是利用无线方式,直接检测列车的速度,有雷达测速方式和GPS测速定位方式。

地面与移动的机车之间信息传递是列车安全运行的关键,信息的传递方式主要有点式和连续式两大类。点式传递方式常采用查询/应答器或点式环线两种方法来实现;连续式信息传输方式主要有轨道电路和轨道电缆及无线传输方式等。

安全性是指在规定的时间、使用条件、环境条件下,系统不陷入危险状态的性能。可靠性是指在规定的条件下和规定的时间内完成规定功能的概率。

"故障—安全"是指保证在任何部分发生故障及系统处于任何可能的外界环境中时,系统的输出均处于安全状态(安全侧)。

提高系统的可靠性,可减少故障发生概率,对确保安全性是极为重要的。但是,即使系统具有高可靠性,也不能从根本上消除故障。故障则可能使系统给出危险侧输出,为提高系统安全性,还必须设法减少系统故障时陷入危险状态的可能性,因此还必须采用"故障—安全"技术。

CTCS是我国为了保证列车安全运行,并以分级形式满足不同线路运输需求的列车运行控制系统。

CTCS根据系统配置按功能划分为五级:CTCS-0级、CTCS-1级、CTCS-2级、CTCS-3级和CTCS-4级。

欧洲列车运行控制系统ETCS根据功能需要和运用条件配置基本结构,从应用角度分为四级(0～3级):ETCS-0级、ETCS-1级、ETCS-2级、ETCS-3级。

复习思考题

1. 什么是列车运行自动控制系统？由哪几部分组成？
2. 列车运行自动控制系统的速度控制模式有哪几种？分析其各自的特性。
3. 什么是CTCS？简述其功能、结构及各级的特点。
4. 什么是ETCS？简述其分级情况。
5. 分析CTCS和ETCS的异同。

项目2　CTCS-0/1级列车运行控制系统维护

项目描述

站内电码化是指轨道电路转发或叠加机车信号信息技术的总称。需要在站内原轨道电路的基础上使机车信号车载设备在站内能连续不断地接收地面信息而不断显示，达到保证行车安全和提高运输效率的目的。

机车信号是通过设在机车司机室的机车信号机自动反映运行条件，指示司机运行的信号显示制度。为实现机车信号而装设的整套技术设备称为机车信号设备。目前，随着机车信号可靠性的提高，已开始从辅助信号发展为主体信号。

列车运行监控装置简称监控装置，是我国铁路研制的以保障列车运行安全为主要目的的列车速度控制装置。该装置在实现安全速度控制的同时，可采集记录与列车安全运行有关的各种机车运行状态信息，促进了机车运行管理的自动化。

本项目主要介绍站内电码化设备的结构、功能与运行方式、叠加式电码化的室内外设备及日常维护；JT-CZ2000系列机车信号设备的结构、原理和系统日常维护；LKJ2000系统设备的结构、功能与运行方式和系统设备的日常维护。

教学目标

1. 能力目标

具有将相关专业基础知识应用于CTCS-0/1级列车运行控制系统进行分析和解决问题的能力。

2. 知识目标

掌握站内电码化设备的结构、功能与运行方式、叠加式电码化的室内外设备及日常维护；掌握JT-CZ2000主体机车信号设备的结构、原理和系统设备日常维护及故障处理；掌握LKJ2000系统设备的结构、功能与运行方式及系统设备的日常维护。

3. 素质目标

具有爱岗敬业、诚实守信、严谨求实的工作作风；具有不断追求新知识、实事求是、独立思考、勇于创新的精神。

典型工作任务1　站内发码设备维护

2.1.1　工作任务

通过本任务的学习熟练掌握站内轨道电路电码化的基本概念、主要技术条件和电码化的方式，运用所学相关专业知识能对站内轨道电路电码化进行分析，使学生具备不断追求新知识、独立思考的能力。

2.1.2 知识链接

为了保证行车安全和提高运输效率，使机车信号和列控车载设备在站内能连续不断地接收到地面行车信息而不间断机车信号显示，必须在站内轨道电路的基础上进行转发或叠加车载信息，这种技术叫作电码化。站内轨道电路电码化是机车信号系统及列控车载设备不可或缺的地面发送设备，是行车指挥系统的基础设备之一。

1. 站内轨道电路电码化概念

站内轨道电路电码化指的是在车站内由相应的非电码轨道电路转发或叠加发送机车信号信息的技术总称。

对于装有机车信号或车载设备的机车，列车在自动闭塞区间或半自动闭塞接近区段运行时，机车信号能够连续、不间断地接收到地面行车信息，从而不间断机车信号显示，以保证列车安全行驶。但是，因为我国铁路站内轨道电路通常采用 25 Hz 相敏轨道电路或交流连续式轨道电路(俗称 480 轨道电路)，它们只有列车占用检查的功能，即只能检查本区段占用或空闲，不能向机车信号或车载设备传递任何信息，列车在站内运行时机车信号或车载设备因信息中断而无法工作，也就无法保证行车安全。因此，为保持机车信号或车载设备能够正常工作，对这类轨道电路必须采取一定的技术措施，使站内轨道电路根据相应的条件，在适当的时机，转发或叠加发送车载信息，这就是电码化。

2. 站内轨道电路电码化方式

电码化有切换方式和叠加方式两种。切换方式又分为固定切换方式和脉动切换方式；叠加方式又分为占用叠加电码化和预先叠加电码化。

1）切换方式

(1)固定切换方式

固定切换方式是指在站内每个轨道电路区段都分别设置轨道发码继电器 FMJ，平时 FMJ 处于落下状态，当列车驶入本区段后，由于本区段轨道继电器 GJ 落下，而使本区段相应的轨道发码继电器 FMJ 吸起，从而切断了原轨道电路，并同时接入相应的信号电码化发送设备 FS，实现对该区段的电码化。其相应的发送时机开始于列车占用本区段，终止于列车驶入相邻的下一区段。

固定切换方式的电码化要进行“两点”检查，即只有当上一个区段已经实现电码化且本区段有车占用的条件下，本区段才能实现电码化。然而，实现“两点”检查虽然可以避免人工短路轨道电路所造成的不良影响，可是在某种情况下，比如列车进入正线后全部转入其他线路时，因为没有“下一区段”占用的逻辑条件，使得轨道电路设备电码化后不能自动复原，必须要有人为干预进行人工复原，这样就降低了车站的作业效率，影响了车站信号的正常使用。

(2)脉动切换方式

脉动切换方式是指在发码过程中信号发码设备 FS 不是固定接入轨道电路，而是采用脉动方式接入，即通过相应的继电器进行控制，时而接入发码设备，时而接入轨道电路设备。这样就克服了“固定切换”方式电码化后在某种情况下不能自动恢复的缺点，而且“脉动切换”方式要求的联锁条件最少，特别是在旧站现有设备的条件下实现电码化，使其电码化电路实现基本统一，便于设计、施工和维修。

脉动方式的发码原则同样是采用迎着列车方向的接近发码，其发码周期是：发送时间为4.2 s，间隔时间为0.6 s；其发码时机是：对正线，开始于列车驶入本区段，终止于列车驶入相邻的下一区段；对侧线，开始于列车驶入本股道，终止于列车出清本股道。当列车出清本区段时，由于本区段GJ的吸起而使相应的CJ落下，自动恢复原轨道电路的状态。

2）叠加方式

(1)占用叠加方式

因实施占用固定切换发码方式的电码化会造成轨道电路不能自动恢复，脉动切换方式暴露出机车信号掉码问题，造成机车信号显示不稳定，已不能满足提速列车的要求。要使机车信号或车载设备稳定工作，机车信号接收信息的中断时间应小于机车信号制式允许的最大时间。这就提出了叠加式电码化电路。叠加发码通过电气隔离设备将轨道电路与电码化并接在一起，使轨道信息的发送、接收和电码化信息的发送，同时接向钢轨，将完成发码所需的时间降低到最小。

(2)预叠加方式

随着我国铁路事业的不断发展和铁路自动化水平的不断提高，以及确保铁路运输安全的列车速度控制(如列车超速防护)技术在铁路中的应用，对机车信号和超速防护有了更高的需求。必须在叠加发码方式的基础上进行改进，采用预叠加发码方式，才能保证列车接收地面信息在时间和空间上的连续。

正线接车发车进路采用“逐段预叠加发码化”技术。“逐段”就是一个区段接着一个区段的发送信息；“预”就是当列车占用某一区段时，其列车运行前方与该区段相邻的下一个区段也开始发码；“叠加”就是轨道电路信息与机车信号信息在传输通道内同时存在，实现电码化逐段预叠加。将“占用发码”改为“预先发码”，这样可提前一个区段发码，以保证机车信号接收移频信息的连续性，而没有任何瞬间中断，克服了脉动切换方式在传输继电器落下期间造成中断发码的缺点。

3. 站内轨道电路预叠加发码原理

1）预叠加方式电码化电路的工作原理

为了实现预叠加发码，正线采用的是预叠加电码化方式，设有接车进路发码继电器JMJ、发车进路发码继电器FMJ和轨道区段传输继电器CJ电路。

在正线接、发车进路的站内移频化电路中，列车占用前一区段时轨道继电器落下使本区段的传输继电器励磁，列车占用本区段时该传输继电器仍励磁，列车占用下一区段时该传输继电器失磁。在传输继电器吸起，以及办理接车进路或发车进路发码继电器吸起时，向本区段发送移频信息。

“预叠加发码”确切地说应该称为“逐段叠加预先发码”，其原理如图2.1所示(以正线接车进路为例)。

正线接车进路内共有WG、ADG、BDG、CDG、G五段轨道电路，发送盒的两路独立输出，分别通过各自的传输继电器CJ条件向G、BDG、WG和CDG、ADG进行叠加。而CJ的供电始于上一段轨道的占用，止于下一段轨道的占用，在任一瞬间均有相邻的两个CJ↑，一个是本区段的，另一个是下一个区段的，分别由发送盒的两路输出通过相应的CJ发往轨道，对于下一个区段实现了“预叠加发码”。

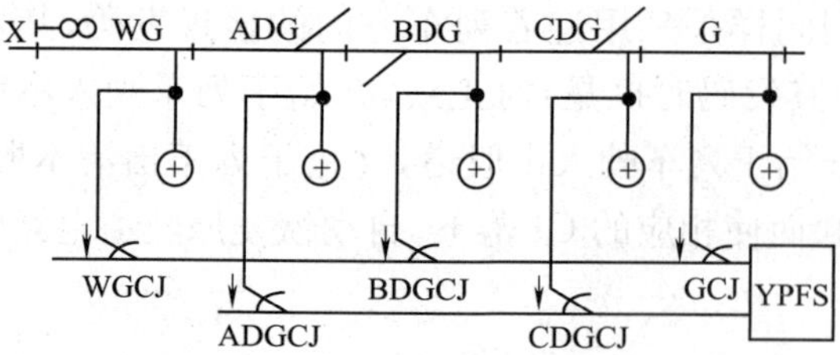

图 2.1　逐段叠加预先发码原理图

2）预叠加方式电码化类型

ZPW-2000(UM)系列站内轨道电路电码化预发码技术，主要包括非电气化区段交流连续式轨道电路(480 轨道电路)及 25 Hz 相敏轨道电路叠加 ZPW-2000(或 UM71 系列)电码化电路，电气化区段 25 Hz 相敏轨道电路叠加 ZPW-2000(或 UM71 系列)电码化预发码技术。ZPW-2000(或 UM71 系列)预叠加电码化主要包括以下几种类型：

(1)二线制电码化

电气化区段 25 Hz 相敏轨道电路预叠加 ZPW-2000(UM)系列二线电码化；非电气化区段 25 Hz 相敏轨道电路预叠加 ZPW-2000(UM)系列二线电码化；非电气化区段 480 轨道电路预叠加 ZPW-2000(UM)系列二线电码化。二线制电码化电路指的是电码化电路利用原轨道电路 25 Hz 相敏轨道电路或 480 轨道电路的送电或受电的两根电缆芯线送往轨道，如图 2.2 (a)所示。

(2)四线制电码化

电气化区段 25 Hz 相敏轨道电路预叠加 ZPW-2000(UM)系列四线电码化；非电气化区段 25 Hz 相敏轨道电路预叠加 ZPW-2000(UM)系列四线电码化；非电气化区段 480 轨道电路预叠加 ZPW-2000(UM)系列四线电码化。四线制电码化电路指的是电码化电路另外增加两根电缆芯线送往轨道，加上原轨道电路的送电或受电的两根电缆芯线，每端一共有四根电缆芯线，如图 2.2 (b)所示。

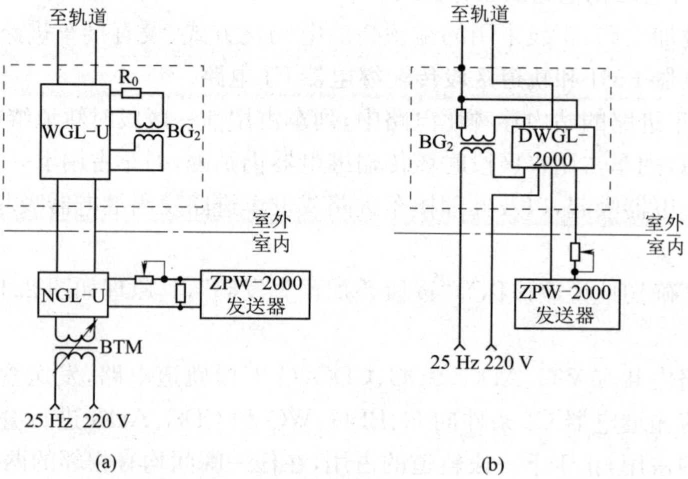

图 2.2　二线制电码化电路和四线制电码化电路

二线制非电气化区段480轨道电路预叠加ZPW-2000电码化与二线制非电气化区段25 Hz相敏轨道电路预叠加ZPW-2000电码化相比，仅仅在于隔离器和变压器型号不同。它们的电码化电路原理均相同。

4. 站内轨道电路预叠加发码设备

电码化器材主要指电码化发码设备、隔离设备、防雷设备、补偿电容、检测设备（闭环电码化使用）。电码化设备组成如图2.3所示，除室外隔离设备和补偿电容外，其他设备分别安装在设于信号机械室内的站内移频柜、检测柜和综合柜中。现以ZPW-2000A型站内电码化设备为例进行介绍。

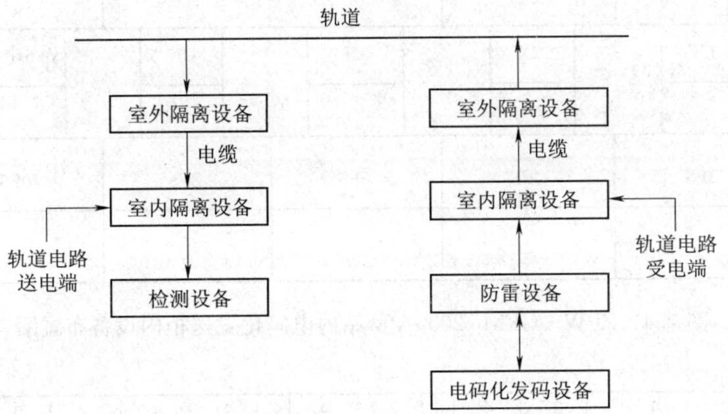

图2.3　电码化设备组成框图

1）电码化机柜

电码化设备放置在电码化机柜中，电码化机柜分为站内移频柜、检测柜和站内综合柜三种，安装在信号机械室内。

（1）站内移频柜

ZPW·GFM_1-2000A型站内电码化发送柜即站内移频柜，供站内轨道电路电码化用，安装在信号机械室内。一个站内移频柜含10套ZPW-2000A型站内电码化设备，每套设备包括一个发送器及相应的零层端子板和断路器。两个发送器合用一个发送检测盘，分别检测上、下两个发送器。

机柜内按组合方式配备，每架5个组合，从左向右安放（机柜正面）。每个组合的第一、三层放发送器，第二层放发送检测盘，组合的零层在机柜的顶层。ZPW·GFM_1-2000A型站内电码化发送柜内设备布置如图2.4所示。

配线从顶端出线，使用时将发送器、发送检测盘按照施工图装入对应位置，挂在U形槽上，用钥匙锁紧。发送检测盘插入对应的外框内，用手捻螺钉锁紧。机柜在出厂时已按照施工图将发送器的频率选择用跨线封好。

（2）检测柜

ZPW·GJMB型闭环电码化检测柜用来安放ZPW-2000A型闭环电码化检测设备。检测柜设备布置如图2.5所示。实用于非电气化、电气化区段25 Hz相敏轨道电路或交流连续式轨道电路电码化。

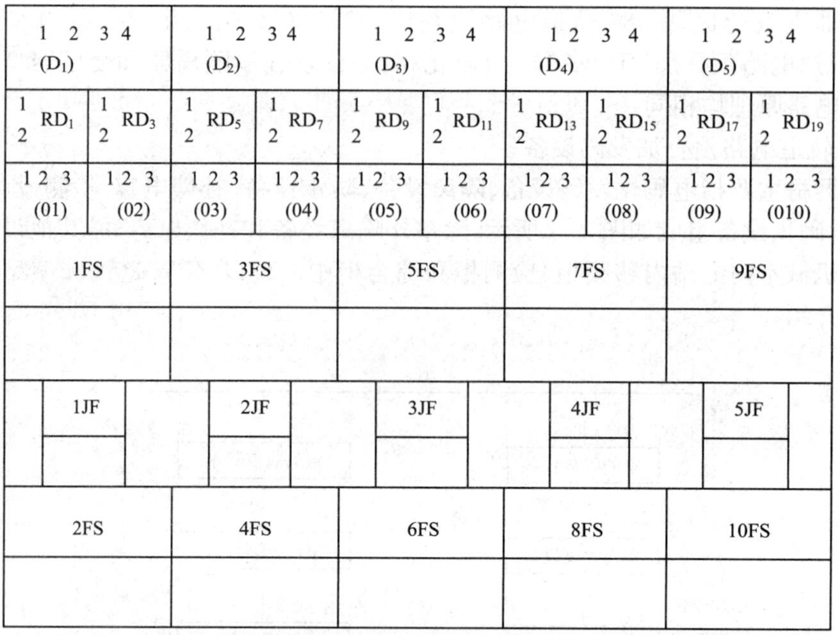

图 2.4　ZPW・GFM$_1$-2000A 型站内电码化发送柜内设备布置图

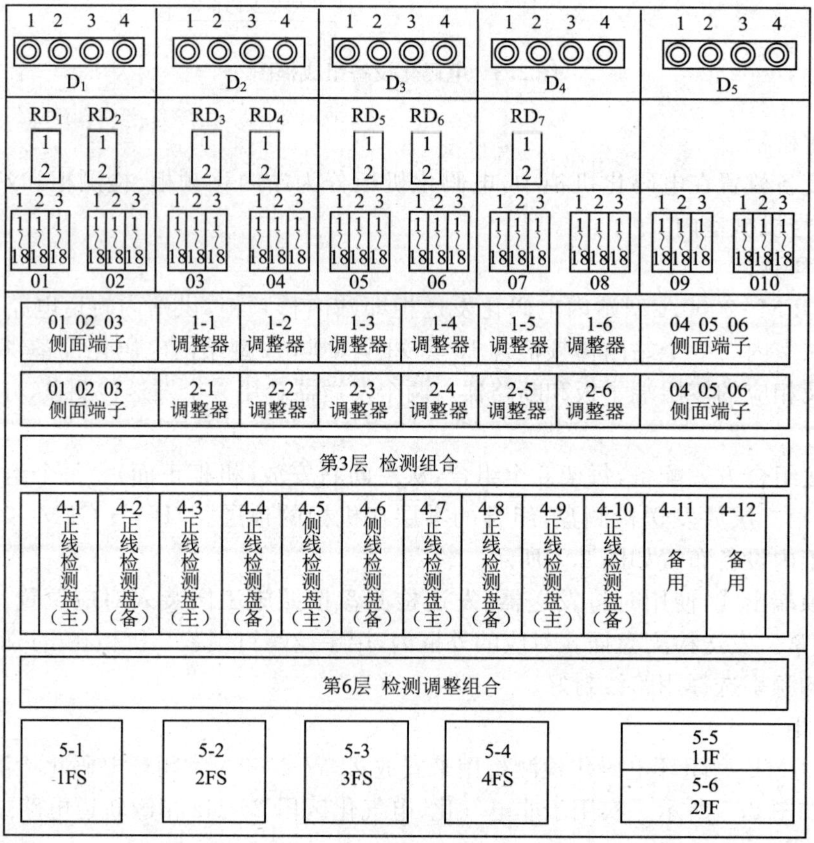

图 2.5　检测柜设备布置图

ZPW·GJMB型闭环电码化检测柜可安装3个检测调整组合、1个检测组合、1个监测组合、4个发送器、2个发送检测盘和零层。

闭环电码化检测柜由零层端子、检测调整组匣、检测组匣、辅助管理组匣和发送器层五部分组成。

第一、二、六层为检测调整器组合,每个组合内可放置6台检测调整器。

第三层为ZPW-2000A型区间检测设备预留组合,其尺寸大小与站内电码化检测组合相同,可根据工程需要调整。

第四层为站内电码化检测组合,可插主、备检测盘12套,共48路轨道检测条件。第五、六台是ZPW·PJC型侧线检测盘,五是主机,六是并机;其他位置都是ZPW·PJZ型正线检测盘,单数位是主机,双数位是并机。

第五层为4套发送器及其发送检测盒,其中第一、二位为车站两端邻接区间的"$n+1$"发送器和发送检测盘,第三位为站内电码化"$n+1$"发送器,第四位为发送器预留。发送检测盘1JF检测发送器1FS和2FS,发送检测盘2JF检测发送器3FS和4FS。

零层D_1～D_5为四柱电源端子,每组端子内部编号分别为1、2、3、4;RD_1～RD_7为2座断路器,采用10 A液压断路器,端子编号分别为1、2。01～010为3×18万可接线端子排,端子编号从小到大的顺序为从左到右、从上到下的排列。

ZPW·GJMB型闭环电码化检测柜安装在信号机械室内,配线从顶端出线,使用时将发送器、发送检测盘、正线检测盘、侧线检测盘、单频检测调整器、双频检测调整器按照工程图安装在相对应位置。机柜在出厂时已按照工程布置图将发送器载频频率选择端子引至零层指定端子或按工程设计在内部跨线封好。

闭环电码化检测柜电源端子使用分配见表2.1。

表2.1 闭环电码化检测柜电源端子使用分配表

端子名称	用　途
D_1-1	第四层检测组合正线检测盘、侧线检测盘的备机+24 V电源输入
RD_1-1、RD_1-2	第四层检测组合正线检测盘、侧线检测盘的备机+24 V电源输入
D_1-2	第四层检测组合正线检测盘、侧线检测盘的备机024 V电源输入
D_1-3	第四层检测组合正线检测盘、侧线检测盘的备机+24 V电源输入
RD_2-1、RD_2-2	第四层检测组合正线检测盘、侧线检测盘的备机+24 V电源输入
D_1-4	第四层检测组合正线检测盘、侧线检测盘的备机024 V电源输入
D_2-1	5-1发送器1FS +24 V电源输入
RD_3-1、RD_3-2	5-1发送器1FS +24 V电源输入
D_2-2	5-1发送器1FS 024 V电源输入
D_2-3	5-2发送器2FS +24 V电源输入
RD_4-1、RD_4-2	5-2发送器2FS +24 V电源输入
D_2-4	5-2发送器2FS 024 V电源输入
D_3-1	5-3发送器3FS +24 V电源输入
RD_5-1、RD_5-2	5-3发送器3FS +24 V电源输入
D_3-2	5-3发送器3FS 024 V电源输入

续上表

端子名称	用　途
D_3-3	5-4 发送器 4FS ＋24 V 电源输入
RD_6-1、RD_6-2	5-4 发送器 4FS ＋24 V 电源输入
D_3-4	5-4 发送器 4FS 024 V 电源输入

闭环电码化检测柜零层端子使用分配见表 2.2。

表 2.2　闭环电码化检测柜零层端子使用分配表

端子名称	用　途	备　注
01-1～01-18	低频 F_1～F_{18}(10.3～29 Hz)选择端子	按照工程图纸，将所选电平等级与电平等级公共端子连接，如二级电平，将端子 03-2 端子与 03-6 端子连接
02-1	发送器功放输出端子	用红黑双绞线输出
02-2	发送器功放输出回线端子	
02-3	发送器报警继电器输出端子	与 1700 继电器连接
02-4	发送器报警继电器输出回线端子	
02-13	发送器检测口输出端子	与检测设备连接
02-14	发送器检测口输出回线端子	
02-17	发送器＋24 V 电源端子	与 24 V 电源设备连接
02-18	发送器 024 V 电源端子	
03-1	发送器第一级电平输出选择端子	
03-2	发送器第二级电平输出选择端子	按照工程图纸，将所选频频与载频类型与＋24 V 电源端子连接
03-3	发送器第三级电平输出选择端子	
03-4	发送器第四级电平输出选择端子	
03-5	发送器第五级电平输出选择端子	
03-6	发送器第六级电平等级选择公共端子	
03-7	发送器载频 1 700 Hz 选择端子	按照工程图纸，将所选频频与载频类型与＋24 V 电源端子连接
03-8	发送器载频 2 000 Hz 选择端子	
03-9	发送器载频 2 300 Hz 选择端子	
03-10	发送器载频 2 600 Hz 选择端子	
03-11	发送器载频-1 型选择端子	
03-12	发送器载频-2 型选择端子	
03-13	移频报警输入接点	移频报警器中串联端子
03-14	移频报警输出接点	

(3)站内综合柜

站内电码化综合柜，用于放置发送器调整组合、电码化送电或受电隔离器组合及防雷组合等设备。柜子两侧均设置塑料线槽，电码化送电隔离器组合侧面端子设于组合左侧，电码化受电隔离器组合侧面端子设于组合右侧(从走线侧看)，电码化送电或受电隔离器组合层次排列可交错。

站内综合柜共分10层组合及一个组合零层，1个室内轨道电路防雷组合、1个道岔发送器组合、1个股道发送调整组合、7个送、受电端室内隔离组合。

站内所需综合柜数量、站内综合柜内设备布置根据各站实际情况决定。

2）电码化发码设备

(1)ZPW·F型发送器

ZPW·F型发送器，适用于非电气化、电气化区段25 Hz相敏轨道电路或交流连续式轨道电路电码化，正线、侧线电码化通用。发送器采用载频通用型，"$n+1$"冗余方式，全站备用一个发送盒。当主发送器故障时，系统报警，同时"$n+1$"发送器工作。

ZPW·F型站内发送器的作用，主要是产生高稳定、高精度的移频信号源。采用微电子器件构成该设备，考虑了同一载频、同一低频控制条件下的双CPU电路运行。为实现双CPU的自检、互检，两组CPU及一组用于产生FSK移频键控信号的可编程控制器各自采用了独立的石英晶振源。发送设备的放大器均采用了射极输出器方式构成，防止故障时功出电压的升高。设备考虑了对移频载频、低频及幅度三个特征的检测。两组CPU对检测结果符合要求时，以动态信号输出通过"安全与门"控制环节——发送报警继电器(FBJ)将信号输出。发送器故障时，通过FBJ接点转至"+1"FS设备。

ZPW·F型站内发送器原理与区间发送器相同，只是用于电码化时发送器功率调整在1电平级(161～170 V)。ZPW·F型发送器电平调整见表2.3。

表2.3 ZPW·F型发送器电平调整表

电平级	连接端子	电压(V)	备　注
1	1-119-12	170	常用级，站内电码化固定用一级
2	2-119-12	156	常用级
3	3-119-12	135	常用级
4	4-119-12	110	常用级
5	5-119-12	77	常用级
6	1-114-12	62	
7	3-115-12	58	
8	2-114-12	46	
9	1-113-12	35	
10	4-115-12	33	

(2)电码化发送检测盘

ZPW·JFM型电码化发送检测盘设在站内移频柜上，为站内发送器给出测试条件和故障报警指示。一个发送检测盘和两个站内发送器配套使用。ZPW·JFM电码化发送检测盘如图2.6所示。

①发送检测盘的作用

a. 给出有关发送电源电压、发送功出电压的测试条件。

b. 给出发送故障报警指示灯等。

c. 提供监测条件。

图2.6 ZPW·JFM电码化发送检测盘

②发送检测盘表示灯及报警

a. 表示灯电路

“上层发送工作”灯 V_3 通过上层发送器 FBJ 条件构成，并通过光耦 D_1A、D_1B 接通发送报警条件(BJ-1、BJ-2)。

“下层发送工作”灯 V_4 通过下层发送器 FBJ 条件构成，并通过光耦 D_1C、D_1D 接通发送报警条件(BJ-3、BJ-4)。

b. 移频总报警继电器条件

F24-1 电源通过对移频故障条件 YB＋的检查，使光耦 D_2A 导通，三极管 V_2 随之导通，于是输出 YBJ 条件。

发送检测盘面板布置如图 2.7 所示，发送检测盘上有测试孔：SK_1“上层发送电源”，接 FS ＋24 V、024 V；SK_2“上层发送功出”，接发送器功出；SK_3“上层发送电源”，接 FS ＋24 V、024 V；SK_4“下层发送功出”，接发送器功出。

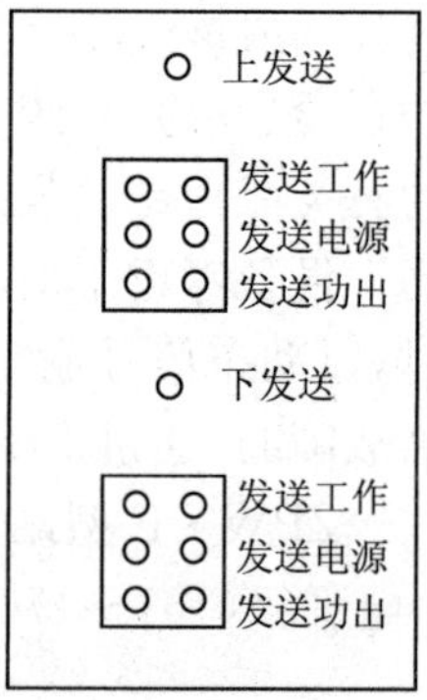

图 2.7　发送检测盘面板布置图

(3)发送调整器和发送调整组合

为了防护移频发送器，实现阻抗匹配及各区段之间的互相隔离保护，发送器要经过道岔发送调整器后才连向咽喉区的各轨道区段，要经过股道发送调整器后才连向股道。适应于非电气化、电气化区段 25 Hz 相敏轨道电路或交流连续式轨道电路电码化。

①ZPW・TFD 型道岔发送调整器

一台 ZPW・TFD 型道岔发送调整器含限流电阻(RX20T-50W-100Ω ±5%)，可以同时为咽喉区最多 7 个区段发码，每路输出通过万可端子进行输出电压调整，电压调整范围为 40 V、50 V、60 V，对于长区段可将两路串联使用，但必须限制输入端总电流不超过 500 mA。ZPW・TDF 道岔发送调整器连接如图 2.8 所示；道岔发送调整器端子使用见表 2.4；道岔发送调整器电压调整见表 2.5。

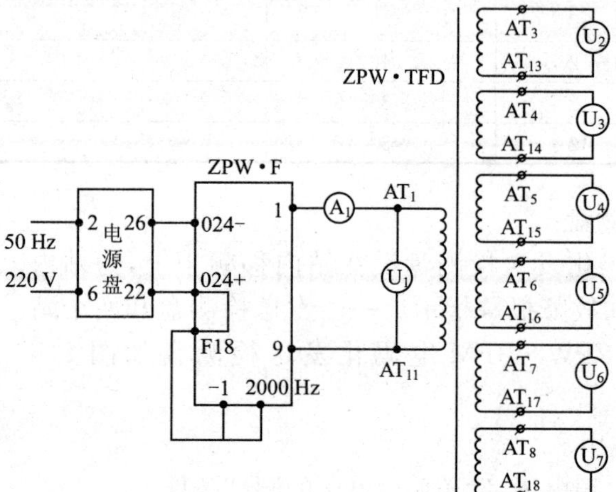

图 2.8　ZPW・TFD 道岔发送调整器连接

表 2.4 ZPW·TFD 道岔发送调整器端子的使用

端　子	使用说明	端　子	使用说明
AT_1、AT_{11}	移频输入	AT_6、AT_{16}	输出 4
AT_3、AT_{13}	输出 1	AT_7、AT_{17}	输出 5
AT_4、AT_{14}	输出 2	AT_8、AT_{18}	输出 6
AT_5、AT_{15}	输出 3	AT_9、AT_{19}	输出 7

道岔发送调整器放置在 ZPW·TFDZ 道岔发送调整组合中。一个 ZPW·TFDZ 型道岔发送调整组合可安装 4 台 ZPW·TFD 型道岔发送调整器。道岔发送调整组合安装在站内综合柜中。

表 2.5 ZPW·TFD 道岔发送调整器电压调整表

电压(V)	连接端子
40	1-4
50	2-4
60	3-4

②ZPW·TFG 型股道发送调整器

一台 ZPW·TFG 型股道发送调整器，含限流电阻(RX20T-50W-100Ω±5%)，可以输入 170 V，输出两路 20～140 V 电压。股道发送调整器端子使用见表 2.6；电压调整端子及范围见表 2.7。

表 2.6 股道发送调整器端子使用

端　子	使用说明	端　子	使用说明
Ⅰ$_1$、Ⅰ$_2$	移频输入	Ⅲ$_1$、Ⅲ$_2$	输出 2
Ⅱ$_1$、Ⅱ$_2$	输出 1		

表 2.7 股道发送调整器电压调整端子及范围

电压(V)	连接端子	电压(V)	连接端子
20	1-27-3	100	1-37-5
40	1-37-4	120	1-37-6
60	1-47-5	140	1-27-6
80	1-47-6		

股道发送调整器放置在 ZPW·TFGZ 型股道发送调整组合中。一个 ZPW·TFGZ 型股道发送调整组合可安装 6 台 ZPW·TFG 型股道发送调整器。股道发送调整组合安装在站内综合柜中。

3) 隔离设备

隔离设备用于叠加方式的电码化中，有室内隔离设备和室外隔离设备两种，送电端和受电端通用。正线上各轨道区段的送电端、受电端，无论是否发码，均应设隔离设备。一送多受轨道电路的分受需设室外隔离设备。

移频化信息是叠加在 25 Hz 相敏轨道电路或交流连续式轨道电路上的，在轨道电路的送、受电端，移频化信息和轨道电路信息的传送通道是并接的，为了互不影响正常工作，必须经过隔离设备才能将两者并联。

(1)室内隔离设备

室内隔离设备包括室内隔离盒及电码化隔离调整变压器、电阻调整盒,放置在室内隔离组合中。室内隔离组合分为送电端室内隔离组合(MGL-UF 型)和受电端室内隔离组合(MGL-UR型)两种。

MGL-UF 型送电端室内隔离组合,外形尺寸 880 mm×390 mm×170 mm,可放置NGL-U型室内隔离盒和 BMT-25 型电码化隔离调整变压器各 3 台,以及 RTH-F 型送电端电阻调整盒。

MGL-UR 型受电端室内隔离组合,外形尺寸 880 mm×390 mm×170 mm,可放置NGL-U型室内隔离盒 5 台,以及 RTH-R 型受电端电阻调整盒。

①室内隔离盒

室内隔离盒由电容、电感组成,用于隔离 25 Hz、50 Hz 轨道电路和移频发送电路。因两者频率不同,电容、电感呈现的阻抗也不相同,25 Hz、50 Hz 电源只送至轨道,不向移频发送器传送。反之,移频信息也不送至 25 Hz、50 Hz 电源,而只送至轨道。两者互不影响。

室内隔离盒有较多类型,它们的电路结构相同,主要是参数不同。室内隔离盒有用于二线制电气化区段 25 Hz 相敏轨道电路预叠加 ZPW-2000 移频轨道电路的 NGL-U 型;用于二线制非电气化区段 25 Hz相敏轨道电路预叠加 ZPW-2000 移频轨道电路的 NGL_1-U 型;用于二线制电气化区段和非电气化区段 25 Hz 相敏轨道电路预叠加 ZPW-2000 移频轨道电路的 NGL-T 型;用于二线制非电气化区段 480 轨道电路预叠加 ZPW-2000 移频轨道电路的 FNGL-U 型和 FNGL-T 型。NGL-U 型室内隔离盒如图 2.9 所示。

图 2.9 NGL-U 型室内隔离盒

四线制电码化电路不用室内隔离盒。

室内隔离盒可用于四种载频,不同频率通过在外插头上焊接跨线得到。AT_{13}-AT_{17} 为 1 700 Hz,AT_{13}-AT_{16} 为 2 000 Hz;AT_{13}-AT_{7} 为 2 300 Hz;AT_{13}-AT_{6} 为 2 600 Hz。

电码化信号由 AT_8、AT_{18} 两端输入,从 AT_5、AT_{15} 两端输出。由于隔离,而不会进入 AT_2、AT_{12} 端,从而防止电码化信号进入 25 Hz、50 Hz电源或轨道继电器,避免轨道继电器损坏。

在 AT_5、AT_{15} 端测试,电码化信号电压大于 190 V。在送电端,25 Hz 信号由 AT_2、AT_{12} 端输入,从 AT_5、AT_{15} 端输出,电压差小于 2 V;在受电端,25 Hz 信号从 AT_5、AT_{15} 端输入,从 AT_2、AT_{12} 端输入,电压差小于 0.3 V。

②电码化隔离调整变压器

BMT-25 型电码化隔离调整变压器用于电气化区段 25 Hz 相敏轨道电路预叠加 ZPW-2000 系列(或 UM71 系列)电码化接口设备中,为 25 Hz 轨道电路提供电源,并可在室内调整轨道电路。

BMT-25 型变压器直接放置在组合架的托盘上。3 台电码化隔离调整变压器与 3 台 NGL-U 室内隔离盒放置在 MGL-UF 托盘上,可作为送电端室内隔离设备。

BMT-25 型电码化隔离调整变压器输出电压调整,从 5～180 V 每 5 V 一挡可调,见表 2.8。

表 2.8 BMT-25 电码化隔离变压器电压调整表

输入电压：$Ⅰ_1$-$Ⅰ_4$25 Hz、220 V；输出端子固定使用$Ⅱ_1$-$Ⅱ_2$					
输出(V)	连接端子	输出(V)	连接端子	输出(V)	连接端子
5	1-5、6-9	65	1-2、7-9、3-6	125	1-3、8-9、4-6
10	1-7、8-9	70	1-2、7-9、3-5	130	1-3、8-9、4-5
15	1-6、7-9	75	1-2、8-9、3-6	135	1-2、6-9、4-7
20	1-5、7-9	80	1-2、8-9、3-5	140	1-2、7-9、4-8
25	1-6、8-9	85	1-3、6-9、7-4	145	1-2、5-9、4-6
30	1-5、8-9	90	1-3、7-9、4-8	150	1-2、4-9
35	1-2、6-9、3-7	95	1-3、5-9、4-6	155	1-2、6-9、4-5
40	1-2、7-9、3-8	100	1-3、4-9	160	1-2、8-9、4-7
45	1-2、5-9、3-6	105	1-3、6-9、4-5	165	1-2、7-9、4-6
50	1-2、3-9	110	1-3、8-9、4-7	170	1-2、7-9、4-5
55	1-2、6-9、3-5	115	1-3、7-9、4-6	175	1-2、8-9、4-6
60	1-2、8-9、3-7	120	1-3、7-9、4-5	180	1-2、8-9、4-5

③电阻调整盒

电阻调整盒有送电端电阻调整盒(RTH-F)和受电端电阻调整盒(RTH-R)两种类型。

RTH-F 电阻调整盒用来调整站内轨道电路送电端机车信号入口电流，放置在送电端室内隔离组合中。RTH-F 型送电调整电阻盒内可放置 3 组可调电阻，可调电阻为三个固定抽头分段调整电阻(RX20T-100W-300Ω±10%)，电阻值根据电阻调整表(表 2.9)进行选择，输出端采用针型插座(721-236/001-000)接上托盘上的孔型连接器(721-206/037-000)即可使用，克服了滑线电阻容易断的缺点。

RTH-R 电阻调整盒用来调整站内轨道电路受电端发码区段机车信号入口电流，放置在受电端室内隔离组合中。RTH-R 型受电调整电阻盒可放置 5 组可调电阻，可调电阻为五个固定抽头分段调整电阻(RX20T-100W-300Ω±10%)，电阻值根据电阻调整表(表 2.10)进行选择，输出端子采用针型插座(721-240/001-000)，接上托盘上孔型连接器(721-210/037-000)即可使用，克服了滑线电阻容易断的缺点。

送、受电端电阻调整盒为二线制电码化区段 25 Hz 相敏轨道电路、二线制非电码化区段 25 Hz 相敏轨道电路、二线制非电码化区段 480 轨道电路预叠加 ZPW-2000 电码化通用。

表 2.9 RTH-F 型电阻盒电阻调整表

电阻(Ω)	连接端子
0	1-5
50	1-2、3-5
100	2-5
150	3-5
200	2-4
250	3-4
300	不接线

注：测试方法可在孔型连接器上进行测试：1-2、3-4、5-6，分别为 3 个电阻，按调整表进行调试。

表 2.10 RTH-R 型电阻盒电阻调整表

电阻(Ω)	连接端子
0	1-5
50	1-2、3-5
100	2-5
150	3-5
200	2-4
250	3-4
300	不接线

注：测试方法可在孔型连接器上进行测试：1-2、3-4、5-6、7-8、9-10 分别为 5 个电阻，按调整表进行调试。

(2)室外隔离设备

室外隔离设备主要是室外隔离盒，室外隔离盒由电容、电感、变压器组成，用于隔离25 Hz、50 Hz 轨道电路和移频发送电路。因两者频率不同，它们对于电容、电感、变压器的阻抗也不相同，两者互不影响。

室外隔离盒有较多类型，它们的电路结构相同，主要是参数不同。有用于二线制电码化区段 25 Hz 相敏机道电路预叠加 ZPW-2000 移频轨道电路的 WGL-U 型；用于二线制非电码化区段 25 Hz 相敏轨道电路预叠加 ZPW-2000 移频轨道电路的 WGL_1-U 型；用于二线制电码化区段和非电气化区段 25 Hz 相敏轨道电路预叠加 ZPW-2000 移频轨道电路的 WGL-T 型；用于二线制非电气化区段 480 轨道电路预叠加 ZPW-2000 移频轨道电路的 FWGL-U 型和 FWGL-T型。

各种二线制电码化电路用室外隔离盒的电路结构相同，主要是参数不同，用于四线制电码化区段 25 Hz 相敏轨道电路预叠加 ZPW-2000 移频轨道电路的 DWG-2000 型；用于四线制非电码化区段 25 Hz 相敏轨道电路预叠加 ZPW-2000 移频轨道电路的 $DWGL_1$-2000 型；用于四线制非电码化区段 480 轨道电路预叠加 ZPW-2000 移频轨道电路的 FWGL-2000 型。

此外，还有用于不发码端的 DWG-F（电气化区段用）和 FWG-F(非电气化区段用)的室外隔离器。WGL-U 型室外隔离盒如图 2.10 所示。

图 2.10　WGL-U 型室外隔离盒

四线制电码化电路用室外隔离盒不同于二线制电码化电路用室外隔离盒。

室外隔离盒为送、受电端通用型，共有 8 个端子。一般情况下，25 Hz 信号由 I_1、I_2 两端输入，经 I_3、I_4 两端输入到 BG_2-130/25型25 Hz轨道变压器的 I_1、I_4，经该变压器的 III_1、III_3 输出到隔离盒的 I_5、I_6 端子，由隔离盒的 I_7、I_8 两端输出至轨道。

非电气化区段 480 轨道电路的送电端轨道变压器箱内，在 FWGL-T 型隔离盒旁放置 BG_1-80A 型轨道变压器，用来进行 480 轨道电路送电端电压调整。BG_1-80A 型轨道电源变压器如图 2.11 所示；在受电端轨道变压器箱内的 FWCL-T 型隔离盒旁连接 BZ_4-U 型中继变压器，作为轨道电路中继升压用。BZ_4-U 型中继变压器如图 2.12 所示。

图 2.11　BG_1-80A 型轨道电源变压器

图 2.12　BZ_4-U 型中继变压器

4)防雷设备

(1)FT_1-U型匹配防雷单元和MFT_1-U型电码化防雷调整组合

FT_1-U型匹配防雷单元由一台$BMFT_1$匹配防雷调整变压器及两个RX20-50W-100Ω±5%调整电阻组成。双功出匹配防雷变压器分两路输出，输入170 V，输出两路40～140 V，起到双功出作用。可满足一个发送器输入，经过匹配防雷变压器输出两路相同的移频信号供预叠加电码化使用，同时起到移频发送设备的防雷和阻抗匹配作用，其外形如图2.13所示。

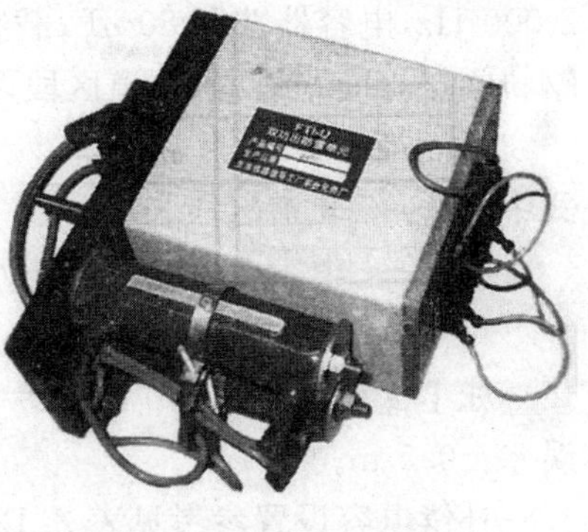

图2.13　FT_1-U双功出匹配防雷单元外形图

FT_1-U型防雷单元正面有调整端子，可调整输出电压。输入170 V移频信号时，可调整输出移频信号电压在20～140 V范围内。FT_1-U型防雷单元的使用见表2.11。

表2.11　FT_1-U型防雷单元的使用

电压(V)	20	40	60	80	100	120	140
端子连接	1-2 7-3	1-3 7-4	1-4 7-5	1-4 7-6	1-3 7-5	1-3 7-6	1-2 7-6

FT_1-U型匹配防雷单元主要用于电气化和非电气化区段25 Hz相敏轨道电路或480轨道电路叠加、预叠加ZPW-2000系列电码化系统。

FT_1-U型匹配防雷单元采用插入方式安装于MFT_1-U型电码化防雷调整组合中。

MFT_1-U匹配防雷调整组合用来安装FT_1-U型匹配防雷单元，每个MFT_1-U型电码化防雷调整组合可根据需要安装1～6组FT_1-U型防雷单元。变压器采用屏蔽外壳，防止互相干扰。

MFT_1-U型电码化防雷调整组合采用插入式结构，正面有调整端子，可调整输出电压。可根据要求数量进行安装，空位用补空板，侧面用3×18端子引出，用于配线。

MFT_1-U型防雷组合分两种，一种安装于组合架，外形尺寸880 mm×170 mm×250 mm，安装尺寸为850 mm×114 mm。另一种安装于防雷柜，外形尺寸840 mm×170 mm×250 mm，安装尺寸为804 mm×114 mm。

(2)防雷模块和室内电码化轨道防雷组合

防雷模块设于室内隔离盒输出侧(二线制电码化电路)或发送电缆室内输出端(四线制电码化电路)，跨接在发送电码电路引向室外的两根导线上，用来保护室内电码化设备。防雷模块安装在室内电码化轨道防雷组合中。

$MGFL_1$-U型室内电码化轨道防雷组合由20组NFL型防雷模块组成，$MGFL_1$-U(JQ)型室内电码化轨道防雷组合由20组NFL(JQ)型防雷模块组成，组装在一块绝缘板上。外部配线拧接在18柱端子正面，组合内部配线背面焊接。电气化区段与非电气化区段的防雷设备通用。

5)补偿电容

为了提高传输性能，必须根据通道参数并兼顾低道砟电阻道床传输，选择补偿电容器容量，使ZPW-2000电码化传输通道趋于阻性，同时尽可能降低对原有轨道电路的影响。

当电码化轨道区段长度超过 300 m 时，必须在钢轨间设置补偿电容，载频为 1 700 Hz、2 000 Hz，电容器选用 80 μF；载频为 2 300 Hz、2 600 Hz，电容器选用 60 μF。补偿电容器在钢轨间按等间距设置，轨道区段两端绝缘节与第一个电容距离为等间距的一半。

等间距 $$\Delta = L/\Sigma$$

式中 L——轨道区段长度，m；

Σ——电容个数，$\Sigma=N+A$，其中：N——百米数；A——个位、十位数为 0 时为 0，个位、十位数不为 0 时为 1。

如ⅠG 长度为 1 090 m，$N=10$，$A=1$，等间距 $\Delta=1\ 090/(10+1)=99.09$(m)，安装允许误差±0.5 m。

补偿电容设置参考见表 2.12。

表 2.12　补偿电容设置参考表

轨道电路长度 L(m)	补偿电容个数 $\Sigma=N+A$	设置间隔 Δ(m)	轨道电路长度 L(m)	补偿电容个数 $\Sigma=N+A$	设置间隔 Δ(m)
300	3	100	950	10	95
350	4	87.5	1 000	10	100
400	4	100	1 050	11	95.45
450	5	90	1 100	11	100
500	5	100	1 150	12	95.83
550	6	91.67	1 200	12	100
600	6	100	1 250	13	96.15
650	7	92.86	1 300	13	100
700	7	100	1 350	14	96.43
750	8	93.75	1 400	14	100
800	8	100	1 450	15	96.67
850	9	94.44	1 500	15	100
900	9	100			

补偿电容技术指标见表 2.13。

表 2.13　补偿电容技术指标

序号	项　目	指标及范围	备　注
1	电容容量	标称值±5%	测试频率 1 000 Hz
2	损耗角正切值	$\leqslant 90\times10^{-4}$	测试频率 1 000 Hz
3	绝缘电阻	≥500 MΩ	两极间直流 110 V

采用电缆线焊接在电容器内部，轴向分两头引出的方式，将电缆用环氧树脂灌封。电缆引线的连接方式有两种，一种是两端用锡焊接塞钉，塞钉镀锡；另一种是压接线鼻子，然后用专用销钉与钢轨连接。

5. 站内轨道电路发码设备维护

站内电码化设备按设备工作处所分为室内发码设备及检测设备、室外传输设备，其检程周期分为日常维护和集中检修两种方式。

1)室内设备检修

(1)日常维护

每日一次，维护内容为：

①检查发送器室内隔离器、匹配变压器有无过热现象，滑线电阻接触是否良好。

②检查发送器上各工作指示灯是否工作正常，闭环电码化设备检查移频检测盒主、副机工作指示灯是否一致，控制台有无移频报警和闭环检测报警。

③值班点每日一次(非值班点每月不少于两次)测试发送器的功出电压、载频频率、低频频率，检测接收电平。

(2)集中检修

集中检修每年一次，检修内容为：

①按日常维护的内容进行检修。

②贯通地线，对地线电阻大于1 Ω的地线进行整治。

③电缆绝缘测试，数字电缆和普通电缆的全程绝缘均要求大于1 MΩ。

④轨道电路室内Ⅰ级测试。

⑤检查各类器材的标记是否完好，器材是否超周期使用。

⑥检查分线盘电缆端子紧固是否良好，分线盘端子标签是否齐全。

⑦对数字电缆成端进行检查，不良的电缆成端进行整治，电缆钢带与贯通地线连接是否良好。

⑧每半年进行一次电码化的Ⅰ级测试，测试的项目为：

a. 在发送器的“功出”测孔测试发送器的功出电压、载频频率、低频频率。

b. 在发送器的电源测孔测试发送器的工作电压，标准为DC(24.5±0.5) V。

c. 测试发送器所有低频信息、载频信息及“+1”发送器的切换情况。

2)室外传输设备检修

(1)日常维护

两个月1次进行日常维护，检查内容为：

①检查钢轨绝缘是否完好，轨缝是否符合标准，更换不良绝缘。

②检查补偿电容、电容盒外观及卡具是否完好。

③检查信号变压器箱外观有无破损、漏水，加锁装置是否良好。

④更换检查送、受电端引线、钢轨接续线、道岔跳线是否完好，防混措施是否良好。

⑤检查箱、盒外部螺栓是否良好，轨道电路有无受外界干扰。

⑥断股的导接线、钢丝绳，对缺油的钢丝绳补油。

⑦轨距杆、道岔连接杆、连接板及安装装置绝缘外观的检查。

⑧基础面及设备外部清扫、注油，基础稳固。

⑨访问车站值班员了解设备运用情况

(2)集中检修

集中检修周期为每半年一次，检修内容为：

①检查、测试轨道绝缘，更换不良绝缘、导线及部件。

②检查测试轨距杆绝缘，不良的更换。

③检查送、受电端箱、盒通风、防尘状况，不良的整修。

④检查、补齐、整修箱盒引接线、接续线、道岔跳线、扼流变压器中心连接板(线)的安装及固定状态，对不良情况进行整治。

⑤对补偿电容电流特性进行测试，特性变化不得超过标称值±5%。

⑥对电码化区段的轨道电路送、受电端电特性进行Ⅰ级测试，测试项目为：

a. 电源电压送、受电变压器Ⅰ、Ⅱ次电压。

b. 限流器电压降。

c. 送、受电端钢轨电压。

d. 分路残压测量。

e. 入口电流测量。

⑦ZPW-2000A电码化入口电流的测试应顺着列车运行方向，在列车最先进入该区段的一端，用标准分路线短路钢轨，分路线卡在CD963型表的电流钳内，所显示电流值即为入口电流。入口电流：1 700 Hz、2 000 Hz、2 300 Hz不小于500 mA；2 600 Hz不小于450 mA。ZPW-2000电码化入口电流的测试调整方法如图2.14所示。

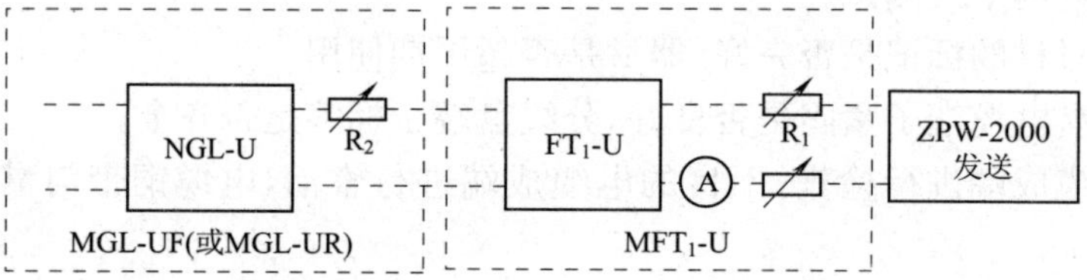

图2.14　ZPW-2000A电码化入口电流的测试调整方法图

⑧MFT_1-U匹配防雷调整组合的两个调整电阻R_1出厂时一般调整在中间位置，现场一般不需调整，当发现电码化发送器输出电流超出规定值时，可适当调整，使其满足供出电流小于或等于600 mA的要求。

⑨其他维修调整项目

a. FT_1-U出厂时设置在100 V端子上，当入口电流过大或过小时，调整它的输出电压端子，使入口电流满足要求。

b. MGL-UF、MGL-UR型室内隔离组合调整电阻R_2出厂时一般调整在150 Ω，现场根据出、入口电流的大小进行调整，直到满足要求。

c. 出口电流不大于7 A。

d. 极性交叉测量和绝缘破损试验(每年一次)。

e. 电码化电码校验(每年一次)。

f. 标调(每年一次)。

g. 防雷单元特性测试，含劣化指示的防雷元件指示窗正常为绿色，变红说明失效，需更换。

h. 配合进行器材轮修、更换。

i. 每年进行一次防护盒防水整治，设备基础油漆、扶正，硬面化修补。

j. 每两年进行一次防护盒标记化整治。对变压器箱及电容防护罩上字迹不清的名称和编号重新用白色调和漆进行标记，名称、编号采用直体字。

k. 各箱、盒地线每年进行一次测试，地线电阻大于1 Ω进行整治。

l. 电气化区段扼流变压器开盖检查。

m. 每年进行一次线路道床检查。全程钢轨扣件的绝缘完整，发现损坏及缺少应做记录，并向工务部门反映；全程钢轨轨底不与石砟相碰；隧道内轨枕及宽轨枕不得有浮土覆盖，更不得有泥土板结；工务大修清筛后，严格防止石砟在钢轨边堆积，不得与钢轨相碰；护轮轨不得经扣件与基本轨相通，护轮轨绝缘良好，配合工务更换绝缘及不良轨距杆。

n. 检查更换熔断器，核对容量。

3）室外电缆及电缆线路检修

（1）日常维护

站内2个月1次、区间6个月1次，维护内容为：

①电缆径路及电缆盒外观检查（重点是检查电缆径路电缆标、地下接头标、警示牌、过桥电缆防护、过涵电缆防护、施工及其他外界干扰）。

②检查电缆箱、盒有无破损；基础有无破损和裂纹。

③外部安装螺栓检查紧固。

④基础面、箱、盒外部清扫。

⑤室内电缆沟（槽）封堵检查。

（2）集中检修

集中检修每年进行一次，检修内容为：

①盒、基础清扫整修。

②检查、核对箱盒、室内分线盘各种电缆走向标牌、配线端子图表齐全。

③各种箱盒开盖检查，整修箱盒内部配线，防尘、防潮良好，数字电缆余量不能盘成“○”形闭合环状。

④每两年进行一次电缆盒油饰及书写代号。

⑤电缆绝缘不良查找及处理。

⑥补齐电缆埋设标桩。

典型工作任务2　机车信号设备维护

2.2.1　工作任务

通过本任务的学习，熟练掌握机车信号设备的结构、原理和系统设备维护及故障处理，并能灵活应用所学知识，分析处理相关问题。

2.2.2　知识链接

1. 机车信号设备概述

1）机车信号的定义

机车信号是通过设在机车司机室的信号装置自动反映运行条件，指示司机运行的信号显示制度。机车信号是保证行车安全的重要技术设备，为实现机车信号而装设的整套技术设备称为机车信号设备。

机车信号为机车运行监控装置提供所需的地面信号信息，在司机丧失警惕时机车运行监控装置对有可能根据机车信号判别冒进信号对列车进行强迫停车或减速，以防止列车冒进信号，提高了列车运行的安全性。

为了保证行车安全，提高运输效率及改善司机的劳动条件，在自动闭塞及半自动闭塞区段运行的列车上都要安装机车信号车载设备。在线路上也要安装机车信号地面设备，使机车上能接收到反映地面信号的信息。

2)机车信号的作用

机车信号能复示地面信号机的显示，改善司机的瞭望条件。在机车上没有安装机车信号时，由于风、雪、雨、雾等气候条件或山区、隧道、弯道等地形条件不良，司机往往不能在规定的距离内确认前方信号机的显示，存在冒进信号的危险。特别是在列车运行速度快、行车密度大、载重量大的区段，要求的制动距离更长，发生冒进信号的可能性更大。采用了机车信号设备后由于其可以复示列车运行前方地面信号机的显示，能较好地避免自然条件的影响，提高司机瞭望确认信号的可靠性。

机车信号还可以为在机车上安装自动停车或列车超速防护系统等的列车运行监控设备提供所需的必要信息，促使司机提高警惕，并在司机丧失警惕时对有可能冒进信号或超速的列车进行强迫停车或减速，以防止列车冒进信号或超速运行，进而提高了列车运行的安全性。

3)JT-CZ2000 系列机车信号

机车信号分为连续式和接近连续式。自动闭塞区段应装设连续式机车信号，半自动闭塞和自动站间闭塞区段应装设接近连续式机车信号。

车站正线、到发线应实现电码化或采用与区间同制式轨道电路。

机车信号的显示，应与线路上列车接近的地面信号机的显示含义相符。机车停车位置，应以地面信号机或有关停车标志为依据。

以前各种制式的机车信号主要问题是安全性、可靠性较差。机车信号与自动停车装置结合使用时，受功能所限，仍然依靠司机确认和干预，人—机关系处理不好，冒进信号、超速行驶等各种事故时有发生，因此，机车信号一直作为辅助信号。随着机车信号可靠性的不断提高和列车运行速度的不断提高，机车信号应从辅助信号转为主体信号。如在双线双方向自动闭塞区段，反方向不设通过信号机，仅在分界点处设停车标志，以机车信号作为主体信号指挥列车安全运行。列车速度在 160 km/h 以下，这是司机能确认地面信号机显示的临界速度，虽然其正方向仍设地面信号机，但在正常情况下以机车信号为主，当列车运行速度超过 160 km/h 时，司机确认地面信号已不可能，地面信号将失去其存在的意义而被取消，只能凭机车信号行车，此时机车信号应作为主体信号。

主体化机车信号是为运用于提速区段为满足列控车载系统要求而研制的，目前主要应用的 JT1-CZ2000 型机车信号就是主体化的机车信号车载设备。

2. JT1-CZ2000 型机车信号设备构成

JT1-CZ2000 型机车信号系统需地面设备和车载设备两部分共同工作。地面设备主要包括区间轨道电路和站内轨道电路电码化。JT1-CZ2000 型机车信号系统地面设备应采用 ZPW-2000(UM 系列)轨道电路。当地面设备能保证连续可靠地向列车提供机车信号信息时，

JT1-CZ2000型机车信号可作为行车凭证，即实现机车信号的主体化功能。

1）系统构成

JT1-CZ2000型主体化机车信号车载系统（一体化）由主体化机车信号主机（含机车信号记录器）、机车信号双路接收线圈、机车信号机构成，机车信号机可选用LED机车信号机或点阵式机车信号机，其设备构成如图2.15所示。

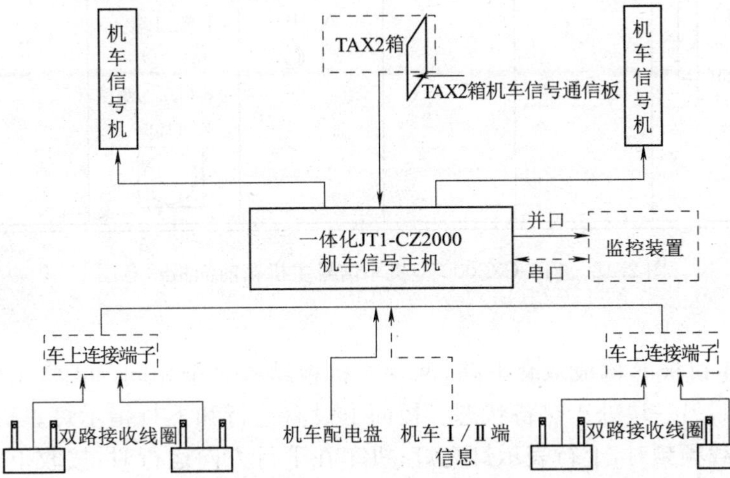

图2.15　JT1-CZ2000型机车信号车载系统构成框图

（1）机车信号主机

JT1-CZ2000型机车信号主机采用冗余结构，其从接收线圈接收钢轨信号，并对接收的信号进行处理、解调、译码，得到机车信号信息，并将机车信号信息输出到机车信号机显示给司机，同时也将机车信号信息输出到监控装置或列车超速防护设备作为控车的基本条件。

机车信号记录器对机车信号的运行状态和地面信息等动态数据进行采集和存储。同时主机也接收运行监控记录器的TAX2箱输出的列车信息。

（2）机车信号双路接收线圈

接收线圈内部为双路冗余线圈，保证当一路线圈断线或中间连线故障而使主机无法接收轨面信息时，另一路接收线圈仍保证机车信号主机正常译码输出。安装于机车转向架前端，通过与钢轨的电磁耦合接收钢轨上的信号，然后传送给机车信号主机。

（3）机车信号机

机车信号可选用双面八灯LED机车信号机或双面点阵式机车信号机。

双面八灯机车信号机采用LED显示，其供电电压为直流48 V，功率为6 W，与载频切换（上/下行）开关和UM71模式选择开关一体化设计，除保证8种稳定灯光、3种闪光显示外，还可提供操作端显示、上/下行显示及ZPW-2000或UM71制式显示。

2）设备组成

（1）机车信号主机

JT1-CZ2000型机车信号主机现采用合体式六槽机箱结构，从左向右分别是记录板、主机板A、主机板B、连接板及电源板1和电源板2。主机箱前面板示意图如图2.16所示。

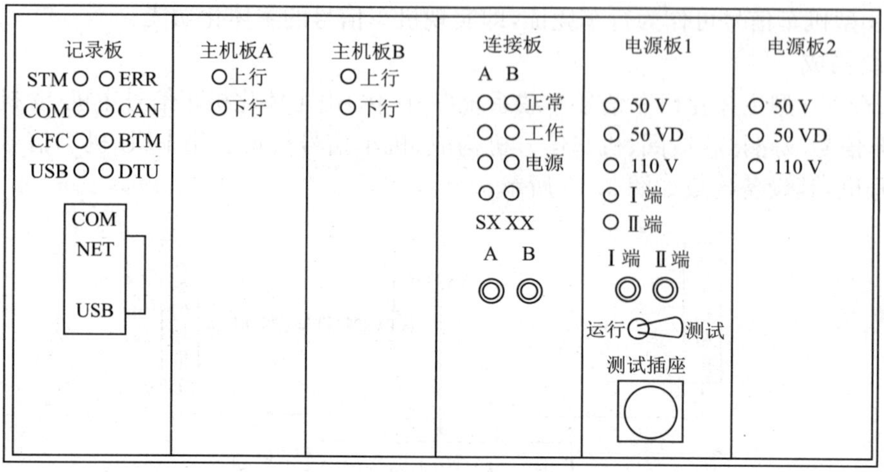

图 2.16 JT1-CZ2000 型机车信号主机箱前面板示意图

①主机板

主机板 A 和主机板 B 构成双套电路，两块主机板结构完全相同。正常工作时，两个主板一块处于工作状态，另一块处于热备状态。板面上设有上行和下行指示灯。机车在上行方向运行时，接收上行载频频对，上行表示灯亮灯；机车在下行方向运行时，接收下行载频频对，下行表示灯亮灯。测试时，也可扳动设于机车信号机机构下部的上/下行开关，根据其位置接通主机板上的上行表示灯或下行表示灯。

②电源板

电源板有电源板 1 和电源板 2 两块板，两块电源板电路基本相同，构成双套电源供电。其中电源板 2 内部还设有一个 12 V 电源模块，专用于为采用无线通信的机车信号远程检测与诊断系统(DTU)的终端盒供电。

电源板的输入电压为 110 V，输出双路直流 50 V。一路 50 V 供给机车信号主机，另一路 50 V 作动态控制安全点灯电源。

电源板 1 和电源板 2 均设有 50 V、50 VD 和 110 V 指示灯。主机工作电源正常供电时，50 V 灯亮；动态控制点灯电源正常供电时，50 VD 灯亮；110 V 机车电源正常时，110 V 灯亮。在电源板 1 板面上还设有Ⅰ端和Ⅱ端按钮及Ⅰ端、Ⅱ端表示灯。通过Ⅰ端或Ⅱ端按钮按压操作可完成机车Ⅰ端和Ⅱ端接收线圈的切换。同时为方便使用与维护，在电源板 1 上还设有供测试用的航空插座和测试开关。

③连接板

连接板主要实现电源的分配、主机 A 和主机 B 的自动或人工切换及对主机、电源及上/下行工作状态的监督等。

连接板前面板设有 6 个指示灯，分别是监督主机 A 和监督主机 B 的正常表示灯、工作表示灯、电源表示灯、上/下行输入表示灯。双套主机板均无故障时，主机 A 和主机 B 两个正常表示灯均亮灯；两个工作表示灯，平时只有一个点亮，表示某主机处于输出工作状态。主机 A 处于工作状态，主机 B 处于热备状态时，主机 A 工作表示灯亮，主机 B 工作表示灯灭。反之，主机 B 工作，主机 A 热备时，B 工作灯亮，A 工作灯灭；两个电源指示灯，分别表示两套主机输入 50 V 电源是否正常。主机 A 和主机 B 供电均正常时，两个电源表示灯均点亮。

连接板前面板还设有两个 A 机、B 机切换按钮。正常工作接通电源后，主机 A 和主机 B 哪个处于工作状态，哪个处于热备状态是随机的，通过 A 机、B 机切换按钮可人工切换 A、B 机的在线状态。

④记录板

记录板上插有能实时记录机车运行过程中各种动态信息的大容量的 CF 卡和用于完成信息转录的 USB 插口。通过大容量 CF 卡作为记录介质的记录器能真实地采集和记录机车信号动态运行中的各种状态信息。

记录板上还设有：STM、COM、CFC、USB、ERR、DTU 和 CAN、BTM 8 个红色表示灯，其中：

STM——主机板状态指示灯。主机板工作正常时，显示 2 s 一个周期的闪光信号（慢闪）。主机板故障，显示 1 s 一个周期的闪光信号（快闪）。

COM——主机、TAX2 串口状态指示灯。平时每 0.5 s 一个闪光周期，表示主机和 TAX2 箱信息都正常。1 s 一个闪光周期（亮 0.125 s，灭 0.875 s）表示主机串口正常，无 TAX2 信息；1 s 一个闪光周期（亮 0.875 s，灭 0.125 s）表示 TAX2 信息正常，无主机串口信息。

TAX2 箱向机车信号记录器传送由列车运行监控装置输出的线路公里标、速度、时刻、信号机类型和编号、机车号、车站号、司机号等信息。

CFC——CF 卡状态指示灯。每 0.05 s 一个周期快速闪烁，表示正在操作，读/写 CF 卡。每 2 s 亮 25 ms，表示没有操作。常亮表示 CF 卡有故障或无卡。

USB——U 盘状态指示灯。每 0.05 s 一个周期快速闪烁，表示正在向 U 盘转储数据。每 2 s 亮 25 ms，表示没有操作。常亮表示转储失败。

ERR——异常指示灯。设备正常灭灯。指示灯闪光，表示操作故障或系统时钟源故障。

DTU——远程监测指示灯。用于采用远程监测的区段，工作时闪光。

BTM——应答器接收灯。暂未用，平时灭灯。

CAN——总线（预留）表示灯。暂未用，平时灭灯。

主机箱后面设有 8 个电缆连接航空插座和 1 个测试插座。JT1-CZ2000 型机车信号主机箱后面插座示意如图 2.17 所示。

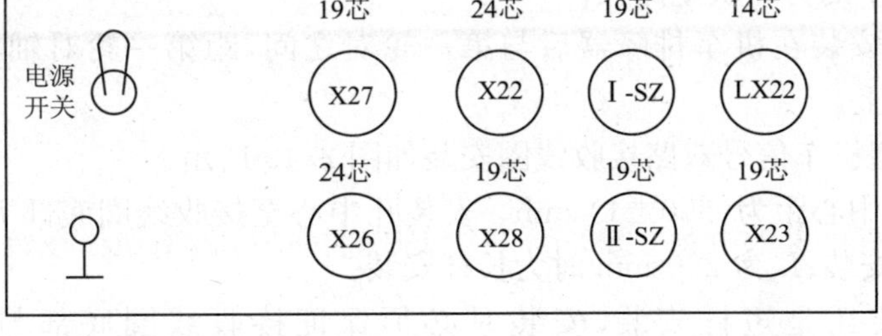

图 2.17　JT1-CZ2000 型机车信号主机箱后面插座示意图

主机箱共使用 8 个航空插座与外部相连。其中 X27、X28 为 19 芯，分别与机车信号机点灯电路相连；X22 为 24 芯，与监控装置相连；Ⅰ-SZ 和Ⅱ-SZ 为 19 芯，分别与机车信号机模式开关、上/下行开关等相连；X26 为 24 芯，与接收线圈、110 V 电源等相连；X23 为 19 芯，与主机串口等相连；LX22 为 14 芯。

(2)双路接收线圈

JT1-CZ2000 型机车信号采用 JT1·JS-Ⅱ型双路接收线圈。当一路线圈、线圈电缆、插接件等故障时,另一路接收线圈仍可维持系统正常工作,从而提高了系统的可靠性。

双路接收线圈内部设计为双路,即每个接收线圈盒内设有两个独立的接收线圈。每路接收线圈与另一线圈盒内对应串联后,对应连接主机中的一块电路板。接收线圈中一路存在故障时,主机通过自动切换控制电路,把对应正常接收线圈的主机转为工作机。

双路接收线圈可实现车载系统的闭环自动测试。测试时,一路作为测试线圈发送信号,另一路可接收信号,并控制与接收线圈相连的主机译码接收,从而实现对车载系统的闭环测试。

双路接收线圈设于一个白色的塑封盒内。接收线圈盒的尺寸长 420 mm、宽 96 mm、高96 mm。

JT1-CZ2000 型机车信号双路接收线圈内部构成如图 2.18 所示。

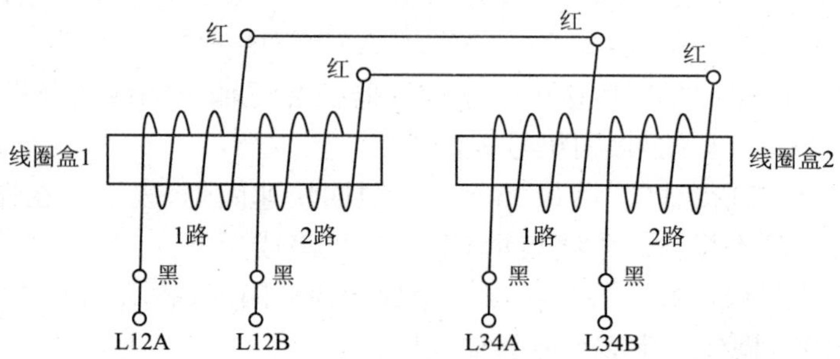

图 2.18　JT1-CZ2000 型机车信号双路接收线圈内部构成图

每个接收线圈盒内设有两个接收线圈:1 路线圈和 2 路线圈。每个接收线圈盒共引出4 条线,2 条黑色线和 2 条红色线。

使用中,不同接收线圈盒相同路的红线相连。黑线 L12A 接线圈盒 1 的 1 路,黑线 L12B 接线圈盒 1 的 2 路,黑线 L34A 接线圈盒 2 的 1 路,黑线 L34B 接线圈盒 2 的 2 路。不同线圈盒不同路的黑线通过电缆与主机相连。其中,L12A 和 L34A 对应主机中的一块电路板,L12B 和 L34B 对应主机中的另一块电路板。

双路接收线圈安装在机车排障器后与第一轮对之间,距第一轮对轴心水平距离不大于 1.5 m 处的两吊架上。

JT1-CZ2000 型机车信号双路接收线圈安装如图 2.19 所示。

两吊架安装孔中心距为(350±1) mm。安装孔中心至接收线圈底部 L 有两个尺寸,L 为 205 mm 时为短杆安装;L 为 260 mm 时为长杆安装。

不论长杆安装还是短杆安装,安装时必须保证接收线圈底部与钢轨轨面距离为(155±5) mm,接收线圈中心与轨面中心位移小于 5 mm。安装时必须使接收线圈外壳上方箭头指向一致,以免接反同名端。

接收线圈要求安装牢固,其安装位置能抗最高允许车速下冰雪、飞石等冲击,应具有良好的防水、防潮性能。

当接收线圈每一路线圈与 4 kΩ 电阻相连时,在规定的钢轨短路电流和频率下,各接收线圈应达到规定的电压。上述条件下任一路接收线圈开路时,另一路接收线圈的接收电压变化量应不大于15%,并保证车载设备仍工作正常。

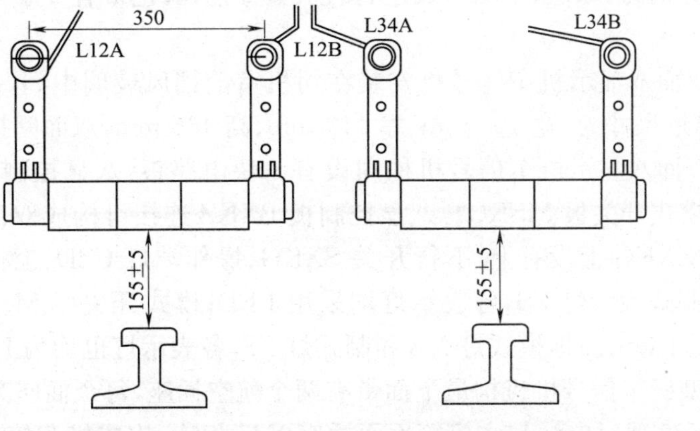

图2.19　JT1-CZ2000型机车信号双路接收线圈安装图(单位:mm)

(3)机车信号机

JT1-CZ2000型机车信号机可选用两种类型,一种为J·XS-8型双面八显示机车信号机;另一种为双面点阵式机车信号机。现多采用J·XS-8型双面八显示机车信号机。

传统的机车信号显示器是基于色灯显示信息的,每个机车信号机中对应8个灯泡,通过灯泡前面的有色玻璃片区分灯光。在振动情况下长时间使用、点灯显示的不断变换和闪光信号带来的电源通断,都容易造成灯泡断丝,影响机车信号的正常工作。现场使用的灯泡功率从5 W到8 W不等,种类很多,功耗较大,质量也参差不齐,在整个机车信号系统故障中占有一定的比率。传统的机车信号最大只可以显示8种不同的信息,显示能力有限。因此,传统的用灯泡产生光源的机车信号机无法满足将作为行车凭证的机车信号机的基本要求。为了提高机车信号机的可靠性,JT1-CZ2000型机车信号现在使用双面8色灯,采用LED机车信号机或双面点阵式机车信号机。

①双面八显示LED机车信号机

J·XS-8型双面八显示机车信号机结构如图2.20所示。

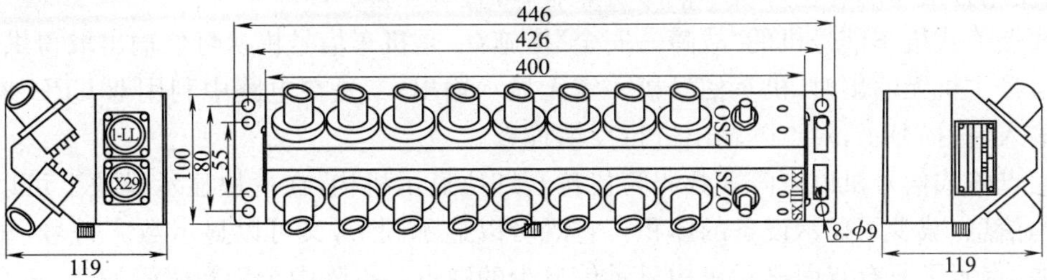

图2.20　J·XS-8型双面八显示机车信号机结构图(单位:mm)

这种信号机机选用了专为机车信号显示设计的LED信号灯,其光谱纯、发光柔和、抗震性强、耗电量小、使用寿命长、可靠性高。

J·XS-8型双面八显示机车信号机与载频切换(上/下行)开关和UM71模式选择开关一体化设计。信号机除8灯(可构成11种)显示外,机构下部还设有操作端显示、上/下行显示、

UM71 模式显示和 UM71 或 ZPW-2000 制式显示。

J·XS-8 型双面八显示机车信号机供电电压为直流 48 V，功耗为 6 W。机车信号机的颜色显示由上向下分别为：绿色、半绿半黄色、黄色、黄 2 色(黄色带有 2 字)、半黄半红色、双半黄色、红色和白色 8 种。

J·XS-8 型双面八显示机车信号机安装在司机室前挡风玻璃中间，便于司机观察。机车信号机安装后，外形尺寸为：宽 100 mm、厚 119 mm、高 466 mm，双面间折角为 60°。

J·XS-8 型双面八显示机车信号机构内设有 3 块电路板：八显控制板 BXKZ、上/下行开关板 SXXKG 和模式开关板 MSKG。八显控制板 BXKZ 连接可构成双面显示的 16 个 LED；上/下行开关板 SXXKG 上设有上/下行开关 SXKG、操作端灯 CZD、上行表示灯 SXBS、下行表示灯 XXBS 和制式表示灯 ZS，各表示灯均采用 LED；模式开关板 MSKG 上设有模式开关 MSKG、广深模式灯 GS、新标模式灯 XB 和制式灯 ZS，各表示灯也均为 LED。

在 J·XS-8 型机车信号机机构最下面带有两个航空插座，每个插座为 19 芯。其中 1 个为灯线插座 X29。X29 通过电缆与主机箱后面插座 X27 相连，构成机车信号控制板与机车信号主机的连接。另一个插座为模式开关、上/下行开关及备用线插座Ⅰ-LL(或Ⅱ-LL)。Ⅰ-LL 通过电缆与主机箱后面插座Ⅰ-SZ 相连，实现机车信号与机车信号主机的连接。

J·XS-8 型双面八显机车信号机插座使用见表 2.14。

表 2.14　J·XS-8 型双面八显机车信号机插座使用

设　备	编　号	功　能	芯　数	型　号
信号机	X29 X30	灯线	19	XC24F19Z1D1
	Ⅰ-LL Ⅱ-LL	模式开关、上/下行开关、备用	19	XC24F19Z1D1

插座 X29、Ⅰ-LL 用于机车Ⅰ端信号机；X30、Ⅱ-LL 用于机车Ⅱ端信号机。

②双面点阵式机车信号机

双面点阵式机车信号机机可以实现数字方式显示，也可以实现模拟现有色灯的图像方式显示，其使用方法与现有色灯机车信号机兼容，可直接互换。

双面点阵式机车信号机的“故障—安全”措施：一是机车信号机从灯位输出取得供电电源，在机车信号主机无输出时，机车信号机一定无显示输出；二是在电路中利用双 CPU 来共同进行信号输入，扫描显示，对点阵输出进行反馈检查。

双面点阵式信号机以点阵式数码管代替八灯位显示机构，在一块显示模块上可以显示不同意义的信息，减少了显示设备的体积。它既可以显示图形，又可以显示数字符号，显示意义可以扩展，克服了原有双面显示机构显示信息少的缺点。点阵中个别数码管故障，不会影响显示信息的整体内容且个别数码管故障可以立即被发现，从而得到及时维修，克服了灯位式显示器由于可靠性低给铁路行车造成的影响。

3)系统电气连接

JT1-CZ2000 型主体化机车信号车载系统包括双路接收线圈、机车信号主机、双面八显机车信号机等。系统间通过专用电缆进行连接。

(1)系统连接

JT1-CZ2000 型机车信号车载系统构成如图 2.21 所示。

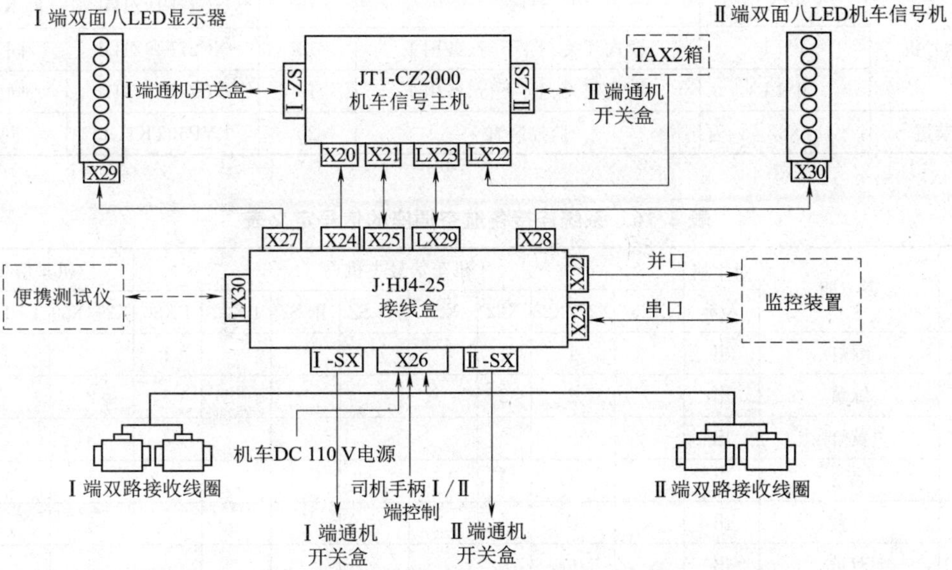

图 2.21　JT1-CZ2000 型机车信号车载系统构成(双端安装)

系统单端安装时,机车信号机Ⅱ、车上连接端子Ⅱ、接收线圈Ⅱ及与其直接连接的电缆可不安装。

机车信号主机箱上的航空插座包括与Ⅰ端八显信号机相连的插座 X27、Ⅰ-SZ,与Ⅱ端八显示信号机相连的插座 X28、Ⅱ-SZ 和通过连接端子与双路接收线圈及电源相连的插座 X26,与列车运行监控装置相连的插座 X22,与 ATX2 箱相连的插座 LX22 和与列车运行监控装置串口相连的插座 X23。J·XS-8 型双面八显机车信号机Ⅰ端插座为 X29 和Ⅰ-LL,Ⅱ端插座为 X30 和Ⅱ-LL。主机箱上插座 LX30 于测试时使用。

(2)插座的信号定义

主机的电缆连接插座共 8 个:X26、X27、X28、X22、X23、Ⅰ-SZ、Ⅱ-SZ、LX22;测试插座 1 个:X30。设备插座列表见表 2.15,系统连接各航空插座的信号定义见表 2.16。

表 2.15　设备插座列表

设　备	编　号	功　能	芯数	型　号	电缆型式
机车信号主机	X26	机车配电盘、接收线圈	24	XC27F24Z1D1	2 芯×6
	X27/X28	机车信号机	19	XC27F19Z1D1	15 芯×1
	X22	监控装置	24	XC27F24Z1D1	19 芯×1
	X23	主机串口	19	XC27F19Z1D1	
	Ⅰ-SZ	模式开关、上/下行、备用 1	19	XC27F19Z1D1	17 芯×1
	Ⅱ-SZ	模式开关、上/下行、备用 1	19	XC27F19Z1D1	11 芯×1
	LX22	TAX2、测试串口	14	XC27F14Z1D1	2 芯×1
	LX30	测试插座	32	Y2MZJ32	

续上表

设　备	编　号	功　能	芯数	型　号	电缆型式
机车信号机	X29/X30	灯线	19	XC27F19Z1D1	同 X27/X28
	Ⅰ-LL	模式开关、上/下行、备用 1	19	XC27F19Z1D1	同Ⅰ-SZ
	Ⅱ-LL	模式开关、上/下行、备用 1	19	XC27F19Z1D1	同Ⅱ-SZ
监控装置	X32	监控装置	20	LYP50TK1UQ	同 X22

表 2.16　系统连接各航空插座的信号定义表

信号代码	说　明	对主机关系	机车信号主机								机车信号机		
			X26	X27/X28	X22	X23	Ⅰ-SZ	Ⅱ-SZ	LX22	LX30	X29/X30	Ⅰ-LL	Ⅱ-LL
L	绿灯	出		1	1					1	1		
LU	绿黄	出		2	2					2	2		
U	黄灯	出		3	3					3	3		
U2	黄 2	出		4	4					4	4		
HU	红黄	出		5	5					5	5		
UU	双黄	出		6	6					6	6		
H	红灯	出		7	7					7	7		
B	白灯	出		8	8					8	8		
−50 V	50 V 地线	出		9	13		9	9		9	9	9	9
SD_1	速度等级 1	出		10	9					10	10		
ZS	UM71 制式	出		11						13	11		
JY	绝缘节	出		13	12					14	13		
SD_2	速度等级 2	出		16	10					11	16		
SD_3	速度等级 3	出		17	11					12	17		
JE	信号机故障	入		18							18		
屏蔽	机壳		12、18、24	19	24	10、16、19	19	19	5、10、14	32	19	19	19
SX	上行输入	入			14		2	2		25		2	2
XX	下行输入	入			15		1	1		26		1	1
+50 V	50 V 输出	出					7	7		31		7	7
Ⅰ50 V	Ⅰ端开关盒电源	出					3					3	
Ⅱ50 V	Ⅱ端开关盒电源	出						3					3
SXBS	上行表示	出					6	6				6	6
XXBS	下行表示	出					5	5				5	5
CSAGA	强制 A 机工作	入								23			
CSBGA	强制 B 机工作	入								24			
J	制式选择京郑(原)	入					13	13				13	13
Z	制式选择郑武(原)	入					14	14				14	14

续上表

信号代码	说　明	对主机关系	机车信号主机								机车信号机		
			X26	X27/X28	X22	X23	Ⅰ-SZ	Ⅱ-SZ	LX22	LX30	X29/X30	Ⅰ-LL	Ⅱ-LL
G	制式选择广深(原)	入					15	15				15	15
F	制式选择新标	入					16	16				16	16
	备用线						10		11			10	
	备用线						8		12			8	
+110 V	机车电源	入	7							29			
−110 V	机车电源	入	9							30			
ⅠD110 V	司控开关Ⅰ端	入	10										
ⅡD110 V	司控开关Ⅱ端	入	11										
CSⅠD	测试Ⅰ端	入								27			
CSⅡD	测试Ⅱ端	入								28			
IN_{11}	线圈Ⅰ端1组	入	14										
IN_{12}	线圈Ⅰ端1组	入	15										
IN_{21}	线圈Ⅱ端1组	入	16										
IN_{22}	线圈Ⅱ端1组	入	17										

(3)电缆

机车信号主机到Ⅰ端八显信号机连接只使用两条电缆。

第一条电缆起于机车信号主机箱插座X27，终到Ⅰ端八显示信号机插座X29。电缆为19芯，共使用连接线16条。线1～线8分别接通信号机绿灯、绿黄灯、黄灯、黄2灯、红黄灯、双黄灯、红灯和白灯；线9接−50 V地线；线10、线16、线17为速度等级线，分别接SD1、SD2和SD3；线13为过绝缘节线JY；线18为信号机故障线JE；线19为屏蔽线接机壳；线12、线14、线15未用。

第二条电缆起于信号主机箱插座Ⅰ-SZ，终到Ⅰ端八显示信号机插座Ⅰ-LL，电缆19芯，共使用连接线18条。其中两个插座的线1和线2分别连接下行输入线XX和上行输入线SX；线3连接Ⅰ端开关盒电源；线5和线6接通了下行表示线XXBS和上行表示线SXBS；线8和线10连接DTU电源−12 V和+12 V；线7和线9连接+50 V和−50 V电源；线11和线12为DTU串口线；线13、线14、线15、线16分别构成制式选择J、Z、G、F；线17和线18为串口备用；线19接机壳构成屏蔽。线4未用。

通过电缆将主机箱上的X28插座与机车信号机X30插座相连，将主机箱上的Ⅱ-SZ插座与机车信号机Ⅱ-LL插座相连即可实现主机箱与Ⅱ端八显示信号机的连接。

表2.17为安装的电缆(单端安装时，减少Ⅱ端相应电缆)的使用情况。

3. JT1-CZ2000型机车信号设备维护

机车信号是关系到行车安全的关键设备之一，是重要的机、电结合部。各级电务部门要高度重视，把机车信号设备作为保障铁路行车安全的主要装备来维护，精心组织、必维护、严格管理，配备相应的技术力量、加强联劳协作，按照机车信号检修的技术规、技术标准和作业程序加强维修，提高运用质量和故障处理能力，确保机车信号设备良好地投入运用。

表 2.17　电缆的使用情况

<table>
<tr><th>编号</th><th>电缆走向</th><th>电缆号</th><th>A 端</th><th>A 端插头型号及最大外径</th><th>B 端</th><th>B 端插头型号及最大外径</th><th>电缆规格型号</th><th>电缆最大外径(mm)</th><th>安装最小弯曲半径(mm)</th><th>绝缘耐压(V)</th></tr>
<tr><td>1</td><td>主机到Ⅰ端信号机电缆</td><td>L24</td><td>X27</td><td>XC24T19K1P1
34 mm</td><td>X29</td><td>XC24T19K1P1
34 mm</td><td>ZR-RVVP15×
0.5 mm^2</td><td>12</td><td>48</td><td>300</td></tr>
<tr><td>2</td><td>主机到Ⅰ端信号机电缆</td><td>LX1</td><td>Ⅰ-SZ</td><td>XC24T19K1P1
34 mm</td><td>Ⅰ-LL</td><td>XC24T19K1P1
34 mm</td><td>ZR-RVVP5×0.5+
3×2×0.5 mm^2</td><td>18</td><td>72</td><td>300</td></tr>
<tr><td>3</td><td>主机到Ⅱ端信号机电缆</td><td>L25</td><td>X28</td><td>XC24T19K1P1
34 mm</td><td>X30</td><td>XC24T19K1P1
34 mm</td><td>ZR-RVVP15×
0.5 mm^2</td><td>12</td><td>48</td><td>300</td></tr>
<tr><td>4</td><td>主机到Ⅱ端信号机电缆</td><td>LX2</td><td>Ⅱ-SZ</td><td>XC24T19K1P1
34 mm</td><td>Ⅱ-LL</td><td>XC24T19K1P1
34 mm</td><td>ZR-RVVP5×0.5+
3×2×0.5 mm^2</td><td>18</td><td>72</td><td>300</td></tr>
<tr><td>5</td><td>主机到监控电缆</td><td>L20</td><td>X22</td><td>XC24T19K1P1
37 mm</td><td>X32</td><td>XC24T19K1P1
37 mm</td><td>ZR-RVVP19×
0.5 mm^2</td><td>13</td><td>52</td><td>300</td></tr>
<tr><td rowspan="4">6</td><td rowspan="4">主机到机车配电盘和接收线圈电缆(单端安装时L28A、L28B、L30)</td><td>L30</td><td rowspan="4">X26</td><td rowspan="4">XC24T19K1P1
37 mm</td><td>司控开关Ⅰ/Ⅱ端控制接点</td><td>压接线环</td><td>ZR-RVVP2×
0.5 mm^2</td><td>5.5</td><td>22</td><td>300</td></tr>
<tr><td>L31</td><td>机车配电盘</td><td>压接线环</td><td>ZR-RVVP2×
0.75 mm^2</td><td>6</td><td>24</td><td>300</td></tr>
<tr><td>L31A
L31B</td><td>Ⅰ端连接端子</td><td>接收线圈线环</td><td>ZR-RVVP2×0.5+
(3×2×0.5 mm^2)BP</td><td>5.5×2</td><td>22</td><td>300</td></tr>
<tr><td>L28A
L28B</td><td>Ⅱ端连接端子</td><td>接收线圈线环</td><td>ZR-RVVP2×0.5+
(3×2×0.5 mm^2)BP</td><td>5.5×2</td><td>22</td><td>300</td></tr>
<tr><td>7</td><td>主机到TAX2箱电缆</td><td>LT</td><td>LX22</td><td>XC22T19K1P1
32 mm</td><td>TAX2 箱</td><td>YP28TK24U_q
34 mm</td><td>ZR-RVVP2×
0.5 mm^2</td><td>5.5</td><td>22</td><td>300</td></tr>
<tr><td>8</td><td>主机到LKJ电缆</td><td>—</td><td>X23</td><td>XC22T19K1P1
34 mm</td><td>LKJ</td><td>—</td><td>—</td><td>—</td><td></td><td></td></tr>
</table>

注:电缆长度由用户提出。

1) 机车信号检修的管理

(1)年检修计划

①检修车间每年 11 月份提交下一年度的检修计划,经技术科审查,段长批准后执行。

②编制年检修计划的依据是上年度设备的运用情况和段下达的重点任务,检修计划应能保证年度生产任务的完成,年检修计划按月编制,每月应尽量做到工时平衡。

(2)月检修计划

①检修车间每月根据年度工作计划和段下达的临时任务编制月工作计划表。

②月检修计划应保证年检修计划任务的完成。

③月检修计划应保证成品库内的库存器材不超过规定的存放周期。

(3)器材轮修周期

①各类机车车载设备实行故障修或进行厂修、轮修。

②库存器材：一年。

③备品：一年。

2) 机车信号车载设备的维护

(1)运行时的维护

出/入库时机车信号检查项目：

①机车信号译码输出检查。

②机车信号接收灵敏度检查。

③机车信号主机A、主机B套功能检查。

④自上/下行开关功能检查。

⑤Ⅰ、Ⅱ端转换功能检查。

⑥记录器是否正常。

运行时通过连接板面板8个表示灯的状态，判断主机是否正常：

①两个正常表示灯，双套主机板均无故障时点亮。

②两个工作表示灯，平时只有一个亮，表示某主机处于输出工作状态。

③两个电源指示灯，分别表示两套主机输入50 V电源正常。

④两个上/下行表示灯，表示上/下行开关操作正常。

(2)主机板维修

①主机板或记录器电源电路维修

主机板或记录器内电源电路故障后，将导致机车信号不点灯或开机烧熔断器的现象。按照电源部分电路组成，用万用表测量电压是否正常、是否有短路的方法来查找故障。

②主机板输入电路的维修

按照主机板输入电路，检查输入电路是否故障。用发码器送信号，将主机板输入端AD芯片的信号幅度与正常主机板进行对比，查找故障点。

③CPU模块更换

通过更换CPU模块判断CPU模块是否故障。

④记录器记录信号分析

通过对记录器记录的地面信号波形进行分析，如分析信号的幅度、频率参数，判断地面信号是否正常。

⑤接线盒维修

根据接线盒电路原理图，测试接线盒的接线是否良好；检查接线盒内电源电路，更换故障元器件。

⑥接收线圈维修

用万用表测量线圈电阻，兆欧表测量线圈绝缘，检查接收线圈是否良好。

⑦显示器的维修

根据显示器电路原理图，检查显示器内部是否故障，更换或修复内部器件电路。

典型工作任务3 LKJ2000型列车运行监控装置的维护

2.3.1 工作任务

通过LKJ2000型列车运行监控装置系统构成、系统通信构成和主要插件的功能分析，掌握监控装置的工作原理及应用。运用所学相关专业知识对LKJ2000监控装置进行分析和检修维护。

2.3.2 知识链接

在我国铁路既有线第六次提速中采用CTCS-2级列控系统，在动车组列车上装备CTCS-2级列控车载设备，在提速至200～250 km/h线路区段进行CTCS-2级列控地面设备改造。200～250 km/h客运专线也采用CTCS-2级列控系统，在既有线CTCS-2级列控系统中，同时装设列车运行监控装置LKJ，当列车超速防护系统正常工作时，由ATP控车。当地面设备不满足CTCS-2级条件或列车超速防护设备故障时，CTCS-2级列控系统可降低为CTCS-1级列控系统或CTCS-0级列控系统，由LKJ控车。

列车运行监控装置简称监控装置，是我国铁路研制的以保障列车运行安全为主要目的的列车速度控制装置。该装置在实现安全速度控制的同时，可采集并记录与列车安全运行有关的各种机车运行状态信息，促进了机车运行管理的自动化。

监控装置机车信号设备作为列车运行指令信息源，以线路数据预置于主机的独特方式获取运行线路参数信息，采用计算机智能处理对列车运行速度进行安全监控。

我国监控装置从20世纪90年代初开始研究开发，1995年起形成全路普及使用的规模。LKJ2000型列车运行监控装置是监控装置的新一代设备，其吸取了JK-2H型和LKJ-93型监控装置的成熟技术经验，在技术等级、功能、性能和可靠性等方面都有了较大程度的提高，并且在功能扩展性和各项发展中的技术设备的接口配合方面作了适应设计，技术性能具有明显优势。

该装置采用的是车载控制模式，在列车运行时根据列车所处位置按顺序调用车载的线路数据，并按前方信号机的显示、距离、列车速度实时计算和显示模式控制曲线。当列车速度超过模式控制曲线时，将对列车采取措施，如将机车动力卸载；实施常用制动、紧急制动等，使列车减速或停车，防止越过前方关闭的信号机。

由于该装置也具有与地面进行信息传输的接口及传输信息处理的功能，因此，假如建立了地面信息传输的功能，也可以采用车载数据与地面传输信息相结合的控制方式，即ATP的控制方式，将进路信息、站内开通的股道信息、临时限速的调度命令信息，通过附加的附属设备，如无线传输、机车双向标签、GPS、机车综合信息检测平台(TAX2)等设备，用无线通信或地面应答器、轨道电路信息叠加等方式传给监控装置，以达到实时控制的目的。

1. 列车运行监控装置组成

1) 系统组成

列车运行监控装置主要由主机箱、显示器、事故状态记录器(选件)、速度传感器、压力传感器及双针速度表组成，如图2.22所示。其中显示器分数码显示器和屏幕显示器两种。速度信息来自安装在机车车轮对上的TQG15或DF16型光电式速度传感器;机车信号信息可取自通用式机车信号装置的点灯条件,也可通过RS-485/RS-422串行通信方式获取;压力信息来自机车列车管压力、机车均衡风缸压力及制动缸压力。

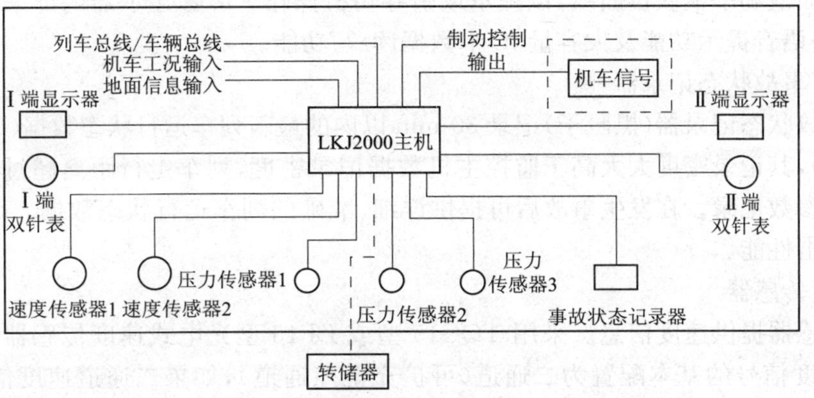

图2.22　LKJ2000型列车运行监控装置组成

LKJ2000型列车运行监控装置实物如图2.23所示。

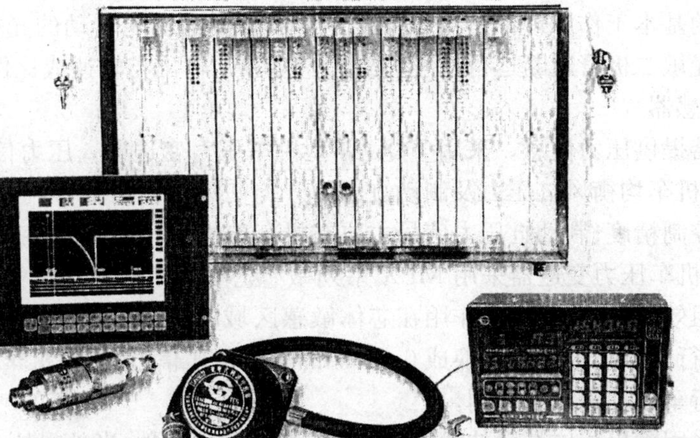

图2.23　LKJ2000型列车运行监控装置实物图

(1)主机箱

主机箱采用6U×160 mm标准机箱结构,其宽度尺寸为84R。主机箱为装置的控制中心,其内部由A、B两组完全相同的控制单元组成,每组有8个插件位置(包括一个预留位置),各插件位置以机箱中心线为基准对称排列,从中心线开始往左、右,各插件排列顺序依次为:监控记录、地面信息、通信、模拟量输入/输出、预留、数字量输入、数字量输入/输出、电源。各插件之间采用VME标准总线母板连接。机箱采用背板对外出线方式,所有输入/输出信号均通过机箱背部连接器引出。

(2)屏幕显示器

作为人—机界面的显示器有数码显示器与屏幕显示器两种。

屏幕显示器方式采用10英寸TFT高亮度液晶显示屏，以屏幕滚动方式显示实际运行速度轨迹曲线及模式限制速度（或线路允许速度）曲线，以图形、符号和文字形式显示地面信号机的位置、种类及运行线路的曲线、坡道、桥梁、隧道及道口等信息，同时显示指导性机车优化操纵运行速度曲线和手柄级位曲线，以提示或引导司机操作。屏幕显示器内部采用PC/104模块结构，具备语音提示功能及大容量IC卡数据读/写功能。

(3)列车事故状态记录器

列车事故状态记录器（黑匣子）记录30 min以内的最新列车运行状态数据（事故发生将自动停止记录），其记录密度大大高于监控主机数据记录密度，列车走行距离超过5 m时，将产生一次相关参数记录。在发生事故后可提供详细、准确的列车运行状态数据。事故状态记录器具备抗冲击性能。

(4)速度传感器

速度传感器提供速度信息。采用TQG15型或DF16型光电式速度传感器，安装在机车轮对上。速度信号的基本配置为二通道（可扩充至三通道），如果二通道速度信号相位相差90°，则可满足相位防溜功能的需要。在无相位防溜功能时，速度信号可分别取自两个速度传感器。

目前与监控装置配套的光电转速传感器有DF8、DF16、TQG9及TQG15四种类型。四种传感器可以互相使用。

四种产品的基本工作原理都是用一个发光二极管经随车轮转动的光栅盘变为断续光，使光断续器中的光敏二极管通断运行，经电路放大整形后，输出与转速成比例的方波脉冲序列。

(5)压力传感器

压力传感器提供压力信息。采用TQG14型机车压力变送器。压力信息除了检测列车管压力外，还检测机车均衡风缸压力及制动缸压力。均衡风缸压力信号用于反馈控制以提高常用制动减压量控制精度；制动缸压力信号主要在机车单机运行时作为状态记录依据。

TQG14型机车压力变送器采用MPX系列敏感芯体，结合国内技术开发而成，其工作原理是利用硅压阻效应，当外界压力作用在芯体敏感区域时，在恒压供电情况下，便有相应的电信号输出，再进行信号技术处理转换成0～5 V的直流电压信号，可与机车监控装置直接配用，从而实现机车行车自动测量和控制。

在电路中采用输出相位补偿技术，在容性负载时不会自激，当外界压力超范围时，输出电压自动限制在5.5 V以下。

(6)指针式速度指示

双针速度表国内有EGZ3/8型和ZL型。两种表都是广角速度表，由上、下机芯、里程计及外壳组成，能与监控装置配套使用，具有结构牢固、防震性好、寿命长等特点，适用于国内外各种类型的机车。两种表在技术参数和外形尺寸、电气接口上完全一致，可互换使用。双针速度表外形如图2.24所示。安装使用时，速度表的表头及里程计都有极性要求，其9芯插头接线图配线如图2.25所示。

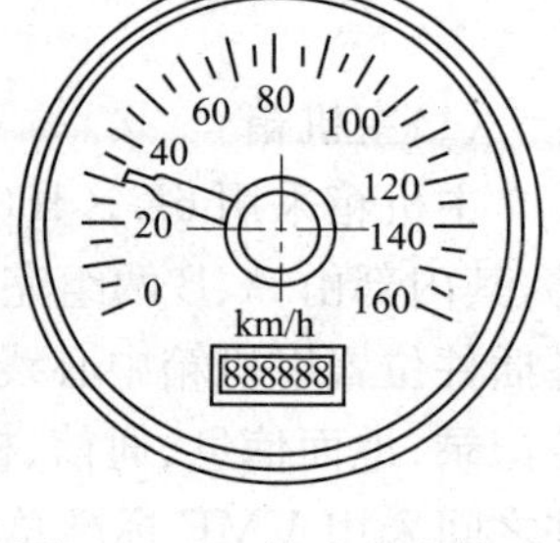

图2.24　双针速度表外形

2)系统通信结构

系统通信结构如图2.26所示。

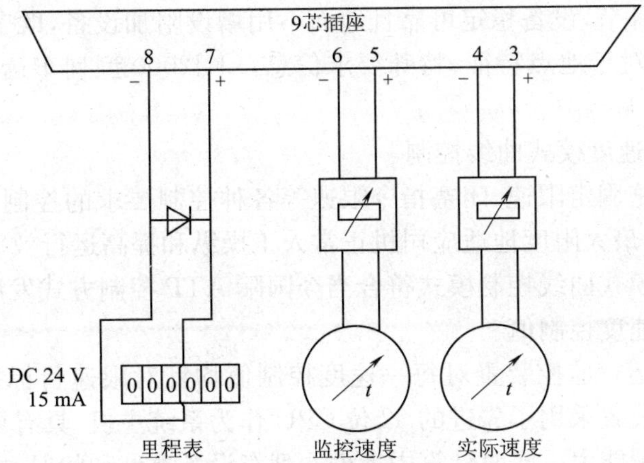

图 2.25　双针速度表接线图

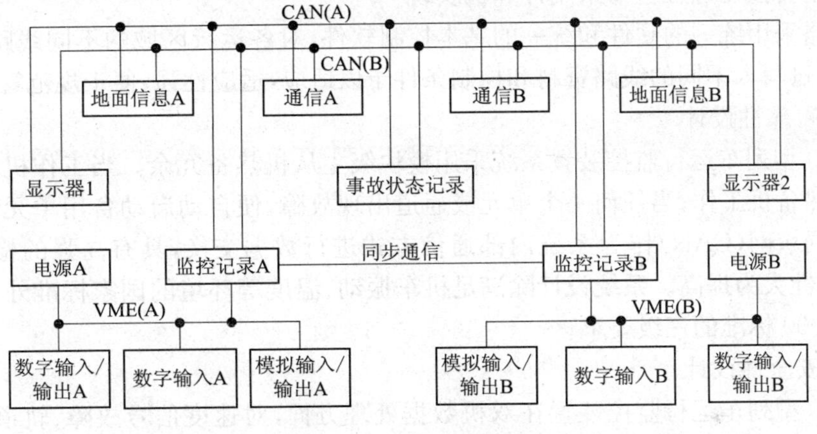

图 2.26　系统通信结构

监控装置主机采用双套热备冗余工作方式，由 A、B 两组完全独立的控制单元组成。每组单元都有完整的信号输入及控制输出接口模块，模块内部有带 CPU 和不带 CPU 两种。

单元内部各不带 CPU 的模块，包括模拟量输入/输出模块、数字量输入模块、数字量输入/输出模块及电源模块，模块之间采用 VME 并行总线与监控记录模块连接。

带 CPU 的模块，包括监控记录模块、地面信息处理模块及通信模块，模块之间采用 CAN 标准串行总线连接。监控记录模块作为 VME 并行总线的主机单元。

系统内部串行通信网络 CAN 也采用 A、B 组冗余方式。由于 CAN 总线采用多主通信方式，各模块在通信上不存在主/从关系，因此任何模块均可主动对外发送数据，而 CAN 的数据链路层协议可以避免数据的冲突。

系统 A、B 组监控记录模块之间采用同步通信方式进行数据交换，同步通信主要用于 A 机、B 机记录数据的传输，以实现两机记录数据的完全一致。主机箱与显示器及事故状态记录器之间亦采用双路 CAN 网络进行连接。

2. LKJ2000 型列车运行监控装置的特点

1）车载存储线路参数

LKJ2000 型列车运行监控装置将列车运行全部线路设施资料存储于主机中，不需要复杂的地面至车上的传输环节，设备稳定可靠且地面不用增设附加设备，既节省了设备投资，也节省维护和管理费用。对于地点特征、特殊要求信息，LKJ2000 型列车运行监控装置设计了接收地面传输信息的接口。

2）采用连续平滑速度模式曲线控制

该装置将线路设施固定限速、闭塞指令限速等各种控制要求的控制值沿运行里程形成连续平滑速度模式曲线，最大限度地适应司机正常人工操纵和提高运行效率，同时也提高了控制精度。连续平滑速度模式曲线控制模式符合当今国际 ATP 控制方式发展方向。

3)实时计算取得速度控制值

LKJ2000 型列车运行监控装置对每一速度控制值均针对限速目标按验证成熟的数学模型进行计算取得。该装置采用了先进的 32 位 CPU 作为系统主机，具有更高的运行速度、控制精度和更强的数据处理能力。实时计算中考虑本列车设备类型和状况、本地线路参数、本地特殊控制要求等随机变化因素，最大限度地使控制符合运行实际。

4)装置主要控制过程全部采用计算机实现

全国铁路采用统一的硬件和统一的基本控制软件，对各运行区域的不同线路条件和不同行车要求，通过写入不同的线路资料和控制条件予以适应，适应性强，便于规范管理。

5）提高可靠性设计

LKJ2000 型列车运行监控装置系统采用模块级主从机热备冗余。当工作机发生故障，便自动切换到热备机工作；当任何一个单元或通道出现故障，便自动启动备用单元和备用通道。采用控制器局域网(CAN)作为系统内部通信方式进行数据交换，具有高强的检错与纠错能力，传输可靠性大为提高。系统设计除满足机车振动、温度等环境的国家标准外，电磁兼容性满足 IEC 61000 标准的三级要求。

6）提高安全性设计

LKJ2000 型列车运行监控装置在双机数据处理方面，对速度信号故障、轨道绝缘节识别故障、通信故障等的检测、判断和处理方面均采用了“故障—安全”措施。

7）采用了图形化屏幕显示器

LKJ2000 型列车运行监控装置采用 10 英寸 TFT 高亮度彩色液晶显示器，以动态图形方式预示运行前方线路的弯道、坡道、桥梁、隧道、道岔及信号机布置情况，随列车运行滚动显示监控装置控制模式限速曲线。图形化屏幕显示器显示直观，认读性好，司机操作的交互性好。装置也可选配数码显示器。

3. LKJ2000 型列车运行监控装置的功能

1)监控功能

(1)防止列车越过关闭的信号机。

(2)防止列车超过线路(或道岔)允许速度及机车车辆的构造速度。

(3)防止机车以高于规定的限制速度进行调车作业。

(4)在列车停车情况下，防止列车溜逸。

(5)可按临时增加的运行要求控制列车不超过临时限速。

(6)在自动闭塞区段，列车在显示停车的通过信号机前停车 2 min 后又继续向此信号机防护的分区运行时，保证在该信号机防护的闭塞分区内运行速度不超过规定的限制速度。

(7)列车通过显示黄灯、双黄灯、黄闪黄的进站信号机进入站内无码区段时，监控装置按前方信号机关闭进行控制。经司机、副司机同时确认操作后，允许列车以低于规定的限制速度通过该信号机。

2)记录功能

(1)一次性记录项目

①开机记录，包括：日期、时间、机型、机车号、监控装置编号、车轮轮径。

②输入参数记录，包括：车次、司机号、副司机号、区段、车站代号、客货车别、本务补机别、牵引总重、载重、计长、辆数、支线号、侧线股道号、出/入段时间。

(2)运行参数记录项目

①时间。

②线路公里标。

③距前方信号机的距离。

④前方信号机种类及编号。

⑤机车信号显示状态。

⑥地面传输信息。

⑦运行实际速度。

⑧限制速度。

⑨列车管压力、机车制动缸压力。

⑩机车工况(牵引制动别、零位、运行前/后方向别)。

⑪柴油机转速(内燃机车)、原边牵引电流(电力机车)。

⑫监控装置控制指令输出状况(动力切除、常用制动、紧急制动、允许缓解等)。

⑬监控装置报警。

⑭司机操作监控装置状况(开车、调车、解锁、"警惕"键、坐标调整、IC卡操作、事件打点记录等)。

⑮监控装置异常状况。

⑯平面调车灯显装置信息变化。

(3)记录条件

①运行记录

当满足下列条件之一时产生一次参数记录：实际速度变化2 km/h；限制速度变化2 km/h；列车管压力或机车制动缸压力变化20 kPa；柴油机转速变化100 r/min；机车信号显示及平面调车灯显信息变化；机车工况变化；机车过闭塞分区(轨道绝缘节)；监控装置控制指令输出；司机操作装置；地面传输信息变化；监控装置报警；监控装置异常。

②运行事故状态记录

机车走行距离每变化5 m将上述"运行参数记录项目"内容记录一次。

3)显示和声音提示功能

显示和声音提示功能由监控装置配置的数码显示器或屏幕显示器实现。LKJ2000型列车运行监控装置允许配置数码型显示器或屏幕型显示器运用。

(1)数码显示器

①显示实际运行速度、限制速度、目标速度。

②显示机车信号信息。

③具备可选择显示功能。

a. 装置原始设定的参数：日期、时间、机型、机车号、监控装置编号、车轮轮径。

b. 乘务员输入信息：车次、司机号、副司机号、区段号、客货车别、本务补机别、牵引总重、载重、计长、辆数、支线号等。

c. 运行参数：车站号、公里标、信号机编号、机车工况、列车管压力、机车制动缸压力、柴油机转速、过闭塞分区信息等。

d. 显示地面传输信息。

e. 监控装置故障信息：故障类别。

④声音提示内容

进行下列各类信息的声音提示：机车信号灯状况；前方信号机处限速值变化；司机输入有关信息；临时限速地点及限速值；监控装置实施动力切除、常用或紧急制动；监控装置允许缓解；车机联控作业；进入侧线股道或支线地点；监控装置报警；监控装置状况；事故状态记录器状况。

(2)屏幕显示器

屏幕显示器可涵盖数码显示器的全部显示和提示内容。屏幕显示具有信息量大、显示方式灵活的特点，显示的内容可充分发挥图形、符号、曲线的优势。

屏幕显示器主要分两类显示界面形式：

①综合信息显示

a. 运行已经过的 1 km 路程至当前所处地点的实际运行速度值轨迹曲线。

b. 显示运行前方 3 km 路程内线路允许速度、机车车辆构造限速或临时限制速度三者的较低速度值曲线。

c. 显示运行前方 3 km 路程内线路控制模式限制速度曲线。

d. 以曲线、图形、符号和文字形式，沿线路里程的延展显示运行已经过的 1 km 路程至运行前方 3 km 路程内的线路平面曲线、桥梁、隧道、坡道、信号机、平交道口、电气化断电标、车机联控作业地点及车站的布置情况。

e. 显示运行前方 3 km 路程内机车优化操纵运行速度曲线和手柄级位或牵引电流曲线；显示站间运行图规定运行时间。

f. 以图形或数字方式显示实际运行速度、控制模式限制速度、距前方信号机距离、时钟等。

②单项信息显示

与数码显示器中选择显示功能内容相对应的各种显示均以单项信息方式显示，每种显示依其功能性质采取了适宜的图形、表格等形式。

4. LKJ2000 型列车运行监控装置速度控制模式

1)速度监控的依据

监控装置的主要作用，一是防止列车越过关闭的地面信号机；二是防止列车在任何区段运行中超过机车车辆的构造速度、线路允许的最高运行速度和道岔的限制速度。为了实现速度监控作用的目标，监控装置需要获得行车指令要求、运行线路状况和列车自身状况三个方面的信息。

行车指令要求主要指是否允许列车运行及允许运行的速度，是通过机车信号获得的。

运行线路状况指线路的坡道、曲线、隧道情况，以及车站、道岔、信号机布置等情况，是通过将有关参数(机车运行区段的线路和设施)预先存储于监控装置的主机中获得的。

列车自身状况指编组辆数、实际运行速度、列车所处线路的位置等。列车编组辆数参数是通过司机用键盘输入获得的；运行速度由机车轴端速度传感器得到；列车位置信息根据列车运行速度计算走行里程得到，并通过轨道电路校准。

速度监控装置以获得的上述各种信息作为依据，按照运行规章的要求进行一系列的计算、判断和控制，完成速度监控功能。

2)速度监控的基本原理

(1)监控装置工作的主要过程

采集列车和线路参数，获取运行指令并确定指令目标处的速度控制值，对照指令目标处的速度值计算出列车运行当前必须限定的速度值(限速值)，将采集的实际运行速度与限速值进行比较判断，对实际运行速度达到限速值的情况发出报警，以切除牵引或制动等控制指令进行速度控制。

(2)监控装置工作过程的核心环节

监控装置核心环节是当前限速值的计算。该限速值称为控制模式限速值(或简称模式限速值、计算限速值)。计算的数学模型必须符合《列车牵引计算规程》(以下简称《牵规》)，并且要考虑系统参数采集存在的误差和列车控制系统性能的离散性而包含安全余量。

(3)速度监控的模式曲线

沿列车运行线路里程坐标将运行在各处的计算所得限速值连接，形成连续曲线。通常，把监控装置计算所得限速值称为监控装置控制模式限速值；把沿线路里程坐标连成的监控装置计算所得限速值曲线称为控制装置模式限速曲线(简称模式曲线)。

模式曲线分为两类，一类是依据线路设施条件和机车车辆构造条件确定的限速值形成的模式曲线，其在一定区域内是固定不变的，称为固定模式曲线；另一类是根据前方指令目标处的速度控制值的要求，模式限速值沿线路里程坐标形成渐变下降的曲线，称为降速模式曲线。监控模式曲线如图2.27所示。

3)速度监控模式

模式限速值和模式曲线是监控装置各控制指令速度值形成的基础。

对于固定模式曲线，监控装置依据线路的曲线和坡道、桥梁、隧道、道岔等的固定限速要求及机车车辆的构造限速要求直接形成模式曲线。

对于降速模式曲线，监控装置每个瞬间总是根据前方指令目标处的速度控制值的要求，分别按常用制动方式和紧急制动方式数学模型计算取得两个限速值。一般把按常用制动方式数学模型计算取得限速值形成的限速曲线作为模式曲线，而对于没有电控常用制动机构的机车，则把按紧急制动方式数学模型计算取得限速值形成的限速曲线作为模式曲线。但不论哪种模式曲线，监控装置的常用制动控制指令速度值和紧急制动控制指令值均分别直接取自常用制动数学模型计算限速值和紧急制动数学模型限速值。

此外，监控装置还设置了报警和切除牵引(俗称卸载)控制指令输出信号，以便在常用或紧急制动执行之前，提醒司机操纵减速或通过切除机车动力实施惰性运行减速，减少制动排风。在监控装置实施常用制动并达到了减速要求后，设有允许缓解的提示功能。

监控模式的实现需要对监控装置的基本控制功能进行设置和相关的制动进行计算，以及为适应不同运行区段的不同控制要求对控制参数进行赋值。

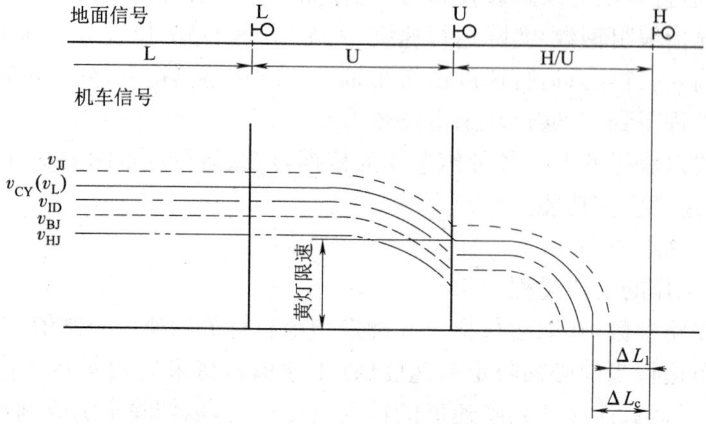

图 2.27 监控模式曲线示意图

v_a—表示机车实际速度；v_{BJ}—报警速度整定值；$v_a \geqslant v_{BJ}$语音报警；v_{ID}—卸载整定值，$v_a \geqslant v_{ID}$机车卸载；

v_{CY}—启动常用制动模式曲线，$v_a \geqslant v_{CY}$常用制动动作；v_{JJ}—启动紧急制动模式曲线，$v_a \geqslant v_{JJ}$紧急制动动作；

v_{HJ}—缓解模式曲线，$v_a \leqslant v_{HJ}$允许人工缓解，装置启动的常用制动在 H/U 灯区，一般均设定停车后才能进行人工缓解；

ΔL_1—紧急制动预留安全距离；ΔL_c—常用制动预留安全距离

注：图中假设监装置实时计算的模式限制速度曲线 v_L 与常用制动模式曲线重叠

(1)各种信号状态基本控制功能

①当机车信号为绿灯条件时，允许列车按线路最高允许速度或机车车辆的最大构造速度运行，监控装置的报警、切除牵引、常用制动(及其允许缓解速度值)、紧急制动速度值均以线路最高允许速度或机车车辆的最大构造速度为基准进行设置。

②机车信号为黄灯(或绿/黄灯、黄 2 灯)条件时，监控装置将按保证列车在通过显示黄灯(或绿/黄灯)的信号机时降为其规定的限制速度的要求，根据《牵规》规定的常用及紧急制动计算公式进行实时计算取得控制指令速度值。

③机车信号显示双黄灯时，监控装置根据已存入装置内的进站信号机到相应道岔岔尖的距离及道岔的限制速度，以道岔岔尖为指令目标地点，实时计算出列车在各点允许运行的速度，将其设置为限制速度值，并且一直保持该限速值，直至列车尾部通过出站道岔。

④对局部线路限速的控制与对进车站侧线的控制道理相似，只是将指令目标地点改为局部线路限速要求的起始地点，并同样将限制速度值一直保持至列车尾部通过终止限速地点。

⑤机车信号显示红/黄灯，即地面信号机关闭时，监控装置根据《牵规》实时进行制动计算，按保证在该信号机前可靠停车设置各点的限制速度。在此信号机前，模式限制速度变为零。

(2)参数设定

用于装置采用地面参数的存储，运用时采用顺序调用的工作方式。因此，运行前应将本次乘务的车次、车站等参数输入装置。

设定操作在机车运行或停车时均可操作。设定操作分为手动输入和 IC 卡输入两种：

①手动输入

按压【设定】键，进入参数的设定状态。输入内容为：司机号、副司机号、区段号、车站号、车次、客车、本务、总重、辆数、计长等。

②IC 卡输入

乘务员出勤时，把 IC 卡交给调度员，由调度员在地面计算机上把出勤信息（包括司机号、副司机号、区段号、车站号、车次、运行揭示等参数）写入 IC 卡中，乘务员持卡上车，上车后，按一定的方法将 IC 卡中的出勤信息写入到监控装置中。

(3)安全余量

考虑到各种参数采集存在的误差和制动机构性能离散性会引起实际制动距离与计算距离发生误差，为确保安全，不管常用制动还是紧急制动，均设一个制动距离安全余量(ΔL)。

在三显示自动闭塞区段，列车从绿灯进入黄灯再接近红灯区间，即机车信号依次显示绿灯(L)→黄灯(U)→红/黄灯(H/U)。

5. LKJ2000 型列车运行监控装置主机

1)监控记录插件

监控记录插件作为 LKJ2000 型列车运行监控装置的主机模块，是系统的核心部件。模块采用 32 位微处理器 MC68332 作为 CPU，基本功能用来完成地面线路数据的存储与调用、运行状态数据的记录与同步、控制模式曲线的计算、实时时钟的产生，并通过双路 CAN 串行总线或 VME 并行总线实现对其他模块的控制与管理。

工作主机与热备主机之间的数据交换是通过同步通信实现的。记录用数据存储器与实时时钟器件采用非易失性存储器件，在无外部电池情况下可实现数据的长期可靠保存。记录数据的转储通过 RS-232 通信接口完成。

2）地面信息处理插件

地面信息处理插件主要完成轨道电路绝缘节的识别，为监控记录插件提供用以校正距前方信号机距离的过绝缘节信号。此外还有对轨道电路叠加信息处理电路的双端口 RAM 接口，实现与轨道电路叠加信息处理单元的通信，完成对轨道叠加信息的利用。

采用数字信号处理(DSP)技术以数字滤波器完全取代了原来的模拟滤波器。在与监控主机的通信上采用 CAN 通信总线。

3)通信插件

通信插件主要完成监控装置与其他设备之间的通信管理，以使不同通信格式、不同通信接口和速率的设备可以和监控主机交换数据。

两路半双工 RS-485 通信接口，一路实现与 TAX2 综合监测装置通信，另一路预留与列车总线通信。

一路 HDLC(也叫高级数据链路控制，以 HDLC 控制器为核心，由光耦及周围电路组成）全双工/半双工通信接口，可实现与点式信号或机车信号接口。

两路独立 CAN 通信接口，与主机内其他挂在 CAN 总线上的模块通信。

4)模拟量输入/输出插件

模拟量输入/输出插件是速度传感器、柴油机转速传感器、列车管压力传感器、电力机车原边电流互感器、双针速度表与监控记录插件之间的接口。

将速度传感器、转速传感器输入的信号进行处理后送到监控主机插件；将压力传感器

(3 路)、原边电流/电压互感器、加速度传感器输入的信号进行处理、模数转换后送到监控记录插件;根据监控记录插件指令送出电流信号驱动双针速度表,送出脉冲信号驱动里程计。

本插件还有功率测量电路,根据原边电压和原边电流以频率的形式输出原边功率到监控记录插件。另外本插件还有加速度传感器,能够测量并计算出机车的加速度。

5)数字量输入插件

数字量输入插件完成对机车信号的采集,并将转换后的电平送到数据总线,供监控记录插件采样。插件共有 16 路开关量输入通道,由机车信号输入通道和机车信号自检电路两部分组成。

6)数字量输出插件

(1)将机车工况等 110 V 信号进行隔离和电平转换后送数据总线,并且各通道具有自检功能。

(2)输出隔离的开关量控制信号,对机车常用制动阀和紧急制动阀等进行控制,输出通道也有自检功能。

(3)将系统工作正常时监控板送来的"系统正常"脉冲转换成"系统故障检测信号",系统故障时使系统交权。

7)电源插件

电源插件采用了模块化电路设计,不仅输出与输入隔离,并且输出的各路之间也各自隔离、互不干扰、互不影响,提高了各路精度、抗电磁干扰能力。

6. LKJ2000 型列车运行监控装置显示器

屏幕显示器是 LKJ2000 型列车运行监控装置的重要组成部分,是监控装置的图形终端设备,是直接和司机交流信息的人—机界面,主要完成人—机对话和系统信息显示。

屏幕显示器是一种通用型显示器,既可以用来实施监控显示,也可以用作机车牵引设备状态显示。在机车司机室操纵台上安装两台屏幕显示器来解决冗余备份,通过切换机构实现两个显示器互为备份。

屏幕显示器通过双路 CAN 总线和监控主机通信交换数据,实现在 10 英寸液晶显示屏上显示丰富的图形、曲线及相关数据信息,并有车载数据、预存曲线、键盘扫描、IC 卡转储、语音提示、蜂鸣器报警等功能。

显示器的工作电源来自监控主机。由主机送来的 15 V 电源在显示器内部分为两路:一路通过 DC/DC 变换器(模块电源)将 15 V 转换为 15 V 供语音功放使用;另一路也通过 DC/DC 变换器(模块电源)将 15 V 转换为 5 V 供计算系统及其他芯片使用。

显示器上采用了接触式 512 KB 的 IC 卡,卡的读/写主要由 CPU 的 P1 口完成,对 IC 卡的供电采用 CPU 控制。

当监控主机故障时,从主机数字输出插件送来的 110 V 经降压后给蜂鸣器提供工作电压,使蜂鸣器发出报警声。

7. LKJ2000 型列车运行监控装置事故状态记录器

LKJ2000 型列车运行监控装置事故状态记录器即是列车运行的黑匣子,它用于记录列车运行事故前列车运行的状态,以便为运行事故的事后分析提供可靠的数据。记录器保存事故前 20 min 的数据。为获得满意的运行状态过程轨迹,记录器必须在列车运行每 5 m 左右保存

1条所有需记录的数据。

8. LKJ2000型列车运行监控装置相关设备

1)转储器

与93型转储器相比,LKJ2000型列车运行监控装置转储器存储容量扩大了7倍,达到8 MB,运行速度提高了1倍,保护电路亦作了改进。

2)机车安全信息综合监测装置

轨道动态检测设备、无线列调语音录音设备、铁路运输管理信息系统(TMIS)及列车调度指挥系统(TDCS)等都是与机车运行有关的安全检测及数据传输设备,这些设备分散开发,自成一体,在机车上分散安装,系统性不强,而且由于没有与列车运行的时间、公里标和速度等信息相结合,又没有一套较好的地面管理系统支持,致使记录的信息可用性差,不便于分析和统一管理。为将这些设备集中化、系统化,使其规范、安全,便于实现共享监控装置信息,开发了机车安全信息综合监测装置(TAX2装置)。该装置将各检测设备以标准模块单元置于工作平台中,由该平台中的通信记录单元获取监控装置的时间、公里标、速度和车次等信息,同时综合各功能模块单元检测到的信息进行记录,记录的格式与监控装置的数据记录格式相同,可以用监控装置转储器进行记录数据的转储,并利用监控装置的地面处理软件进行地面分析处理和数据管理。另外,通过装置中的信息传输单元(如TDCS单元、TMIS单元等),可以将列车运行的信息实时传送给有关地面设备,以便实现对机车的动态跟踪管理,提高机车的周转率和利用率。该装置不仅解决了所有检测信息以统一时间、公里标作为基准坐标记录的问题,而且解决了数据的转储、分析管理和车—地信息传输问题,同时也节约了资源和便于对设备的统一维护。

(1)TAX2装置的组成

TAX2装置采用4U标准机箱及插件单元式结构,机箱面板60R。它以电源单元、通信记录单元作为基本单元配置,其他已开发的功能单元有:轨道检测单元、弓网检测单元、TMIS单元、TDCS单元、无线列调语音录音单元。另外,预留4个单元位置用于备用功能单元的扩展。TAX2装置前面板布置示意如图2.28所示。

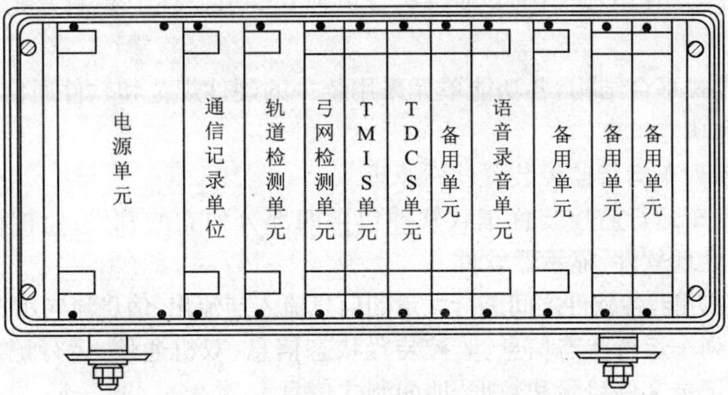

图2.28　TAX2装置前面板布置示意图

(2)TAX2装置基本配置

TAX2装置以电源单元和通信记录单元作为基本配置,该基本配置主要有以下功能:

①串行通信功能

通信记录单元能通过 RS-485 串行通信方式从监控装置获取年月日、时分秒、公里标、运行速度、机车号、车次、车种、区段号、车站号、司机号、副司机号、列车编组等信息，并能将这些信息通过另一个 RS-485 接口周期地传送到装置内各功能单元。各功能单元将经过分析判断且要求记录的信息返回给通信记录单元进行记录。

②记录功能

通信记录单元能以统一时间、公里标作为坐标基准，实时记录各检测单元反馈的信息，数据记录格式与监控装置的数据记录格式相同。

③数据转储功能

通信记录单元记录的信息可以利用监控装置转储器通过 RS-232 串行通信方式进行数据转储，并且预留有与可能应用的大容量 IC 卡设备通信的 RS-485 接口。

④数据分析处理功能

记录的信息通过转储器输送到地面计算机后，可以利用监控装置地面分析处理软件进行地面分析和数据管理。

(3)TAX2 装置的主要特点

①采用 4U 标准机箱及插件单元式结构，既符合开放式工作平台结构的要求，也便于装置的标准化、模块化，有利于装置的检测、维护、功能扩充和规范管理。

②单元采用与监控装置电源一致的方式，技术成熟、性能稳定、通用性强、互换性好。

③通信记录单元采用较先进的 FLASH 存储器技术，不用电池，记录数据可长久保存(10 年以上)，提高了数据存储的可靠性。记录容量高达 1 MB。

④数据记录格式与监控装置完全兼容，能用监控装置的转储器和地面分析处理系统对装置记录数据进行转储、分析和管理，不需另外增加地面设备及地面软件的投入和开发，充分利用既有监控装置地面系统软、硬件资源。

⑤各功能单元充分采用电源隔离、通信接口隔离及对外输入/输出信号隔离技术，提高了装置的可靠性、安全性和抗干扰性。

⑥各功能单元采用以专用引脚并通过后背板独立插座对外引线的方式，方便用户维护和管理。

⑦装置为开放式平台结构，各功能单元采用统一的硬件规范和软件通信协议，易于对功能单元的合作开发和功能扩充。

9. LKJ2000 型列车运行监控装置软件原理

LKJ2000 型列车运行监控装置车载软件包含四部分独立的软件：监控记录软件、对外通信软件、地面信息处理软件、显示器软件。

根据各软件的功能，各软件之间进行大量的信息流入与流出，信息流向示意如图 2.29 所示。

监控信息有：列车运行状态信息、监控装置状态信息、双机通信、运行记录数据、揭示处理信息、转储用运行记录文件目录和数据、地面制式信息。

显示器信息有：按键信息、设定参数信息、从乘务信息卡上读取的揭示信息、运行记录文件目录或数据转储请求。

93A 信息：从 CAN 总线上传来的 LKJ2000 型信息转换为 LKJ-93A 的格式。

公共信息有：各软件需要发送自身硬件的自检报告、显示器需要接收监控信息中的有关内容、监控记录软件接收所有其他软件发送的信息。

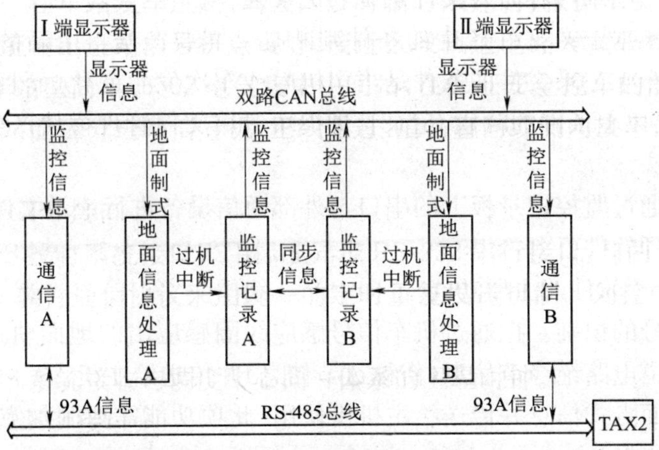

图 2.29　信息流向示意图

1)监控记录软件

(1)监控记录软件的作用

监控记录软件实现各种监控功能和记录功能:依据预先存储的地面数据、乘务信息卡信息,接收主机信息,接收司机操作,监控列车防冒、防超;实时发送列车运行的状态,如速度、距离、公里标、管压、柴油机转速等信息,以供显示器进行显示;记录列车运行的各种状态、设定信息、司机操作、监控装置自身的状态,并可通过显示器、转储器进行运行记录的转储。

(2)监控记录软件控制原理

监控软件的控制原理是基于车载线路数据的一种实时控制模式,包含防冒、防超和防溜等基本功能。监控软件集监控、记录于一身,使两者的结合更紧密,其控制模式曲线是根据有关牵规的要求计算的。软件的容量最大可达 1 024 KB,具有可扩充性。硬件采用双套冗余,有两套完全一样的设备同时在工作,一套为主,一套为辅,当为主的一套不能正常工作时,装置会自动切换到另一套继续工作,控制模式不会中断。而在软件上较多地考虑了双机冗余措施,可靠性更高。

(3)监控记录软件主程序模块

监控记录软件按功能划分为 9 个模块:主控制模块、系统检测模块、信号采集模块、通信处理模块、监控管理模块、制动计算模块、记录转储模块、双机处理模块和控制条件模块。其主要程序模块包括:模拟信号处理模块、开关信号处理模块、频率信号处理模块、日历时钟处理模块、语音处理模块、系统保护处理模块。

(4)记录软件

记录软件分为文件管理模块、记录管理模块和转录模块。

文件管理模块负责整个文件系统的建立、文件的生成、文件内容的写入和读出。LKJ2000型列车运行监控记录监控装置采用的文件系统结构分 3 个部分;一个为指针区;一个为目录区;一个为数据区。

记录管理模块负责具体记录的生成和双机记录的同步。该模块提供几个统一接口供其他模块调用。需要产生记录的模块通过该接口提供记录的代码给记录管理模块。记录管理模块在接收到该记录代码后，根据预先定好的记录格式组织该记录的内容，并通过调用文件系统管理模块的写入接口将记录内容写入文件系统的记录区。

记录管理模块根据记录文件产生的条件判断是否需要产生一个新的文件。LKJ2000 型列车运行监控装置产生记录文件的条件是当司机号或车次发生变化，而且当前文件的长度大于 2 048 B。当满足以上条件的时候，记录管理模块调用文件管理模块产生一个新文件，并生成该新文件的文件头。

转录模块负责通过监控记录板上的串口与外部通信设备进行记录文件的转录。

2)地面信息处理软件

(1)地面信息处理软件的主要功能

①过绝缘节信号的识别。把通过机车信号感应线圈感应出的地面轨道信号，通过软件的处理方式识别过轨道电路绝缘节信息(俗称过节信息)并传送给主机。

②接收处理地面点式信息并传送给主机供使用(此项功能需要附加点式信息选件且地面装备有点式信息发码设备)。

(2)主要功能模块

①参数初始化

由于程序直接写入到 DSP 处理器芯片内，在上电后程序启动运行，首先进行处理器有关寄存器、ADC 初始化、CAN 控制芯片初始化。

②由地面感应信号处理获得过绝缘节信息

过节信息判断方式如下：

用频率判别过绝缘节。机车由地面感应到的机车信号信息经滤波器(不同制式滤波器也不同)，再经过算法处理获得一个直流信号，根据由两个调制信号得到的直流信号的交替变化作为频率变化的判据，并据此发出过绝缘节信号。

用信号幅值的变化来判断过绝缘节。在理想情况下，随着机车走行，在一闭塞分区内机车信号幅度逐渐上升，而在跨越绝缘节时其信号幅度产生明显的跌落，有一个过节信号产生。

在实际过程中，机车信号的调制频率较稳定，因此以此作为过绝缘节判据较可靠。而机车信号的幅度则表现很不稳定，在区间内会产生大的变化，容易产生误矫正情况。

③过绝缘节信号的传递

过绝缘节信号的传递方式有两种，一是由硬件发出一个脉冲信号，通知主机；二是用软件的方法通过 CAN 总线发出相应的代码信息。后者使得系统更为可靠。

④与主机进行信息交换

LKJ2000 型列车运行监控装置的内部信息交换采用 CAN 总线方式。采用专门 CAN 协议处理芯片，一方面提高了信息传送的可靠性，另一方面加大了信息交换量和速度，大大提高整体性能。

⑤点式信息的传送

在地面安装了点式信息的线路，通过点式信息处理模块处理并经内部 DPRAM 交换，送到 CAN 总线上供资源共享。

⑥信息的指示

为了方便日常维护管理，在本单元上给出了 LED 显示，作为开机运行时一些状态的显示。程序正常运行时，指示灯应根据具体的要求显示相应的状态。

3)对外通信软件

对外通信软件的主要功能一是监控记录插件板发来的CAN总线上通信数据,转换为LKJ-93A的格式,发送至RS-485总线上。RS-485总线上目前仅接有TAX2型机车安全信息综合监测装置。二是与地面点式应答器通信,并将收到的地面点式应答器信息发送至CAN总线上(此项功能需要附加点式应答器设备)。

对外通信软件分别在A机、B机上同时运行,通过RS-485总线仲裁出主、备机。主机负责将总线上传来的信息进行转换,然后发送至RS-485总线上。备机仅侦听RS-485总线,不向RS-485总线发送信息。

4)显示器软件

显示器软件功能包括:

(1)通过CAN总线与监控记录插件通信,显示列车运行的各种状态。

(2)接收司机的操作及乘务信息卡设定信息及揭示,发送至监控记录插件。

(3)可将运行记录转储至乘务信息卡。

5)事故状态记录器软件

(1)记录数据存储空间的划分与管理

事故状态记录器的记录数据存储在FLASH芯片(SST28SF040)中,存储容量为512 KB。存储空间在物理上划分为2 000页,每页256个字节,在其使用上,通过软件再划分为两个大区,其中0～7页(地址00000H～007FFH)共2 KB为程序用;8～2 048页(00800H～7FFFFH)510 KB为记录数据区。

(2)记录数据的标识区分

数据在存储器中是连续存放并循环刷新的。为了确认数据的前后次序,必须由标识区分数据的起始指针与终止指针。软件通过保证写入数据当前页的下一页必须为空页的方法实现标识。

(3)格式与记录产生条件

数据格式采用定长记录,每条记录32字节,格式如下:

记录代码[2],时[1],分[1],秒[1],公里标[4],距离[3],速度[2],限速[2],机车工况[2],信号机种类[1],信号机编号[3],信号状态[2],管压[4],转速[2],备用[1]和检查[1]。

记录条件是当运行距离每变化5 m进行一次记录。

10. LKJ2000型列车运行监控装置设备维护

1)车载设备管理

(1)电务部门管理设备

LKJ车载设备:监控装置主机、屏幕显示器、专用速度传感器、专用压力传感器、平调信号接口盒、GPS信息接收装置(含GPS天线)、LKJ总线扩展盒、LKJ本/补切换装置、事故状态记录器、LKJ功能扩展盒(含鸣笛转换器)、机车信号设备。

TAX设备:TAX信息平台(含机箱、电源单元和通信记录单元)、机车语音记录装置、TDCS单元。

机车车号识别设备:车载编程器(即TMIS单元,装在TAX设备中)、电子标签。

LAIS车载设备:主机、天线及通话器。

(2)机务部门管理设备

与LKJ相关的车载设备:司机室语音箱、通用屏幕显示器接线盒(含转换开关)、数/模转换盒、双针速度表、常用制动装置、紧急制动装置。

LKJ 信息获取设备：机车工况辅助接点（向前、向后、牵引、制动、零位/非零位）、柴油机转速信息接点、电力机车原边电流信息接点、防撞车挡（土挡）信息接收装置。

安装在 TAX 设备中的机车轴温检测（走行部检测）单元、电力机车弓网检测单元、内燃机车当量公里记录单元、电力机车智能电表记录单元、轮轨润滑控制信息单元。

（3）其他部门管理设备

安装在 TAX 设备中的轨道检测单元。

2）车、电设备分界原则

（1）LKJ 车载设备、TAX 设备、机车车号识别设备、LAIS 车载设备之间是通过电缆连接的，以接插件（插头与插座）、接线排（接线座与线鼻）划分管理界限。

（2）电务部门管理设备之间的连接电缆由电务部门负责；机务、车辆部门管理设备之间的连接电缆由机务、车辆部门负责。电务部门在进行连接电缆检修时，机务、车辆部门须予以配合。

（3）电务部门管理设备与机务、车辆部门管理设备之间的连接电缆，按对信息或电源“谁取用（需要）、谁负责”的原则，由取用信号或取用电源的设备管理部门一并负责。

3）电气故障检查判断原则

（1）电务部门管理设备及其连接电缆的检查和故障判断处理由电务部门负责；机务、车辆部门管理设备及其连接电缆的检查和故障判断处理由机务、车辆部门负责。

（2）电务部门管理设备与机务、车辆部门管理设备之间的通信为逻辑信号、电源时，由信号（电源）取用（需要）方牵头进行检查判断，信号（电源）提供方负责按技术规范、技术条件规定的信号定义、电平（电压）提供信号。

（3）电务部门管理设备与机务、车辆部门管理设备之间的通信为计算机通信时，双方按技术规范、技术条件规定的通信协议规程进行检查判断，由通信主机（主叫）方牵头负责检查接口线路、通信链路、通信代码等。

4）设备安装结构分界

（1）设备安装结构以将设备固定在车本体、机架或安装台上的螺孔、螺丝（栓）分界，车体、机架或安装台由机务、车辆部门负责。

（2）如机车或动车上需要加装改造 LKJ 等设备时，本着“谁管理、谁负责”的原则完成加装改造相关工作。其中：LKJ 专用轴端式速度传感器，以安装速度传感器的机车或动车轴箱端盖分界，速度传感器及其固定螺栓由电务部门负责；机车、车辆管理部门负责提供符合速度传感器安装机械结构要求的轴箱盖及轴端连接装置。

（3）LKJ 专用压力传感器（鸣笛转换器）：以压力传感器（鸣笛转换器）与制动管系或装置连接的接头分界，压力传感器（鸣笛转换器）及密封垫圈由电务部门管理；机车、车辆部门负责提供符合压力传感器（鸣笛转换器）安装机械结构要求的管路连接座及固定装置。

5）相关地面设备管理

（1）安装在机务段[动车基地（所）、动车段]内与 LKJ 系统相关的机车车号识别系统 AEI 设备、LAIS 地面基站由机务（车辆）部门负责。

（2）与机务段[动车基地（所）、动车段]内网络相连接的，用于电务 LKJ 运行记录文件转储、质量分析工作站设备及局域网络设施由电务部门负责。

6)相关软件维护管理

(1)电务部门负责

①LKJ 运行记录数据文件格式处理软件。

②IC 卡数据文件编制软件。

(2)机务部门负责

①LKJ 运行记录数据文件格式处理软件中的司机名表;LKJ 运行记录数据分析软件。

②IC 卡数据文件编制软件中的机务类数据表(司机名表、各功能设置开关)。

项目小结

站内电码化设备按设备工作处所分为室内发码设备及检测设备、室外传输设备,其检测周期分为日常维护和集中检修两种方式。

站内电码化器材主要指电码化发码设备、隔离设备、防雷设备、补偿电容、检测设备(闭环电码化)。除室外隔离设备和补偿电容外,其他设备分别安装在设于信号机械室内的站内移频柜、检测柜和综合柜中。

叠加发码通过电气隔离设备将轨道电路与电码化并接在一起,使轨道信息的发送、接收和电码化信息的发送,同时接向钢轨,将完成发码所需的时间降低到最小。

叠加方式的轨道电路电码化是两个技术叠加合成,存在"两层皮"的问题,系统发出的机车信号信息仅仅是叠加在轨道电路上,而其信息是否确实发送到轨道上,并未得到有效的检测。随着列车运行速度进一步提高,原有车站电码化技术将不能保证列车在站内的行车安全。

机车信号是通过设在机车司机室的机车信号机自动反映运行条件,指示司机运行的信号显示制度。为实现机车信号而装设的整套技术设备称为机车信号设备。目前,随着机车信号可靠性的提高,已开始从辅助信号发展为主体信号。

随着机车信号可靠性和列车运行速度的不断提高,机车信号应从辅助信号转为主体信号,目前在既有线路上仍然应用的就是 JT1-CZ2000 型机车信号车载设备。

JT1-CZ2000 型机车信号系统由地面设备和车载设备两部分组成。地面设备主要包括区间轨道电路和站内轨道电路电码化。JT1-CZ2000 型机车信号系统地面设备应采用 ZPW-2000(UM 系列)轨道电路。

JT1-CZ2000 型机车信号主机的主要功能是处理、解调和译制轨面上传送的机车信号信息,根据译码结果控制机车信号点灯。同时将译码结果输出给列车运行监控装置或列车超速防护设备作为控车的基本条件。JT1-CZ2000 型机车信号主机还可通过具有 USB 输出的记录器对机车信号的运行状态、地面信息及监控装置 TAX2 箱输出的列车定位等信息进行实时记录。同时主机还配有远程监测功能接口,可通过无线通信向地面处理系统实时传送车载机车信号信息及部分列车运行信息,实现对机车信号的动态监测和故障诊断。

机车信号是关系到行车安全的关键设备之一,是重要的机、电结合部。各级电务部门要高度重视,把机车信号设备作为保障铁路行车安全的主要装备来维护,精心组织、必维护、严格管理,配备相应的技术力量、加强联劳协作,按照机车信号检修的技术规、技术标准和作业程序加强维修,提高运用质量和故障处理能力,确保机车信号设备量良好地投入运用。

机车信号系统由地面信号、接收线圈、接线盒、电缆、接收主机、显示器、开关盒等设备构成，系统中任何部分故障都可能导致机车信号显示输出异常。当设备出现异常情况时，维修人员依据是个别机车还是多台机车、是固定地点发生还是随机发生等现象，针对故障现象进行分析。

在既有线CTCS-2级列控系统中，同时装设列车运行监控装置LKJ，当列车超速防护系统正常工作时，由ATP控车。当地面设备不满足CTCS-2级控车条件或列车超速防护设备故障时，CTCS-2级列控系统可降低为CTCS-1级列控系统或CTCS-0级列控系统，由LKJ控车。

复习思考题

1. 电码化器材主要有哪些？
2. 站内轨道电路电码化有哪些方式？各有什么技术特征？各有什么优缺点？
3. 何谓叠加方式站内轨道电路电码化？预叠加是如何实现的？
4. 二线制电码化和四线制电码化电路有何区别？
5. 电码化设备按设备所在工作处所分为哪些设备？其检程周期分为哪两种？
6. 什么是机车信号和主体化机车信号？
7. JT1-CZ2000型机车信号系统由什么组成？
8. JT1-CZ2000型机车信号系统能够实现哪些功能？
9. LKJ2000型列车运行监控装置有哪些特点？
10. LKJ2000型列车运行监控装置的功能有哪些？
11. 速度监控的依据是什么？
12. LKJ2000型列车运行监控装置有哪些信号输入电路？
13. LKJ2000型列车运行监控装置有哪些信号输出电路？
14. LKJ2000型列车运行监控装置由哪几部分组成？各起什么作用？
15. 简述LKJ2000型列车运行监控装置的通信机构。
16. 监控主机箱由哪些插件组成？各起什么作用？
17. 监控装置有哪些相关设备？各起什么作用？

项目 3　CTCS-2 级列车运行控制系统维护

项目描述

CTCS-2 级列车运行控制系统(以下简称“CTCS-2 级列控系统”)是中国列车运行控制系统中的一个重要应用级别,主要应用于既有线提速区段和部分客运专线,其运行速度为 200 km/h。《技规》规定,250 km/h 以下铁路采用 CTCS-2 级列控系统。CTCS-2 级列车运行控制系统主要的系统设备包括列控中心设备、轨旁设备和车载设备三部分。通过本项目的学习,学生应能熟知 CTCS-2 级列控系统设备的基本组成、结构及工作原理,能了解并胜任对 CTCS-2级列车运行控制系统各设备的日常养护和定期维修。

教学目标

1. 能力目标

能够熟知并清楚地说明 CTCS-2 级列控系统的基本分级方式、总体结构及设备配置;CTCS-2 级列控系统的主要制式、特点;CTCS-2 级列控系统日常养护与维修的修程、标准与方法。

2. 知识目标

理解 CTCS-2 级列控系统的含义及功能;掌握 CTCS-2 级列控系统的组成;掌握 CTCS-2 级列控系统的工作原理;掌握常用的 CTCS-2 级列控系统制式设备的组成及运用;掌握常用的 CTCS-2 级列控系统设备的养护维修。

3. 素质目标

对不同的列控系统制式具备掌握共性和举一反三的能力;培养对技术资料的整理汇总和转化演示能力。

典型工作任务 1　CTCS-2 列控系统结构与原理

3.1.1　工作任务

通过本任务的学习能够熟知 CTCS-2 级列控系统地面设备和车载设备,进而详细地分析 CTCS-2 列控系统的功能、基本结构及系统原理。

3.1.2　知识链接

1. CTCS-2 列控系统总体结构

CTCS-2 级列控系统是基于轨道电路和点式应答器传输列车运行许可信息,并采用目标—距离模式监控列车安全的列车运行控制系统。

CTCS-2 级列控系统由地面设备和车载设备构成。地面设备由临时限速服务器、列控中心、ZPW-2000(UM)系列轨道电路、应答器设备等组成;车载设备由车载安全计算机(VC)、轨道电路信息接收单元(TCR)、应答器信息接收模块(BTM)、记录单元(DRU)、人—机界面(DMI)等组成。

轨道电路实现列车占用检查,并连续向列车传送空闲闭塞分区数量等信息。应答器向车载设备传输定位信息、线路参数、临时限速等信息。列控中心具有轨道电路编码、应答器报文储存和调用、区间信号机点灯控制、站间安全信息(区间轨道电路状态、中继站临时限速信息、区间闭塞和方向条件等信息)传输等功能,根据轨道电路、进路状态及临时限速等信息产生行车许可,通过轨道电路及有源应答器将行车许可传送给列车。临时限速服务器完成临时限速命令的存储、校验、撤销、拆分、设置和取消及临时限速设置时机的辅助提示。

车载设备根据地面设备提供的信号动态信息、线路参数、临时限速等信息和动车组参数,按照目标—距离模式生成控制速度,监控列车安全运行。CTCS-2 级列控系统总体结构如图 3.1所示。

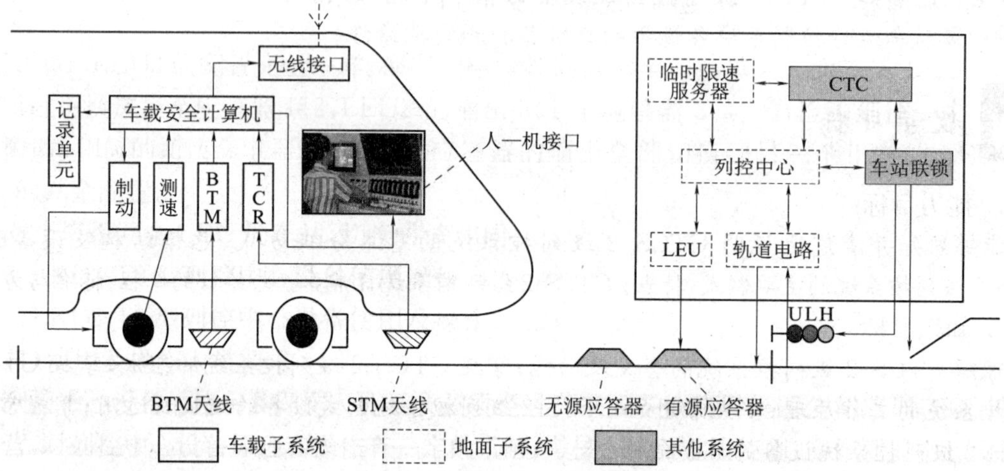

图 3.1　CTCS-2 级列控系统总体结构图

2. CTCS-2 级列控系统基本设备组成与功能

1)CTCS-2 级列控系统地面设备

(1)列控中心

列控中心(简称 TCC)是地面列车运行控制系统的核心,传输车站联锁、列车超速防护系统所需要的全部地面信息,通过驱动接口控制相应的道岔、信号机及轨旁设备。该设备采用冗余的硬件结构,适用于装备计算机联锁或 6502 电气集中、CTC 或 TDCS 车站。列控中心根据调度命令、进路状态、线路参数等产生进路及临时限速等相关控车信息,通过有源应答器及轨道电路传送给列车。既有线暂按独立列控方式设置,将来可考虑联锁、列控、区间一体化设置。列控中心从 CTC 或 TDCS 获得统一时钟,并按统一时钟进行系统管理和控制。列控中心设备响应时间不大于 1 s,采用统一的标准,具有通用性。在 CTC 或 TDCS 的车站车务终端上设有特定的列控中心人—机界面,包括输入、确认、显示方式等,与既有车站车务终端的相关内容进行统一。

(2)地面应答器

应答器是一种用于将地面信息向列车传输的点式设备，分为无源应答器和有源应答器，其外观如图 3.2 所示，主要用途是向列控车载设备提供可靠的地面固定信息和可变信息，也能向车载子系统发送报文信息。

无源应答器(组)：主要用于提供包括线路的坡度、闭塞分区或轨道电路长度、载频、线路固定限速等信息。

有源应答器：传输可变信息，接收列控中心的信息，并向列车传送。必须通过专用的应答器电缆与 LEU(地面电子单元)设备连接，可以根据 LEU 设备所发送的报文，变化地向列车传送应答器报文信息。在既有线提速区段，有源应答器设置在车站进站端和出站端，主要发送进路信息和临时限速信息。

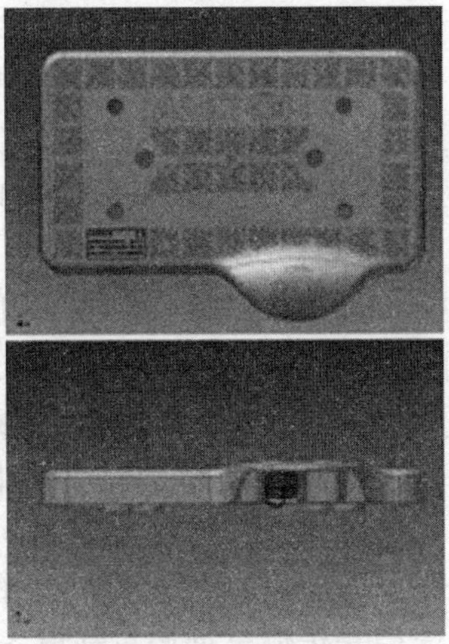

图 3.2　地面应答器外观

(3)轨道电路

轨道电路完成列车占用检测及列车完整性检查，连续向列车传送控制信息。车站与区间采用同制式的轨道电路。

CTCS-2 级列车运行控制系统采用既有的 ZPW-2000 系列无绝缘轨道电路。根据《机车信号定义及分配》，CTCS-2 级列车运行控制系统中轨道电路的基本码序为：

停车码序：L5→L5→L4→L3→L2→L→LU→U→HU；45 km/h 接车进路码序：L5→L5→L4→L3→L2→L→LU→U2→UU；80 km/h 接车进路码序：L5→L5→L4→L3→L2→L→LU→U2S→UUS。

轨道电路信息中的 HU、UU、UUS 三个信息码具有明确的速度含义，具体为：

HU：0 km/h；UU：45 km/h；UUS：80 km/h。

2)CTCS-2 级列控车载设备

(1)主要结构与功能

车载设备采用分布式结构，包括车载安全计算机(VC)、应答器信息接收模块(BTM)、轨道电路信息接收单元(TCR)、测速测距单元(SDU)、人—机界面(DMI)、列车接口(TIU)、司法记录单元(JRU)、GSM-R 无线通信单元(RTU)、动态监测接口等。

车载设备与动车组的接口采用继电器或 MVB 总线方式。

CTCS-2 级列控车载设备负责接收地面数据命令信息，生成速度模式曲线，监控列车运行，保证列车运行安全。

车载设备的主要功能包括：自检功能；数据的输入和存储；界面显示；信息接收及发送；静态曲线比较；动态曲线计算；列车定位；速度的测量及显示；行车许可和限速命令显示；行车许可和限制速度的监督；司机操作的监督；溜逸防护；信息记录；自动过分相；站名和公里标显示；在非 CTCS-2 级区段运行功能；特殊行车功能；其他防护功能。

(2)车载安全计算机

车载安全计算机是列控车载设备的核心，它从列控车载设备的各个模块获取信息，根据列车运行速度、线路坡度、轨道电路的状态等信息，检测列车的确定位置，生成相应的控制速度与目标—距离模式曲线，得到列车行车许可后，生成制动模式曲线，并将控制速度与目标—距离模式曲线进行比较，必要情况时，则对列车输出制动信息，使列车能够安全运行。

(3)应答器信息接收模块 BTM

应答器信息接收模块 BTM 主要是利用应答器进行工作。点式信息接收天线即应答器接收天线,可简称为 BTM 天线,安装在动车组头部距离车头一定范围内,车体底部的横向中心线上。当列车通过时,BTM 天线位于地面应答器的正上方时,会接收到地面应答器所发出的无线信号,并将该信号传递给列控车载设备的点式信息接收模块,从而可实现测速和测距。

(4)连续信息接收模块

连续信息接收模块通过 STM 天线感应出轨道电路的信息,由软件解调出信号的载频和低频信息,并将这些信息传递给安全计算机,从而为生成制动模式曲线提供数据信息,并且将原始信息提供给 LKJ 监控装置。

(5)连续信息接收天线 STM

即轨道电路接收天线,可简称 STM 天线,安装在动车组头部的第一轴前,在左、右轨道的正上方各设一台。STM 天线利用电磁感应原理进行工作,接收钢轨上的信号电流,并将此电流信号传输至列控车载设备连续信息接收模块中,由其对该信号处理得到连续信息。

(6)司机操作界面 DMI

车载设备的人—机界面应为司机提供列车数据的显示,主要包括列车运行速度、允许速度、目标速度和目标距离等信息。

车载设备的人—机界面应设置在司机便于观察及操作的区域,符合标准化安装尺寸的要求。人—机界面应有声光报警功能,能够及时给出列车超速、切除牵引力、制动、允许缓解或故障状态的报警和表示。显示部分要便于观察,常用按钮、开关应易于司机操作。

DMI 主要由显示器、键盘、音响及电源板、主板、CPU 板组成。显示器用于各种图像信息的显示输出,键盘是作为司机进行各种操作和数据输入的设备,音响是将各种声音和语音信息向司机输出,电源板的作用是将输入电压转换为 DMI 内部各个部分所需要的工作电压。主板为 CPU 板提供各种连接通道,CPU 板是司机操作界面 DMI 的核心部分,完成主要的计算功能。

(7)测速单元

测速和测距是通过速度传感器来实现。速度传感器安装在动车组两端车头的第二轴和第三轴上,将各轴的转速转换成电信号后进行输出给车载安全计算机。由于该信号的频率与列车的速度相关,车载安全计算机通过对该频率的计数来实现测速和测距。

在实现测速和测距时,根据动车组类型的不同来选用不同类型的速度传感器。

(8)车载设备的记录器 DRU

DRU 通过接口与连续信息接收模块、监控装置、车载安全计算机相连,获取列控车载设备的输入/输出信息,将行车及列控车载设备自身运行状况等关键数据记录到系统中,并可通过读卡器将数据下载到地面分析管理计算机,维护人员根据下载读取记录卡获取列车的运行信息,进行设备运行状态的综合分析。

(9)ATP 车载设备与动车组的接口

ATP 车载设备与动车组的接口均为继电接口,即使 ATP 车载设备和动车组的型号不统一,接口却可一致。

两者间的接口信息主要有以下三个方面:

①动车组向 ATP 车载设备的输入:向前位、向后位、牵引位、制动位、零位等。

②ATP 车载设备向动车组的输出：紧急制动、常用制动和失电制动。

③动车组负责向 ATP 车载设备提供直流 110 V 电源。

典型工作任务2　列控中心设备维护

3.2.1　工作任务

通过本任务的学习，使学生掌握 CTCS-2 级列控中心设备的基本结构、运行原理，能进行列控中心设备的日常养护与维修工作。

通过本任务的学习，熟练掌握 LKD2-T2 型列控中心的设备组成、运行原理及列控中心主要应用制式的系统配置、日常养护维修与故障处理的方法和标准。

3.2.2　知识链接

1. 列控中心设备功能及与其他信号设备接口

列控中心是中国列车运行控制系统 CTCS 的核心安全设备，属于地面部分设备之一，是实现应答器报文选择和发送的重要设备，可对列车运行进行动态控制，符合“故障—安全”设计原则。列控中心接收轨道电路的信息，具有轨道电路编码、应答器报文储存和调用、临时限速等功能。列控中心满足后备系统需要，设于各车站，原则上区间不设列控中心。

1）主要功能

根据其管辖范围内列车位置、联锁进路及线路限速状况等信息，确定各列车运行许可，并通过轨道电路及应答器实时传送给相关列车，具体功能如下：

(1)临时限速功能

临时限速命令的处理流程如图 3.3 所示。

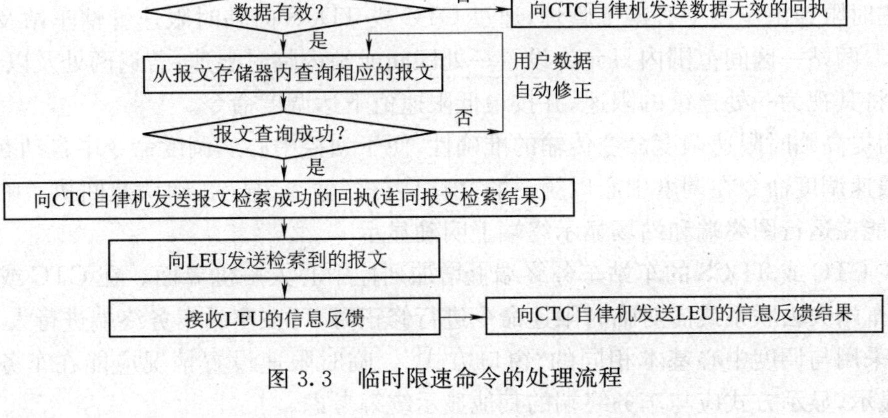

图 3.3　临时限速命令的处理流程

在 CTC 车务终端的临时限速界面上，调出限速命令窗口，在该窗口内输入（或选择）操作员姓名、命令号、限速起点、限速长度、速度级别、线路号和预计限速时间长度等相关内容。对输入（或选择）内容进行有效性检查，如果输入内容不合法，则给出提示；如果输入内容合法，则生成限速命令数据包，产生限速命令，然后将其发送至列控中心。

列控中心收到来自 CTC 车务终端的限速命令后，先通过 CRC 校验算法来验证数据的可靠性。如果 CRC 校验不合格，则列控中心对收到的数据不做处理；如果 CRC 校验合格，则列控中心对收到的数据进行有效性检查。如果限速命令无效，则向 CTC 车务终端发送数据无效的回执；如果限速命令有效，则在报文存储器内查询相应报文。如果查询成功，则向 CTC 车务终端发送报文检索成功的回执，并进行显示；如果查询不成功，则对数据进行自动修正，直到能够查询到相应报文为止。

列控中心向 LEU 发送检索到的报文，同时接收 LEU 的信息反馈，通过信息反馈来确定报文的实际执行情况和 LEU 的工作状态。列控中心把信息反馈内容传送给 CTC 车务终端，同时把系统工作状态信息进行记录。

如果 CTC 车务终端在一定时间范围内未收到任何回执，说明通信有误，则重复发送限速命令；如果 CTC 车务终端收到数据无效的回执，则提示用户检查输入（或选择）的内容是否合法；如果 CTC 车务终端收到报文检索成功的回执，则自动弹出相应窗口来显示报文检索结果。

限速命令执行后，在 CTC 车务终端上可以显示当前的限速区间状况。

CTC 车务终端根据临时限速命令中的预计限速时间长度，在限速时间结束时，取消临时限速命令。用户通过取消临时限速窗口来发送取消临时限速命令。用户需要延长限速时间时，可以重新调整限速时间的长度。

（2）接车进路信息预告功能

在联锁系统上办理接车、发车或通过进路，信号开放后，联锁系统把接、发车进路信息发送给列控中心。

列控中心根据接车进路信息，在报文存储器中查询相应的报文并发送给 LEU。列控中心对接车进路信息进行记录。监测机可以实时显示当前接车进路信息。当发车进路或离去区段有限速且低于某一速度级别时，进站信号需要降级显示。

2）列控中心技术要求

（1）临时限速由调度中心集中管理，通过 CTC 或 TDCS 向临时限速管辖车站及邻站下达调度命令。两站一区间范围内只允许设置一处区间或站内临时限速；若遇两处及以上限速，调度中心应将其视为一处连续的限速，并按最低限速值下达调度命令。

（2）为提高临时限速调度命令传输的准确性，便于列控中心从调度命令中自动获取控制信息，临时限速调度命令在调度中心以统一的“窗口方式”输入、显示、确认及回执。临时限速设置情况应能在运行图终端和站场显示终端上明确显示。

（3）在 CTC 或 TDCS 的车站车务终端上增加列控中心人—机界面。在 CTC 或 TDCS 调度中心与车站失去联系或需对临时限速命令进行修正时，可在车站车务终端进行人工输入，其输入方式采用与调度中心基本相同的“窗口方式”。临时限速设置情况应能在车务终端上直观、明确显示，显示方式应与车务终端的其他显示统筹考虑。

(4)临时限速调度命令须经车站值班员签收后，方可由CTC或TDCS车站设备传至列控中心。车站值班员签收时确认限速起点里程、速度、长度、车次、执行时间等；对于CTC无人值守车站，按规定在车站综合维修终端进行签收。对于站内正线临时限速，系统须前方站签收后，本站方可签收；若前方站为无人值守车站，本站签收后，由CTC中心设备向前方站下达临时限速调度命令并直接向列控中心发送。

(5)临时限速调度命令通过无线调度命令系统向列车发送时维持既有方式。

(6)站内正线有临时限速时，前方站出站口应答器、本站进站口应答器分别发送相应临时限速报文。

(7)办理正线通过且离去区段有临时限速时，进站口、出站口应答器分别发送相应临时限速报文。

(8)在区间其余地点有临时限速时，出站口应答器发送相应临时限速报文，进站口应答器的报文中应有限速预告信息。

(9)同一临时限速有不同的应答器发送报文时，其报文含义应具有一致性。各应答器报文的限速区速度、长度应完全一致，限速区起点之间应有固定的数学关系式，应答器报文的选择应建立对应逻辑关系。

(10)根据限速区起点与对应应答器之间的距离、限速区长度、限速区速度、进路及信号机状态等信息，选择存在列控中心中的报文。

(11)报文的发送时机，实时将所选的报文向对应的LEU传送；特殊情况下，由车站值班员在车务终端上确定发送时机。

(12)进站口应答器，在进站信号机开放时控制LEU向应答器发送报文，直至列车完全越过进站信号机。出站口应答器，在其有效时段内连续控制LEU向应答器发送报文。

(13)LEU实时接收列控中心传送的数据报文并发送给对应有源应答器，实时更新有源应答器的数据，实现应答器对变化数据的发送。

(14)具有完备的维护、测试、管理手段，并能进行脱机测试。

3)列控中心技术特点

(1)采用时钟同步比较的二乘二取二安全型计算机系统，分为Ⅰ、Ⅱ两系，各系内部为二取二结构，双系互为备份。每一单系中必须CPU工作一致才能对外输出，实现系统的高安全性；任一单系检出故障均可立即倒向备系工作，实现系统的高可靠性。

(2)与计算机联锁系统采用相同的硬件平台，为今后实现联锁列控一体化、减少设备投资和维护费用奠定了基础。

(3)采用双套GPS时钟系统，与调度中心接收相同的卫星信号，最大可能地保证了列控系统的精确时钟。

(4)采用硬件电路实现双机热备状态控制，保证在任一时刻只能有一台处于主用状态，双机切换时间小于200 ms。

(5)提供完善的维护系统，能够记录列控中心运行的每个状态并进行数据回放，便于故障诊断和分析。

(6)采用高速的环形光纤网络，构成双机同步和检测通道，实现双机之间信息的快速交流和通道的冗余备份。

(7)与外部重要系统之间均采用交叉连接的通信方式,实现物理连接的冗余。

(8)模块化程序结构设计,对程序和数据进行固化并实时进行检测,保证数据正确性。列控主机软件的程序和数据固化在 FLASH 中,并在程序运行期间动态检测数据的完整性和正确性,防止数据发生变异。

4)列控中心系统设备

(1)列控中心采用二乘二取二安全冗余结构,设置独立的维修终端。系统间接口皆具有光电隔离措施,采用统一的连接方式,包括通道、接插件、端子分配及编号等。

(2)列控中心的主机应采用工业级控制计算机,存储器容量应与有源应答器报文数量和使用要求相匹配,并有不少于 20%的余量。

(3)列控中心配置 GPS 时钟设备,可靠接收与 TDCS 或 CTC 中心同一体系的卫星时钟。

(4)当系统与 6502 电气集中连接时,Q 口为继电器接点采集、安全继电器输出,采用统一的继电结合电路原理和零层端子分配规则。

(5)S 口物理层采用冗余配置的 RS-485,数据层与 LEU 相匹配,基本配置连接 2 个 LEU,按上、下行线分别配置、使用。一个 LEU 具有四个应答器连接端口,正常使用 1 号、2 号两个端口,3 号、4 号两个端口作为备用。

(6)采用高 2 000 mm、宽 600 mm、深 800 mm 的标准机柜,采用 19 英寸机箱,并预留 LEU 及相关设备的安装位置。列控中心机柜外观如图 3.4 所示。机柜面板应有统一的显示内容和操作方式。

(a) (b)

图 3.4 列控中心机柜外观

(7)由双套热备在线式 UPS 供电,持续供电时间不小于 30 min。

5)列控中心设备结构

列控中心根据列车占用情况及进路状态计算行车许可及静态速度曲线并传送给列车,是一种实时控制系统,它必须具有非常高的可靠性,才能保证铁路运输技术作业的安全与效率。

列控中心主要由列控中心主机和监测机组成,其双系简易结构如图 3.5 所示。主机采用二乘二取二可靠性和安全性冗余结构。

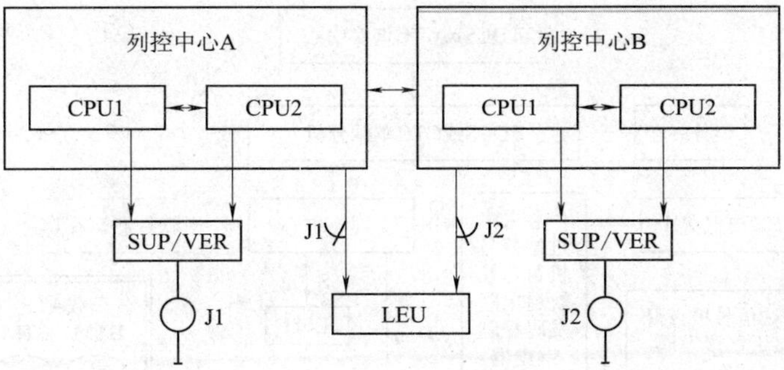

图 3.5　列控中心双系简易结构图

A、B两系结构完全相同，互为备用；主、备之间采用工控专用 ARCNet 网连接。每系采用双子系的二取二安全冗余结构，由专用高性能计算机系统构成，双 CPU 独立运算，同步运行。两个 CPU 分别对运算结果进行比较，只当比较一致时输出控制命令；两个 CPU 分别对两个子系进行周期性的自检。SUP/VER 单元处理器亦采用二取二结构，分别对两个 CPU 的控制命令进行比较，一致时驱动比较继电器吸起；当命令不一致，比较继电器落下，切断对 LEU 的通信和智能安全输出板的输出控制电源，确保系统安全，保证调度命令、进路、地面电子单元（LEU）、列车的对应关系。临时限速命令应能自动转换为对应的控制指令。根据控制指令、动车组车次、进路及信号机等信息，产生对应应答器的报文地址并向 LEU 传送，发送时机暂定为信号开放的同时，在信号开放后应连续控制 LEU 向应答器发送报文，进路解锁后停止。在办理通过进路且离去区段有临时限速时，根据列车制动需要，进站或进路信号机显示黄灯，对应接近区段轨道电路发黄码。

列控中心有两种不同的结构，分别适用于计算机联锁和 6502 电气集中联锁，分别如图 3.6 和图 3.7 所示。

与计算机联锁车站结构的不同之处只在于列控中心要通过继电接口电路采集 6502 电气集中的进路信息并控制其限速降级显示，将对计算机联锁系统的 RS-422 通信接口更换为安全智能 I/O 组合。

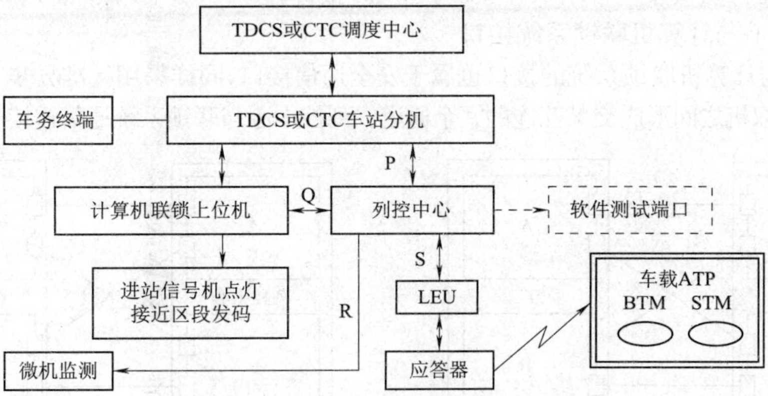

图 3.6　计算机联锁车站的列控中心系统结构

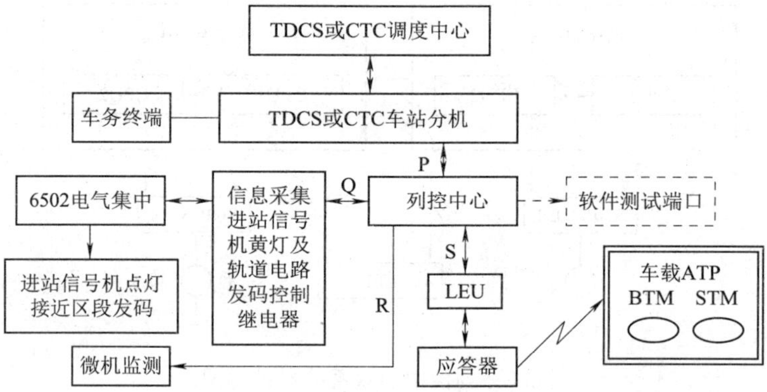

图 3.7　6502 电气集中车站的列控中心系统结构

6)列控中心与其他信号控制系统接口

(1)列控中心与 CTC/TDCS 接口

列控中心与 CTC/TDCS 系统的接口属于安全通信接口,采用标准异步 RS-422 串行接口,与 CTC/TDCS 的双机之间形成交叉互连的冗余通道。列控中心与 CTC/TDCS 通信连接如图 3.8 所示。

列控中心从 CTC/TDCS 中获得调度命令,包括线路临时限速命令、接、发车信息、时钟同步信息、运行方向信息等,列控中心接收 CTC 或 TDCS 的时钟信息,与本身的时钟进行校对,相差超过 30 s 时采取相应的安全措施,同时报警提示。从 TDCS 分机或 CTC 自律机获得临时限速信息,包括起点里程、长度、速度、时间、车次等。临时限速信息也可由值班员在列控中心人—机界面人工输入,通过 TDCS、CTC 站机向列控中心传送。临时限速的设置结果应能实时向 CTC 或 TDCS 车站、调度中心反馈。临时限速设置的逻辑错误、列控中心设备与相关设备通信故障、LEU 设备故障等应及时在车务终端上报警并提示。

列控中心向 CTC/TDCS 系统发送的信息包括临时限速执行结果、命令接收确认、列控中心运行状态、临时限速设置失败信息等。临时限速的设置结果应能实时向 CTC 或 TDCS 车站、调度中心反馈。临时限速设置的逻辑错误、列控中心设备与相关设备通信故障、LEU 设备故障等应及时在车务终端上报警并提示。对于 TDCS,控制指令需经车站值班员人工确认后方可执行。应能自动反馈执行结果,出现问题及时报警。

(2)列控中心与计算机联锁系统接口

列控中心与计算机联锁系统的接口也属于安全通信接口,同样采用标准异步 RS-422 串行接口,与联锁系统双机之间形成交叉互连的冗余通道。列控中心与联锁系统通信连接如图 3.9 所示。

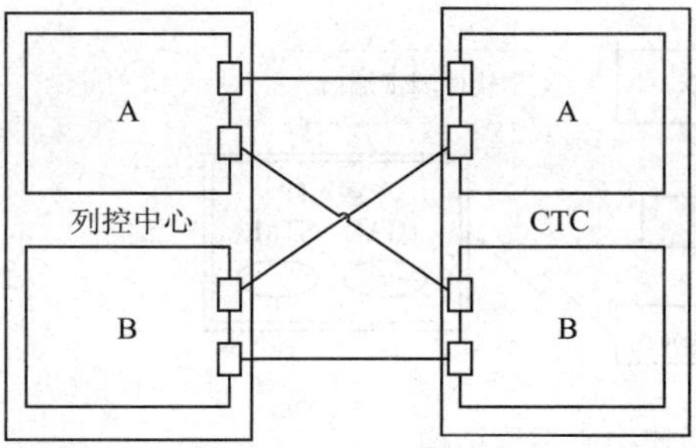

图 3.8　列控中心与 CTC 系统通信连接图

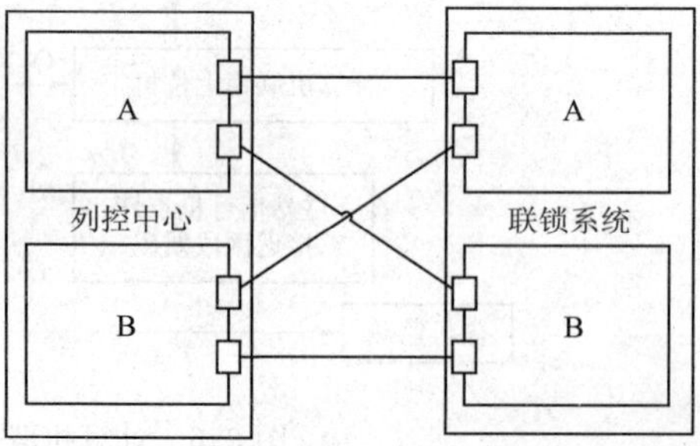

图 3.9　列控中心与联锁系统通信连接图

列控系统从车站联锁系统获得车站进路和相关实时信息，包括进站、出站、通过、进路、股道号、信号机开放等。在车站发车进路、离去区段有临时限速时，根据牵引计算及动车组制动需要，向车站联锁系统输出进站信号机点黄灯、接近区段轨道电路发黄码控制条件，由联锁完成控制及驱动。对于站型简单、6502 电气集中中间站，在保证安全控车的前提下，系统接口可考虑简化处理：对进站能区分进站信号机、正线通过、道岔直向或侧向接车，对出站能区分是正向还是反向发车。

(3)列控中心与 GPS 接口

列控中心与 GPS 授时系统接口采用标准异步 RS-232 串行接口，与两个 GPS 系统形成交叉互连的冗余通道。软件通信协议采用统一的定时重复发送机制。列控中心与 GPS 系统通信连接如图 3.10 所示。

列控中心从 GPS 系统接收与调度中心同一体系的卫星时钟。

(4)列控中心与 LEU 接口

列控中心与 LEU 之间属于安全通信接口，采用标准异步 RS-422 串行接口，每个列控中心主机分别与每个 LEU 建立连接。软件通信协议采用统一的安全通信协议实现点对点通信。列控中心与 LEU 通信连接如图 3.11 所示。

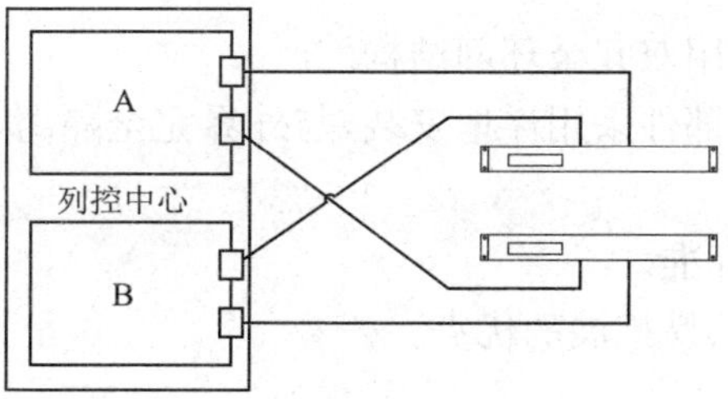

图 3.10　列控中心与 GPS 系统通信连接图

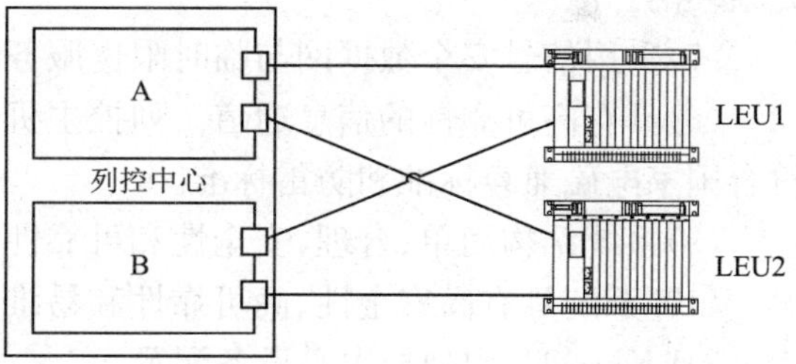

图 3.11　列控中心与 LEU 通信连接图

LEU 按照列控中心产生的应答器报文地址，实时选择对应的报文向有源应答器传送。LEU 将每个应答器的连接状态反馈给列控中心。LEU 应具有自检测、监测与有源应答器间通信状态等功能，应将检测数据实时传送给列控中心。未办理进路或 LEU 与应答器通信中断时，应答器应有保证行车安全的缺省报文。有源应答器的报文按应答器编码规则编制，各报文均固化在 LEU 中，内容包括编号、链接关系、临时限速（至限速始点距离、限速区长度、限速速度）、进路长度、电码化及线路载频、线路固定信息等。

(5)列控中心与监测系统接口

列控中心与监测系统之间属于非安全通信接口，采用标准异步 RS-422 串行接口，每个列控中心主机分别与监测机建立连接。列控中心与监测系统通信连接如图 3.12 所示。

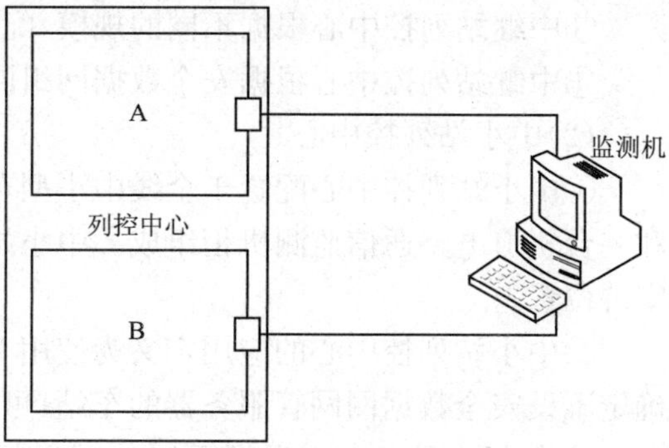

图 3.12　列控中心与监测系统通信连接图

列控中心将当前系统运行状态及由外部系统获得的限速命令、进路信息等发送给监测机进行记录，以便后期维护。列控中心向信号集中监测系统发送的信息包括:列控中心状态、LEU、应答器状态、列控中心与其他系统的通信状态、应答器报文特征码。

列控中心应具有自检、自诊、监测功能,含 LEU 及其相关通道监测,自动向车站信号集中监测系统传送监测信息。

2. LKD2-T2 型列控中心设备基本结构与原理

列控中心采用二乘二取二计算机 K5B MC 硬件设备,通过轨道电路编码、应答器报文编码等功能应用软件,实现列控中心的控制功能。

1)LKD2-T2 型列控中心系统特点

(1)实现轨道电路和有源应答器的实时控制,完成完整 CTCS-2 级列车控制功能。

(2)列控主机采用"故障—安全"专用处理器,为并列二重系结构。

(3)CPU 时钟同步比较方式保障"故障—安全",二系之间采用处理周期同步的并行运行方式。

(4)作为输入/输出模块的电子终端,每块电路板都是采用"故障—安全"型双 CPU 构成的智能控制器。

(5)与轨道电路接口的 CAN 总线,符合国际标准,支持 2.0B 协议,采用双总线冗余方式。

(6)采用信号安全数据网与车站联锁、分(主)列控中心、相邻列控中心通信,采用冗余的双冗余环网。

(7)采用信号安全数据网与临时限速服务器通信,采用双冗余环网结构。

(8)具有高可靠性的信息通道。列控主机、电子终端部件采用浮地安装,与外界完全隔离,符合国家电磁兼容标准和防雷标准。

(9)系统结构简单、合理,安全性和可靠性达到国际标准。

(10)系统具有高安全性、高可靠性和易维护、少维修、易扩展的优点。

2)LKD2-T2 型列控中心设备配置

列控中心按照站场类型和规模分成中继站列控中心、中小站列控中心、大型列控中心 3 种配置。

(1)中继站列控中心

①中继站列控中心配置于全线中继站上,由一台列控主机柜和一台轨道电路通信监测机柜组成。

②中继站列控中心配置 2 块 CI-TIU 板,控制 2 台冗余的 LEU,2 台 LEU 控制 4 个有源应答器。

③中继站列控中心根据不同的规模,配置不同数量的 PIO 板、CI-TC2 板。

④中继站列控中心根据安全数据网组网方案,配置不同的交换机设备。

(2)中小站列控中心

①中小站列控中心配置于全线中小型车站和线路所,由一台列控主机柜、一台列控综合柜和一台轨道电路通信监测机柜组成。中小站列控中心综合柜内预留安全数据网网管服务器的安装位置。

②中小站列控中心的应用定义为使用 LEU 数量不超过 8 台的车站、线路所、动车所。在确定不设安全数据网网管服务器的车站,可以配置 10 台 LEU。

③中小站列控中心根据不同的站场规模,配置不同数量的 PIO 板、CI-TC2 板、CI-TIU 板、LEU。在有 CTC 站机的车站,配置 2 块 CI-GS 板。

④轨道电路通信接口单元机笼标配为1台，在超过6个移频柜的车站，需配置2台轨道电路通信接口单元机笼。

⑤中小站列控中心根据安全数据网组网方案，配置不同的交换机设备。

⑥ODF架标配为1台，根据安全数据网组网方案的需要，可以配置2台ODF架。

(3)大型列控中心

①大型列控中心由一台列控主机柜、一台列控综合柜、一台LEU柜和一台轨道电路通信监测机柜组成。大型列控中心综合柜内预留安全数据网网管服务器的安装位置。

②大型列控中心的应用定义为使用LEU数量超过8台的车站、线路所、动车所。

③大型列控中心根据不同的站场规模，配置不同数量的PIO板、CI-TC2板、CI-TIU板、LEU。在有CTC站机的车站，配置2块CI-GS板。

④轨道电路通信接口单元机笼标配为1台，在超过6个移频柜的车站，需配置2台轨道电路通信接口单元机笼。

⑤输入/输出接口单元标配为1台，在PIO卡数量超过10块的车站，需配置2台输入/输出接口单元。

⑥大型列控中心根据安全数据网组网方案，配置不同的交换机设备。

⑦ODF架标配为1台，根据安全数据网组网方案的需要，可以配置2台ODF架。

3)LKD2-T2型列控中心设备结构及功能

列控中心主要由6个部分组成，分别是列控主机单元、输入/输出接口单元、通信接口单元、监测维护终端、电源单元、信号安全数据网通信单元。

(1)电源单元

电源屏输出一路AC 220 V(经过UPS)给列控中心设备供电，电源屏另外提供2路冗余DC 24 V给安全数据网交换机供电。

列控中心设备设置两组24 V电源模块，其接口原理如图3.13所示。

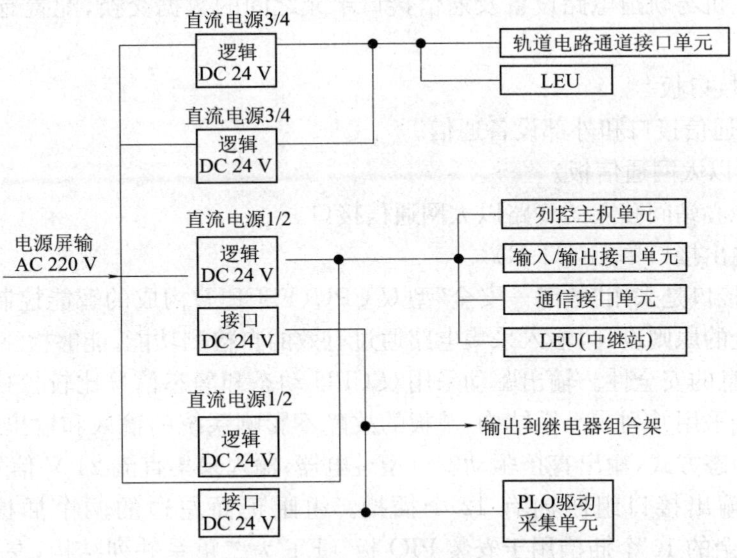

图3.13　列控中心电源接口示意图

(2)列控主机单元

列控主机单元为列控中心的核心设备,负责完成列控中心的逻辑处理和系统管理的任务。该主机具有高可靠性和高安全性。

列控主机由并列二重系组成,以主从方式并行运行,每一系采用“故障—安全”的双CPU处理器F486-4,称逻辑控制单元,用于完成列控中心逻辑运算和列控系统软件和硬件管理;两系之间通过并行接口(FIFO)建立的高速通道交换信息,实现二重系的同步和切换。每系主机由IPU6(电源板)、F486-4(CPU板)、DID板、FSIO(通信扩展板)、CANIF(CAN通信扩展板)、Z2ETH(以太网通信板)等组成。组匣内的各电路板之间通过母板上的VME总线互连。

①IPU6(电源板)

IPU6板实现外部输入的直流24 V至直流5 V的转变,为本系逻辑电路提供稳定的5 V电源。

②F486-4(CPU板)

F486-4I是列控主机的主CPU板。每一系各有一块F486-4板,完成列控逻辑运算、二重系间通信及切换控制、二重系一致性检查、系统的故障检测及报警,异常时停止动作。

③DID板

DID板的功能为配置列控中心站间通信的通信地址。

④FSIO(通信扩展板)

实现列控主机与输入/输出(ET-PIO)接口之间进行现场采集数据和输出控制数据交换。有3路与输入/输出接口的通信接口,实现列控主机与监测维护终端之间数据交换。

⑤FIO7[P]板

提供光纤接口与ET单元或外部监测设备接口。

⑥CANIF(CAN通信扩展板)

实现列控主机与轨道电路设备及通信接口单元之间的数据交换,配置有2路CAN总线通信接口。

⑦CANIO接口板

提供CAN通信接口和外部设备通信。

⑧Z2ETH(以太网通信板)

提供列控中心站间独立的2路以太网通信接口。

(3)输入/输出接口单元(ET-R)

输入/输出接口是采用“故障—安全”型双CPU(FSCPU)构成的智能控制器,其输出电路按故障倒向安全的原则设计,输入采集电路通过有效的自检测功能,能够检测出输入电路的故障,保证输入信息的安全性。输出驱动采用双CPU动态和静态信号比较校核,保证输出的安全性。电子终端采用并列二重系结构,单板的故障不影响系统的输入和输出。输出驱动和输入采集均采用静态方式,输出直接驱动安全型继电器,输入采集直流24 V信号。

一个输入/输出接口组匣内有12个插槽。组匣正面左边的两个插槽用于安装两个ET-LINE板,其余的10个插槽用于安装PIO板。ET为二重系并列结构,左边第一个插槽安装1系LINE板,通过光纤与列控主机1系的FIO7[P]板连接;第二个插槽安装2系LINE,通过光纤与列控主机2系的FIO7[P]板连接。

(4)通信接口单元

通信接口单元实现列控中心设备对外的通信接口，主要实现列控中心对 LEU 及 CTC 设备的通信。通信接口单元原理如图 3.14 所示。

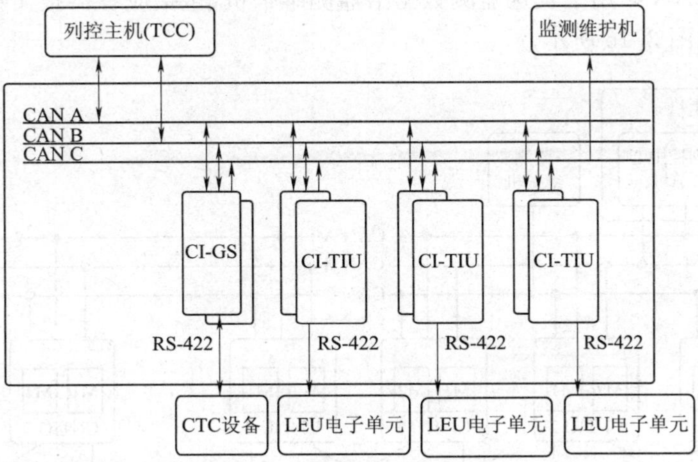

图 3.14 通信接口单元原理图

通信接口单元中包含 2 种类型的通信接口板：CI-GS 为 CTC 通信接口板，用于实现和 CTC 设备的通信接口；CI-TIU 为应答器报文实时编码板，用于实现应答器报文的实时编码和向 LEU 发送。

①CTC 通信接口板(CI-GS)

用于列控中心主机和 CTC 站机设备间的 RS-422 串行总线通信，实现列控中心向 CTC 设备传送区间轨道电路状态、码序和方向信息，其中 CAN 总线(CAN A、CAN B)用于和列控主机交换数据，RS-422 总线用于和 CTC 设备通信，其通信结构如图 3.15 所示。

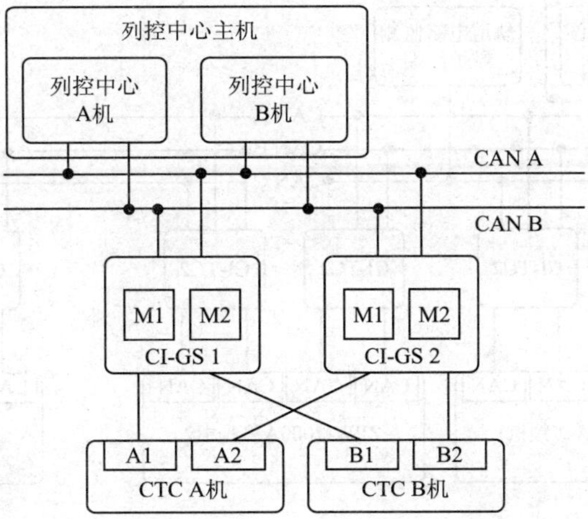

图 3.15 CTC 通信接口板(CI-GS)通信结构示意图

②LEU 通信接口板(CI-TIU)

用于列控中心主机和 LEU 电子单元间的 RS-422 串行总线通信，实现列控中心应答器报文的实时编码和 LEU 数据通信的功能。通信板接收列控中心主机的应答器用户数据，实时编码成应答器报文后向 LEU 发送，同时接收 LEU 设备反馈的应答器设备状态向列控中心主机传输。其中，CAN 总线(CAN A、CAN B)用于和列控主机交换数据；RS-422 总线用于和 LEU 设备通信；CAN C 用于发送监测数据给监测维护机，包括应答器报文数据和设备状态数据，其通信结构如图 3.16 所示。

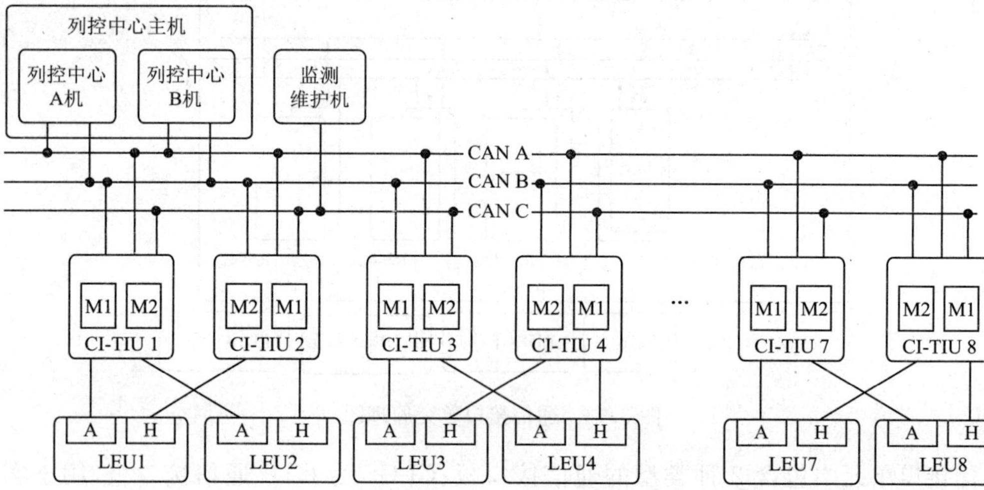

图 3.16　LEU 通信接口板(CI-TIU)通信结构示意图

(5)轨道电路通信接口单元

轨道电路通信接口单元实现列控中心设备对轨道电路移频柜的通信接口，其通信结构如图 3.17 所示。

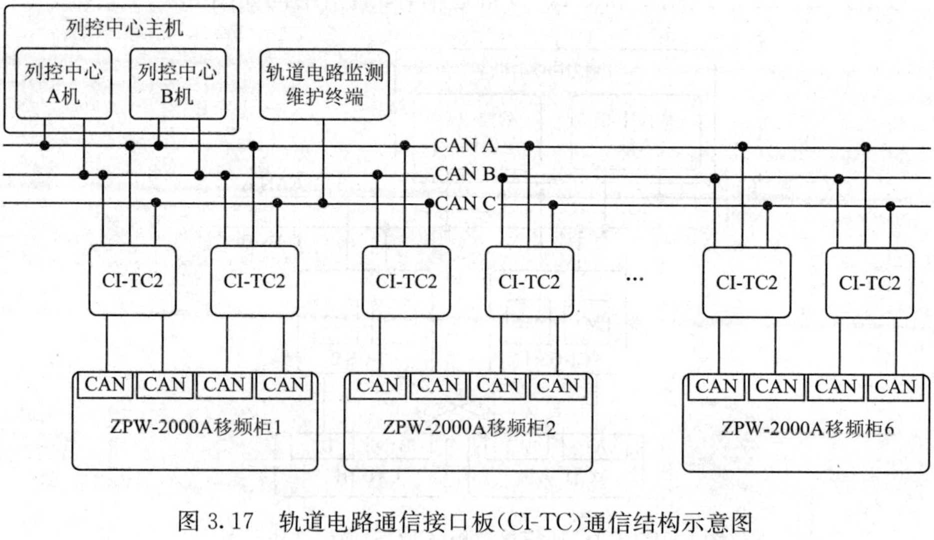

图 3.17　轨道电路通信接口板(CI-TC)通信结构示意图

轨道电路通信接口板用于列控中心主机和轨道电路设备间的 CAN 总线通信协议间互换，实现列控中心主机向轨道电路设备发生编码命令，并接收轨道电路设备的状态，其中 CAN

总线(CAN A、CAN B)用于和列控主机交换数据,CAN C用于发送监测数据给轨道电路监测维护终端,CAN D、CAN E用于和轨道电路设备交换数据。

轨道电路通信接口单元为一个4U的机笼单元,配置在轨道电路通信监测机柜中,每个机笼最多可以配置12块CI-TC2通信板,可以和6台移频柜(控制60个轨道区段)的轨道电路设备通信,超过6个移频柜的车站需增加一个轨道电路通信接口单元。

(6)监测维护终端

监测维护终端为一套完整的工控机设备,布置在列控主机柜内,包括辅助维护监测主机、上架显示器、键盘和鼠标,主要功能为记录列控中心、LEU等各个单元的工作状态和数据,同时把监测数据传送给集中监测设备,可以采用远程登录方式对其操作。监测维护主机对外提供以太网接口、CAN总线接口和INIO2卡光通道接口。

监测维护主机配置以太网口2个、四通道CAN卡1块、INIO2通信卡2块。监测维护机配置1U的上架显示器,作为监测维护终端的显示设备,使用对象为工程技术维护人员。监测维护终端主机通过以太网接口和外部的集中监测设备通信,通信电缆采用超5类屏蔽双绞以太网线。

(7)轨道电路监测维护终端

轨道电路维护监测终端为一套完整的工控机设备,布置在轨道电路通信监测机柜,包括维护监测主机、上架显示器、键盘和鼠标,主要功能为记录轨道电路工作状态和数据,同时把监测数据传送给集中监测设备,可以采用远程登录方式对其操作。监测维护主机对外提供以太网接口和CAN总线接口。

轨道电路监测维护机配置以太网口2个、四通道CAN卡1块。轨道电路监测维护机配置1U的上架显示器,作为监测维护终端的显示设备,使用对象为工程技术维护人员。监测维护终端主机通过以太网接口和外部的集中监测设备通信,通信电缆采用超5类屏蔽双绞以太网线。监测维护终端主机通过CAN总线与分线采集器连接。

(8)工业以太网单元

由工业以太网实现RBC和联锁、联锁和TCC、临时限速服务器和TCC之间的安全数据通信,由8芯光纤构成的双网双冗余工业以太环网,构成以太环网的交换机安装在列控中心设备机柜内。工业以太网交换机外观如图3.18所示。

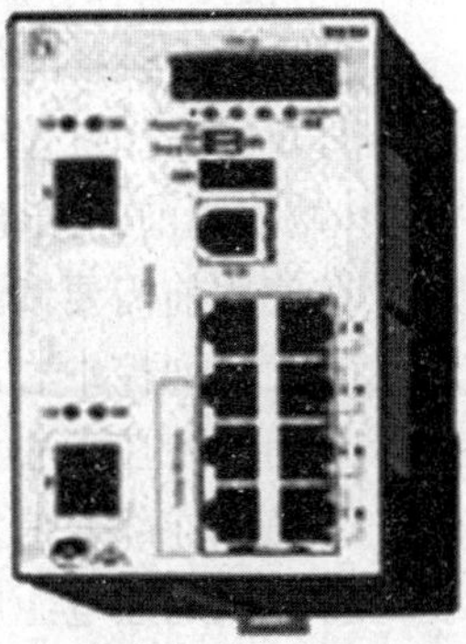

图3.18　工业以太网交换机外观

(9)LEU电子单元

中继站列控中心LEU设备配置在列控中心主机柜中,车站/线路所列控中心的LEU设备配置在列控综合柜或LEU柜内。远程LEU置于远程LEU机柜内。

LEU电子单元带有ECI监测装置,置于每台LEU的右侧。

(10)LEU冗余切换单元

安装在正线上的有源应答器由冗余LEU控制,列控中心控制LEU冗余切换单元实现冗余LEU设备的自动切换。冗余切换单元随冗余配置的LEU设备安装,中继站安装在主机机柜中,车站安装在综合柜中。

冗余LEU切换单元采用信号安全继电器实现应答器信号的切换,LEU冗余切换原理如图3.19所示。

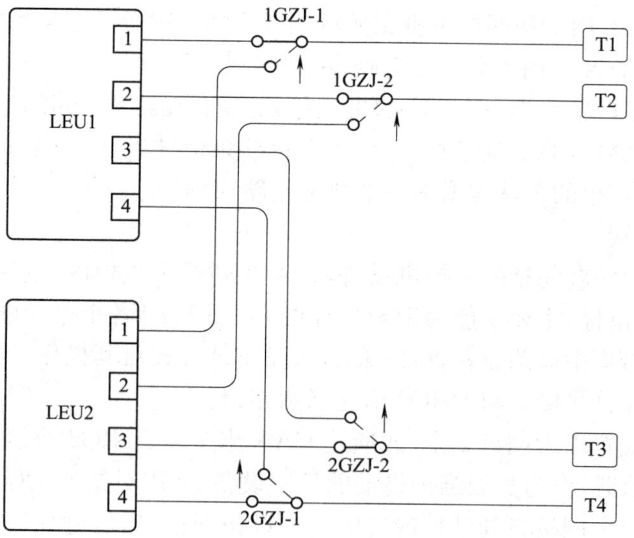

图 3.19　LEU 冗余切换单元原理图

LEU1、LEU2 的配置完全一样，都有四路应答器输出至切换单元。常态下 LEU1 的输出 1、2 通过切换选择至应答器 1、2，LEU2 的输出 3、4 至应答器 3、4。当检测到任一个 LEU 发生故障时，相应的切换继电器落下，此时应答器的输出全部切换到另一个正常的 LEU，实现 LEU 的冗余配置。

对于多组冗余 LEU 的车站，切换方式相同。

3. LKD2-T2 型列控中心设备使用操作

1)LKD2-T2 型列控中心设备使用及操作

(1)使用及操作人员要求

列控中心设备的使用及操作人员要求必须经过厂家或各铁路局集团公司培训，熟悉铁路信号运营，对列控中心设备原理和操作有一定的了解，考核合格后方能使用、操作列控中心设备。

(2)使用前的准备和检查

在使用前需要确认列控中心设备的项目包括：

①确认列控中心设备是否有硬件和外观的损伤。

②确认列控中心机柜里设备部件配置是否完整。

③确认外部通信接口连接可靠、设备接地良好。

④确认列控电源屏供电电压在正常范围内(AC 220～240 V;50 Hz)。

⑤确认列控中心设备各功能单元的电源开关处在断开状态(OFF)。

如有上述任何条件不符，必须解决后才能通电使用。

(3)使用前和使用中的安全及安全防护、安全标志及说明

列控中心机柜使用交流 220 V，端子排全部带有 220 V 交流电，端子上带有表示危险信号的闪电符号作为警示，因此在使用和维护中切勿触及。如确实需要进行连接和断开操作，尽量用单手进行以防触电，并防止由于误操作导致的高短路电流通过导体引起的失火和设备故障。

机柜顶部的风扇也是使用 220 V 交流电，如对风扇的接口航插进行插拔注意防止触电，

同时维护时不要触及高速运转中的风扇，以防止受伤。

(4)设备操作方法及注意事项

① 列控中心设备的开机步骤

系统冷机启动的加电顺序为：系统从冷机(未加电)状态启动，应首先确认所有设备连接正确，接插件连接牢靠，然后进行；接通电源屏电源 AC 220 V，确认电源屏输出 AC 220 V 电压正确；接通监测机和显示器电源，开启监测维护终端。

接通电源模块的 AC 220 V 输入端，在电源显示窗口确认其输出 24 V 电压正确接通列控主机 1 系和列控主机 2 系的电源开关。在列控主机 F486 模块的 C 卡插槽内插入 IC 卡。如有两个 IC 卡，可同时插在两系列控主机上；如只一个 IC 卡，可先插入一系列控主机，待其进入运行状态后，取出 IC 卡再插入另一系列控主机。列控主机从 IC 卡读入程序和数据约需 30 s。首先加电并插有 IC 卡的列控主机将进入“主系”状态运行，另一机进入“从系”状态运行。

a. 接通各 ET 机架上每个 ET-LINE 和 ET-PIO 模块的电源开关。确认每个模块进入正常工作状态：“Normal”指示灯亮；“Txd”指示灯闪光。

b. 分别接通轨道电路通信接口板的电源开关，确认通信板和轨道电路设备工作正常：

(a)接通 CTC 通信板 CI-GS 的电源开关，确认通信板工作正常，CTC 状态显示正常。

(b)接通 LEU 通信板 CI-TIU 的电源开关，确认通信板工作正常，LEU 设备工作正常。

(c)接通轨道电路通信板 CI-TC2 电源开关，确认通信板工作正常，轨道电路设备工作正常。

(d)开启信号安全数据网交换机，确认交换机工作正常，确认列控中心和联锁设备通信正常。

(e)通过调度中心的临时限速服务器 TSRS 向列控中心做线路状态初始化操作。打开列控中心监测维护终端显示器，确认监测维护终端软件状态显示是否正确。

至此，列控中心设备从冷机状态加电启动完成。

②列控中心停机的操作程序与方法

列控中心停机步骤按开机步骤逆序操作。

③列控中心设备操作注意事项

a. 列控主机冷机启动需从 IC 卡上读入程序和数据才能进入正常运行。因此 IC 卡平时应插在 IC 卡插槽内。这样，系统在停电恢复后可自动投入运行。

b. IC 卡中的程序是根据各个车站的配置数据而编制，各站间的 IC 卡不能混用。

c. 系统各设备间采用了光缆连接。光缆较为脆弱，应注意以下事项：不要用手触摸光缆接头的光端口。光缆接头不用时，一定要带上防尘帽。光缆的弯曲半径一定要在 5 cm 以上，否则将造成光缆断裂。不可使光缆受到强烈的撞击、振动和重力挤压、拉扯。拆卸光缆连接须握住光缆接头的外壳拔插，不可拉拽光缆线。连接光缆接头要注意插头与插座的吻合，同时要拧紧固定螺栓。

d. 列控主机更换板卡后，需要确认各板卡的位置是否正确，插错位置系统不能运行，并有可能造成设备故障。

e. 系统中所有的电路板和模块严禁在带电的情况下拔插，违反此项规定将造成设备损坏。

f. 列控中心中的电源开关扳动时须用手握住开关柄轻轻向外拉出，然后再扳动。不可直接用力扳。

4. LKD2-T2 型列控中心设备维护

LKD2-T2 型列控中心设备的日常维护包括设备机柜外观检查和设备工作状态检查两方面内容。

1)设备机柜外观检查

(1)检查各部件外观是否清洁，风扇、机箱、机柜通风正常，各种标签完整、正确、清晰。

(2)各部螺栓紧固，机柜门、锁无破损。

(3)通信电缆的紧固性检查。

(4)应答器电缆的紧固性检查。

(5)备品备件完整性检查。

(6)至少每 15 天检查一次上述内容，并作记录。

2)设备工作状态检查

(1)检测列控中心电源模块的电源是否有报警，是否有发热现象，并记录每个电源模块的输出电压和电流值。

(2)检测通信接口单元的各个板卡工作指示灯闪烁是否正常，是否有异常指示。

(3)检测主、备机状态，是否有离线状态；记录主、备机位置，是否有倒机现象。

(4)检测主机单元的工作指示灯闪烁是否正常，是否有异常指示。

(5)检查交换机的工作状态，工作指示灯是否正常。

(6)检查监测维护终端工作是否正常，记录维修诊断软件的监控界面上的设备状态和通道连接状态。

(7)记录 LEU 的状态、应答器状态是否完好。

(8)检查监测维护终端中的列控中心故障历史记录，判断是否故障，并做记录。

(9)检查集中监测历史记录，判断是否有列控中心故障。

(10)检查信号安全数据网的网管终端中的状态显示，判断是否有通信通道中断，并检查历史记录，判断是否有故障发生。

(11)上述检查内容有人值守站每日 1 次，无人值守站和区间中继站每月 1 次。

LKD2-T2 型列控中心设备维护记录卡(参考)见表 3.1。

表 3.1　LKD2-T2 型列控中心设备维护记录卡(参考)

站名：　　　　　　　　　　　　检修人：　　　　　　　　　　　　设备包保人：

检修项目	检修内容	检修日期： 检修记录	备注
设备检查	1. 各部外观清洁，风扇、机箱、机柜通风正常，各种标签完整、正确、清晰，维修机过滤网清洗		
	2. 各螺栓紧固状态，机柜门、锁无破损		
	3. 通信电缆、应答器电缆的紧固状态		
	4. 备品备件完整性检查		

续上表

检修项目	检修内容	检修日期： 检修记录	备注
工作状态检查	1. 检测电源模块故障状态，记录输出电压电流值		
	2. 检测主机单元的工作指示灯闪烁是否正常，是否有异常指示		
	3. 检测通信接口单元的工作指示灯闪烁是否正常，是否有异常指示		
	4. 检测电源单元工作指示灯是否正常		
	5. 检测主、备机状态，是否有离线状态，记录主、备机位置		
	6. 检查维修诊断软件上是否有报警信息		
	7. 检查 LEU 和应答器的状态		
	8. 检查列控中心故障历史记录，判断是否故障记录		

5. LKD2-T2 型列控中心设备故障处理

1)设备故障判断处理流程

判断处理故障时应尽量利用列控中心维修诊断软件的诊断信息，如网络状态连接图、实时故障信息等。通过网络状态连接图可以直接看出列控设备各级通道连接的通断情况，利用报文解析浏览图可直接查看有源应答器的当前报文和历史报文记录。

列控中心维护人员在进入机械室进行设备维护时，应填写相应的维护单据，对列控中心的状态进行如实的记录，对异常状态进行尽量详细的现象描述，以便技术人员分析问题和解决。维护人员发现故障时的维护流程如图 3.20 所示。

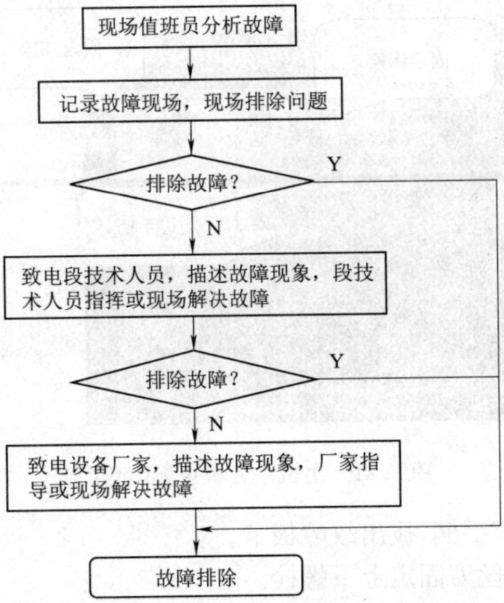

图 3.20　维护人员发现故障时的维护流程图

2)设备故障判断

(1)通信故障判断

通信通道故障包括了所有列控中心和其他设备的通信,主要检查物理通道连接是否完好、通信单元工作是否正常,故障不能恢复则报修。

当检测到有列控中心主机有一侧离线时,应及时记录主机的故障代码,并重启列控中心主机,同时把故障代码传给厂家分析,根据分析结果作后续处理,如故障不能马上恢复应立即报修。

(2)应答器报文传输通道故障处理

由于列控中心的监测维护软件只能检测到列控中心发送的报文,报文的室内、室外传输通道的完整性检测需要通过从室外读取应答器报文来判断。

对于出现通道问题的应答器电缆,可以通过电压测量的方法来判断处理故障。

通过实测在列控中心正常工作时的参考电压是:

室内分线盘或 LEU 输出:FULK89 数字表:15～17 V;普通数字万用表:4.8 V。

室外分线盒:FULK89 数字表:13～15 V;普通数字万用表:3 V。

通过现场实际测试发现,如电压超出此范围则可能有故障,可进一步查找判断故障的具体位置。

3)设备故障处理

当列控中心设备中的每个单元或板卡故障时,应先记录故障单元或板卡的故障代码或状态显示,然后及时更换备件。并从监测维护机或集中监测设备中调取历史记录,发送给厂家进行故障分析。

(1)主机单元备板更换步骤

①关闭故障一侧的主机电源(关闭 IPU6 的电源开关)。

②用螺丝刀拧松固定故障板卡的螺栓(上、下各一对),如图 3.21 所示。

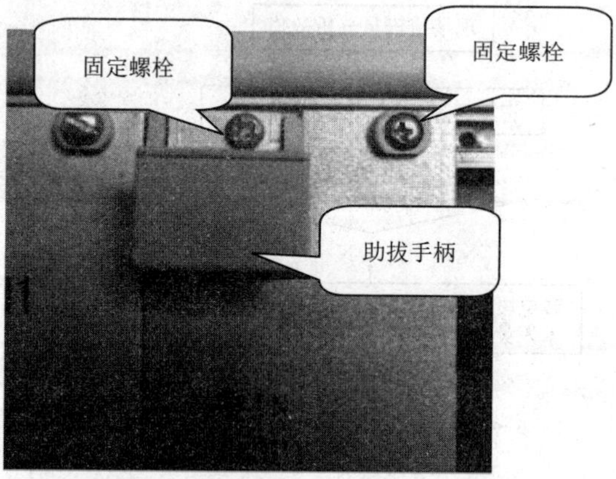

图 3.21　主机单元板更换示意图

③用双手上下推“助拔”手柄,拔出故障板卡。

④插入备用板卡,用螺丝刀固定上下螺栓。

⑤打开电源(IPU6)。

⑥观察系统是否启动并进入正常工作状态。

(2)通信单元备板更换步骤

①用螺丝刀拧松固定故障板卡的螺栓。

②按下“助拔助插”按钮，拔出故障的通信板，如图3.22所示。

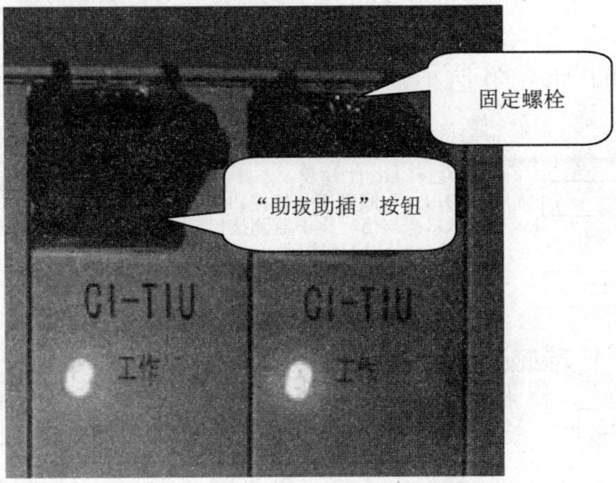

图3.22　通信单元板更换示意图

③插入备用通信板。

④观察通信板是否正常投入工作。

3.2.3　知识拓展

1. LKD2-HS型系统设备结构与原理

LKD2-HS型列控中心采用二乘二取二安全计算机平台，符合“故障—安全”原则，关键设备冗余配置，具备统一的系统内部和外部接口，满足各公司、研究院(所)生产的相关产品相连接的接口，并且有统一的接口协议。

LKD2-HS型列控中心具备应答器报文实时组帧与发送、轨道电路编码、区间通过信号机控制、区间运行方向和闭塞控制、站间通信等主要功能，是设于各车站的列控核心安全设备，适用于装备CBI、CTC或TDCS的车站(线路所)或中继站，并可适配从TSRS或CTC或TDCS设置临时限速的功能，目前广泛运用于CTCS-3级和CTCS-2级线路。

1)LKD2-HS型列控中心的基本原理

(1)列控中心接收来自CTC/TDCS或TSRS的临时限速命令，结合收到的车站联锁进路信息，通过实时组帧的方式，将报文通过LEU传至有源应答器。

(2)列控中心通过采集GJ，接收车站联锁进路信息，控制轨道电路的载频、低频信息编码，并驱动站内及区间轨道电路方向继电器，控制轨道电路的发码方向。

(3)列控中心根据临时限速的信息和车站进路状态，向联锁发送信号降级信息，同时相应轨道区段低频编码也做相应降级处理。

(4)列控中心直接驱动点灯信号继电器完成区间信号机点灯控制，同时对灯丝断丝做相应处理，具备红灯转移功能；对于非列控中心控制的区间信号机，列控中心将根据采集到的1DJ、2DJ及相关区段的GJ来推算出信号机的显示状态，并将其传送给CTC。

(5)列控中心接收来自联锁的区间方向控制信息,通过车站间通信完成区间运行方向与闭塞的控制。

(6)列控中心将自身运行状态和内部逻辑状态实时地传递给 CTC 和信号集中监测系统;中继站列控中心将自身的运行状态和内部逻辑状态实时地传递给所属列控中心和信号集中监测。

列控系统的关系图如图 3.23 所示。

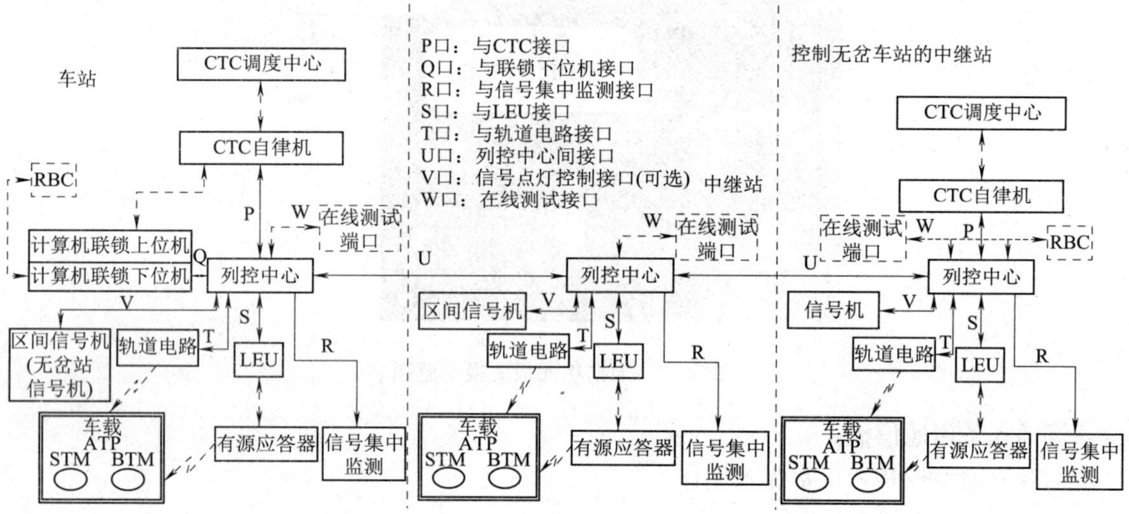

图 3.23　列控系统的关系图

2)LKD2-HS 型列控中心的基本结构

LKD2-HS 型列控中心的主要硬件设备安装在如下几类现场机柜中:主控机柜、I/O-LEU 柜、I/O 柜和 LEU 机柜。

(1)主控机柜

从上到下分别为:电源机笼、切换面板、主控机笼、通信机笼、一体化显示器、工控机、中继交换机、A 网交换机、B 网交换机、ODF 架和空开。

机柜中所使用的模块主要有电源模块、主控单元、切换控制模块、切换面板、轨道电路接口板 TM486、CTC 通信模块 TM484、COMM 通信控制模块 TM426 和 LEU 通信接口板 TM492。

①电源模块

电源模块 TM451 两两冗余配置,两两并联均流,与 TM440 电源机笼配套使用,可构成 3 组 24 V DC 电源,每组 2 个电源,互为冗余、并联均流。

模块加电时,面板的状态指示灯(ON)显示当前的工作状态。指示灯亮,表示 24 V DC 输出正常;指示灯灭或异常,表示电源无输出或电源输出异常。

②主控单元

主控 ICU 模块 TM425 是列控中心的逻辑运算单元,实现 ICU 间的安全通信,与各通信板通信,接收外部系统的数据进行逻辑计算,二取二通过后再发送给各通信板。图 3.24 为 TM425 前面板指示灯的具体含义。

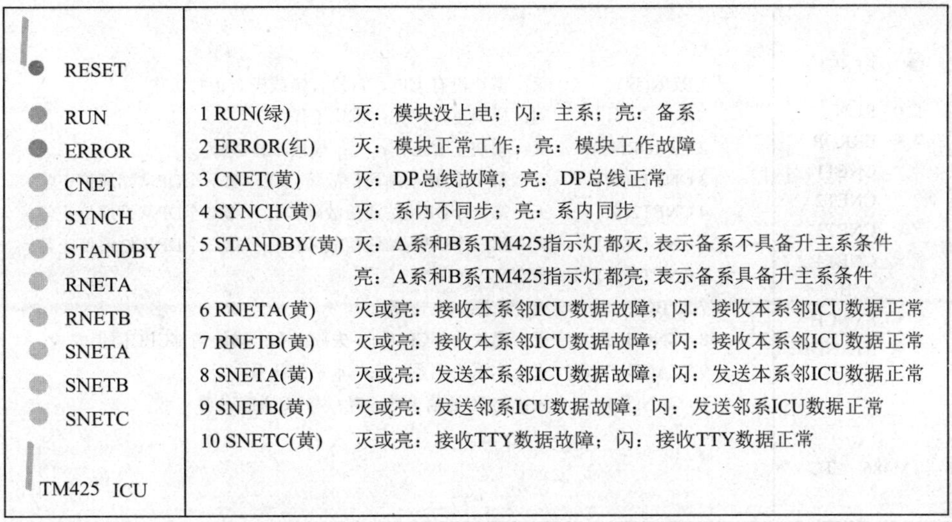

图 3.24 TM425 前面板指示灯的具体含义

③切换控制模块

切换控制模块 TM427 完成列控主、备工作状态的手动切换、电源报警和状态指示的功能。图 3.25 为 TM427 前面板指示灯的具体含义。

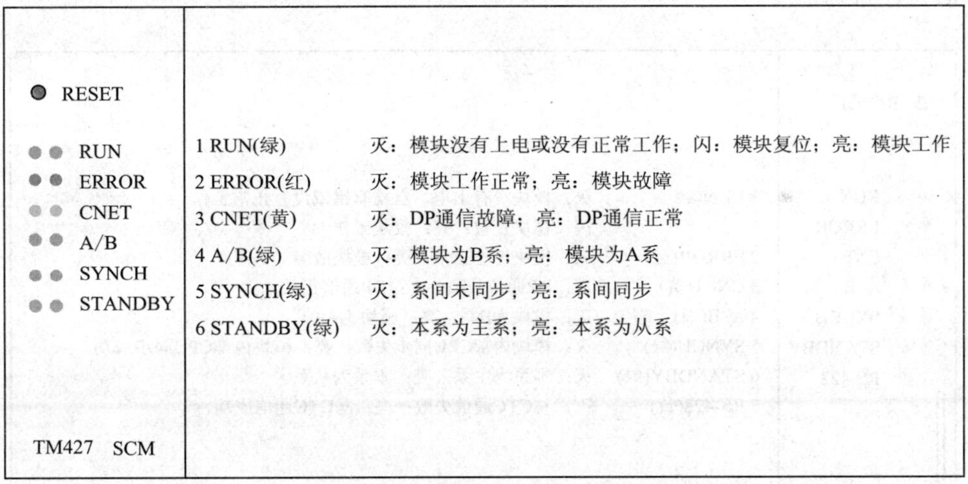

图 3.25 TM427 前面板指示灯的具体含义

④切换面板

切换面板用于指示系统主、备运行状态，并配置切换钥匙。在备系无故障具备升级条件的情况下，可以使用切换面板的切换钥匙切换列控中心的主、备系工作状态。主系和备系 ICU 面板的 STANDBY 灯点亮，代表备系可升级，否则备系不能升级，此时，使用切换钥匙切系失效。

⑤轨道电路接口板

列控中心使用 TM486 通信模块，通过双冗余 CAN 总线与轨道电路接口。图 3.26 为 TM486 前面板指示灯的具体含义。

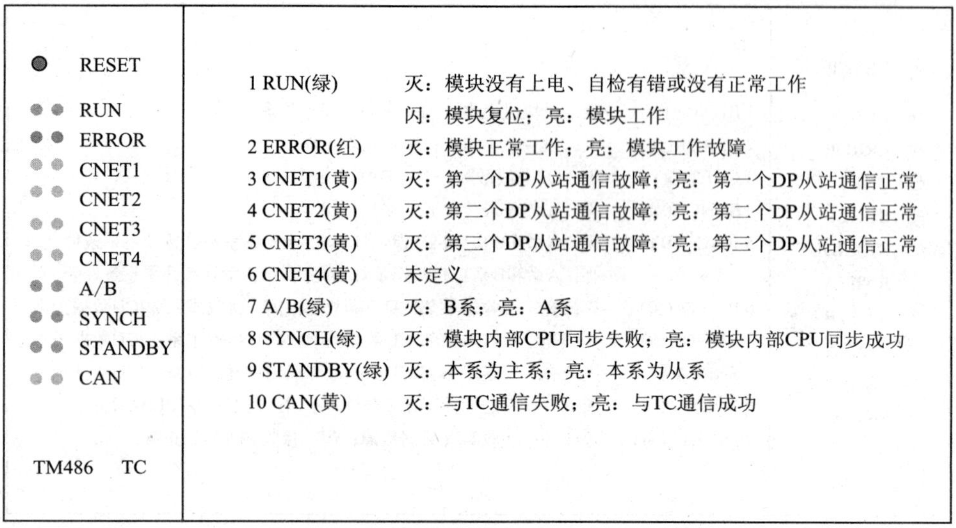

图 3.26　TM486 前面板指示灯的具体含义

⑥CTC 通信模块

使用 TM484 通信模块，通过交叉 RS-422 总线与 CTC 接口。图 3.27 为 TM484 前面板指示灯的具体含义。

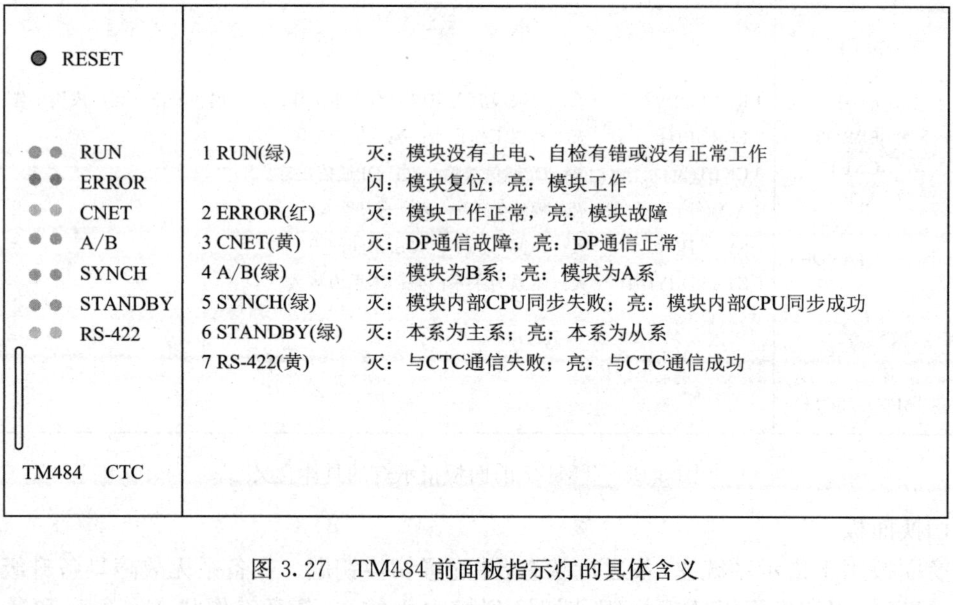

图 3.27　TM484 前面板指示灯的具体含义

⑦COMM 通信控制模块

使用 TM426 通信模块，实现列控中心与联锁接口；并通过冗余双环网与相邻站列控中心、临时限速服务器接口，同时使用 UDP 与维护终端接口。图 3.28 为 TM426 前面板指示灯的具体含义。

图 3.28　TM426 前面板指示灯的含义

⑧LEU 通信接口板

使用 TM492 通信模块，通过 UDP 网络与 LEU 接口。图 3.29 为 TM492 前面板指示灯的具体含义。

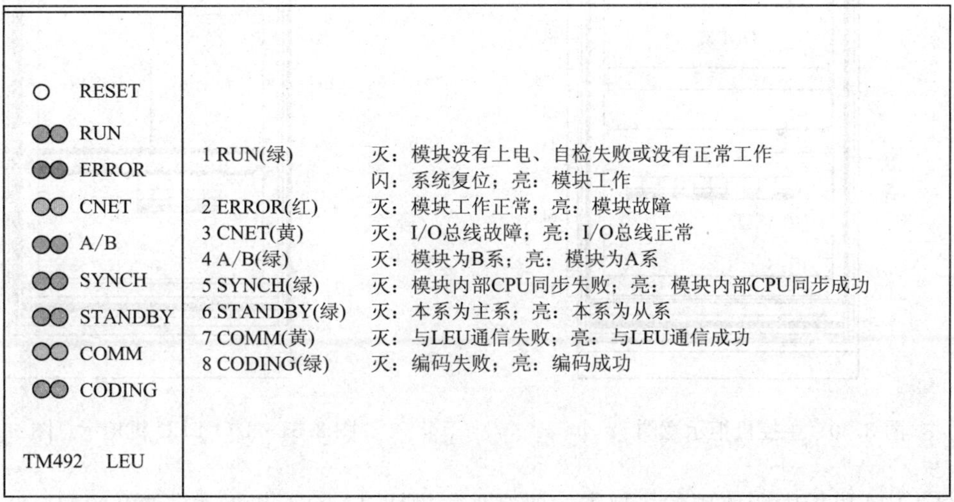

图 3.29　TM492 前面板指示灯的具体含义

(2)I/O-LEU 柜

I/O-LEU 柜从上到下分别为：电源机笼 1、电源机笼 2、LEU 切换组合、A 系 I/O 机笼 1、B 系 I/O 机笼 1、LEU 层 1、LEU 层 2 和空开，同时在将 LEU 层 2 预留为轨道电路通信盘的安装位置，如图 3.30 所示，也可以将 I/O 机柜与 LEU 机柜分开设置，具体如图 3.31 和图 3.32 所示。

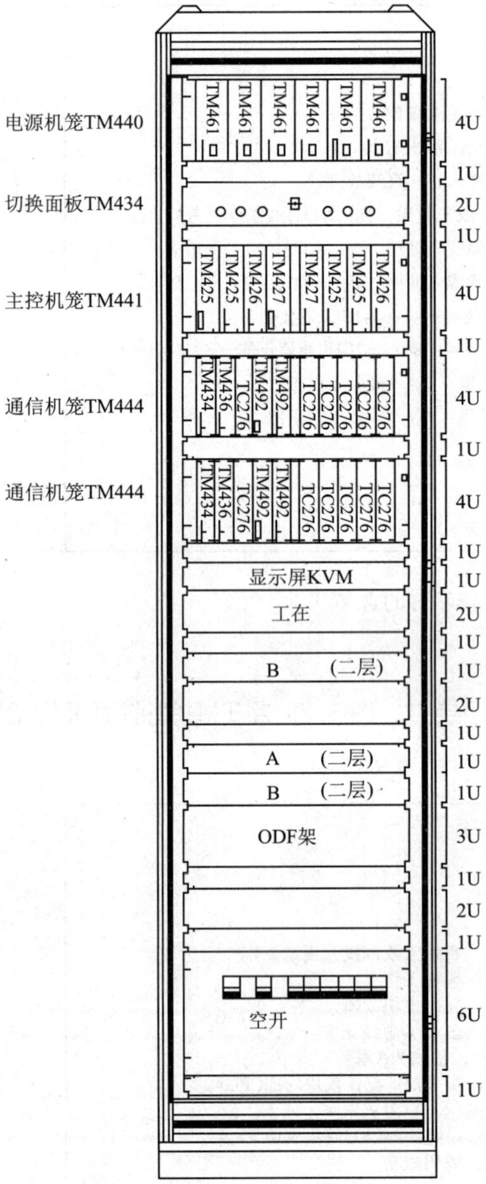

图 3.30　主控机柜示意图

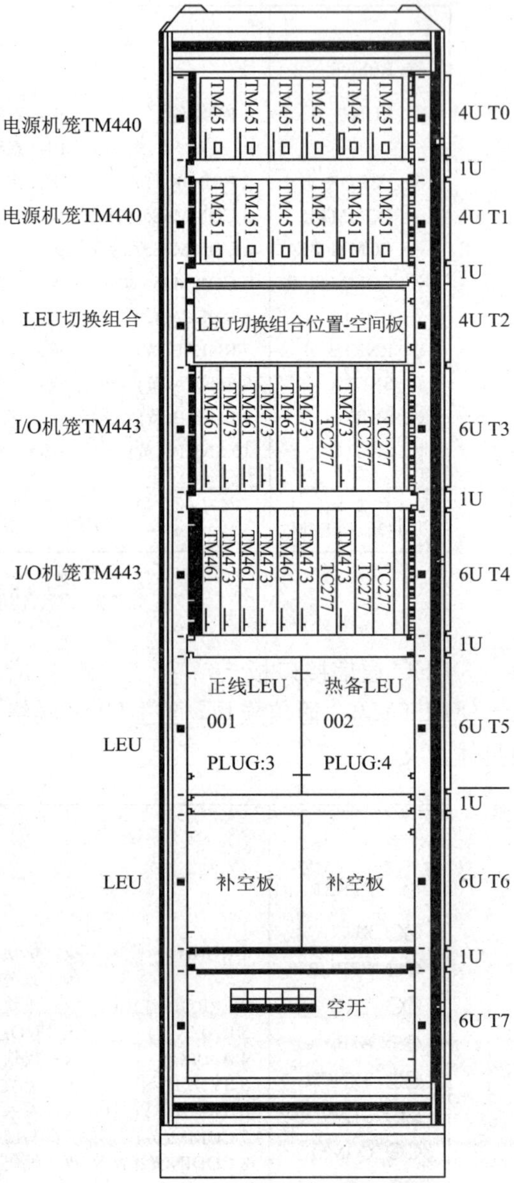

图 3.31　I/O-LEU 机柜示意图

I/O-LEU 机柜中所使用的接口卡主要有采集模块 TM461 和驱动模块 TM473。

①采集块

使用 32 路 TM461 采集模块，采集继电器状态。图 3.32 为 TM461 采集块前面板指示灯的具体含义。

②驱动模块

使用 16 路 TM473 驱动模块，驱动继电器线圈。图 3.33 为 TM473 驱动模块前面板指示灯的具体含义。

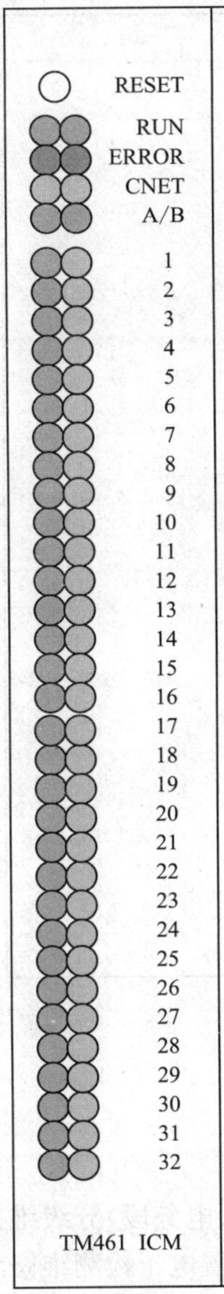

1 RUN(绿)　灭：模块没有上电或没有正常工作
闪：模块复位；亮：模块工作
2 ERROR(红)　灭：模块工作正常；亮：模块故障
3 CNET(黄)　灭：DP通信故障；亮：DP通信正常
4 A/B(绿)　灭：模块为B系；亮：模块为A系

1~32路第1列指示灯(绿)	1~32路第2列指示灯(黄)	含　义
灭	亮	故障
亮	灭	故障
亮	亮	采集点闭合
灭	灭	采集点断开

图 3.32　TM461 前面板指示灯的具体含义

(3)分设 I/O 柜

I/O 柜从上到下分别为：电源机笼 1、电源机笼 2、A 系 I/O 机笼 1、B 系 I/O 机笼 1、A 系 I/O 机笼 2、B 系 I/O 机笼 2 和空开，如图 3.34 所示。

机柜中所使用的接口卡主要有采集模块 TM461 和驱动模块 TM473。

(4)分设 LEU 机柜

LEU 机柜从上到下分别为：电源机笼、LEU 切换组合、8 个 LEU 和空开，同时将 LEU 层 4 预留为轨道电路通信盘的安装位置，如图 3.35 所示。

机柜中所使用的模块主要有 LEU 模块和 LEU 切换组合。

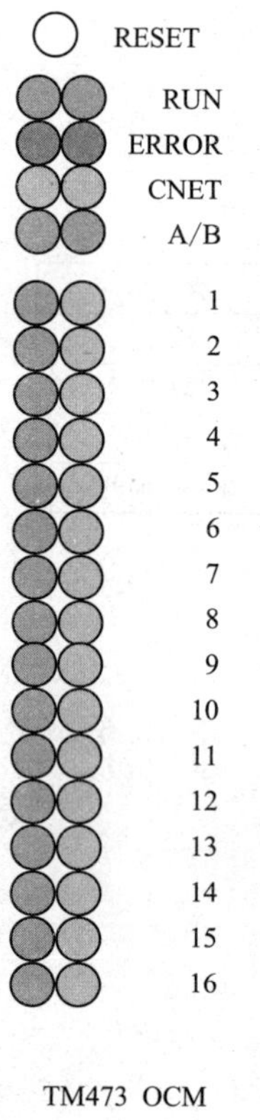

1 RUN(绿)　灭：模块没有上电或没有正常工作
　　　　　　闪：模块复位；亮：模块工作
2 ERROR(红)　灭：模块工作正常；亮：模块故障
3 CNET(黄)　灭：DP通信故障；亮：DP通信正常
4 A/B(绿)　灭：模块为B系；亮：模块为A系

每一路驱动指示灯含义如下：

名　　称	颜色	状态含义
驱动电压指示灯	绿	灭：驱动电压关闭
		亮：驱动电压输出
驱动电流指示灯	黄	灭：驱动负端断开
		亮：驱动负端闭合

图 3.33　TM473 前面板指示灯的含义

2. LKD2-HS 型列控中心设备养护维修

1)维修管理

列控系统维护工作实行铁路局集团公司、高铁基础设施段(工电段、电务段)分级维护管理。铁路局集团公司由电务部负责管理高铁基础设施段(工电段、电务段)设置电子检测维修队(信息设备车间)；日常运用管理由电务检测所负责；电务段在专业车间内设置列控设备检修工区。列控系统设备由电子检测维修队(信息设备车间)、维修车间(电务维修车间)和综合维修工区(工电工区、信号维修工区)负责维修。其中，专业车间负责列控系统车载设备的维修管理工作；现场车间负责列控系统地面设备的维护管理工作；现场工区负责列控系统地面设备日常养护工作。

列控中心设备的管理必须严格按国铁集团有关规定执行。

在工程开通前，地面设备检查测试参照“TCC 测试记录表”执行，开通使用前必须进行全面的功能试验和检查测试。

年度列控实验须按照列控试验办法“年段列控试验”要求执行。

2)列控中心的日常养护

列控中心设备维修实行日常养护，日常养护周期：有人值守站每日一次，无人值守站和区间中继站每月 1 次。列控中心日常养护工作内容及质量标准见表 3.2。

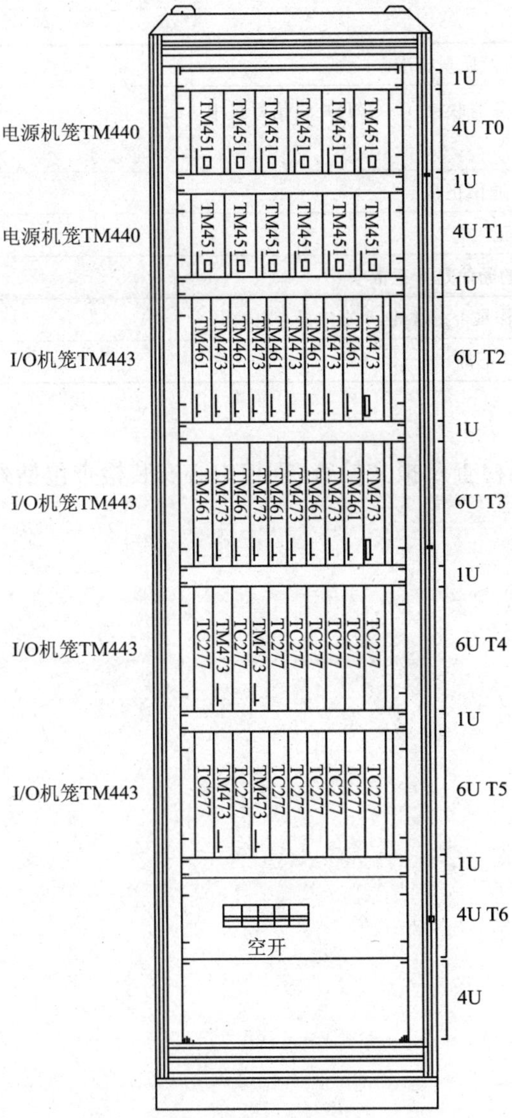

图 3.34　I/O 柜示意图

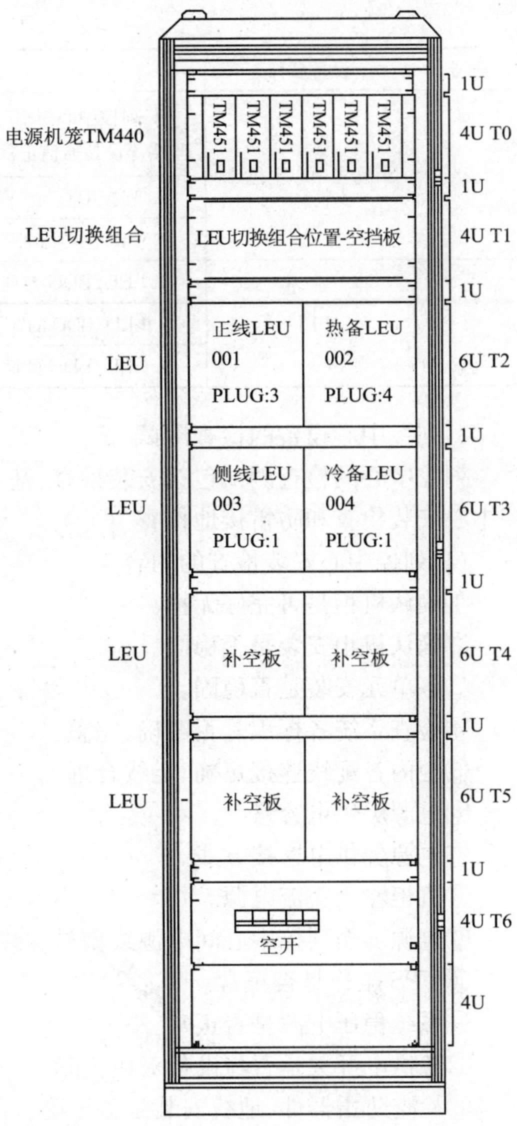

图 3.35　LEU 柜示意图

表 3.2　列控中心日常养护工作内容及质量标准

序号	设备名称	工作内容及质量标准	备　注
1	电源	1. UPS 工作是否正常/面板指示灯是否正确	
		2. 系统稳压电源是否正常、面板指示灯是否正确	
2	列控中心主机	1. 列控中心 A、B 两系是否同步	
		2. 列控中心工作状态指示灯是否正常(1 系工作亮绿灯、2 系同步亮黄灯)	
		3. 列控中心各板卡上的指示灯正常	
		4. 列控中心手柄放在自动位置	

续上表

序号	设备名称	工作内容及质量标准	备　注
2	列控中心主机	5. 列控中心与临时限速服务器联锁、CTC/TDCS、信号集中监测等设备通信正常	
		6. 列控中心与 LEU/BDU 通信正常	
		7. 列控中心维护终端工作正常	
3	LEU	1. LEU/BDU 与列控中心的通信是否正常	
		2. LEU/BDU 的“C”接口工作是否正常，四个端口是否有输出	
		3. LEU/BDU 的面板指示灯正常	

3)列控中心设备的检查测试

列控中心的检查测试包括安装检查、基本功能检查及报文检查，列控中心安装检查包括列控中心安装检查和防雷接地检查。

(1)列控中心安装检查的内容

①确认机柜是否完好无损。

②确认机柜安装是否稳固。

③各单元安装是否稳固。

④检查系统各标识是否明确、完整。

⑤柜内各配线连接正确、走线合理。

⑥电源屏供电容量。

⑦电源屏供电连接方式。

⑧机柜输入交流电源。

⑨电源屏至列控中心间电源线型号和线径。

⑩UPS 工作是否正常。

⑪系统稳压电源是否正常。

⑫各供电开关是否与设备对应正确。

⑬检查防雷器件、地线安装是否正确。

⑭LEU 安装是否正确。

⑮上电后系统工作是否正常。

⑯检查供货商提供的文档资料、备品是否齐备。

⑰列控中心软件和维护终端软件安装完整、工作是否正常。

(2)防雷接地检查内容

①LEU 防雷元件是否安装，数量是否正确。

②机柜内 220 V 电源防雷是否安装、数量是否正确。

③与外界通信通道防雷是否安全、数量是否正确。

④列控中心内部组件接地是否良好。

⑤列控中心接地线、接地电阻是否符合要求。

(3)列控中心的基本功能检查

列控中心的基本功能检查按照“LEU 及应答器功能检查表”“系统工作检查表”“对外通信

接口检查表”“CTC/TDCS 临时限速检查表”“进路号检查表”“信号降级显示检查表”来完成，见表 3.3～表 3.10。

表 3.3　LEU 及应答器检查表(一)

站　名							
检查日期				检查人员(签字)			
LEU 型号和数量				有源应答器的数量			
名称	LEU 面板提示灯是否正常	LEU 与列控系统是否正确连接	LEU 端口号	对应应答器名称	对应信号机名称	是否与应答器正确连接	LEU 端口提示灯是否正确
LEU1							
LEU2							
⋮							

表 3.4　LEU 及应答器检查表(二)

站　名							
检查日期				检查人员(签字)			
LEU 型号和数量							
名称	有源应答器与 LEU 连接线断路，LEU 应有报警	有源应答器与 LEU 连接线短路，LEU 应有报警	LEU 的四个端口都能输出正确的报文	LEU 按照两两互为冷备配置，这两个 LEU 同一个端口的输出报文一致	LEU 接应答器的端子应有鉴别销，不接应答器的端口应接终端电阻	LEU 的“C”接口是否正常	其　他
LEU1							
LEU2							
⋮							

表 3.5　系统工作检查表

站　　名			
检查日期		检查人员(签字)	
序　　号	检查内容	预期结果	检查结果
1	单开列控 A 机(切换手柄放在自动位置)	列控 A 机正常启动,并成为主控状态	
2	单开列控 B 机(切换手柄放在自动位置)	列控 B 机正常启动,并成为主控状态	
3	同时开列 A、B 机(切换手柄放在自动位置)	列控 A、B 机启动正常,一主控一备用	
4	切换手柄放在 A 位置	A 机工作	
5	切换手柄放在 B 位置	B 机工作	
6	切换手柄放在自动位置	两系可自动同步	
7	同步后切换手柄在 A、B、自动之间切换	切换过程中不丢限速命令和进路信息,LEU 输出不受影响	
8	A 机主控,B 系同步,关闭 A 机	自动切换到 B 机,切换过程中不丢限速命令和进路信息,LEU 输出不受影响	
9	B 机主控,A 系同步,关闭 B 机	自动切换到 A 机,切换过程中不丢限速命令和进路信息,LEU 输出不受影响	
10	A、B 系的状态指示灯显示正确	在以上各项试验中,A、B 系的状态指示灯都能显示正确	

表 3.6　对外通信接口检查表

站　　名					
检查日期		检查人员(签字)			
检　查　项　目		检查结果			
		LKA-LSA	LKA-LSB	LKB-LSA	LKB-LSB
与计算机联锁系统通信	与联锁系统通信线连接正确				
	能正确接收计算机联锁系统的进路信息				
	能向计算机联锁系统正确发送信号降级显示命令				
	列控中心两系同步时,其主系与联锁备系的通信中断,不影响系统正常运行,维护终端有报警				
	列控中心两系同步时,其主系与联锁主系通信中断,列控中心自动倒机				
	列控中心备系与联锁备系的通信中断,不影响系统正常运行,维护终端有报警				
	列控中心备系与联锁主系的通信中断,不影响系统正常运行,维护终端有报警				

续上表

站　　名					
检查日期		检查人员(签字)			
检　查　项　目		检查结果			
与CTC/TDCS通信	与CTC/TDCS通信线连接正确	LKA-CTCA	LKA-CTCB	LKB-CTCA	LKB-CTCB
	能正确接收处理CTC/TDCS发送的限速命令				
	能向CTC/TDCS正确发送列控中心状态信息				
	能向CTC/TDCS正确回复限速状态信息				
	列控中心两系同步时,其主系与CTC/TDCS备系通信中断不影响系统正常运行,维护终端有报警				
	列控中心两系同步时,其主系与CTC/TDCS主系通信中断时,CTC/TDCS系统自动倒机				
	列控中心备系与CTC/TDCS主系通信中断,不影响系统正常运行,维护终端有报警				
	列控中心备系与CTC/TDCS备系通信中断,不影响系统正常运行,维护终端有报警				
信号集中监测系统通信	能向监测系统正确发送列控中心状态信息				
	能向监测系统正确发送进路信息				
	能向监测系统正确发送CTC/TDCS系统的临时限速命令				
	能向监测系统正确发送LEU的状态信息和监测结果				
与维护终端通信	终端能正确显示列控中心设备运行状态及发送给LEU的报文				
与LEU通信	与LEU能正常通信,能正确收到列控中心的报文				
	列控中心能收到LEU反馈的状态信息、报警信息				

表3.7　临时限速检查表(1)

站　　名				
检查日期		检查人员(签字)		
序号	检查项目			检查结果
1	公里标无效	起始公里标无效	下行线	
			上行线	
		结束公里标无效	下行线	
			上行线	
		起始、结束公里标均无效	下行线	
			上行线	

续上表

<table>
<tr><td colspan="2">站　　名</td><td colspan="4"></td></tr>
<tr><td colspan="2">检查日期</td><td colspan="2"></td><td>检查人员（签字）</td><td></td></tr>
<tr><td>序号</td><td colspan="4">检查项目</td><td>检查结果</td></tr>
<tr><td>2</td><td colspan="4">限速值无效</td><td></td></tr>
<tr><td>3</td><td colspan="4">限速区超长</td><td></td></tr>
<tr><td rowspan="6">4</td><td rowspan="6">线路上已存在限速区间</td><td rowspan="4">区间限速</td><td rowspan="2">下行线</td><td>下行区间</td><td></td></tr>
<tr><td>上行区间</td><td></td></tr>
<tr><td rowspan="2">上行线</td><td>下行区间</td><td></td></tr>
<tr><td>上行区间</td><td></td></tr>
<tr><td colspan="2" rowspan="2">站内限速</td><td>下行线</td><td></td></tr>
<tr><td>上行线</td><td></td></tr>
<tr><td>5</td><td colspan="4">取消不存在限速区</td><td></td></tr>
<tr><td>6</td><td colspan="4">限速命令号重复</td><td></td></tr>
</table>

表 3.8　临时限速检查表（2）

<table>
<tr><td colspan="2">站　　名</td><td colspan="3"></td></tr>
<tr><td colspan="2">检查日期</td><td></td><td>检查人员（签字）</td><td></td></tr>
<tr><td rowspan="14">临时限速检查</td><td>序号</td><td>检查项目</td><td colspan="2">检查结果</td></tr>
<tr><td>1</td><td>长链处设置临时限速</td><td colspan="2"></td></tr>
<tr><td>2</td><td>短链处设置临时限速</td><td colspan="2"></td></tr>
<tr><td>3</td><td>邻局与本局衔接的车站，在邻局所管辖的车站接车进路范围内设置临时限速</td><td colspan="2"></td></tr>
<tr><td>4</td><td>邻局与本局衔接的区间，在属于邻局管辖的区间设置临时限速</td><td colspan="2"></td></tr>
<tr><td>5</td><td>邻局与本局衔接的车站，在邻本局所管辖车站的接车进路范围内设置临时限速</td><td colspan="2"></td></tr>
<tr><td>6</td><td>邻局与本局衔接的区间，在属于本局管辖的区间设置临时限速</td><td colspan="2"></td></tr>
<tr><td>7</td><td>在任一区间设置临时限速，CTC/TDCS 应同时给相邻的两个站发送限速命令</td><td colspan="2"></td></tr>
<tr><td>8</td><td>在任一区间设置临时限速，CTC/TDCS 应同时给本站和相邻的两个站发送限速命令</td><td colspan="2"></td></tr>
<tr><td>9</td><td>CTC/TDCS 临时限速显示界面上应能正确显示和记录当前线路上的临时限速命令</td><td colspan="2"></td></tr>
<tr><td>10</td><td>CTC/TDCS 临时限速显示界面上应能正确显示列控中心的状态</td><td colspan="2"></td></tr>
<tr><td>11</td><td>无人值守站管辖范围内临时限速的设置、命令签收和命令执行</td><td colspan="2"></td></tr>
<tr><td>12</td><td>临时限速命令可在调度所或 CTC/TDCS 车站车务终端上下达</td><td colspan="2"></td></tr>
<tr><td>13</td><td>临时限速命令的确认、签收、发送时机符合相应的技术要求</td><td colspan="2"></td></tr>
</table>

表 3.9　进路号检查表

站名			检查人员（签字）			检查日期	
方向	进路性质	列控中心 进路编号	联锁进路号	进路始端	进路终端	股道 （关键道岔）	检查结果

表 3.10　信号降级显示检查表

站　名											
检查日期		检查人员（签字）									
站内限速		区 间 限 速									
		45 km/h 限速		60 km/h 限速		80 km/h 限速		120 km/h 限速		160 km/h 限速	
限速起点在 接车进路	限速起点在 发车进路	$L_{目}$大于 L_{45}	$L_{目}$小于 L_{45}	$L_{目}$大于 L_{60}	$L_{目}$小于 L_{60}	L 大于 L_{80}	$L_{目}$小于 L_{80}	$L_{目}$大于 L_{120}	$L_{目}$小于 L_{120}	$L_{目}$大于 L_{160}	$L_{目}$小于 L_{160}

3. LKD2-HS 型列控中心设备故障处理

LKD2-HS 型列控中心采用二乘二取二安全计算机平台，符合“故障—安全”原则，关键设备冗余配置，这些措施大大提高了列控中心设备的可靠性，保证单套设备发生故障时系统仍可正常运行。在出现设备故障后，为了尽量减少对行车作业的影响，维护人员应尽快处理故障。

列控中心常见的故障主要有列控中心主机故障、输入/输出故障、轨道电路通信故障、CTC 通信机故障、与联锁设备通信异常、与 TSRS、其他列控设备通信故障等。

1)列控中心主机故障

故障现象：列控中心主机出现Ⅰ系或Ⅱ系异常停机

处理措施：将控制面板的状态指示灯和主控单元板上指示灯状态记录下来，随后将故障机重新启动，即可恢复正常，把记录结果反馈设备厂家，进行故障结果分析处理。如不能启动，及时联系生产厂家，在厂家的指导下处理。

故障现象：从系与主系不同步

处理措施：主控单元板上指示灯有相应的提示，在站场上无任何作业的情况下，重新启动从系。若仍不同步，要点将列控双系重新启动。将维护机的数据反馈设备厂家，进行分析处理。

故障现象：主、从系不能自动切换

处理措施：在确认从系完好的情况下，改为手动切换。

2)输入/输出故障

故障现象：笼内各板工作指示灯均不能点亮

处理措施：检查供电电源是否正常，然后检查其他连接线是否连接牢固，如果连线问题排除，重新启动 I/O 板，若不能启动则需用备用板更换该板。

故障现象:某块 I/O 板上某一 I/O 点对应的采集信息无表示或对应的驱动位不能驱动继电器

处理措施:主控单元板上指示灯有相应的提示检查,该对 I/O 板背面的接口接线端子是否正常,如果故障不能消除时,更换备用板。

3)轨道电路通信故障

故障现象:列控 TC 接口板所有指示灯全灭

处理措施:检查电源接线是否完好,如果电源线连接正常,但仍然不能排除故障,则需在断电情况下更换备用板。

故障现象:列控 TC 接口板故障指示灯点亮

处理措施:重启 TC 轨道接口板。如还不能恢复,需在断电情况下更换备用板。

故障现象:列控轨道电路通道指示灯显示故障

处理措施:检查通道接线是否正常,同时检查轨道电路设备是否同时报告故障。如果轨道电路设备工作正常,需重新启动轨道电路接口板。

4)CTC 通信机故障

故障现象:列控中心主机与 CTC 通信故障

处理措施:

(1)同时检查 CTC 和列控的设备,如果列控主机和 CTC 主机均工作正常,检查列控的 CTC 接口板和 CTC 分机设备的接口板工作状态是否正常,包括电源供电及工作状态指示灯。

(2)检查设备连线是否连接牢固,连线是否断裂;同时重启列控中心主机 CTC 接口板和 CTC 分机的接口板,如果故障还不能恢复,重新启动列控中心主机和 CTC 分机设备。

(3)把故障代码传给厂家分析,根据分析结果作后续处理,如故障不能马上恢复应立即报修。

5)与联锁设备通信异常

故障现象:列控中心主机与联锁设备通信故障

处理措施:

(1)同时检查列控和联锁设备工作状态,如果均工作正常,然后检查列控的联锁接口板和联锁设备的接口板工作状态是否正常,包括电源供电,工作状态指示灯。排除设备硬件的问题。

(2)检查设备连线是否连接牢固,连线是否断裂。如果联锁和列控通过安全数据网连接,还要检查交换机是否工作正常,重启交换机。

(3)同时重启列控中心主机联锁接口板和联锁设备的接口板,如果故障还不能恢复,重新启动列控中心主机和联锁设备。

(4)同时把故障代码传给厂家分析,根据分析结果作后续处理,如故障不能马上恢复应立即报修。

6)与 TSRS、其他列控设备通信故障

故障现象:列控中心主机检测到与 TSRS、其他列控中心设备通信故障

处理措施:

(1)同时检查列控和服务器、其他列控中心设备工作状态,如果均工作正常,然后检查列控的网络接口板和服务器、其他列控中心设备的网络通信板工作状态是否正常,包括电源供电,

工作状态指示灯。

(2)检查设备连线是否连接牢固,连线是否断裂,排除接线的问题。检查交换机是否工作正常,重启交换机。

(3)重启列控中心主机接口板,如果故障还不能恢复,把故障代码传给厂家分析,根据分析结果作后续处理,如故障不能马上恢复应立即报修。

典型工作任务 3　地面电子单元及应答器维护

3.3.1　工作任务

通过本任务学习,熟知 CTCS-2 级列控系统中轨旁应答器的作用、分类、结构原理及日常巡视养护等内容。

3.3.2　知识链接

既有线 CTCS-2 级列控系统是基于轨道电路+应答器传输列车运行许可信息,并采用目标—距离模式监控列车安全运行的列车运行控制系统。该系统主要由列控中心、应答器地面电子单元(LEU)、轨道电路、应答器、车载设备等构成,既有线列控系统地面设备连接如图 3.36所示。

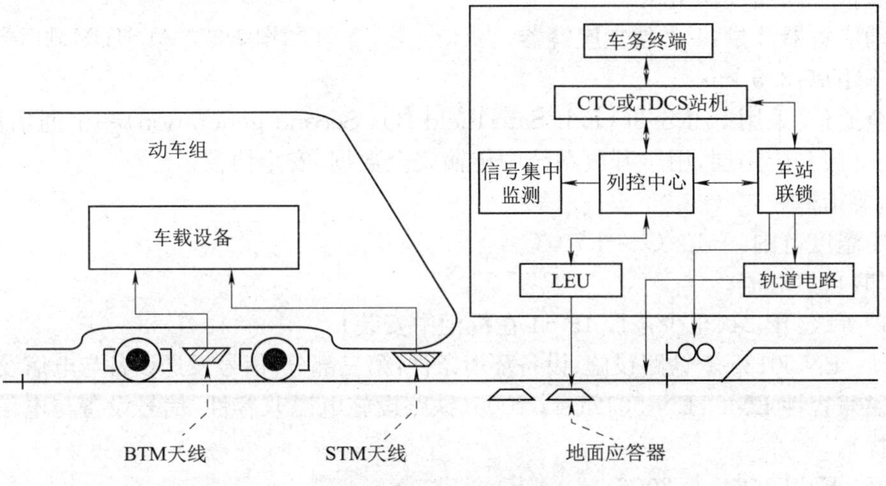

图 3.36　既有线列控系统地面设备连接示意图

1. 地面电子单元(LEU)结构与原理

应答器地面电子单元(LEU)是通过国铁集团开展的重要技术装备的技术引进和国产化工作,安装于列控中心机柜中,占用一层。主要用于实时接收列控中心传送的报文数据并将其发送给有源应答器,实现数据的安全传输。

LEU 与有源应答器连接,周期性的接收来自列控中心的报文,并连续不断地向有源应答器发送可变信息的报文。

既有线提速区段采用了欧标应答器,有阿尔斯通和 CSEE 两家公司的 LEU。两种 LEU 外形和实现的方式不同,但基本功能相同,以下分别描述。

1)LEU 的功能

LEU 是“故障—安全”设备，为信号系统与应答器之间提供接口主要有以下功能：

(1)存储几百条至上千条报文。

(2)接收外部发送的应答器报文并连续向应答器转发。一台 LEU 可以同时向 4 台有源应答器发送不同信息内容的报文。

(3)接收外部发送的控制命令，根据控制命令选择一条预先存储的报文并连续向应答器发送。

(4)当输入通道故障或 LEU 内部有故障时，向应答器发送预先存储的默认报文。

(5)当有车载天线经过有源应答器上方时，LEU 不转换新的报文。

(6)输出开路与短路检测信息。

(7)设备自检及事件记录，并向外部设备上传。

2)阿尔斯通公司的 LEU

(1)外观

ALSTOM 地面电子单元 LEU 外部特征：尺寸：112 mm×150 mm×320 mm；质量：3 kg；材料：金属外壳，ALSTOM 地面电子单元外观如图 3.37 所示。

图 3.37　ALSTOM 地面电子单元外观

(2)主要特征

①电源：10～36 V DC/20 W。

②获取报文间隔：500 ms。

③驱动应答器数量：4 个独立应答器。

④传输距离：3.5 km。

⑤安全通信：采用 FBFS/2[(Fall Safe Field Bus Second generation)一个通信协议，主要分两层：安全层和应用层，用于开放系统中传输安全数据]安全协议。

(3)主要指标

①使用温度范围：−40 ℃～+70 ℃。

②冷却：自然对流。

③防护等级：IP 21(至少按照 IP 54 在机柜中安装)。

④振动：EN 50125-3(铁路设施、设备环境条件：第三部分：信号发送设备与电信设备标准)。

⑤电磁兼容性 EMC：EN 50121-4：2006(铁路设施电磁兼容性：信号设备与电信设备的辐射和抗干扰)。

⑥绝缘：EN 50124-1：2006。

⑦平均无故障时间 MTBF：>100 000，温度 40 ℃时。

⑧使用寿命：> 22 年，40 ℃情况下。

⑨安全性：SIL4(安全完整性等级 4 级，可容忍的非安全事件发生概率为 10^{-8}～10^{-9})。

⑩根据 EN 50129(铁路应用—通信、信号处理系统—信号安全相关电子系统)，EN 50126(RAMS)(铁路应用—可靠性、可维护性和安全性技术条件和验证)，以及 EN50128 (SW)(铁路应用—通信信号和处理系统—铁路控制和防护系统软件)。

错误侧故障：10^{-14}/h。

(4)内部连接结构

ALSTOM 的 LEU 采用外形为 3U 的盒子，盒内安装有母板，在母板上插接 4 块电路板，自左至右为电源板 CALE、数据处理 CRTE 板、串行输入接口板 SLEB 和输出板 SERB。ALSTOM 的 LEU 内部连接结构如图 3.38 所示。

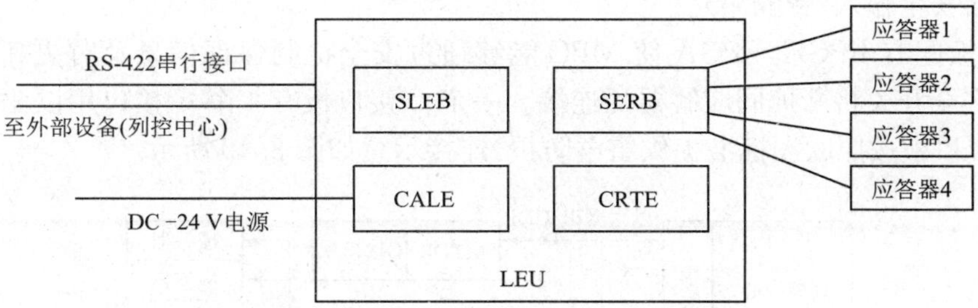

图 3.38　ALSTOM 的 LEU 内部连接结构

①电源板 CALE

电源板通过插头连接外部的 DC 24 V 电源，将其转换为 LEU 所需的工作电源。

②数据处理板 CRTE

数据处理板是 LEU 的核心处理单元，既有线提速区段使用的 LEU 采用透明传输模式，即把接收到的报文转发到应答器。它主要完成以下工作：S 接口的安全通信管理正确接收列控中心发来的报文；向 4 个有源应答器转发正确报文；S 接口异常时，向 4 个有源应答器发送相应的默认报文；向列控中心传送自检结果，并存储记录。

在透明传输模式下，数据处理板不需要与外部连接。除透明传输模式外，LEU 还可以存储约 1 000 条报文，根据外部的输入条件，选择相对应的报文输出。

③串行输入接口板 SLEB

串行输入接口板通过插头与列控中心的串行通信线连接，是 LEU 接收报文的通道。串行通信板将 RS-422 接口电平转换为数字电路电平。接收列控中心发送的报文，并向列控中心发送 LEU 的状态。串行通信板包含两路独立的 RS-422 串行接口。

④输出板 SERB

输出板把数据处理板的报文进行 DBPL 编码及功率放大，通过插头与应答器传输电缆连接，向 4 个有源应答器输出可变信息的报文。

3)CSEE 的 LEU

CSEE 的 LEU 采用标准的 6U 电路板，包含有电源板 CALM、MTOR 板、C 接口板及安全子板，系统连接如图 3.39 所示。

(a) 安装示意图

(b) MTOR 板

(c) C 接口板

图 3.39　CSEE 的 LEU 电路板及安装图

MTOR 板接收报文，并进行数据处理，其采用 Coldfire 5407 处理器，有两个以太网 10BASE-T 接口或 2 个 ProfiBus 接口(带隔离)、1 个 RS-485 串口(带隔离)、1 路安全输出(带隔离)和 8 路安全输入(带隔离)。

C 接口板配有 FPGA，FPGA 使 MPC 能够通过安全机制保证信息及时更新，如果 MPC 查到问题，安全开关将断掉同应答器的连接。一个 C 接口板有 4 个 C 接口用以驱动最多 4 个应答器，C 接口板按照欧洲标准提供雷电防护，连接示意如图 3.40 所示。

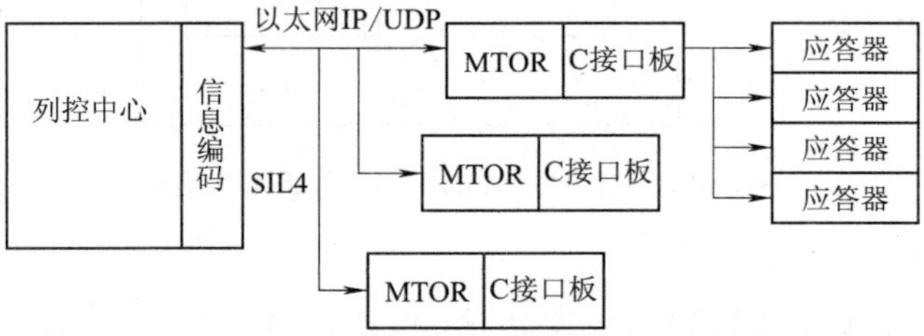

图 3.40　CSEE 公司 LEU 系统连接示意图

4)S 接口

S 接口是 LEU 与列控中心间的通信接口。每个 LEU 有 2 个 RS-422 接口与列控中心进行通信，构成冗余。采用主从通信方式，列控中心为主机，LEU 为从机。列控中心以 500 ms 为周期向 LEU 发送应答器报文，通信传输速率 38 400 bit/s。

5)LEU 工作原理

LEU 工作原理如图 3.41 所示。

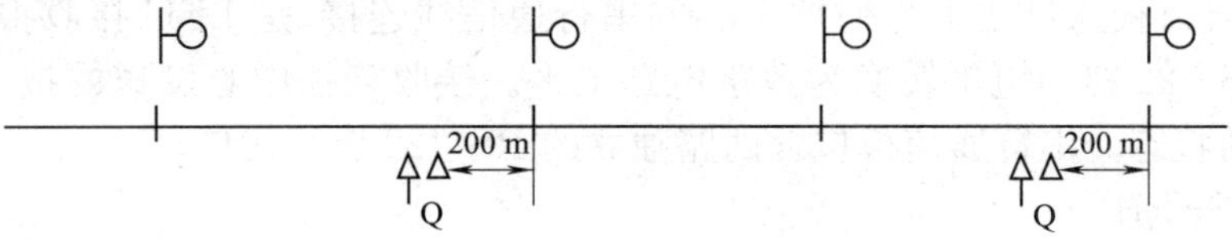

图 3.41　LEU 工作原理框图

(1)报文接收

微处理器通过通信接口周期性地从列控中心接收报文，并把报文传送到逻辑控制单元，由逻辑控制单元把周期性的报文输入变为连续的报文输出。

如果由于通道故障或 LEU 内部故障，微处理器无法接收到正确的报文，此时，便从报文存储器中选择出相应的默认报文，并传送到逻辑控制单元。

在采用透明传输模式时，报文存储器只存储 LEU 的默认报文，即对每一路输出存储一条默认报文。

输入通道和接口单元是双套同时工作的，即使有一路通道或接口电路发生故障，也不会影响 LEU 与列控中心之间的通信。

安全通信协议保证了通信的可靠性，除采用常见的编码、帧结构定义和 CRC 校验外，其最大的特点是引入时间戳概念，从而确保了通信信息的正确性、实时性、完整性及信息顺序的正确性。

(2)逻辑控制

微处理器收到报文后，把报文转储在逻辑控制单元中，逻辑控制单元相当于发送缓冲器，以564.48 kbit/s的速率把这个1 023位的报文循环地输出。逻辑控制单元还产生C6接口所需要的8.82 kHz方波。

逻辑控制单元中采用了可编程门阵列FPGA，最大限度地减少了元件数量，缩小了体积，提高了可靠性和抗干扰能力。

(3)功率放大

由于C接口定义的报文数据C1和接口供电信号C6在频率上相差很大，需要分别进行功率放大。将经过放大后的C1和C6信号耦合到一个变压器内，从而实现在一对传输线上传送两种信号。

LEU与有源应答器间应安装防雷单元。

2. 应答器结构与原理

1)应答器工作原理

应答器系统是一种采用电磁感应原理构成的高速点式数据传输设备，用于在特定地点实现地面与列车间的相互通信。车载天线与应答器之间按电磁耦合的原理进行工作。

安装于两根钢轨中心枕木上的地面应答器不要求外加电源，平时处于休眠状态。应答器的工作电源是由感应电压获取，仅靠瞬时接收车载天线的功率而工作，并能在接收到车载天线功率的同时，向车载天线发送大量的编码信息。

不论是无源应答器还是有源应答器，其工作原理是相同的，当列车经过地面应答器上方时，应答器接收到列控车载设备点式信息接收天线发送的电磁能量后，应答器将电磁能量转换为工作电源，启动电子电路工作，把预先存储或LEU传送报文循环发送出去，直至电能消失(即车载天线离去)。

欧洲查询/应答器——EUROBALISE的信号特征参数为：

(1)车载查询器中产生能量信号频率的信号频率为27.095 MHz。

(2)地面应答器的编码器将存储器中的信息进行编码后，以4.237 MHz的中心频率及±282 kHz的上、下边频对信息进行移频键控调制后发送。

(3)欧洲铁联对EUROBALISE的编码要求中规定了长码和短码两种，长码为1 023 bit，短码为341 bit。

(4)为了保证位置信息的安全性，在编码时，预置在地面应答器中的信息设置了75 bit的循环冗余校验码(CRC)码；编码信息的码率为565 kbit/s，短码的适用速度为500 km/h以内，长码的适用速度为300 km/h以内。

2)应答器的工作过程

(1)接收电磁能量

接收车载天线发送的27.095 MHz无线电信号。

(2)建立工作电源

通过电磁耦合转换成电能，应答器开始工作。

(3)循环发送报文，直至能量消失

不间断串行发送1 023位传输报文，中心频率为4.234 MHz；频偏为282.24 kHz。

逻辑0：4.234 MHz−282.24 kHz=3.951 MHz。

逻辑1：4.234 MHz+282.24 kHz=4.516 MHz。

3)应答器的电路板

应答器的电路板原理如图 3.42 所示,应答器控制模块是整个电路的控制核心,当电源建立后,它首先判断由 C 接口来的数据是否有效。若有效,则控制模块将发送 C 接口传来的数据。若该数据无效或无数据,则使用存储在报文存储器中的数据,将其进行 FSK 调制后,输出到数据收发模块,经功率放大后由耦合线圈发送。只要电源存在,控制模块就不间断地发送。一旦控制模块做出报文选择(选择存储的数据还是 C 接口传来的数据),在这次上电的工作周期内,无论 C 接口数据有效与否,应答器都不会改变发送的数据。

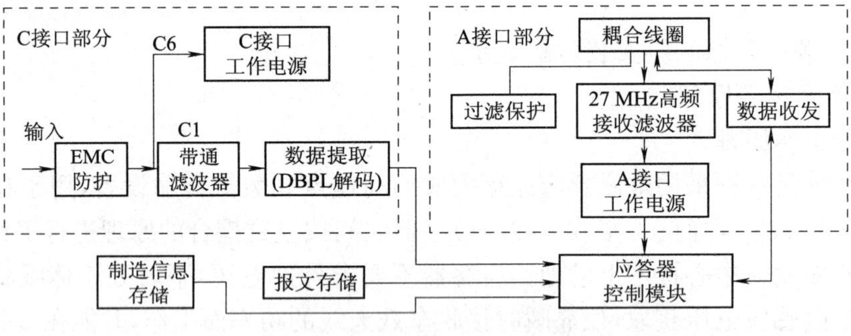

图 3.42　应答器电路板示意图

当车载天线离开应答器上方后,应答器失去了电源,便停止数据发送。C 接口工作电源仅用于该接口电路部分,不给控制模块和数据收发供电,因此,有源应答器也只有在车载天线出现时才发送数据。

4)应答器的接口

应答器与其他设备连接及报文传输主要有 A 接口、C 接口。

(1)A 接口

A 接口是应答器与列控车载设备之间的无线传输接口,它具有上行数据传输接口 A1、供电接口 A4、编程接口 A5。

A1 接口是应答器向列控车载设备传输数据报文的接口。当车载设备经过应答器上方时,应答器连续不断地将 1 023 位的传输报文发出。A1 接口采用频移键控调制方式。

A4 接口是列控车载设备向应答器提供工作电源的接口。车载天线单元连续发送频率为 27.095 MHz 的电磁波,应答器感应该电磁波,并将其转换为工作电源。

A5 接口用于对应答器进行编程,即写入报文及生产制造标识信息。

(2)C 接口

C 接口是 LEU 与有源应答器之间的数据传输接口,具有 C1 接口、C6 接口、C4 接口。

C1 接口用于 LEU 向有源应答器传送报文。LEU 将 1 023 位的应答器传输报文进行码型变换,将其转换为 DBPL(Differential Bi-Phase-Level)码,通过电缆不间断地向有源应答器发送。

C6 接口是由 LEU 给有源应答器接口电路提供电源的接口。

C4 接口用于有源应答器向 LEU 发送有列车通过的信息。

5)应答器工作电源和功能

应答器是 CTCS-2 级列控系统中重要的地面信息和控制中心信息的传递纽带,通过 LEU

(地面电子单元)完成信息的传送,应答器的工作电源和功能如下。

(1)应答器的工作电源

应答器的电源是由感应电压获取,在应答器线圈中,在频率、线圈结构一定的条件下,可计算出应答器临界动作的最小磁场强度 H_{min},进而得出天线发射功率。

(2)应答器功能

①接收电能信号:探测、解调远程能量信号。

②上行链路信号产生,该功能是应答器通过 A1 接口向车载传送报文。

③启动时的方式选择,是发送自身存储的报文还是发送 C 接口来的报文。

④串音防护:对上行链路的限制。

⑤操作/编程模式的管理。

⑥接收来自 C 接口的数据。

⑦I/O 接口特性的控制。

⑧产生"列车通过"信号。

(3)无线编程

此功能允许对应答器进行无线编程和维护。执行这个过程不需要任何电缆的插拔,这就保证了安全等级。无线编程具有下列功能:

①应答器报文的读写

编写的报文长度可以是 1 023 或 341 位(分别有 830 和 210 位用户位),报文可以改写。

②应答器制造商数据的读出

包括制造商认证、序列号、制造日期等数据。

接收电磁能量:接收车载天线发送的 27.095 MHz 无线电信号。

建立工作电源:通过电磁耦合转换成电能,应答器开始工作。

循环发送报文,直至能量消失:不间断串行发送 1 023 位传输报文。

3. 应答器设置规则

地面应答器是一种可以发送报文的数据传输设备,实现地对车的数据传输。其中地面有源应答器与地面电子单元(LEU)相连接时能发送实时可变的数据报文,而 LEU 是一种数据采集与处理单元,依据数据变化形成的报文进行发送。

1)既有线应答器设置规则

区间每 3～5 km设置一个应答器,进站和出站口处设置应答器组(有源、无源)。

(1)区间无源应答器

间隔 3～5 km 成对设置无源应答器,分别提供正向、反向前方一定距离内的线路参数及定位信息,原则上设置在闭塞分区分界处。(距绝缘 15 m,间隔 5 m)提供线路参数的同一方向相邻两个应答器(组)数据应交叉冗余,并有一个完整列车常用制动距离的数据余量。

①区间有绝缘信号点应答器(组)布置

正向运行方向,应答器组内最后一个应答器布置在距绝缘 15 m 处,组内相邻两个应答器间距为 5 m,区间有绝缘信号点应答器(组)布置如图 3.43 所示。

②区间无绝缘信号点应答器(组)布置

正向运行方向,应答器组内最后一个应答器距调谐单元(BA)15 m(距信号机约 15m),组内相邻两个应答器间距为 5 m,区间无绝缘信号点应答器(组)布置如图 3.44 所示。

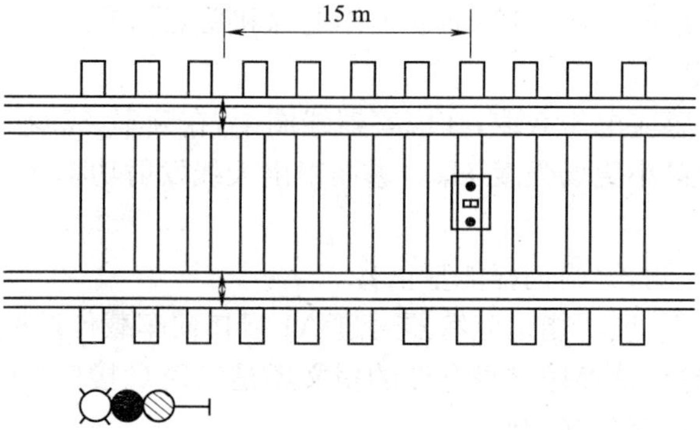

图 3.43　区间有绝缘信号点应答器(组)布置图

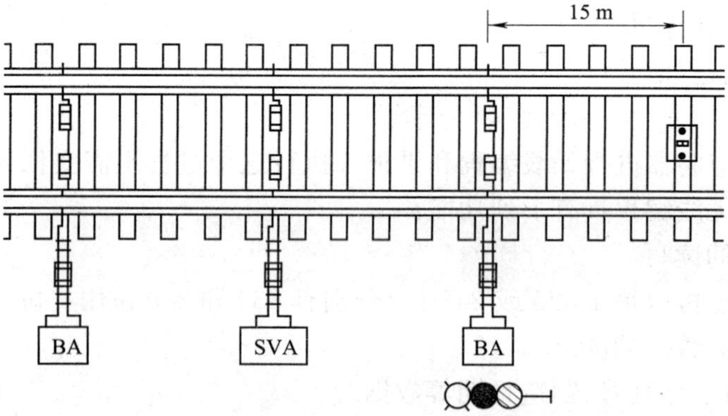

图 3.44　区间无绝缘信号点应答器(组)布置图

(2)进站和出站口处应答器组

进站和出站口处应答器组如图 3.45 所示。

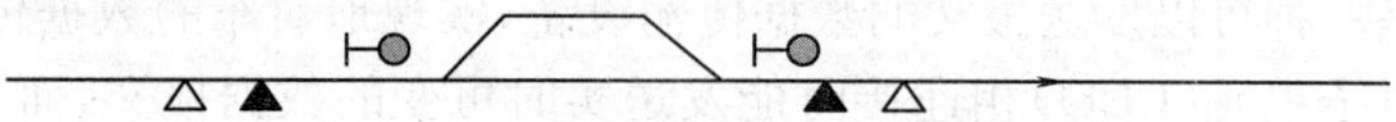

图 3.45　进站和出站口处应答器组

①出站口处设置

出站信号机处(含股道)原则上不设置应答器。

②进站信号机处

有源应答器设置靠近站舍,用于提供接车进路参数及临时限速信息。接车进路建立后,进站应答器发送相应的接车进路信息,具有直股发车进路的股道,应同时提供直股发车进路及前方一定距离内的线路参数和临时限速信息。

正向运行时,组内最后一个应答器分别布置在进站信号机处绝缘节和反向进站信号机处绝缘节外方 15 m 处,应答器组内相邻应答器间距为 5 m,有源应答器设置如图 3.46 所示。

(3)级间转换应答器组

级间转换应答器组布置如图 3.47 所示。

级间转换区段设预告点应答器组、执行点应答器组和反向预告点应答器组。级间转换应在区间列车较少使用制动的区段进行，设预告点应答器(2)或(4)和执行点应答器(3)。预告点应答器应提供产生 CTCS-2 监控曲线所需的全部数据参数。执行点应答器(3)应设置在信号机或信号点处(一般建议设在区间第一架通过信号机或信号点处)，执行点应答器组内最后一个应答器距调谐单元(BA)16 m，组内相邻两个应答器间距为 5 m。预告区段长度应满足即将转换的列控系统设备投入正常工作和司机确认所需时间，一般按 5 s 设计(约 240 m)。

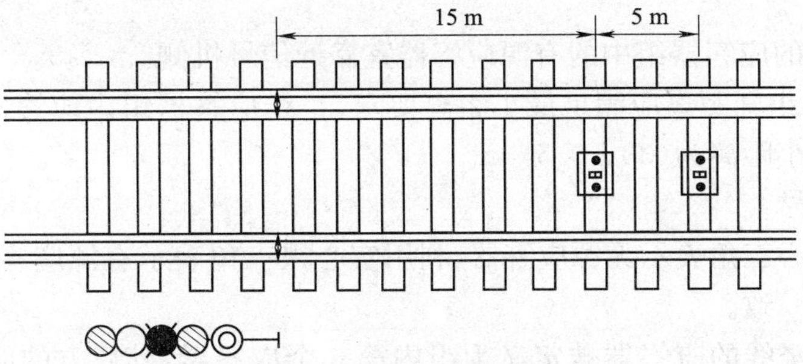

图 3.46 有源应答器设置

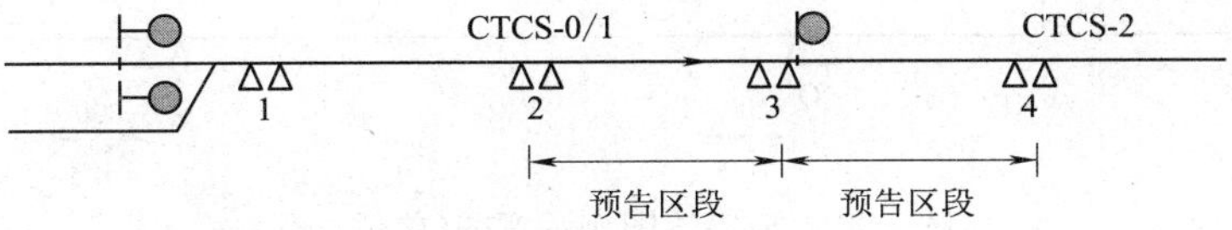

图 3.47 级间转换应答器组布置

(4)大号码道岔应答器布置

在大号码道岔前的轨道电路入口处应设置一个有源应答器，大号码道岔应答器布置如图 3.48所示。

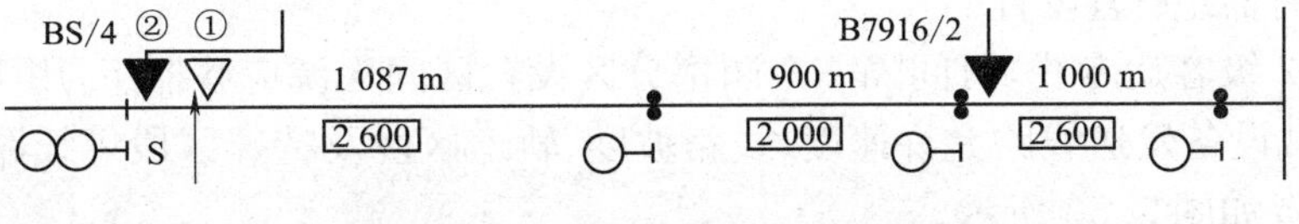

图 3.48 大号码道岔应答器布置

2)CTCS-2 级客运专线应答器设置与规则

(1)应答器的设置规则

以下内容规定了 CTCS-2 级列控系统的应答器设置和报文编制原则，仅适用于 CTCS-2 级客运专线列控系统。

①一般规则

a. 应答器组应至少包含两个应答器的有：发送线路参数的应答器组；发送等级转换信息的应答器组；用于识别列车运行方向的应答器组；位于发车进路始端的应答器组。

b. 仅用于定位的应答器组为单个应答器。

c. 应答器组设置应满足应答器容量要求，当应答器容量不能满足要求时，应增加组内应答器数量。

d. 应答器组内相邻应答器间的距离应为(5±0.5) m。设置在闭塞分区入口处的应答器组距调谐单元(BA)或机械绝缘节应为(200±0.5) m,进站信号机处的应答器组距调谐单元(BA)或机械绝缘节的距离应为(30±0.5) m(从靠近绝缘节的应答器计算)。

e. 对于200～250 km/h客货共线的客运专线,出站信号机处的应答器组距出站信号机机械绝缘节的距离应为(65±0.5) m(从靠近绝缘节的应答器计算);对于仅开行动车组的客运专线,出站信号机处的应答器组距出站信号机机械绝缘节的距离应为(20±0.5) m(从靠近绝缘节的应答器计算)。

f. 设置在车站的应答器组中的有源应答器宜靠近信号机侧。

g. 相邻应答器组间距离应满足最小距离要求,正线应答器组内应答器距调谐单元(BA)或机械绝缘节的最小距离为(30±0.5) m。

②图纸表示符号

图纸中利用空心三角表示无源应答器,利用实心黑三角表示有源应答器。组内应答器数量应与三角形个数一致。

三角形下带小竖线的应答器被定义为组内第一个应答器,其后方的应答器依次编号,如图3.49所示。

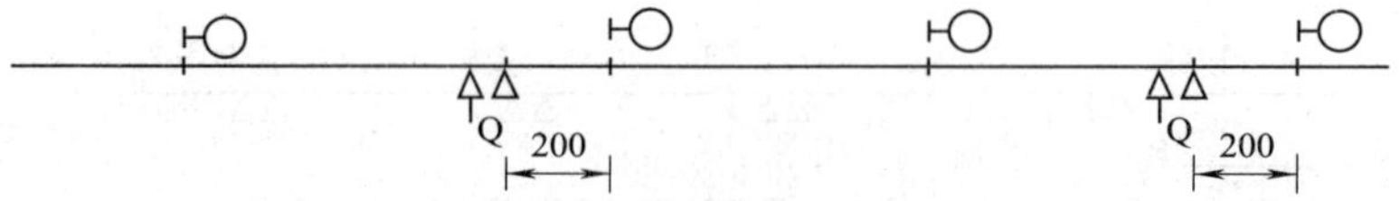

图3.49　应答器图例示意图(单位:m)

图纸中应在应答器下方标识应答器名称、应答器编号及应答器功能号,当该应答器组具有多个功能时,应依次再描述,具体格式为"B应答器名称(里程标或信号机名称)/应答器序号-应答器功能号/应答器功能号…"。

(2)应答器的设置

①区间应答器组【Q】设置

在CTCS-2级客运专线,可间隔一个闭塞分区设置区间无源应答器组,用于列车定位和向CTCS-2级车载设备发送线路允许速度、线路坡度、轨道区段及特殊区段等线路固定信息。区间应答器组设置如图3.50所示。

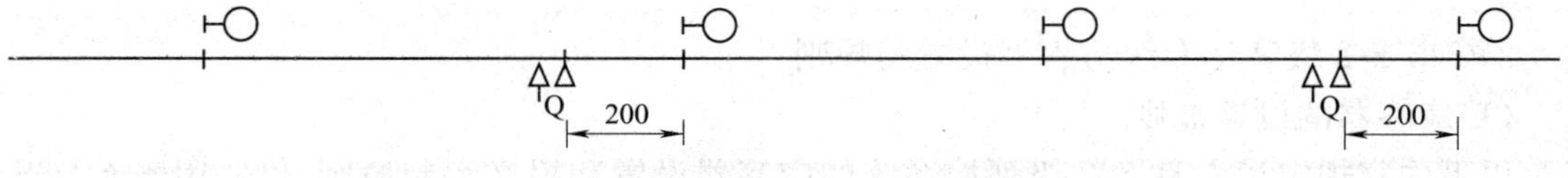

图3.50　区间应答器组设置示意图(单位:m)

应答器组内距离闭塞分区较近的应答器,距闭塞分区入口(200±0.5) m。

当进站口发送反向线路数据的无源应答器容量不能满足要求时,应在区间设置反向中继应答器组(FQ)。反向中继应答器组可与区间应答器组共用,当区间应答器组容量不能满足要求时,可增加无源应答器发送反向线路数据,反向中继应答器组设置如图3.51所示。

②车站应答器组设置

a. 进站信号机应答器组【JZ】设置

进站信号机(含反向)外方(30±0.5) m处设置由一个有源应答器和一个及以上无源应答

器构成的应答器组，如图 3.52 所示。

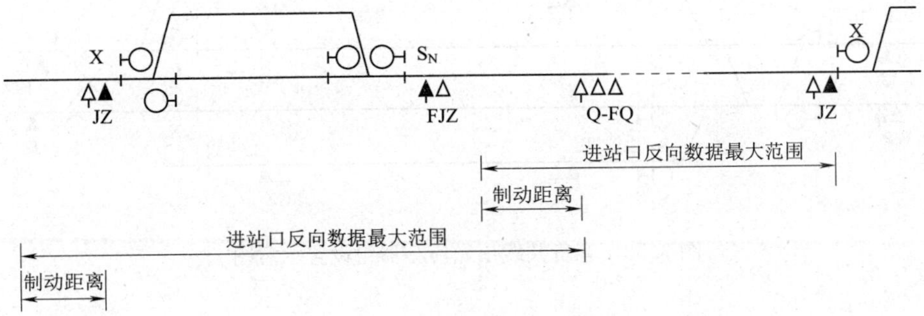

图 3.51 反向中继应答器组设置示意图

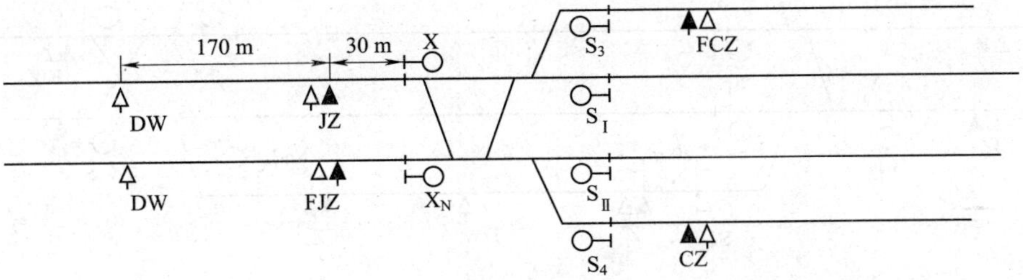

图 3.52 进站应答器组设置示意图

正向进站信号机无源应答器组发送线路允许速度、线路坡度、轨道区段及调车危险等反向线路数据和正向线路坡度信息。

反向进站信号机无源应答器组发送线路坡度、线路允许速度、轨道区段、调车危险等正向线路数据和反向线路坡度信息。

有源应答器(含反向)根据区间运行方向发送接车或发车方向应答器链接信息、临时限速信息和正向的特殊区段信息。当排列侧向接车进路且区间运行方向为接车方向时，发送应答器链接、线路允许速度、轨道区段及临时限速等信息。

b. 出站信号机应答器组【CZ】设置

在车站到发线和有定转线作业的正线出站信号机设置由一个有源应答器和一个无源应答器构成的应答器组。对客货共线的客运专线，出站信号机处的应答器组安装在出站信号机绝缘节前方(65±0.5) m 处，如图 3.53 所示。对仅开动车组的客运专线，到发线出站信号机处的应答器组安装在出站信号机绝缘节前方(20±0.5) m 处，正线出站信号机处的应答器组安装在出站信号机绝缘节前方(30±0.5) m 处，如图 3.54 所示。

无源应答器用于发送对发车方向有效的线路坡度信息和里程信息。

当发车信号关闭时，有源应答器发送发车方向有效的停车报文，该报文只含绝对停车信息包；当发车信号开放后，发送对发车方向有效的应答器链接、线路允许速度、轨道区段、临时限速及特殊区段等信息。

c. 进路应答器组设置【JL】

进路信号机外方(30±0.5) m 处设置由一个有源应答器和一个无源应答器构成的应答器组。当该进路信号机防护的进路为唯一进路时，可不设置有源应答器。

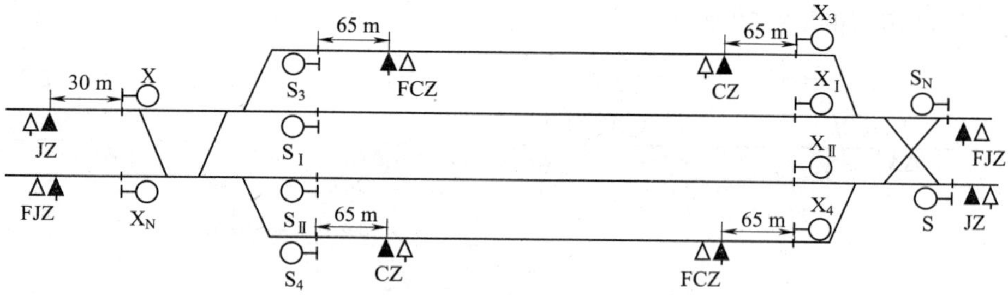

图 3.53　客货共线出站应答器组设置示意图

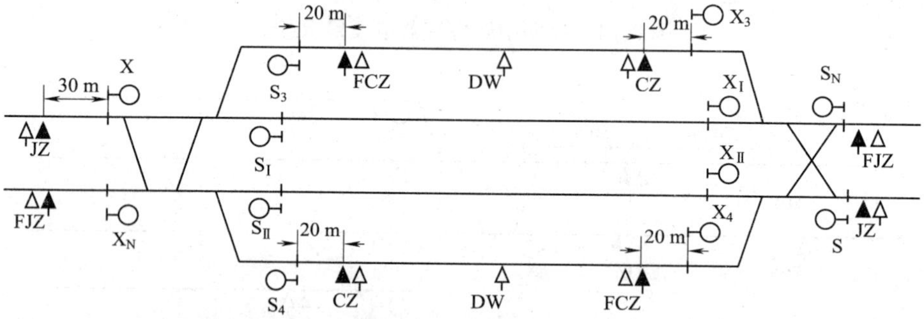

图 3.54　客运专线出站应答器组设置示意图

当设置有源应答器组时，发送进路信息、临时限速信息和特殊区段信息，当设置为无源应答器组时，发送线路数据。

d. 调车应答器组设置【DC】

对于有调车作业并有可能危及正线列车运行安全的调车信号机外方(15±0.5) m 处，设置由一个有源应答器和一个无源应答器构成的应答器组。

当调车信号机关闭时，该应答器组发送调车危险信息。

e. 定位应答器设置【DW】

车站进站信号机(含反向)外方(200±0.5) m 处设置由单个应答器构成的应答器组，用于列车定位。

对于仅开行动车组的客运专线车站各股道中间设置由单个应答器构成的应答器组，用于列车停车定位。

f. 中继站应答器组【ZJ】设置

在上、下行线路靠近区间中继站的位置，均应单独设置两组各由一个有源应答器和一个无源应答器构成的应答器组，用于发送临时限速和线路数据，两个应答器组之间的距离为(100±0.5) m，组内第二个应答器为有源应答器，如图 3.55 所示。

有源应答器根据区间方向发送应答器链接信息和临时限速信息，中继站应答器组不能与其他应答器组合并。

③级间转换应答器组设置

a. C0/C2 级间转换预告应答器组【YG0/2】设置

在 C0/C2 级间转换点两侧设置 C0—C2 或 C2—C0 的级间转换预告应答器组，该应答器组由 2 个无源应答器构成，距转换点的距离应大于列车按级间转换点处线路最高允许速度运行 5 s 的走行距离。级间转换点处线路最高允许速度不得大于 160 km/h。

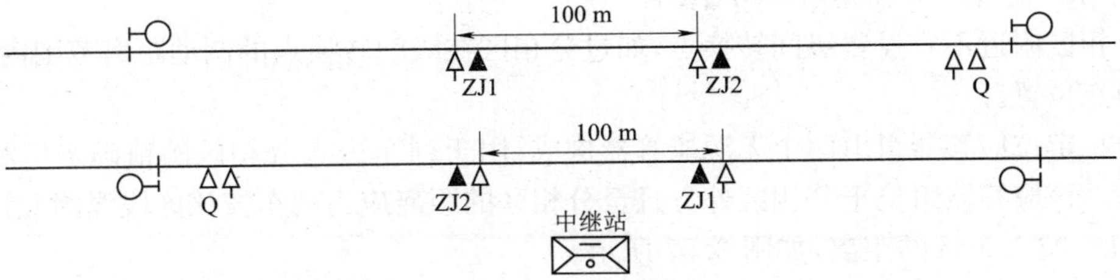

图 3.55 中继站应答器组设置示意图

C0—C2 转换预告应答器组应发送 C2 区段应答器链接、线路速度、线路坡度、轨道区段、特殊区段和级间转换预告等信息。

C2—C0 转换预告应答器组应发送 C0 区段应答器链接、线路速度、线路坡度、轨道区段、特殊区段和级间转换预告等信息。

b. C0/C2 级间转换执行应答器组【ZX0/2】设置

级间转换执行点应设置在区间列车较少实施制动的区段，并且该区段内应避免存在分相区。

级间转换边界应设置在级间转换执行应答器组处，正向运行和反向运行边界一致。

在距闭塞分区入口(30±0.5) m 处设置级间转换执行应答器组，如图 3.56 所示。

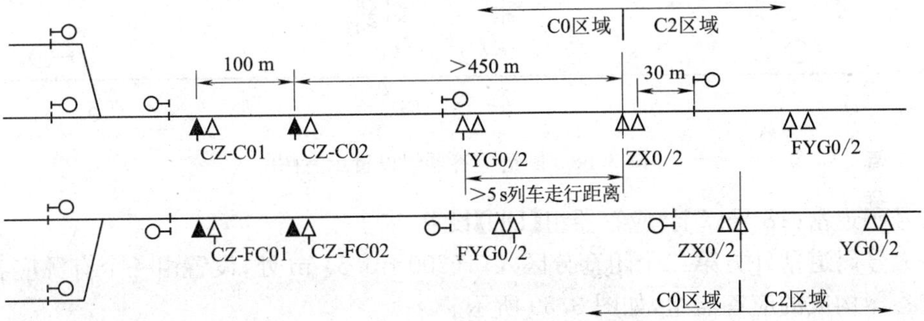

图 3.56 级间转换应答器组设置示意图

级间转换执行应答器组应发送 C0—C2 方向的级间转换信息。

c. C0 站应答器组设置【CZ－C0】设置

C0 车站出站口(含反向)设置两组有源应答器和无源应答器构成的应答器组，给列车发送线路数据和临时限速信息。

两个应答器组之间的距离为(100±0.5) m，距离级间转换点最近的应答器组距转换边界应大于 450 m。

④自动过分相应答器组设置

a. 分相区预告应答器组

当用于提供正向线路参数的区间应答器组和车站应答器组的数据范围已覆盖分相区时，这些应答器组应发送“特殊区段”信息包“ETCS-68”，同时作为过分相区的预告应答器组。

反向运行，按列车反向运行最高允许速度运行 17 s 的运行距离，外方最近的区间应答器组应发送反向过分相预告信息。

b. 分相区定位应答器组【DW-F】设置

过分相区附近不宜设置级间转换点，如过分相区在级间转换点的制动距离范围内，应改变级间转换点位置。

过分相定位应答器组由两个无源应答器构成，用于列车进入分相区的精确定位和发送过分相信息。该应答器组位于分相区外方且至分相区的距离应为列车按该区段线路允许速度运行 5 s 再加/减 0.5 m 的距离，如图 3.57 所示。

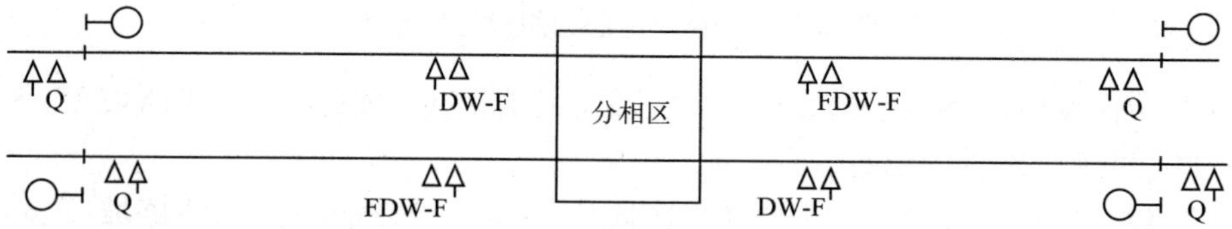

图 3.57 过分相应答器组设置示意图

⑤断链应答器【DL】设置

在长、短链边界设置长、短链专用的单个应答器构成的定位应答器组，此应答器组分别发送正向和反向的里程信息包“ETCS-79”，为单向有效，如图 3.58 所示。

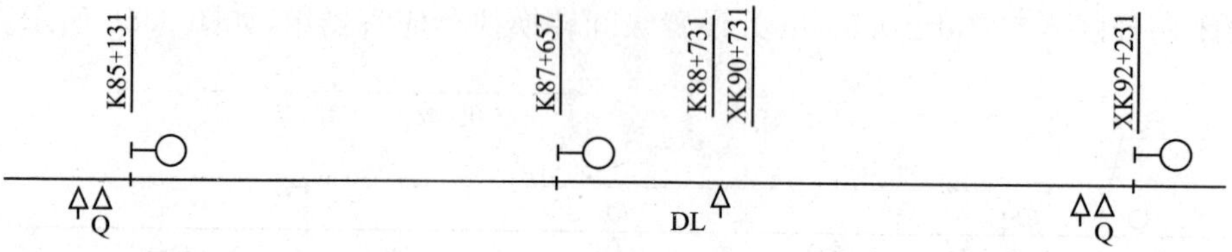

图 3.58 断链应答器组设置示意图

⑥大号码道岔(18 号以上)应答器组【DD】设置

在距大号码道岔外方第二个闭塞分区入口(200±0.5) m 处，设置由一个有源应答器和一个无源应答器构成的应答器组，如图 3.59 所示。

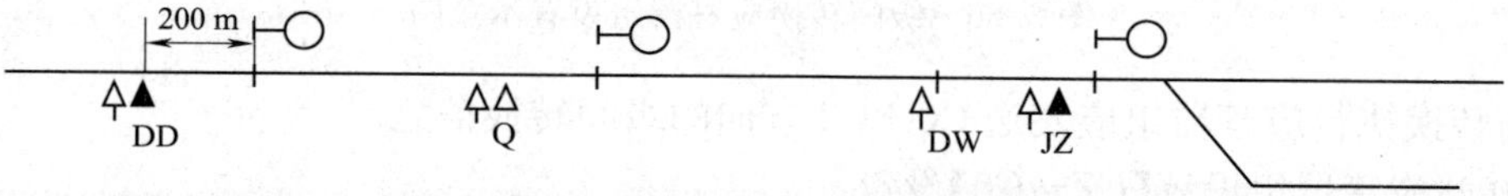

图 3.59 大号码道岔应答器组设置示意图

反向接、发车进路不发送大号码道岔信息包。对于侧进侧出通过进路，由进站口有源应答器预告发车进路上的大号码道岔侧向允许速度。

无源应答器发送正向运行方向有效的线路坡度、线路速度和反方向链接信息。

当排列经大号码道岔的侧向接车进路时，该有源应答器根据进路状态和相关临时限速信息发送大号码道岔信息、应答器链接信息和轨道区段等信息。

当列车进路为道岔直向或列控中心故障、LEU 故障、电缆断线时，大号码道岔应答器组作为区间无源应答器组使用，该有源应答器发送应答器链接、轨道区段信息。

4. 应答器编号与命名规则

参照ETCS应答器相关标准对应答器进行编号,适用于中国铁路的列车运行控制区段。全国铁路应答器编号应具有唯一性。

每个应答器的编号由"大区编号+分区编号"与"车站编号+应答器单元编号"共同构成。

全国铁路应答器编号实行统一管理,按一定原则划分为若干大区,每个大区分成若干分区,每个分区包含若干车站(含区间)。

原则上每个车站对应一个车站编号,应答器以应答器(组)为基本单元进行编号(简称单元编号)。应答器编号应根据情况预留今后的发展空间。

车站编号及单元编号由铁路局集团公司和工程设计部门按应答器编号规则纳入工程设计,并报国铁集团运输部核备。

1)大区编号

大区编号由三位十进制表示,编号范围为1～127。

全国铁路按区域划分大区。以现行高铁基础设施段(工务段、电务段)或客运专线区域为参照,根据其管辖范围内车站的数量,每个区域可分配1～3个大区编号。

大区编号及范围应保持相对固定,不随高铁基础设施段(工电段、电务段)或客运专线的管辖区域变化而变化。

2)分区编号

分区编号由一位十进制表示,编号范围为1～7。大区编号内以线别和车站分布情况进行分区编号,原则上同一线别的车站应分配在同一分区内。车站数量较多时可分配多个分区。车站数量较少时,多个线别可合并在一个分区内。

3)车站编号

车站编号由二位十进制表示,编号范围为1～60。一个分区内的车站数量一般按不超过50个进行分配。原则上按分区内车站的下行方向顺次进行车站编号。多个线别合并在一个分区时,线别之间车站编号留出适当余量。既有分区内增减车站时,不得影响其他车站编号。

4)单元编号

单元编号由三位十进制表示,编号范围为1～255。对车站管辖范围内(含区间)的全部应答器(组)进行统一编号。以列车正向运行方向或用途为参照,按正线贯通、从小到大的原则进行编号,下行编号为奇数,上行编号为偶数。

对于单线、三线、四线等,根据具体的设计方案,参照上述规则进行编号。

每个应答器组可由1～8个应答器组成,以列车正向运行方向为参照,列车首先经过的应答器为1,其他顺次编号。

5)应答器编号及命名示例

例1:图3.60中,应答器位于045号大区、1号分区、23号车站,在信号平面布置图中表示为045-1-23,放置于车站名称下方。

7238通过信号机处的应答器,命名为B7238,单元编号为002,图中标识为B7238/002,最终档案编号为045-1-23-002。

上行进站信号机处的应答器组,命名为BS,单元编号为004,图中标识为BS/004,并用1和2表示两个应答器在组中的位置,最终档案编号分别为045-1-23-004-1、045-1-23-004-2。

应答器编号及命名示例如图3.60所示。

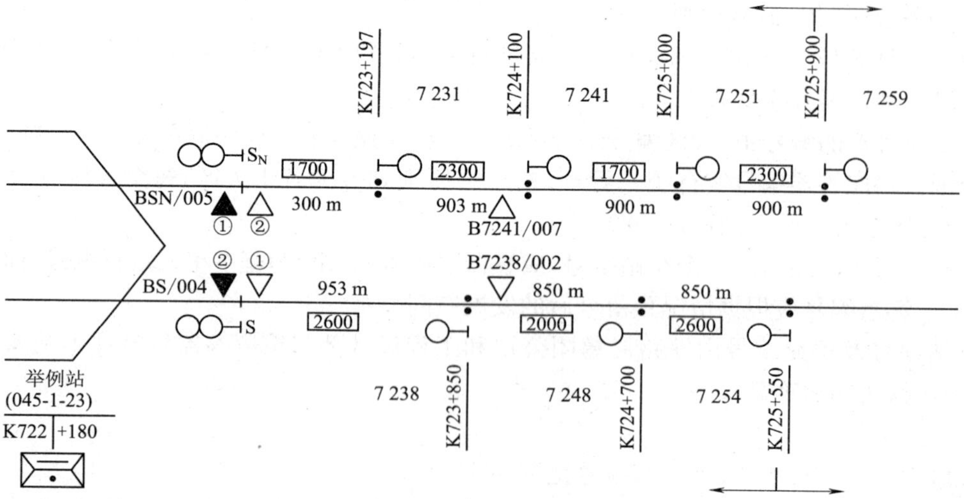

图 3.60　应答器编号及命名示例

5. 应答器数据规则

1)用户数据

(1)用户数据表基本要求

应答器用户数据表的主要作用及内容为：在 CTCS-2 级列控系统中，地面线路的参数，如坡道、速度、轨道区段长度等信息，均是在列车经过安装在线路上的应答器上方时，利用应答器车载设备激活应答器，并接收应答器发送的报文，经过解码处理后，获得列车运行的线路参数，根据轨道电路等信息，生成列车控制曲线，控制列车安全运行的。

应答器报文是根据应答器用户数据表中描述的线路参数，利用规定的应答器信息包格式，根据控车需要，组合编制成应答器用户报文，描述相应的线路参数。

应答器用户数据表根据 CTCS-2 级应答器的报文定义及列车控制需要，对线路信息利用一套数据表格进行描述，其内容主要包括：应答器位置表；正向区间信号点、轨道区段数据表；反向区间信号点、轨道区段数据表；区间线路坡度表；区间线路速度表；铁路线路里程断链明细表；车站列车进路数据表等。

应答器用户数据表必须满足数据准确性、数据完整性、文字及格式规范性和可追溯性。

(2)报文

应答器设备可以简单地理解为一个数据存储器和发送器，当车载天线激活该应答器时，应答器发送自身存储的应答器报文或发送通过电缆由地面电子单元(LEU)传送的应答器报文。

应答器报文分为应答器用户报文和应答器报文。应答器用户报文指的是根据应答器用户信息包的格式，编制的报文。应答器用户报文有长报文(830 bit)和短报文(210 bit)两种。应答器报文指的是应答器用户报文经过欧洲的编码算法，加扰后存储在应答器中或通过 LEU 传输的报文。同样，应答器报文也分为长报文(1 023 bits)和短报文两种(341 bits)。在本项目中所讲的报文均指应答器用户报文。

(3)报文格式

每一条应答器用户报文均由信息帧+用户信息包+结束标志位构成。信息帧主要是对应答器报文的一个标识，包含应答器编号、版本信息等内容；用户信息包根据列车控制需求，针对不同的作用，定义各种不同用途的信息包。

为保证应答器与动车组ATP车载设备的运用相匹配，应答器报文的格式采用统一的数据结构。在既有线CTCS-2级列控系统中，根据CTCS-2级点连式列控系统的需求，参照欧洲报文定义的格式，我国自定义了轨道区段包(CTCS-1)、临时限速包(CTCS-2)、反向运行包(CTCS-3)、大号码道岔包(CTCS-4)和绝对停车包(CTCS-5)五个CTCS数据包。

报文定义中，每个用户信息包结构见表3.11，均含有一个唯一的包编号、信息包的位长度、方向信息及可选的距离标尺和包含系列定义的变量的信息区。

表3.11　用户信息包结构

编号	NID_PACKET	信息包的标识码
方向	Q_DIR	指出信息对哪个运行方向是有效的
长度	L_PACKET	信息包所包含的数据位数
标尺	Q_SCALE	距离/长度的分辨率
信息	……	系列变量信息区

注：报文结束标志包(ETCS-255)不遵循表的结构，只是一个信息包编号。

信息包中的变量的名称是唯一的，并且都有一个前缀，其含义见表3.12，不同的前缀，代表不同的含义。每个变量的含义也是唯一的，如变量"NID_PACKET"在所有的信息包中的含义都是信息包标识码。每个变量的取值也有一定的规律性，一般情况下，用变量的最大值表示特殊值，备用的变量数值一般在正常值和特殊值之间的可变数据范围内。对于1位布尔变量，总是使用"0"作为"假"，"1"作为"真"。

表3.12　变量名前缀及含义

前　缀	含　义	前　缀	含　义
D_	距离	NC_	等级编号
G_	坡道	NID_	识别号
L_	长度	Q_	限定
M_	其他	V_	速度
N_	编号		

在数据包中，一个变量如果根据其前面的一个限定词变量的变化是可选的，则该变量在数据包定义中缩进书写，如链接信息包中变量"NID_C"在格式上缩进书写，即当其前面的一个限定词变量"Q_NEWCOUNTRY＝0"时，"NID_C"这个变量则可以删除。

在数据包中，当一组或一个变量需要重复时，一般由变量"N_ITER"定义重复的次数，如果"N_ITER＝0"，则后面没有变量。如轨道区段数据包中，当"N_ITER＝7"时，表示轨道区段描述信息区变量共重复7次。

数据包中包括的信息内容主要包括：

①应答器链接

信息内容涉及行车安全的应答器(组)之间应建立链接关系。一个应答器(组)应与同一运行方向连续两个相邻应答器(组)建立链接关系。

②线路坡度

取整、合并后作为应答器线路坡度数据存入应答器。坡度信息距离分辨率为 1 m(变坡点的位置误差为±5 m),坡度分辨率 1‰。分辨率不足 1‰的,按 1‰分辨率向安全侧取整。

③线路速度

第一组数据定义为:以本应答器为起点至列车运行前方第一个线路允许运行速度变化点间的线路速度参数,第二组数据定义为:从第一个线路允许运行速度变化点至列车运行前方第二个线路允许运行速度变化点间的线路速度参数,其他以此类推。

应答器线路速度信息包主要用来描述线路的速度参数,其中存入应答器的速度数据是按 5 km/h 精度取整后的线路速度数据。

④临时限速

相邻两个车站之间一个运行方向仅考虑一处区间临时限速。临时限速命令有效期间,有关应答器(组)的报文信息应保持。由出站信号机或出站口处有源应答器给出至相邻站进站信号机范围内的区间临时限速信息。

⑤轨道区段

"轨道区段"报文中描述的第一个轨道区段起始点为本应答器前方第一架信号机或信号点。一条接车或发车进路原则上由道岔区+车站股道两个区段构成。

⑥车站进路

应答器车站进路信息应以"线路坡度"、"线路速度"、"轨道区段"等线路参数的形式对每条车站接、发车进路进行描述。

⑦数据范围

提供线路参数的同一方向相邻两个应答器(组)数据应交叉冗余,并有一个完整列车常用制动距离的数据余量。为减少应答器数据量,其数据余量可采用该范围内对控车最安全的一组参数。

⑧缺省报文

当有源应答器的地面电子单元(LEU)与列控中心间发生通信等故障时,地面电子单元(LEU)应向有源应答器提供缺省报文。应答器缺省报文应为该应答器报文中对列车运行较限制的报文组合。

⑨级间转换

对于由 CTCS-1/0 向 CTCS-2 转换,应在级间转换区间的正向发车站出站口处设置有源应答器,负责向列车传送该区间临时限速信息。

⑩调车危险

通过在出站口处应答器向列车传送"调车危险"报文信息,可禁止列车以调车模式进入区间。

⑪特殊区段

通过"特殊区段"报文,可以向机车乘务员实时反映列车运行前方的一些特殊情况,如隧道、桥梁、无电区等。

⑫大号码道岔(18 号以上)

设置一个有源应答器(组),给出道岔侧向允许列车运行的速度。根据道岔区段空闲条件的不同,同一大号码道岔其侧向允许列车运行的速度可以有多个等级。当大号码道岔侧向允许列车运行的速度小于或等于 80 km/h 时,应答器可以不给出"大号码道岔"报文。

⑬区间反向运行

由反向出站信号机或反向出站口处有源应答器给出至相邻站反向进站信号机的区间反向运行信息。

⑭级间转换(ETCS-41)

级间转换信息包主要用于描述地面列控系统的等级,控制车载设备控车模式的切换。

⑮用户数据包(ETCS-44)

用户数据包主要是用来嵌套用户自定义的CTCS用户信息包,如轨道区段、临时限速、区间反向运行等,见表3.13。

表3.13　用户数据包(ETCS-44)与CTCS数据包的嵌套使用

名称	变量	含　义
编号	NID_PACKET	ETCS-44信息包的标识码
方向	Q_DIR	指出ETCS-44信息对哪个运行方向是有效的
长度	L_PACKET	ETCS-44和CTCS信息包所包含的数据位数
编号	NID_PACKET	CTCS信息包的标识码
方向	Q_DIR	指出CTCS信息对哪个运行方向是有效的
长度	L_PACKET	CTCS信息包所包含的数据位数
信息	……	系列变量信息区

⑯特殊区段

特殊区段信息包主要是向机车乘务员实时反映列车运行前方的一些特殊情况,如隧道、桥梁、无电区等信息。

⑰调车危险

调车危险信息包,主要在进、出站口处应答器报文中使用,向列车传送"调车危险"报文信息,可禁止列车以调车模式进入区间。

2)报文数据范围

应答器报文中包含不同的信息包,每个信息包的数据范围是系统设计的关键,直接关系到列车的正常运行及控制模式的转换。在CTCS-2级列控系统中,应答器之间的信息相互冗余,各信息之间的冗余长度满足当一个应答器丢失时,不会影响列车运行。应答器数据范围示意如图3.61所示。提供线路参数的同一方向相邻两个应答器(组)数据应冗余覆盖,并有一个完整列车常用制动距离的数据余量。

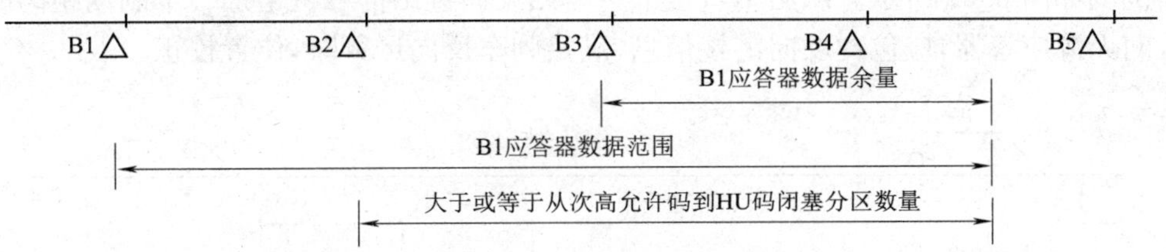

图3.61　应答器数据范围示意图

车站接、发车进路数据范围,根据不同的进路类型,数据范围各不相同。对于侧向股道接车且没有直股发车进路，分别如图 3.62 和图 3.63 所示，接车进路的线路参数只给至相应的出站信号机；对于侧向股道接车且具有直股发车进路，接车进路的线路参数应、延伸至直股发车进路前方相邻的第一个应答器加一个完整列车常用制动距离，从出站信号机处延伸部分的数据仅在直股发车时有效。

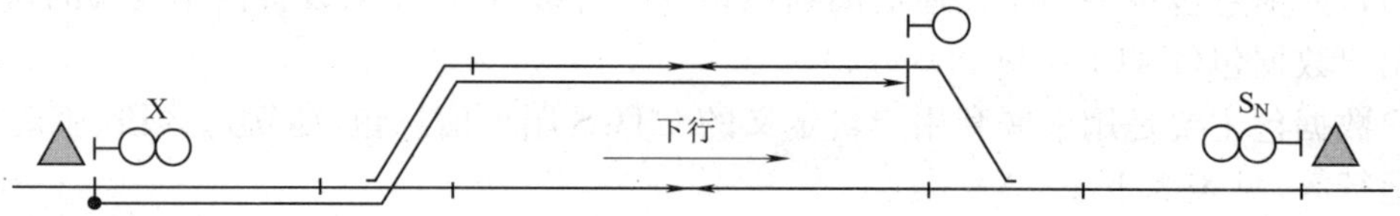

图 3.62　没有直股发车条件接车进路数据范围示意图

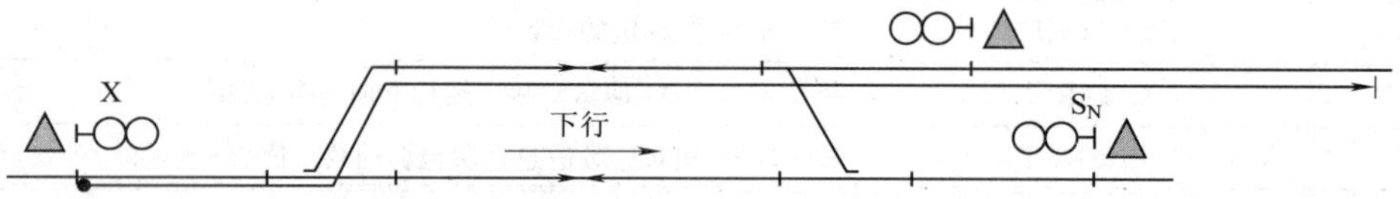

图 3.63　有直股发车条件接车进路数据范围示意图

对于级间转换点的应答器，由 CTCS-2 向 CTCS-1/0 转换时，CTCS-2 所需数据参数在转换执行点后应有一个完整列车常用制动距离的数据余量，如图 3.64 所示。CTCS-2 级车站的临时限速信息必须管辖到从执行点应答器组至列车在执行点线路速度下的常用制动至 45 km/h的制动距离所需的数据。由 CTCS-1/0 向 CTCS-2 转换时，转换执行点应答器数据应满足 CTCS-2 级控车曲线所需的全部数据参数要求，满足数据冗余，与区间无源应答器相似。

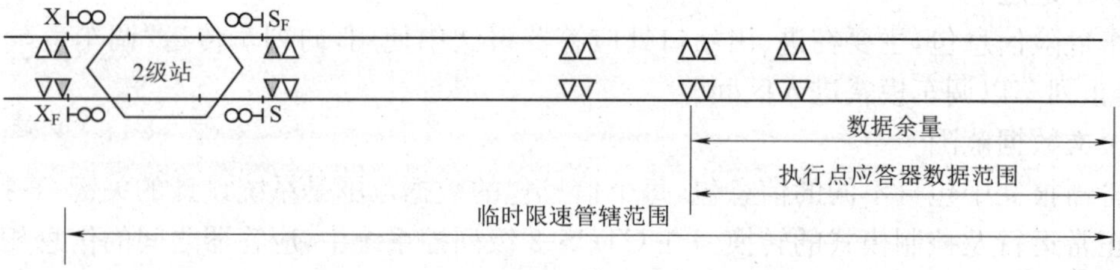

图 3.64　由 CTCS-2 级向 CTCS-1/0 级转换时数据范围示意图

当列车反向按站间闭塞运行时，一般情况下，只有反向出站口无源应答器提供线路参数，其数据范围如图 3.65 所示。从出站口至下一车站反向进站信号机增加一个制动距离的范围。对于区间无源应答器，应包含反向链接信息，满足列车反向运行时，位置校正。

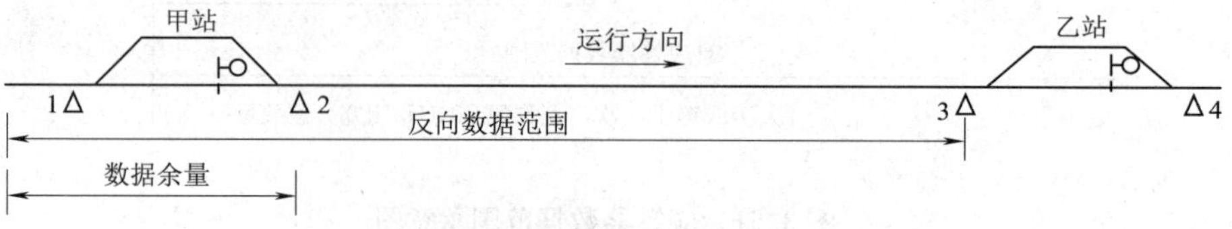

图 3.65　进站口无源应答器反向数据管辖范围

当相邻两站间距较大且进站口无源应答器的数据容量无法满足要求时，将在区间增加用于提供反向信息的无源应答器，无源应答器增加的位置，一般与区间邻近的正向无源应答器按组设置，该情况下，其数据范围如图 3.66 所示，包含至相邻的进站口应答器组或区间反向无源应答器(组)加一个列车的常用制动距离。

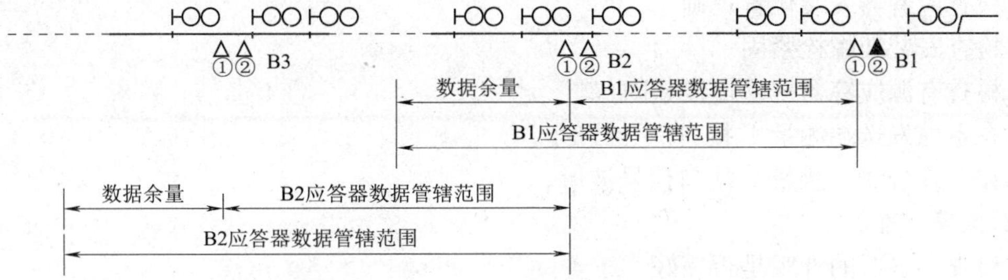

图 3.66　区间反向无源应答器数据管辖范围

6. 地面电子单元及应答器维护

随着铁路第六次提速，CTCS-2 级列控系统的开通，铁路信号设备发生了巨大的变化，使得应答器、数据传输电缆、地面电子单元等设备也随之大量投入使用，并且对列车安全运行起着关键性的作用。因此，对这些设备的日常维护，以及如何尽快排除故障，就显得尤为重要。

对于复线车站，应答器应安装在每个站进站第一接近点处。具体地点选取原则为：在出站无岔区，与出站道岔相距 1 根钢轨(25 m)的距离，2 根钢轨中心的水泥枕上。这样，工务部门更换道岔时，可少受影响，距扳道房较近，可防盗。对于单线车站，应在车站两侧各设 1 个应答器。

应答器包括车载主机、应答器接收器和应答器 3 部分，应答器安装在钢轨之间，应答器接收器悬挂在机车底部转向架的端梁上，用螺栓固定。为保证安全，安装时，最好在螺栓上加 2 个螺母，并加开口销以防脱落。车载主机安装在机车司机室内。

1)LEU 的电缆连接与测试

按设计图纸要求敷设电缆，通过地面电子单元-应答器专用电缆(4 芯)或地面电子单元-应答器专用电缆(2 芯)电缆在分线盘处经 LEU 防雷与室外地面电子单元、应答器专用电缆(4 芯)进行对接。机柜安装连接完毕，即可进行测试。

应答器与 LEU 连接电缆主要电气特性测试指标见表 3.14。

表 3.14　应答器与 LEU 连接电缆主要电气特性测试指标

项　目	单位	标准	换算公式
直流电阻 20 ℃每根导线直流电阻	Ω/km	≤23.5	L/1 000
工作线对导体电阻不平衡，20 ℃	%	≤1	
工作电容 0.8～1.0 kHz	nF/km	≤42.3	
绝缘电阻 DC 100～500 V，20 ℃	MΩ/km	≥3 000	1 000/L

2)应答器的维护

因应答器的电路是密封的，结构强度高，具有防水、防潮和耐腐蚀，所以运用稳定，开通至今故障率几乎为零，是免维修的，只更换。因有电缆接入查询器，所以故障多发生在电缆及其插接处。车载主机有时也有故障发生。

(1)日常维护

应答器本身是可更换而不可维修,日常巡视检测内容为:

①检查应答器的存在。

②检查应答器安装位置正确。

③检查安装架螺栓紧固。

④检查有源应答器尾缆连接紧固。

⑤在室内发送端测量C接口信号波形。

⑥在室外分线盒测量C接口信号波形。

(2)保养标准

①检查应答器的外观是否完好。

②检查应答器安装是否牢固。

③检查有源应答器的电缆接口,电缆是否紧固,线缆是否完好。5年中修,对整机部件性能老化度评估,根据评估结果更换老化部件。15年更换系统。

④地面电子单元不需要定期检查维修,可进行故障修。

(3)测试方法

应答器测试分为静态和动态测试两种。

①静态测试是用手持器等相关测试设备,对固定信息和可变信息的应答器报文及校验和进行测试,该校验和应与软件计算的校验和完全一致。对于可变信息应答器,应测试每一条报文的校验和。

②动态测试是在列车试运行时,通过车载设备及列车监控软件读取解码后的应答器报文内容,该内容应与报文设计内容完全一致。

(4)更换注意事项

①更换应答器时必须在原应答器位置进行。

②安装前确认新应答器内报文正确。

③必须得到路局授权及批准且将旧应答器交专门部门统一管理。

④在原应答器相同位置进行安装。

⑤将原应答器交专门部门统一管理。

⑥变化应答器安装位置须得到授权及批准。

⑦更改应答器报文须得到授权及批准。

3)应答器数据传输电缆

传输电缆选用标准及接地方法。应答器数据传输电缆的缆芯结构应为星型四线组或对线组,并增加PE填充绳,进一步稳定缆芯结构,从而减少线路的工作电容和衰减常数,使传输参数更加稳定、可靠。电缆护层主要采用单面皱纹铝塑带加泄流线(1～2根)的内屏蔽层(电屏蔽)、护套和钢带外屏蔽(磁屏蔽)等技术,其中铝套屏蔽层在进机房前接地,保证线路良好的屏蔽效果。而内屏蔽层在机房内与机房设备良好连接并接地,能保证电缆性能稳定可靠,具有防强电干扰能力,保障线路的安全运行。京沪线主要采用的是LEU2BSL23型应答器数据传输电缆。

连接应答器的数据传输电缆在摇测时必须登记要点,并且同时甩开传输电缆两端的设备,禁止使用兆欧表在线摇测，以防止击穿电子器件，造成应答器、LEU 的损坏。

(1)防雷模块接线方式

室外电缆的电缆芯线连接到防雷基座的“IN”端。防雷单元至 LEU 间的室内电缆芯线连接到防雷基座的“OUT”端。

防雷模块的地线应与数据传输电缆内、外屏蔽层的地线分开，不得共用，以防对 LEU 输出报文产生影响。

(2)传输通道电压测试

LEU 至应答器之间的 C 接口，传送的是 564 148 kbit/s 的基带差分两相调制信号 DBPL(方波)和 818 kHz 正弦波叠加在一起的信号，其频率超出了普通万用表的正常测量范围，除非使用宽频的真有效值变换的万用表，否则测出的数值不能正确表示信号的有效值。

但是，普通 MF214 型万用表的测试值在处理故障时也具有一定的参考意义。通过实测，在列控中心正常工作时的参考电压为：室内分线盘或 LEU 输出电压，14～16 V (交流 25 V 挡)，室外 HZ_{24} 电缆盒，10～12 V(交流 25 V 挡)。

4)故障处理程序及方法

了解动车组接收到的有关应答器故障信息，是接收默认报文还是应答器丢失，然后再分别进行处理。如动车组接收的是默认报文，则按以下方法进行判断处理：

因为列控中心的报文检测软件只能检测到列控中心发送的报文，所以室内外报文传输通道的完整性检测，需要在室外通过 BEPT 设备来读取应答器报文，并对所读取的报文进行分析，判断出故障所在。

报头帧标志中变量 M _ MCOUNT＝0，说明该报文是应答器的默认报文，表明该应答器与 LEU 连接有问题。在 CTCS 系统中，LEU 安装在室内，与应答器的连接电缆较长。从有线传输理论可知，长线路的特性阻抗与线路终端的开、短路无关。因此，这种方式安装的 LEU 对于电缆远端的断线、短路故障检测不到，一旦数据传输电缆通道发生断线、短路故障，造成动车组接收应答器默认报文，报头帧标志中变量 M_MCOUNT＝0。为此，现场维修人员要加强对列控中心 LEU 输出电压的测试，如高于或低于正常值，则数据传输电缆或尾缆有可能断线、短路(或虚断)。再进行甩线判断直至找到具体故障点为止。

报头帧标志中变量 M_MCOUNT＝99，说明该报文是 LEU 的默认报文，表明该 LEU 与列控中心主机连接有问题。通过列控中心维护终端查看物理连接是否良好，并对 LEU 与列控中心主机的接口进行检查，对插接不良的进行处理。

报头帧标志中变量 M_MCOUNT＝254，说明该报文是列控中心主机的默认报文，表明列控中心现在没有发送有效报文。

如果动车组接收的是应答器丢失信息，现场人员需弄清应答器的具体位置进行现场核实确认，并通知电务段技术人员按要求进行更换，以及报文的写入。

自 CTCS-2 级列控系统开通以来，个别电务段管内发生过几次应答器的故障，影响了动车组的正常运行，主要是因为应答器内部或尾缆接触不良造成的。所以在日常的巡视中要加强对应答器尾缆的检查，尽量避免外界施工等对尾缆的伤害。

总之，加强应答器和数据传输电缆的日常维护及其特性测试和分析，掌握应答器故障的处理方法，是提高 CTCS-2 地面设备运用质量，确保动车组可靠运行的重要保障措施。

典型工作任务4　CTCS-2级车载设备维护

3.4.1　工作任务

通过本任务的学习，熟知各种不同类型和制式的CTCS-2级车载系统的结构、组成与工作原理，熟知各种不同类型制式的CTCS-2级车载系统的设备，并能够通过学习胜任对各型车载系统设备的日常养护、集中检修与故障分析处理。

3.4.2　知识链接

1. CTCS2-200C型列控车载设备结构与原理

CTCS2-200C型列控车载设备是根据CTCS技术标准的要求，从法国CSEE公司引进由中国铁道科学研究院开发并国产化的新一代车载列车运行控制系统，满足CTCS-2级规范要求，能够自动实现列车运行超速防护，是ATP系统的一种。CTCS2-200C型车载ATP系统，对实现我国列控技术与国际接轨，加快发展我国CTCS建设具有重大意义。

1)CTCS2-200C型列控系统介绍

列控系统是在传统自动闭塞基础上增加列车自动控制功能的信号防护系统。CTCS2-200C型列控系统由车载设备和地面设备组成。它的基本原理为：对列车实际速度和允许速度进行连续比较，使列车实际速度限制在安全允许的范围内。

CTCS2-200C型列控车载设备组成示意如图3.67所示。

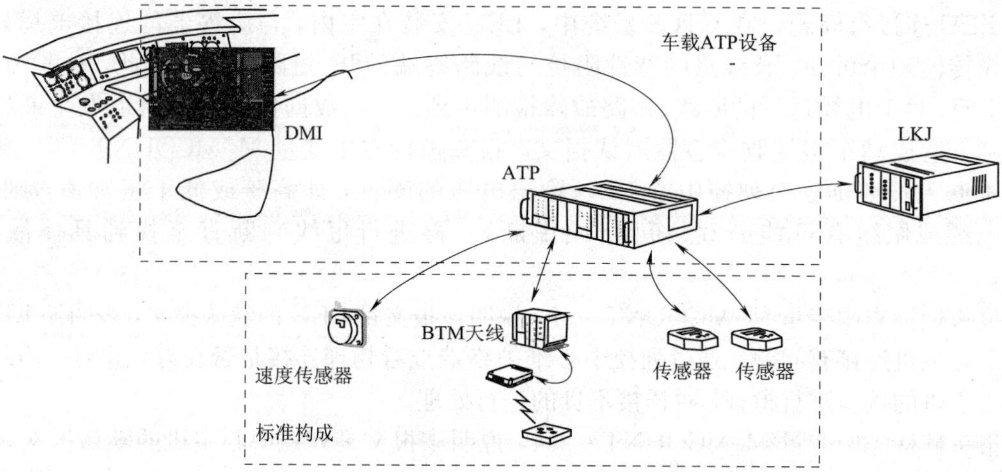

图3.67　CTCS2-200C型列控车载设备组成示意图

CTCS2-200C型列控车载设备是基于计算机的冗余结构（三取二结构），与列车和连续传输的接口是冗余的，BTM和DMI不冗余。故障时，CTCS2-200C型列控车载设备使用隔离开关进行隔离。

(1)设备组成

①车载设备：

a. 保证系统功能的车载安全计算机（目标点的计算、速度控制、显示信息的管理…）。

b. 人—机界面DMI：提供驾驶信息。

c. 连续传输传感器：用于CTCS-2级、TVM秦沈线的连续传输传感器和CTCS-0/1级的连续传输传感器。

d. 速度传感器。

e. 与LKJ接口。

f. BTM和天线：对地面应答器传输信息进行译码和接收。

g. TVM秦沈线上列车装配的点式传输传感器。

②地面设备：

a. 对于CTCS-0级，地面设备具备：FSK或1/p既有连续传输。

b. 对于CTCS-1级，地面设备具备：1/p既有连续传输；固定欧标应答器的点式传输。

c. 对于CTCS-2级，地面设备具备：1/p连续传输；固定和可变应答器的点式传输。

d. 对于TVM，地面设备具备：1/p（装备TVM300的区段）或n/p（装备TVM 430的区段）的连续传输；BSP和EMBO点式传输。

(2)地—车传输

地—车传输主要使用两种传输方式，即轨道电路连续传输和欧标应答器点式传输。

①轨道电路连续传输

轨道电路连续传输可传输18个低频中的一个信息（轨道电路代码）。车载设备读取代码并选择停车信息或相应于装备线路的速度值。

列车的停车次序对应固定的闭塞分区个数。闭塞分区的个数和长度在设计阶段进行优化，主要与列车类型和它们的制动性能有关。

轨道电路信息描述列车当前位置前方线路状态。表3.15列出了连续信息包含的代码及机车信号显示对照。

表3.15 连续信息包含的代码及机车信号显示对照表

代码	含　义	机车信号显示	备　注
L3	目标点为当前闭塞分区前方的第5个闭塞分区	（全绿）	
L2	目标点为当前闭塞分区前方的第4个闭塞分区	（全绿）	
L	目标点为当前闭塞分区前方的第3个闭塞分区	（全绿）	
LU	目标点为当前闭塞分区前方的第2个闭塞分区	（上绿下黄）	
U2	目标点为当前闭塞分区前方的第2个闭塞分区	2（全黄）	在下一闭塞分区末端的速度限制为45 km/h
LU2	目标点为当前闭塞分区前方的第2个闭塞分区	（全黄）	等同于LU
U	目标点为下一闭塞分区末端	（全黄）	

续上表

代码	含　义	机车信号显示	备　注
UU	目标点为下一闭塞分区末端	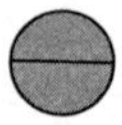（全黄）	在当前闭塞分区末端的速度限制为 45 km/h
UUS	目标点为下一闭塞分区末端	（全黄）	符号闪烁 在当前闭塞分区末端的速度限制为 80 km/h
U2S	目标点为当前闭塞分区前方的第 2 个闭塞分区	（全黄）	符号闪烁 在下一闭塞分区末端的速度限制为 80 km/h
U3	立即停车	（全黄）	在 CTCS-2 级列控系统不使用
HB	目标点为当前闭塞分区末端	（上黄下红）	符号闪烁 在当前闭塞分区末端的速度限制为 20 km/h
HU	目标点为当前闭塞分区末端	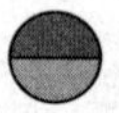（上黄下红）	
H	立即停车	（全红）	

②欧标应答器点式传输

有两种类型的应答器：固定欧标应答器和可变欧标应答器

a. 固定欧标应答器

固定欧标应答器是完全独立的，传输不可修改的信息。对于 CTCS 应用，固定欧标应答器传输前方的线路描述。

b. 可变欧标应答器

可变欧标应答器传输随信号机状态可改变的信息，它们连接到位于信号楼或应答器附近的控制设备上；对于 CTCS 应用，CTCS-2 级列控系统使用它们来传输与信号机状态相关的信息（特别是在车站进、出口处）。

欧标应答器可单独或成组设置。在列举情况下需要至少由两个欧标应答器组成的组：信息太长时；初始化时确定列车方向；在双方向线路上运行时确定列车的运行方向。

③传输特征

CTCS2-200C 型列控车载设备管理下面的传输类型：

a. 在 CTCS-0 级线路上的 FSK 传输。

b. 在 CTCS-0/1 级线路上的 ZPW-2000 或 UM71 传输。

c. 在 CTCS-2 级线路上的 ZPW-2000 或 UM71 传输。

d. 在秦沈线路（TVM 430）上的 UM71（$1/p$）和 UM2000（n/p）传输。

e. 欧标应答器。

f. EMBO 和 BSP（用于秦沈线的点式传输）。

2)CTCS2-200C 型列控车载设备硬件描述

CTCS2-200C 型列控车载设备安装在动车组上，供电电源是直流 110 V(标称)。ALSTOM 车提供一个 24 V 的直流电源给 24 V/110 V 直流变流器供应电源。川崎车提供一个 100 V(标称)的直流电源，电压范围：DC 77～137 V。

CTCS2-200C 型列控车载设备机柜实物如图 3.68(a)所示；结构及各部名称如图 3.68(b)所示。

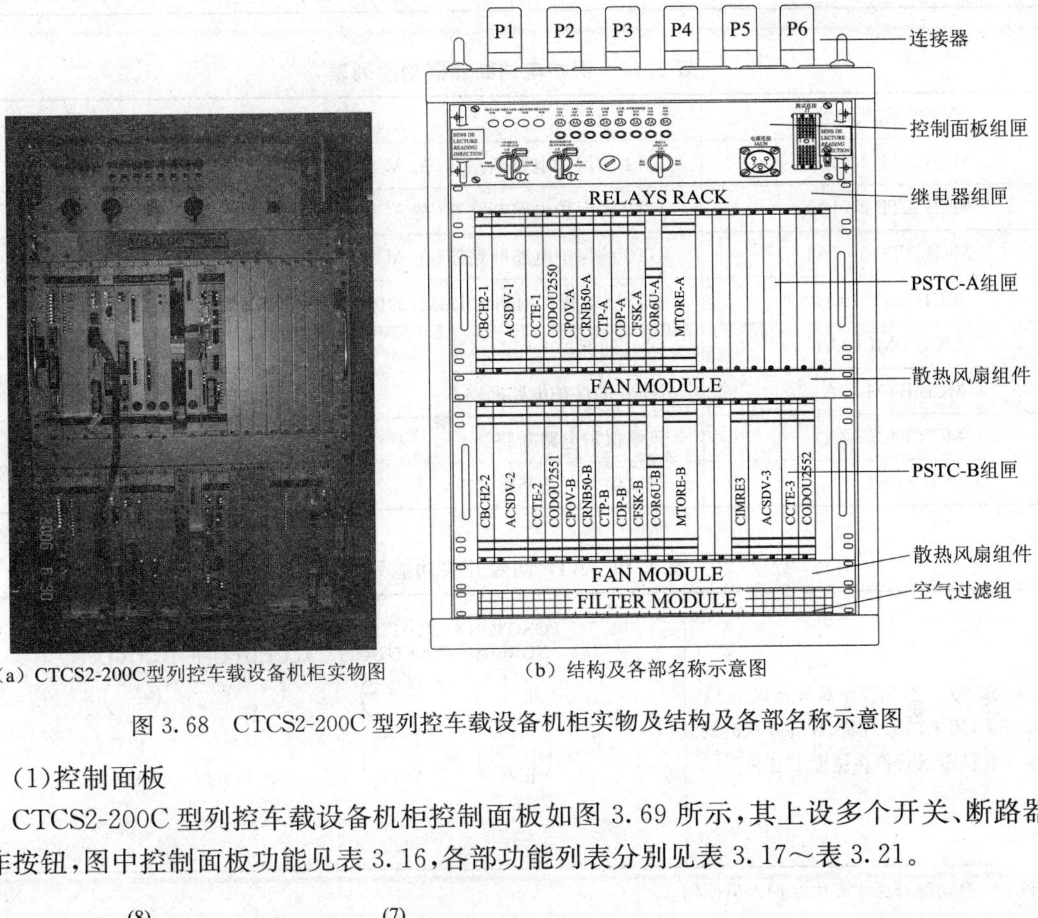

(a) CTCS2-200C型列控车载设备机柜实物图　　(b) 结构及各部名称示意图

图 3.68　CTCS2-200C 型列控车载设备机柜实物及结构及各部名称示意图

(1)控制面板

CTCS2-200C 型列控车载设备机柜控制面板如图 3.69 所示，其上设多个开关、断路器及操作按钮，图中控制面板功能见表 3.16，各部功能列表分别见表 3.17～表 3.21。

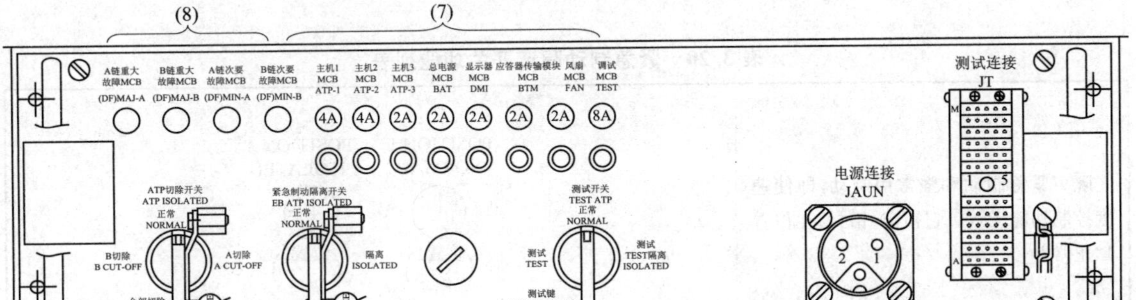

图 3.69　CTCS2-200C 型列控车载设备机柜控制面板示意图

表 3.16　控制功能列表

序号	控制功能	序号	控制功能
(1)	ATP 切除开关	(5)	电源连接
(2)	紧急制动隔离开关	(6)	测试连接
(3)	塑料插头	(7)	保护电路断路器
(4)	测试开关	(8)	报警电路断路器

表 3.17　报警电路断路器功能列表

报警电路断路器	功　能
MCB(DF)MAJ-A	A 处理链的 MID 中存储有重大故障
MCB(DF)MAJ-B	B 处理链的 MID 中存储有重大故障
MCB(DF)MIN-A	A 处理链的 MID 中存储有非重大故障
MCB(DF)MIN-B	B 处理链的 MID 中存储有非重大故障

表 3.18　保护电路断路器功能列表

保护电路断路器	功　能
MCB ATP-1 (4A)	UT1 的保护电路断路器(在 ACSDV1 的输入端)
MCB ATP-2 (4A)	UT2 的保护电路断路器(在 ACSDV2 的输入端)
MCB ATP-3 (2A)	UT3 的保护电路断路器(在 ACSDV3 的输入端)
MCB BAT (2A)	紧急制动和常用制动电源链的保护电路断路器
MCB DMI (2A)	DMI 的保护电路断路器
MCB BTM (2A)	BTM 的保护电路断路器
MCB FAN (2A)	风扇保护电路断路器
MCB TEST (8A)	测试保护电路断路器

表 3.19　ATP 切除开关功能列表

CTCS2-200C 型列控车载设备设 ATP 切除开关,用来切除 A 链、B 链或双链的电源。它锁定(铅封)在位置 1“正常”

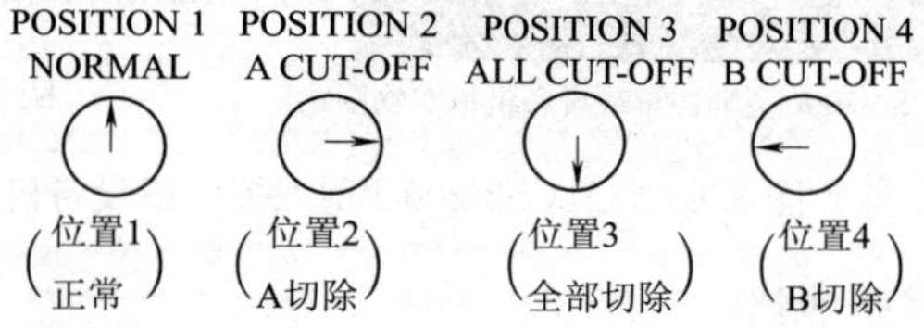

注:ATP 切除开关主要由维护人员使用。

表 3.20　紧急制动隔离开关功能列表

隔离紧急制动和强常用制动,即使速度控制功能无效。它锁定(铅封)在位置 1“正常”

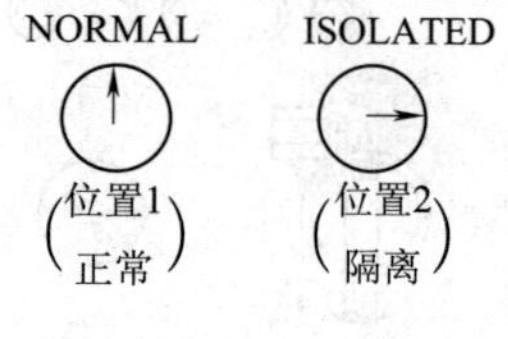

注:紧急制动隔离开关主要是在 CTCS2-200C 型列控车载设备故障无法继续执行任务的情况下,由司机进行操作的。

表 3.21　测试开关功能列表

它锁定在位置 1“正常”。在位置 2(或位置 4)时，开始“请求测试”。位置 3 和测试箱一起使用。	POSITION 1 NORMAL (位置1 正常)　POSITION 2 TEST (位置2 测试)　POSITION 3 TEST SUITCASE (位置3 测试箱)　POSITION 4 TEST (位置4 测试) 

注：测试开关由维护人员使用。测试开关在“测试箱”位置(位置 3)时，应断开与轨道电路传感器(包括 FSK 传感器)、速度传感器和 BTM 的连接，以便使用测试箱进行模拟测试。

(2)PSTC-A 和 PSTC-B 组匣

在图 3.68 中，机柜有两层电路组匣，分别是 PSTC-A 和 PSTC-B，用于实现车载系统的电路控制功能，组匣中各电路板安装位置分别如图 3.70 和图 3.71 所示。

按照组匣里插的板件顺序罗列如下，阴影部分的为机柜中的有效板件。

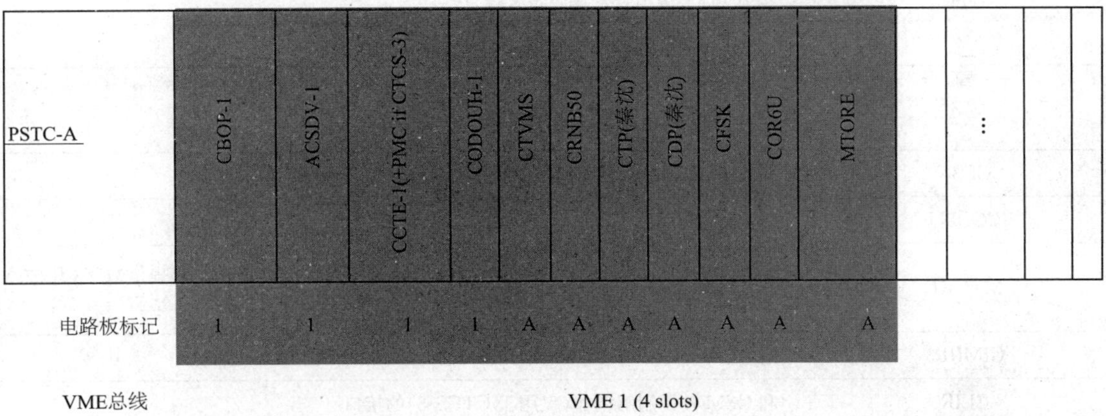

图 3.70　PSTC-A 组匣电路板安装位置排列图

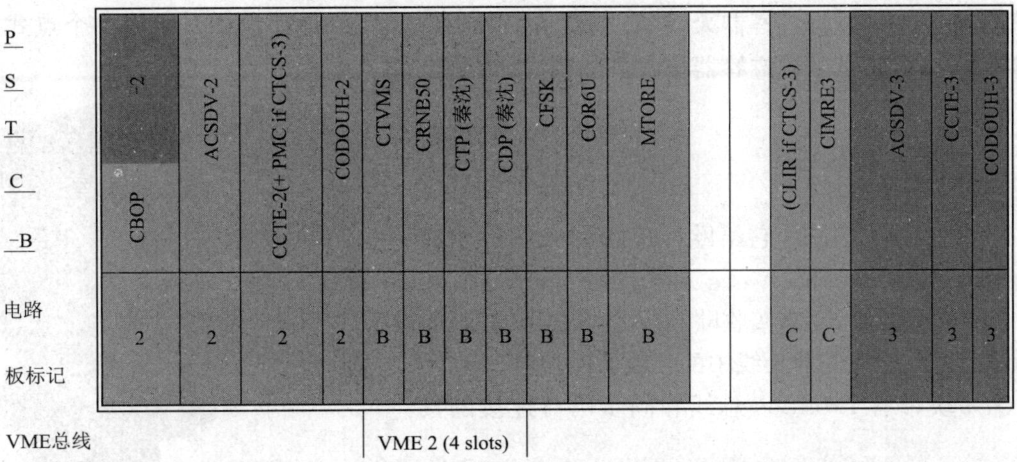

图 3.71　PSTC-B 组匣电路板安装位置排列表

注：单个 PSTC 组匣消耗的功率大约是 250 W。

PSTC 组匣插板功能见表 3.22。

表 3.22　PSTC 组匣插板功能表

插板	功　能
CBOP-1;CBOP-2	配置板,包含有一个存储器,存储各种配置参数
ACSDV-1;ACSDV-2;ACSDV-3	电源板。每个 CCTE 板均配有一个 ACSDC 板
CCTE-1;CCTE-2;CCTE-3	计算机板。CCTE-1 是 A 处理链(正常运算)的核心,CCTE-2 是 B 处理链(冗余)的核心,CCTE-3 管理 CCTE-1 和 CCTE-2 之间的冗余
CODOUH-1;CODOUH-2;CODOUH-3	测速板。接收并处理来自速度传感器的信号,将处理结果传递给相应的 CCTE 板
CTVMS	连接板。在 CRNB50 板、CTP 板及 CDP 板的 VME 总线和 CCTE-1(或 CCTE-2)板的串口之间提供接口
CRNB50	连续信息的接收板。其输入来自 TVM 2G 连续传感器
CTP	适用于秦沈,有两个功能: 在 TVM 1/p 模式下接收点式信息。 产生测试信号(用于测试时)
CDP	适用于秦沈。 在 TVM n/p(125 kHz)模式时,接收点式信息
CFSK	接收 FSK 信号和 1/p 信号。其输入来自 FSK 传感器
COR6U	继电器板
MTORE	接口模块,通过 ProfiBus 总线和 CCTE-1(或 CCTE-2)板连接。它提供数字(开/关)输入/输出
CIMRE3	继电器板,提供到紧急制动的接口
CLIR	和 GSM-R 调制解调器(仅用于 CTCS-3)的接口

(3)BTM 和天线

BTM 模块和欧标应答器天线(车载设备)及欧标应答器(地面设备),组成一个点式通信系统。BTM 处理从欧标应答器接收到的信息,该信息通过欧标应答器天线接收。

BTM 模块包含:

①一个电源模块。

②一个 RF 发射机,它给欧标应答器天线的发射天线传递 RF 功率。

③一块接收板,用来接收欧标应答器发送的信号,该信号通过欧标应答器天线中的接收天线接收。

④一块带有 ProfiBus 总线和同步串行连接的接口板。

BTM 实物如图 3.72 所示。

图 3.72　BTM 实物图

欧标应答器天线包含两个天线:一个是调谐到

27 MHz的发送线圈，当从应答器上经过时，它给应答器发送射频功率，应答器利用接收到的功率向欧标应答器天线发送信息；一个是调谐到 4.2 MHz 的接收线圈，接收欧标应答器发送的信息。

欧标应答器天线下表面距钢轨轨面的距离为190～200 mm(典型值)。

(4)连续传感器和点式传感器

①TVM 连续传感器(TVM 2G)

TVM 连续传感器在轨道和 CTCS2-200C 型列控车载设备之间提供一个接口，在 CTCS-2 模式和 TVM 模式时，能从轨道接收到连续数据。

TVM 连续传感器是封装在塑料盒子里的铜线圈。每个传感器有一根带接头的电缆，可插入连接盒中。

TVM 连续传感器感应回路中调制信号电流产生的电磁场，该回路由轨道和列车的第一车轴形成。

TVM 连续传感器安装在机车下部、第一轴前方，每个轨道上有一个传感器。

②TVM 点式传感器(TVM 1/p 和 TVM 430)

TVM 点式传感器仅适用于运行在秦沈线上的列车。

TVM 点式传感器在轨道和 CTCS2-200C 型列控车载设备之间提供一个接口，能够从用于点式数据传输的感应环路接收数据。

TVM 连续传感器是封装在塑料盒子里的铜线圈。每个传感器有一根带接头的电缆，可插入连接盒中，如图 3.73 所示。在 ALSTOM 动车组上，TVM 2G、TVM 1/p 和 TVM 430 三个传感器共四组(总计 12 个传感器)安装在一个木制的防护盒内。

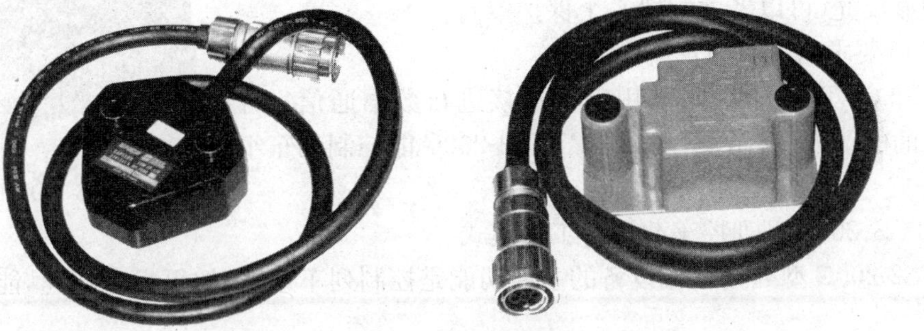

图 3.73 TVM 1/p 和 TVM 2G 传感器 和 TVM 430 传感器

③FSK 传感器

FSK 连续传感器在轨道和 CTCS2-200C 型列控车载设备之间提供一个接口，在 CTCS-0/1级列控系统中，能从轨道接收到连续数据。

FSK 连续传感器是封装在塑料盒子里的铜线圈。每个传感器有一根带接头的电缆，可插入连接盒中。

FSK 连续传感器安装在机车下部、第一轴前方，每个轨道上有一个传感器，其外观如图 3.74所示。

FSK 传感器下表面距钢轨表面的距离：ALSTOM 动车组：(165±5) mm；川崎动车组：(155±5) mm。

④速度传感器

6 通道速度传感器(带有连接电缆和连接器)安装在车轮上,给 CTCS2-200C 型列控车载设备提供速度信号(连接到 CODOUH 板)。

测速系统使用两个速度传感器。速度传感器的工作电源是 12～30 V,输出为方波信号,在3 kΩ载荷下输出幅度:高电平>9 V;低电平<2 V。测量范围是 0～2 000 r/m(转/分)。

TQG15(X)-1 型速度传感器实物如图 3.75 所示。

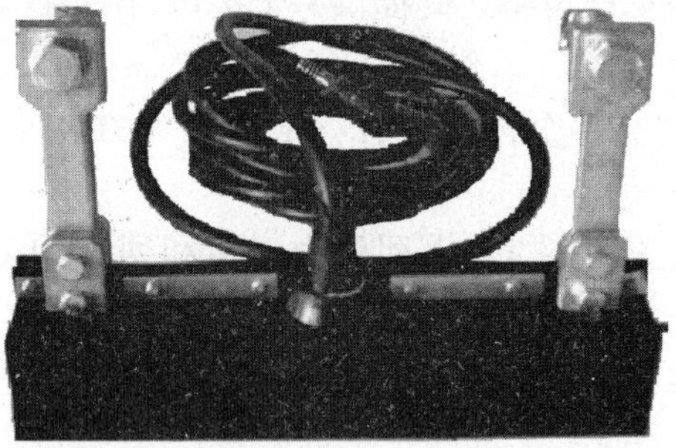

图 3.74　FSK 传感器

图 3.75　TQG15(X)-1 型速度传感器实物图

(5)人—机接口界面 DMI

DMI 主要是为司机提供驾驶信息并接收司机的输入,其实物如图 3.76 所示。

图 3.76　DMI 实物图

DMI 显示器与司机控制台为一体,安装在机车内通风良好的地方,放置位置应保证能轻松读取信息,并应防止可能妨碍阅读的明显反光(可以考虑配置一个保护罩)。

DMI 所要求的电源为直流 110 V。

LKJ 和 CCTE-1/2 之间采用串行连接进行数据通信。继电器组匣的电缆连接,使得 LKJ 或 CTCS2-200C 能控制动车组的制动。

2. CTCS-200C 型列控车载设备工作模式

CTCS2-200C 型列控车载设备的主要功能是控制列车速度,如果发生超速,能够使列车减速或停车。

CTCS2-200C 型列控车载设备的输入和输出变量信息如图 3.77 所示。

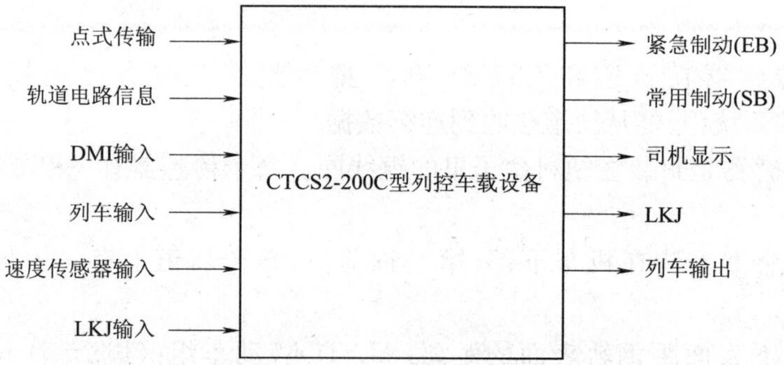

图 3.77　CTCS2-200C 型列控车载设备输入和输出变量图

CTCS2-200C 型列控车载设备的功能如图 3.78 所示。

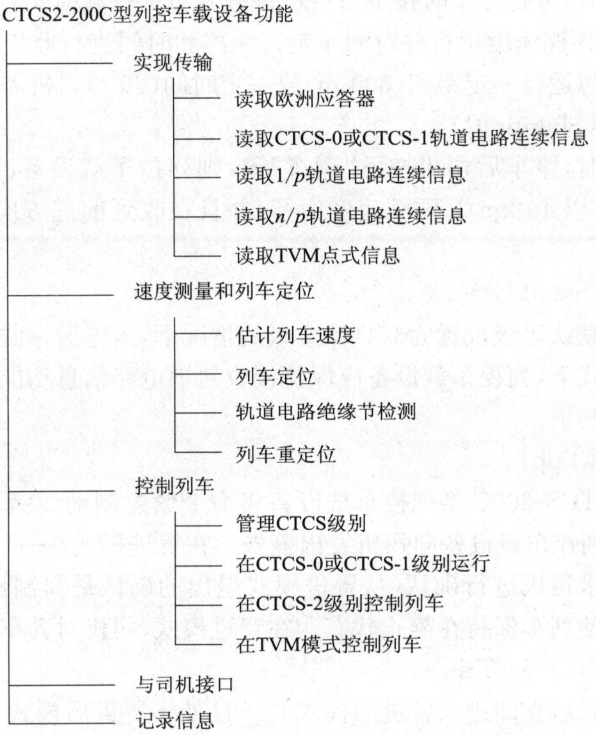

图 3.78　CTCS2-200C 型列控车载设备功能示意图

1)CTCS2-200C 型列控车载设备控制模式

在 CTCS2-200C 型列控车载设备的控制下 CTCS-2 共有以下几种控制模式:完全监控模式 FS;部分监控模式 PS1;部分监控模式 PS2;部分监控模式 PS3;部分监控模式 PS4;引导模式 CO;目视行车模式 OS;调车模式 SH;待机模式 SB;冒进模式 TR 和冒进后模式 PT。

(1)完全监控模式 FS(Full Supervision)

当具有列车控制所需的基本数据(包括列车位置、轨道电路信息、应答器的线路信息、车载设备预置的列车参数等)时,列控车载设备能生成目标—距离模式曲线并进入完全监控模式。

在完全监控模式下,列控车载设备应能判断列车位置和停车位置,在保证列车速度满足线路固定限速、车辆构造速度、停车位置、临时限速等条件的前提下,生成目标—距离模式曲线,并连续监控列车速度,在列车超速时,自动输出常用制动或紧急制动命令;同时,应能通过 DMI 显示列车实际速度、允许速度、目标速度和目标距离等信息。

(2)部分监控模式 PS(Partial Supervision)

当车载设备接收到轨道电路允许行车信息,而由于应答器信息接收异常导致线路数据缺失或无线路数据时,列控车载设备产生一定范围内的固定限制速度,监控列车运行。

(3)引导模式 CO(Call On)

车站办理引导进路时,轨道电路发 HB 码,列控车载设备接收到 HB 码,在列车速度降至 40 km/h 且经司机确认后,进入引导模式。CO 模式下,列控车载设备监控列车以最高 40 km/h的允许速度运行。

(4)目视行车模式 OS(On Sight)

要越过停止信号时,可在停车时按下"目视"键进入目视行车模式。本模式下,车载设备负责列车以 40 km/h 为顶棚速度运行并对列车走行距离和时间进行监控,司机需要对列车其他行车安全负责。列车每运行一定距离(300 m)或一定时间(60 s)司机需确认一次。

(5)调车模式 SH(Shunting)

要进行调车作业时,停车后司机按下"调车"键,则列控车载设备进入调车模式。该模式下,车载设备监控列车以 40 km/h 顶棚速度运行,并且在收到前进方向上的调车危险信息时输出紧急制动。

(6)待机模式 SB(Stand By)

在列控车载设备默认等级设置为 CTCS-2 级的情况下,上电后,列控车载设备应自动进入待机模式。在待机模式下,列控车载设备应保持接收轨道电路信息功能有效,无条件施加最大常用制动并进行溜逸防护。

(7)冒进模式 TR(Trip)

在冒进模式下,CTCS-200C 型列控车载设备将命令紧急制动(在冒进模式不可能缓解制动)。CTCS-200C 型列控车载设备向司机发出警告。在冒进模式,一旦列车停车,CTCS-200C 型列控车载设备将请求司机进行确认(从冒进模式退出的确认是强制性的),CTCS2-200C 车载设备负责停车然后使列车保持在静止状态。在冒进模式,司机对列车运行不担负责任。

(8)冒进后模式 PT(Post Trip)

司机确认冒进模式后立即进入冒进后模式。一旦处于冒进后模式,车载设备将缓解紧急制动;在冒进后模式,不允许向后运行;在冒进后模式,CTCS-200C 型列控车载设备根据从轨道电路和应答器接收到的可用数据,向司机提供可能的模式以供选择。司机负责在启动和调车模式间做出适当的选择。

2)控制模式转换

控制模式之间可以进行有条件转换,有的是停车时才能转换,有的是在速度限制的条件下转换。

3)行车许可计算

在 CTCS-2 级列控系统,车载设备根据轨道电路传输的信息和欧标应答器信息(线路数据和 TSR)进行行车许可计算,见表 3.23。

表 3.23 行车许可计算

控制模式	顶棚速度	临时限速	行车许可	备 注
SB	0	no	no	
SH	40 km/h	no	no	
FS	200 km/h	yes (强制的)	yes	基于实时线路数据和 TSR
PS1	45 km/h	yes (如果可用)	no	对 H、HU、U3 和 PS1 时的最大距离做出反应
PS2	80 km/h (或大号码道岔处的速度)	yes (如果可用)	no	对 H、HU、U3 和 PS2 时的最大距离做出反应

续上表

控制模式	顶棚速度	临时限速	行车许可	备　注
PS3	120 km/h	yes （强制的）	yes	基于TSR和预定义的线路数据
PS4	45 km/h	yes （如果可用）	yes （见注）	
CO	20 km/h	yes （如果可用）	no	
OS	20 km/h	yes （如果可用）	no	OS时的最大距离和时间
TR	0			
PT	0			

注：在没有线路数据的模式下，行车许可的计算将使用预先确定的线路数据。

4）速度监督

对于从较多限制模式到较少限制模式的转换，在列车尾部没有通过转换点时，速度监督将确保维持较多限制的顶棚速度。

CTCS2-200C型列控车载设备的安全行为可以包括：

（1）警告。当首次检测到超速时的提示。

（2）MSB（最大常用制动）。CTCS2-200C型列控车载设备自动触发，如果触发条件不再满足，司机可以缓解。

（3）EB（紧急制动）。CTCS2-200C型列控车载设备自动触发，它确保列车完全停车，不考虑司机的操作；EB只有在列车完全停车后才可缓解。

①对于与线路条件相关的固定限速，当列车速度超过允许速度2 km/h时触发警告。

②对于与线路条件相关的固定限速，当列车速度超过允许速度5 km/h时触发MSB。

③对于与线路条件相关的固定限速，当列车速度超过允许速度10 km/h时触发EB。

注：以200 km/h为例，当列车速度是202 km/h时触发警告；当列车速度是205 km/h时触发MSB；如果此时MSB失效，当列车速度是210 km/h时触发EB。

④对于TSR或与道岔侧向位置相关的限速，当列车速度达到允许速度时触发警告。

⑤对于TSR或与道岔侧向相关的限速，当列车速度超过运行速度5 km/h时触发MSB。

⑥对于TSR或道岔侧向相关的限速，当列车速度超过运行速度10 km/h时触发EB。

以80 km/h TSR为例，当列车速度为80 km/h时触发警告；当列车速度为85 km/h时触发MSB；如果MSB失效，当列车速度为90 km/h时触发EB。

5）制动命令

（1）最大常用制动（MSB）

在下列情况下触发最大常用制动：

①轨道电路信息不一致。

②应答器信息不一致。

③收到无码，H或U3（取决于当前模式）。

④超速。

⑤CTCS2-200C 型列控车载设备故障。

在 CTCS-2 级，如果最大常用制动不起作用，则触发紧急制动(EB)，列车处于 0 级或 1 级时，若 CTCS2-200C 型列控车载设备触发 MSB，MSB 将自动缓解。

注：在 CTCS-0 级和 CTCS-1 级，CTCS2-200C 型列控车载设备触发的 MSB 对列车无效。

(2)紧急制动(EB)

下列情况下触发 EB：

①上电阶段的测试。

②超速。

③转换到冒进模式。

④由列车静止监督功能或防溜逸功能监测到列车移动。

⑤MSB 无效。

⑥CTCS2-200C 型列控车载设备故障。

处于 CTCS-0 级或 CTCS-1 级时，若 CTCS2-200C 型列控车载设备触发 EB，EB 将自动缓解(除因故障触发的 EB 外)。

(3)EB 缓解

在任何情况下，EB 只能在停车时方可缓解。如果在上电测试阶段触发 EB，EB 将自动缓解。在所有其他情况下，要求司机按压缓解键。

(4)制动优先权

列车可以处于“机控优先”或“人控优先”。

①机控优先

为了在“机控优先”下驾驶列车，CTCS2-200C 型列控系统应处于 FS 模式。

处于机控优先时，当接近减速点[由于停车或限速(SSP 或 TSR)]时，CTCS2-200C 型列控系统自动控制常用制动。

机控优先时，CTCS2-200C 型列控系统可以启动常用制动，最大常用制动和紧急制动，即使司机同时正在实施常用制动。

机控优先时，有效制动将是司机控制的制动和 CTCS2-200C 型列控系统实施的制动之间最大的制动。

机控优先时，如果目标速度不是 0 km/h，当列车速度低于目标速度时，CTCS2-200C 型列控系统将缓解常用制动(包括 MSB)；如果目标速度是 0 km/h，当列车速度为 0 km/h 时，CTCS2-200C 型列控系统授权司机缓解常用制动(包括 MSB)。

机控优先时，当目标速度增加时，系统允许司机提速。

机控优先时，CTCS2-200C 型列控系统可以触发三级常用制动：SB1、SB2、SB3(相应于最大常用制动)。

CTCS2-200C 型列控车载设备记录列车处于“机控优先”时发生的事件。维护工具可以更改列车处于“机控优先”时发生的事件。

机控优先到人控优先的转换，一般在收到 UU 或 UUS 闭塞分区的末端执行。

②人控优先

处于人控优先时，列车应完全由司机控制(牵引和制动)。两种情况下(“机控优先”或“人控优先”)，司机都可以控制列车制动。

人控优先到机控优先的转换在收到除 UU、UUS、HU、H、U3、HB 和无码外的代码时执行。如果转换到 PS3 或 PS4 模式，当执行 PS 转换时，CTCS2-200C 型列控系统转换成“人控优先”。

(5)大号码道岔的防护

通常在 UUS 区段末，车载设备都要实施 80 km/h 的限速。

(6)列车停稳监控(防溜逸)

①停稳监控

列车在上电期间和 SB 模式下执行停稳监控功能。该功能仅使用“测速/测距”信息。

②防溜逸

在所有 CTCS-2 级模式完成该功能(除 SB 和 TR 模式)。停车后(列车速度 1 km/h)将触发该功能。

如果列车速度大于 2 km/h 且牵引手柄不在“零位”位置上，则该功能禁用直到再次停车。

如果列车速度大于 2 km/h，同时牵引手柄在“零位”位置上，将会触发声音报警(声音 S2)。

满足以下条件，声音报警停止：如果列车速度小于 1 km/h，重新触发“防溜逸”功能；如果牵引手柄不再处于“零位”位置，禁用“防溜逸”功能；如果触发声音报警后 10 s，列车速度仍大于 2 km/h，系统将触发 EB；如果是向后运动，向后运动过程中收到的应答器信息将被拒绝。

该功能使用“测速/测距”信息和牵引操纵台的“零位”。

③向后退行防护

在所有 CTCS-2 级模式完成该功能(除了 SB 和 TR 模式)。

当检测到退行运动时，在预定距离 V_NVROLL 后触发 EB 命令，如果牵引操纵台在“制动”位或“牵引”位。

EB 缓解后，将重新初始化溜逸保护，用列车的当前位置作为新的参考位置。

该功能使用“测速/测距”信息和牵引操纵台的“牵引”和“制动”位。

3. CTCS-200C 型列控车载设备显示单元(DMI)

DMI 是 CTCS-200C 型列控车载设备表达运行状态，发出控制命令的平台，是可视化的人—机交互界面，设备状态、速度、距离及报警信息都会在 DMI 上明确提示。

1)界面布局

DMI 总分区如图 3.79 所示；DMI 示例如图 3.80 所示；DMI 的子分区如图 3.81 所示；子分区描述见表 3.24。

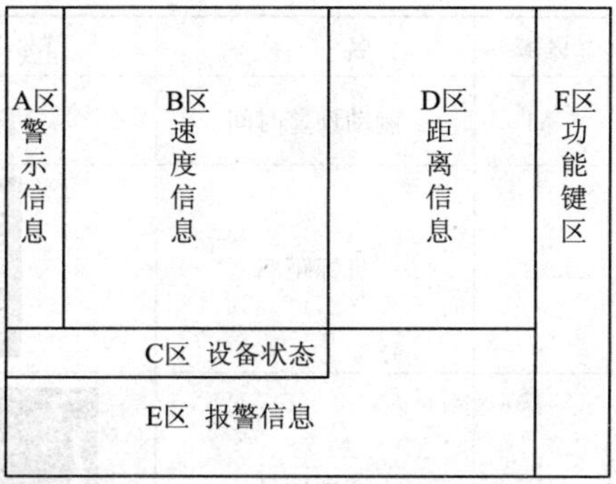

图 3.79　DMI 总分区图

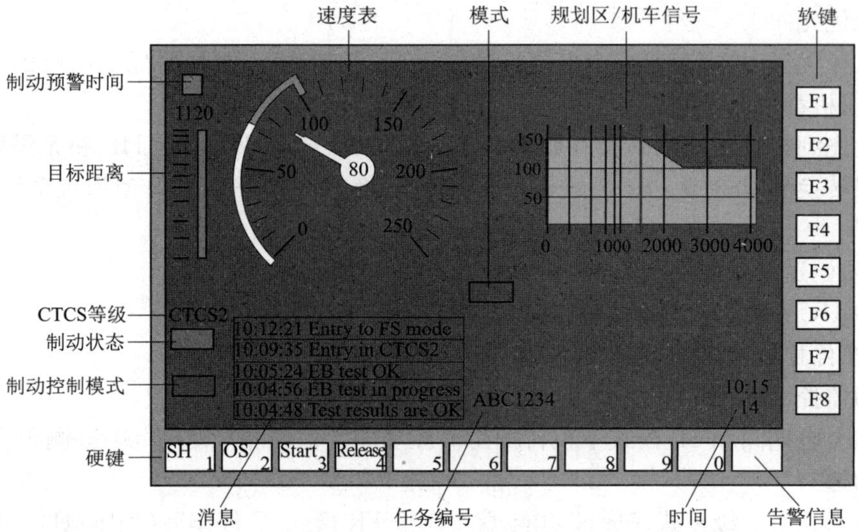

图 3.80　DMI 示例图

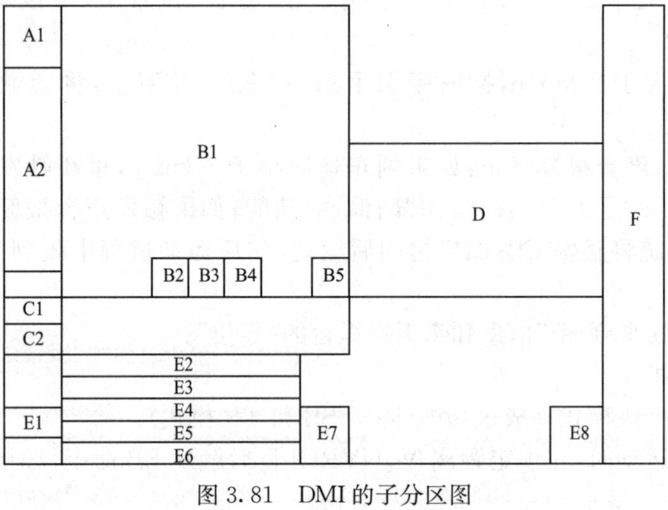

图 3.81　DMI 的子分区图

表 3.24　DMI 子分区功能表

区域	名　称	符号(示例)	适用等级	备　注
A1	制动预警时间		CTCS-2	表示可能需要司机制动
A2	目标距离		CTCS-2 TVM	表示到目标点的距离
B1	速度信息	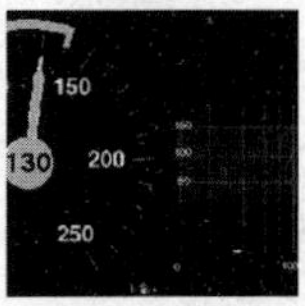	CTCS-0/1/2 TVM	表示列车实际速度。在 CTCS-2 和 TVM 级时，还有一个外环来表示限制速度

续上表

区域	名　称	符号(示例)	适用等级	备　注
B2	预告	ANN	TVM	表示将来的速度变化
B3	线路空闲	LC	TVM	表示线路空闲
B4	紧急制动切除	EB ISO	TVM	表示紧急制动不可用
B5	模式信息	LKJ	CTCS-0/1/2	表示当前的控制模式(FS;PS1;等)
C1	等级信息	CTCS0	CTCS-0/1/2 TVM	表示当前的控制等级(CTCS-0/1/2;TVM 300 或 TVM 430)
C2	制动状态		CTCS-2 TVM	表示制动状态
D	计划区域	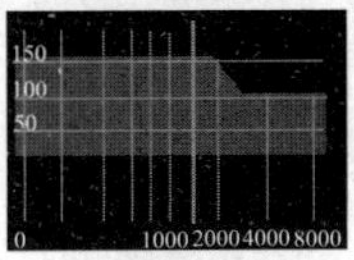	CTCS-2	表示速度曲线
	机车信号区域		CTCS-0/1	表示地面信号机
	输入窗口		CTCS-0/1/2 TVM	显示或输入司机编号和任务号
E1	制动控制模式	机控	CTCS-2	表示是由司机还是车载系统控制常用制动
E2-E6	文本消息区		CTCS-0/1/2 TVM	表示功能和设备状态消息
E7	任务号	ABC1234	CTCS-0/1/2 TVM	表示任务号
E8	时间	14:05	CTCS-0/1/2 TVM	表示当前时间
F	软键		CTCS-0/1/2 TVM	

2)DMI上显示的CTCS和TVM信息

(1)监督的距离信息(A)

①制动预警时间

该图标为深灰色正方形,向司机显示可能发生制动。

当列车处于TSM,总是显示此正方形;当列车处于CSM,如果在8 s内实施制动才显示此正方形。该图标大小是动态的:一直增大直到达到了预期的时间。

CTCS-2 级列控系统中，制动预警时间在以下模式均可用：FS、PS3、PS4。

②目标—距离

该图标是条状图，向司机显示距离目标点的剩余距离。

CTCS-2 级列控系统中，目标—距离在以下模式均可用：FS、PS3、PS4。

以图形方式表示的最大距离是 1 000 m。超过此值时，条状图不变，在条状图的正上方，目标—距离用数字显示(最多 5 位数)。

刻度从 0～100 m 是线性的，100 m 之后是对数坐标。

在 TVM 级(仅 TVM 430)和 CTCS-2 级列控系统的 FS、PS3 和 PS4 下显示目标距离。

(2)速度信息(B)

①速度表

DMI 区 CTCS-0/1 级的速度表示例如图 3.82 所示，速度表以指针形式显示列车运行速度。

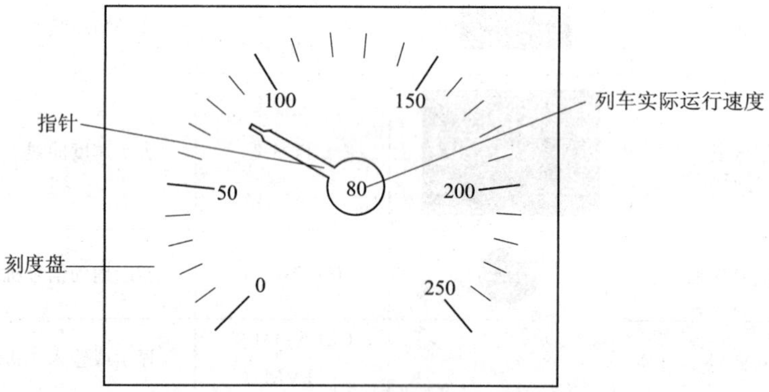

图 3.82　DMI 区 CTCS-0/1 级的速度表示例

速度刻盘从 0～250 km/h，列车实际速度，以数字形式显示在指针中心。

②刻度盘

该图标是刻度盘，向司机显示从 0～250 km/h 的速度信息。在等级 CTCS-0/1/2 和 TVM，总是显示刻度盘。

③速度指针

该图标是指针，向司机显示列车实际速度。列车实际速度也以数字形式显示在指针圆圈中间。指针和指针圆圈中央的颜色总是相同，默认颜色为白色，除了 CTCS-2 和 TVM 的特殊情况：列车减速时图标为黄色(TSM 区)；列车速度超过允许速度(报警速度)时图标为橙色；ATP 系统实施制动时(列车超速然后引发制动)图标为红色。

在等级 CTCS-0/1/2 和 TVM，总是显示速度指针。

④光带

该图标为围绕着刻度盘的一个圆环，向司机显示目标速度、允许速度和介入速度。

在正常工作时，0 到目标速度的光带是浅灰色，目标速度到允许速度的光带是深灰色。在允许速度处，显示钩状光带。当速度超过允许速度时，允许速度到介入速度区域显示。CTCS-2级和 TVM 级带有光带的速度表示例如图 3.83 所示。

当列车正在减速(TSM 区)且速度低于允许速度时，目标速度到允许速度之间的光带为黄色，如图 3.83(b)所示；当列车速度超过允许速度时，允许速度到介入速度之间的光带为橙色，如图 3.83(c)所示；当列车速度超过介入速度时，允许速度到介入速度之间的光带为红色，如图 3.83(d)所示。

光带在 TVM 级和 CTCS-2 的 FS、PS3 和 PS4 下显示。

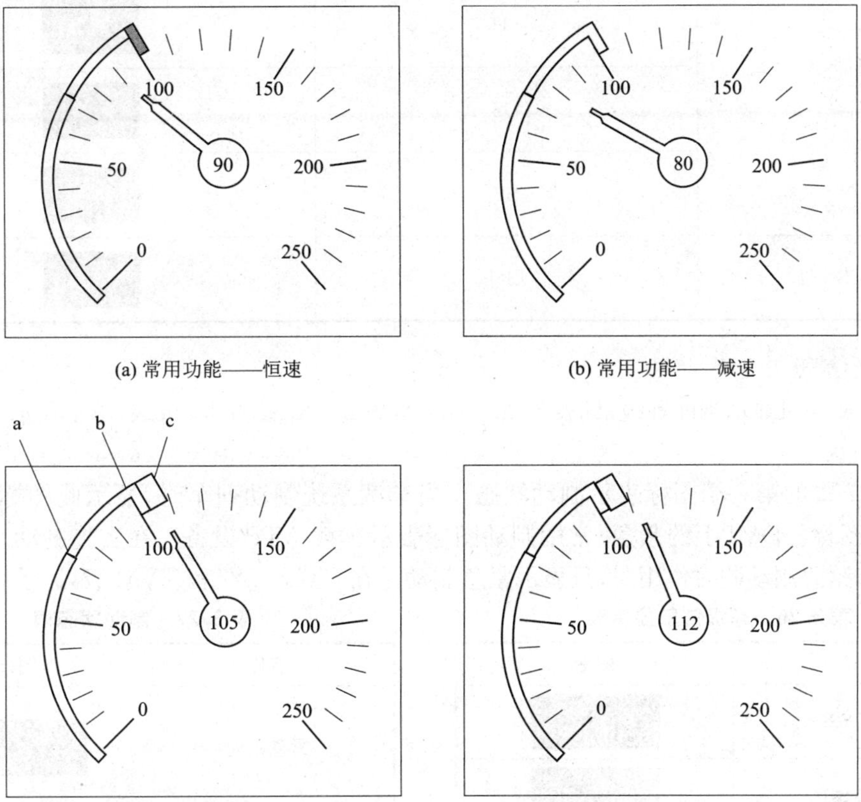

(a) 常用功能——恒速　　(b) 常用功能——减速

(c) 最大速度超过允许速度，但低于紧急制动的干预速度　　(d) 列车速度高于紧急制动干预速度

图 3.83　CTCS-2 级和 TVM 级带有光带的速度表示例

a—灰黄色边界：目标速度；b—带钩部分：允许速度；c—干预速度

(3)辅助驾驶信息(B+C)

①模式信息

该图标向司机显示当前控制模式，可用图标见表 3.25。在 CTCS-2/1/0 级总是显示模式信息。

表 3.25　模式信息表

等级	模　式	图　标
CTCS-2	FS	完全
	PS1/2/3/4	部分

续上表

等级	模　式	图　标
CTCS-2	CO	引导
	SH	调车
	OS	目视
	SB	待机
CTCS-0/1	LKJ	LKJ

②等级信息

该图标向司机显示当前等级，见表 3.26。在 CTCS-2/1/0 级和 TVM 级，总是显示等级信息。

③制动状态

表 3.27 中的第一个图标表示制动状态。当车载系统制动列车时，显示此图标；当无动作时，不显示图标。DMI 上的紧急/常用制动图标表示车载 ATP 设备正在实施制动。

常用和紧急制动同时作用时，只显示紧急制动。在 CTCS-2 级和 TVM 级，显示制动状态。

表 3.26　等级信息显示表

等级	图标
CTCS-2	CTCS-2
CTCS-1	CTCS-1
CTCS-0	CTCS-0
TVM 430	TVM 430
TVM300	TVM300

表 3.27　制动状态表

名称	图标
紧急制动	
常用制动	
允许缓解	

④计划信息(D)

在 CTCS-2 级，计划区是一个速度/距离图表，在 FS 模式时显示。计划区显示如图 3.84 所示。

⑤距离坐标

DMI 上的“计划信息”项在计划区域里显示距离坐标，坐标范围总是 0～8 000 m。

第一个 500 m 总是被分为 100 m 的段，0 和 500 m 处用粗线；100 m、200 m、300 m 和 400 m处用细线；1 000 m、2 000 m、4 000 m 和 8 000 m 处也用细线。显示的数字是 0 m、500 m、1 000 m、2 000 m、4 000 m 和 8 000 m。500～8 000 m 为对数坐标。

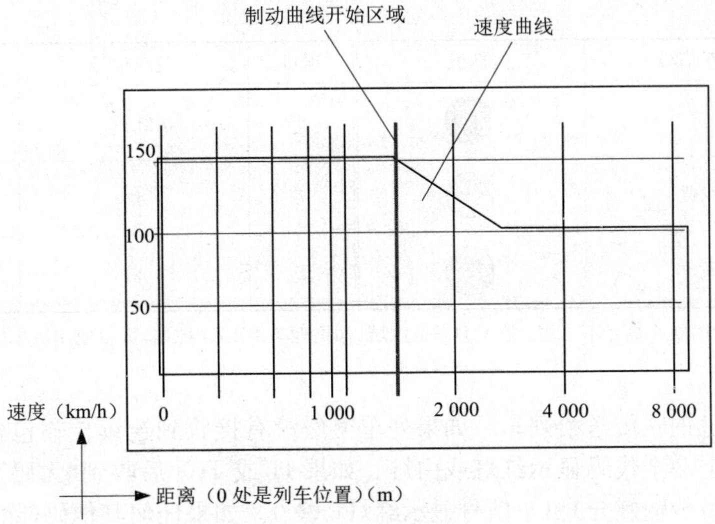

图 3.84　计划区显示图

当列车位于 TSM 时，DMI 上所有的信息显示都变暗。

在 CTCS-2 级中，DMI 上的计划信息项在 FS 模式下可用。

⑥目标速度

DMI 上的"目标速度"显示有速度限制的目标点，如道岔、停车缓冲区等。图标显示为白色线（）。该图标一直显示在屏幕上，直到列车尾通过目标点。

在 CTCS-2 级中，目标速度在 FS 模式下可用。

⑦速度曲线

DMI 上的"速度曲线"是由一系列直线构成的图表，该图表给出最受限制静态速度曲线。横轴是距离坐标，纵轴是速度坐标。速度坐标以 50 km/h 为刻度单位，在 50 km/h、100 km/h、150 km/h、200 km/h 处用细线标出。

从制动曲线域起模点到目标速度点之间显示一条斜线。

在 CTCS-2 级中，DMI 上的"速度曲线"在 FS 模式下可用。

⑧制动曲线区域起模点

该图标为一条垂直的黄线，表示 TSM 的制动起始位置。当列车运行时，速度曲线和制动曲线区域起模点转移到左边。

在 CTCS-2 级中，DMI 上的"制动曲线域起模点"在 FS 模式下可用。

在 CTCS-0/1 级，计划区显示机车信号。

当列车由 LKJ 控制时，DMI 上显示机车信号图标，该图标形状为圆形。

机车信号可用时，其图标见表 3.28。

表 3.28　机车信号标识列表

项目	机车信号	标识	项目	机车信号	标识
1	绿	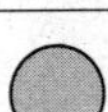	2	绿黄	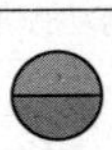

续上表

项目	机车信号	标识	项目	机车信号	标识
3	黄		6	红黄	
4	双黄	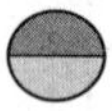	7	红	
5	黄 2		8	白	

注:在 CTCS-2 级中,机车信号不可用。在 CTCS-2 区域,如果列车由 LKJ 控制,可以使用机车信号。在 CTCS-1/0 级中,机车信号总是可用。

机车信号通过钢轨传送给列车。如果列车突然没有接收到连续传输包含的代码,机车信号根据接收到的上一个代码显示红灯或白灯。如果 H 或 HU 后收到“无码”(由于传输失败,轨道电路没有装备传输媒介)机车信号显示红灯(●)。如果任何其他码(除 H 和 HU 外)后收到“无码”,机车信号显示白灯(○)。

(4)监控信息(E)

①文本消息

此区域显示列车接收到的或车载设备产生的消息,每条消息都有时间戳。

在等级 CTCS-0/1/2 或 TVM,总是显示文本消息。

文本消息有 5 行可以用:最新信息在顶层,显示为白色,其他消息显示为灰色。一条长消息可以显示在连续的两行上。屏幕上每出现一条新消息都有声音提示。

a. 功能性的文本消息包括:M1 进入 OS 模式;M2 进入 FS 模式;M3 进入 SH 模式;M4 进入 SB 模式;M5 进入 PS1/PS2 模式;M6 进入 PS3 模式;M7 进入 PS4 模式;M8 进入 CO 模式;M9 CTCS-0 级转换预告;M10 进入 CTCS-0 级;M13 CTCS-2 级转换预告;M14 进入 CTCS-2 级;M15 TVM 430 转换预告;M16 进入 TVM;M17 意外的列车移动;M18 可缓解制动;M19 禁止调车;M20 进入 CTCS-1;M21 CTCS-1 转换预告;M22 线路数据不足;M23 PS3 转换预告;M24 PS1/PS2 转换。

b. 维护性的文本消息包括:M51 应答器数据异常;M52 BTM 故障;M53 测试结果 OK;M54 测试结果不 OK;M55 连续传输异常;M56 连续传输故障;M57 TIU 故障;M58 DMI 故障;M59 计算机非重大故障;M60 计算机重大故障;M61 LKJ 故障;M62 EB 故障;M63 测速错误;M64 正在测试 EB;M65 EB 测试通过;M66 应答器丢失;M67 点式传输故障;M68 FSK 连续传输故障;M69 测速故障;M70 SB 故障;M71 LKJ 不可用;M72 ATP 不可用。

注:M67 只针对含 TVM 选项的 CTCS2-200C。在 CTCS-2/1/0 级中,文本消息总是可用。

②制动控制模式

该图标向司机显示当前制动控制模式,可用图标见表 3.29。

表 3.29　制动控制模式图标

制动控制模式	图　标	描　述
人控优先	人控	常用制动可由司机缓解

续上表

制动控制模式	图　　标	描　　述
机控优先	机控	常用制动由 CTCS2-200C 缓解

在 CTCS-2 级中，总是显示制动控制模式。

③实际时间

此区域以时:分:秒的格式向司机显示实际时间。时和分之间的冒号闪烁。在等级 CTCS-0/1/2 或 TVM，总是显示时间。

④任务号

此区域向司机显示任务号。任务号格式最多三个字母，后面最多四个数字，如 ABC1234。在等级 CTCS-0/1/2 或 TVM，总是显示任务号。

(5)TVM 专用图标

TVM 专用图标如图 3.85 所示。

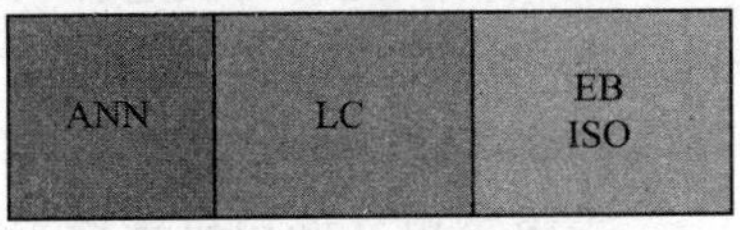

图 3.85　TVM 专用图标

在 TVM 模式时，速度表下面可以显示三个图标：

线路开放图标(LC)，绿色正方形，表示线路空闲。只在 TVM300 时显示。

预告图标(ANN)，橙色正方形，表示将有速度变化。在 TVM300 和 TVM 430 时显示。

紧急制动隔离图标(EB ISO)，红色正方形，表示紧急制动不可用。在 TVM300 和TVM 430 时显示。

(6)键盘

DMI 上有两个键盘。第一个键盘位于 LCD 屏幕的下方，由 11 个硬键组成；第二个键盘位于 LCD 屏幕的右方，由 8 个软键组成。

①第一个键盘(图 3.86)

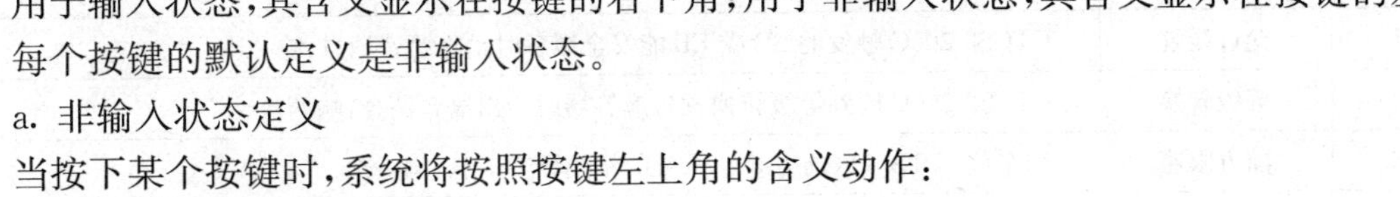

图 3.86　第一键盘按键示意图

每个按键都有两种不同功能：

用于输入状态，其含义显示在按键的右下角；用于非输入状态，其含义显示在按键的左上角。每个按键的默认定义是非输入状态。

a. 非输入状态定义

当按下某个按键时，系统将按照按键左上角的含义动作：

(a)SH：选择调车模式。

(b)OS：选择目视行车模式。

(c)Start：进入待机模式。

(d)Release：缓解由 CTCS2-200C 触发的常用制动和紧急制动。

(e)Alert：要求司机确认。

b. 输入状态定义

当输入窗口(司机号、任务号)出现在屏幕右半部分时(取代计划信息、机车信号等)，可以用键盘输入字母或数字。与硬键相应的数字在每个按键的右下角。

按压“警惕/字母”键，26个英文字母将按照预定义的顺序显示在输入窗口内。一直按压此键，直到想要的字母出现在屏幕上。

②第二个键盘(图3.87)

每个软键的含义没有预先定义，而是根据子菜单的不同而变化。主菜单允许司机选择特定的子菜单并确认。CTCS-0/1/2级和TVM的菜单不同，CTCS-0/1/2级主菜单包含模式、等级、方向、数据、调整、警惕、缓解和启动八项(注：每一级子菜单都包含返回项)。

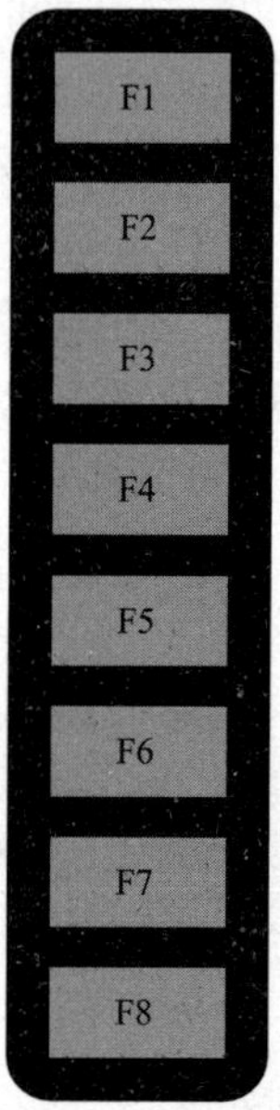

图3.87　第二键盘示意图

a. 模式菜单(F1)

模式菜单允许司机选择可用的控制模式(启动、OS、SH、任务结束和退出调车)。

b. 等级菜单(F2)

等级菜单允许司机选择等级(CTCS-2 /CTCS-1/ CTCS-0)。

c. 方向菜单(F3)

方向菜单允许司机选择行车方向(上行和下行)。

d. 数据菜单(F4)

数据菜单允许司机输入、检查并修改输入的数据(包括司机ID、车次号、语言、数据浏览和数据修改)。

e. 调整菜单(F5)

调整菜单允许司机调整DMI的亮度和音量。

f. 其他

警惕(F6)、缓解(F7)和启动(F8)项没有子菜单。

注：不可用的菜单为灰色。

(7)语音消息和声音

①语音消息

表3.30列出了可用的语音消息。

表3.30　可用的语音消息

项目	语音消息	应　用
1	允许缓解	CTCS2-200C触发的SB或EB能安全缓解时给出语音消息，响一次
2	等级转换	CTCS2-200C读到等级转换预告应答器时给出语音消息，响两次
3	前方限速	列车位于TSM区前方500 m处时给出语音消息，响一次
4	减速	列车速度超过报警速度时给出语音消息，响两次
5	目视行车	在OS模式结束前150 m或50 s时给出语音消息。司机应确认OS的延长，响n次，直到司机确认或系统制动

②声音

表 3.31 列出了可用的声音信息。

表 3.31　声音描述表

项　　目	描　　述
S 反馈-按 DMI 按键	
S 反馈 1—按下	手指按下 DMI 按键(按键按下)时的声音反馈
S 反馈 2—弹起	手指离开 DMI 按键(按键弹起)时的声音反馈
S 反馈 3—按下并弹起	按下并弹起 DMI 按键时的声音反馈
S 信息—DMI 信息	
S2—速度报警	列车速度超过报警速度时给出声音信息，并持续到列车速度低于报警速度后 2 s
S3—制动终止	CTCS2-200C 触发的制动缓解时给出声音信息
S4—执行等级转换	等级转换执行时给出声音信息，并持续到司机确认
S5—目标速度变化	目标速度改变时给出声音信息
S6—出错	当错误或故障发生时给出声音信息
S7—新文本消息	DMI 显示一条新文本消息时给出声音信息
S8—按下 DMI 按键	司机按下 DMI 按键时给出声音信息
S9—要求司机进行控制	如果列车在机控优先模式下进入站内侧线停车，当列车通过进站信号机时给出声音信息，并持续到列车完全停稳
S12—要求确认	该声音信息用于提示需要司机进行确认，将使用 S 声音信息

3)级间转换

(1)CTCS-0/1→CTCS-2

标准等级转换如图 3.88 所示。

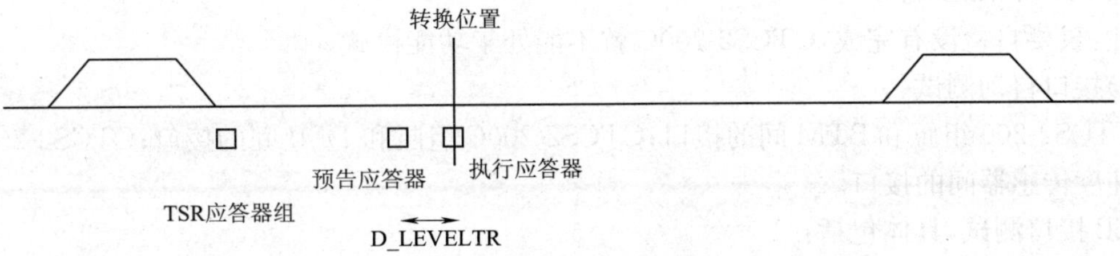

图 3.88　标准等级转换

第一个欧标应答器组(位于上一车站出口)：TSR 预告并链接预告应答器。

第二个欧标应答器(距转换点 D_LEVELTR 处)：转换预告，使用[ETCS-41]数据包。

第三个欧标应答器(位于转换点)：使用[ETCS-41]数据包，执行 CTCS-0/1→CTCS-2 转换。

读取第二个应答器时，DMI 上显示“预告信息”；读取第三个应答器时，立即执行转换，DMI 上显示“执行消息”，除非转换延迟。如果第三个应答器丢失，当列车已经运行 D_LEVELTR时执行转换，DMI 上显示“执行消息”。

如果在 CTCS-0/1→CTCS-2 转换前，LKJ 已经触发了 EB 或 MSB，转换应延迟到 LKJ 缓解了 EB 或 MSB 后再执行。司机必须确认转换以停止报警声音。

(2)CTCS-2→CTCS-0/1

CTCS-2→CTCS-0/1 的转换使用两个应答器和[ETCS-41]数据包。

第一个应答器(距转换点 D_LEVELTR 距离处):转换预告。

第二个应答器(位于转换点)。

读取第一个应答器时,DMI 上显示“预告消息”;读取第二个应答器时,DMI 上显示“执行消息”。如果第二个应答器丢失,当列车已经运行 D_LEVELTR 时执行转换,DMI 上显示“执行消息”。如果在 CTCS-2→CTCS-0/1 转换前,CTCS2-200C 已经触发了 EB 或 MSB,转换应延迟到 CTCS2-200C 缓解 EB 或 MSB 后再执行。

(3)从 CTCS-0 级到 TVM 430

CTCS-0 级与 TVM 430 之间的转换是通过点式环线实现的。当车载设备从点式环线中收到“上载”信息后,车载设备转入 TVM 430。

(4)从 TVM 430 到 CTCS-0 级

当车载设备从点式环线中收到“下载”信息后,车载设备转入 CTCS-0 级。

4. CTCS2-200C 车载设备操作

1)上电

当司机插入钥匙时,CTCS2-200C 计算机组匣、BTM 和 DMI 上电。上电阶段必须进行自检。上电自检内容包括:CTCS2-200C 设备的每个部件的内部自检,CTCS2-200C 组匣自检 DMI 和 BTM 自检。

上电阶段结束时,如果自检成功,CTCS2-200C 处于 SB 模式。CTCS2-200C 不触发 EB,LKJ 被禁止。

仅对应机车钥匙侧的 CTCS2-200C 设备上电。

当 CTCS2-200C 计算机断电而司机室起作用时,触发 EB。

输出限制:为了授权列车运行,如果动车组的后驾驶室或中驾驶室未使用,CTCS2-200C 将确保 EB 和 MSB 无效。

注:只要自检没有完成,CTCS2-200C 就不能处于功能模式。

2)接口自动测试

CTCS2-200 组匣和 BTM 间的接口;CTCS2-200C 组匣和 DMI 间的接口;CTCS2-200C 组匣和速度传感器间的接口。

EB 接口测试,具体包括:

①带有命令触发和回读动作控制的 EB 测试。

②司机要求时的 EB 测试。

③每天按规定进行 EB 测试。

自动测试 CTCS2-200C 和 LKJ 之间的接口,具体为:

①输出要求:在 CTCS2-200C 设备自检时,LKJ 同时上电并自检。

②上电阶段,DMI 不显示任何功能图像。

③上电阶段结束时,显示指明 CTCS2-200C 等待司机的选择。

3)任务开始

“任务开始”程序由以下三个阶段构成:

第一阶段获得司机 ID 和任务号;第二阶段进行等级选择;第三阶段进行附加数据选择。

"任务开始"程序完全由 CTCS2-200C 型列控车载设备控制管理。

注:获得司机 ID 和任务号是强制性的,即使列车仅在 CTCS-0 或 CTCS-1 级运行。不过,在 SH 模式下可能运行列车。"任务开始"程序结束时,CTCS2-200C 型列控车载设备处于 CTCS-2 级,SB 模式。

4)获得司机 ID 和任务号

司机 ID 和任务号由 LKJ 向 CTCS2-200C 传输,如果 LKJ 故障,允许司机在 CTCS2-200C DMI 上输入这一信息;如果 LKJ 故障,允许司机直接跨过这个阶段(在 DMI 上进行等级选择)。

5)发车等级选择

4 个发车等级可用:CTCS-0、CTCS-1、CTCS-2、秦沈 TVM 430(对于装备有 TVM 430 的列车),可向司机提供预选择的级别。

预选等级可以是 CTCS-0,CTCS-1,CTCS-2 或 TVM(仅对于具有 TVM 选项的设备)。

预选等级在 CTCS2-200C 型列控车载设备里进行记录,可以通过维修工具设置和修改,不要求司机确认。司机可以通过 DMI 键盘手动选择其他等级。

(1)CTCS-0 或 CTCS-1 级发车

如果选择 CTCS-0 或 CTCS-1 级,司机将选择上、下行,以便选择轨道电路传输载频对。

上、下行选择之后,CTCS2-200C 转换到 CTCS-0 或 CTCS-1 级,CTCS2-200C 解除 LKJ 禁用,DMI 展示 CTCS-0 或 CTCS-1 的显示。

(2)CTCS-2 级发车

如果选择 CTCS-2 级,司机将选择控制模式,三种控制模式可用:

PS——离站的正常控制模式。

SH——转换到调车模式是立即的,不需任何司机输入。

CO——地面设备故障时,在 PS 模式下,司机将选择上、下行,以便选择轨道电路传输载频对。

司机使用 DMI 上的"启动"按键命令发车。

启动命令后,如果可能,CTCS2-200C 将转换到选择的控制模式(PS1、PS2、PS4、CO 或 SH)。

转换到 PS 模式后,SB 模式下的停稳监控功能释放,授权列车运行。

(3)秦沈 TVM 430 发车

对于装备 TVM-QS 的列车,如果选择了 TVM 430,司机将在适当的线路(上行一下行)上载 TVM,以便于选择轨道电路传输的载频对。上、下行选择后,CTCS2-200C 转换到 TVM 430 级。转换到 TVM 430 级后,CTCS2-200C 在 DMI 上展示 TVM 的显示。

6)任务结束

任务结束是指地面停止列车的运行授权。

停车后司机触发任务结束。在 CTCS-2 模式 TR 或 PT 时,不能执行任务结束;进入特定模式(SB 模式、SH 模式等)时,CTCS2-200C 型列控车载设备开始任务结束。

任务结束程序:将删除行车许可,线路描述。

7)断电

CTCS2-200C 通过驾驶室钥匙断电。当 CTCS2-200C 断电时,行车许可、线路描述、列车定位和任务数据将被删除。

在 TVM 秦沈等级时,应确认在拔出钥匙关断电源前卸载 TVM 设备。

5. CTCS-200C 型列控车载设备维护

CTCS-200C 车载设备的维护都是预防性维护，维护采用专用设备进行。

1)CTCS2-200C 型列控车载设备的维护

在 CTCS2-200C 型列控车载设备维护时，可以使用两种专用工具，即测试箱和 PC SAM。

(1)测试箱

①在下列三种情况下使用测试箱(测试箱应仅由有资格的人员使用)：

在车库，验证 CTCS2-200C 型列控车载设备完全正常。现场验收期间，进行现场验收测试。在每次维护后，验证维护成功。

②测试箱可产生下面的信号，这些信号对测试 CTCS2-200C 型列控车载设备是必须的：

FSK 类型的连续信息信号；n/p 和 $1/p$ TVM 模式的连续信息信号；n/p 和 $1/p$ TVM 模式的点式信息信号；速度信号(这些信号模拟速度传感器的输出信号)；应答器信号，如同 BTM 给出的信号。

③通过下面两种方式将信号传送给 CTCS2-200C 型列控车载设备：

通过机柜上的测试连接器(所有信号)；通过便携式的传输环线(PTL)，环线放在 TVM 或 FSK 传感器下方(连续和点式信息信号)。测量和调整注入 PTL 的电流是可能的。

(2)测试箱硬件概述

测试箱是一组匣，内部装有专用电路板。

①CTP 板：产生连续和点式信息信号注入 TVM 传感器和 PTL。

②CVOC 板：耦合板，模拟 ProfiBus 总线上 BTM 和 CTCS2-200C 处理单元(CSD)的数据交换。

③GSQ 板：产生速度信号注入 CTCS2-200C 测速测距板(CODOUH)。

测试箱通过以太网与笔记本电脑连接，两个便携式传输环线(PTL)通过磁耦合向传感器提供信号。连接到 CTCS2-200C 机柜测试连接器的电缆允许测试箱与测速测距板及 TVM 连续和点式传感器接口。测试箱通过以太网连接到 CTCS2-200C 处理单元(CSD)读取存储的维护数据。

测试箱通过以下方式供电：控制面板组匣上的电源连接器(110 V DC)；外部 220 V AC 电源和转换器。

(3)PC SAM

PC SAM 是一笔记本电脑，通过串行方式与 CCTE 板连接。维护人员需要将它连接到 CCTE 前面板上的连接器(J2)。它的功能是确定 CTCS2-200C 的参数并读取存储在 CCTE 板的默认内部存储器(MID)中的维护信息。

“请求测试”是一维护操作，仅由维护中心控制下的司机执行。“请求测试”的目的是通过模拟以下操作发现存在的潜在故障，具体包括：

①机车信号信息显示(DMI)。

②连续和点式接收通道，包括传感器和数字接收板：CRN50B 板、CTP 板和 CDP 板(当存在时)。

③紧急制动(EB)系统命令机制。

该模拟操作在 A 处理链和 B 处理链时同时执行。

2)预防维护

预防维护由周期性的操作组成,例如:

(1)进行CTCS2-200C型列控ATP设备的常规检查。

(2)运行请求测试,以保证TVM设备达到预期的可靠性等级。

(3)检查传感器的检测阈值。

(4)每一重大事件都保存成文件。清洁和更换工作(如更换风扇滤网)。

预防维护措施和间隔周期见表3.32。

表3.32 预防维护措施与时间间隔表

预防维护措施	时间间隔
常规检查	国铁集团确定
请求测试(只适用于秦沈线)	1个月(或更短时间间隔)
静态测试,包括对检测阈值的检查	12个月
风扇滤网的清洗/更换	3个月
常规清洁和更换工作	国铁集团确定

3)静态测试

(1)静态测试的前提条件:牵引电流设为0(对于每个传输环线);司机钥匙开启,CTCS2-200C型列控车载设备上电;LKJ2000记录器上电;列车所有设备正常上电。

(2)静态测试内容包含:列车接口测试;请求测试;感应器测试;速度测试;列车接口功能测试;LKJ通信接口测试;DMI显示测试;应答器译码测试。

(3)静态测试的操作:列车接口测试;请求测试;感应器测试;速度测试;紧急制动接口;常用制动;与LKJ接口;DMI连接;DMI显示;BTM连接;应答器读取;应答器测试。

4)检查设备工作状态:

(1)MID信息。

(2)初始状态检查:开关位置;EVC. Q-A组匣状态;EVC. Q-B组匣状态;DMI显示状态;BTM模块状态;风扇组匣状态。

DMI正常状态的屏幕上具有:监督距离信息;速度信息;辅助驾驶信息;计划信息;信号信息;控制信息。

注:显示的信息类型取决于等级(CTCS-0/1、CTCS-2和TVM)。

(3)BTM模块状态

BTM模块的正常状态为:BTM上的27 MHz灯亮;在BTMU板上LDB 1-2和LDA 1-2灯闪烁。

(4)风扇组匣状态

风扇组匣的正常状态为:风扇1,风扇1和2灯亮;风扇2,风扇1和2灯亮。

6. CTCS2-200C型列控车载设备故障处理

1)CTCS2-200C型列控车载设备故障检测及故障指示

(1)CTCS2-200C型列控车载设备可以检测以下部分的故障

①主机(PSTC组匣)。

②CTCS2-200C型列控车载设备外部设备:DMI、BTM、传感器和传输板、与列车的接口、里程计、制动系统、LKJ和应答器等。

在任何操作等级,这些故障都可以在CTCS2-200C型列控车载设备上电(初始化测试)时或在运行过程中检测到。

(2)故障由下列元件指示

①触发了的微电路断路器(MCB)。

②DMI上的错误消息。

③其他,如若DMI自身故障将黑屏。

(3)为了更高的可靠性,CTCS2-200C型列控车载设备包括两条处理链

①正常运行时,处理链A起作用,速度显示在驾驶室显示器A上。

②如果处理链A故障,设备将自动切换到处理链B。

这样,一些故障就不妨碍列车继续运行。

(4)报警MCB

当触发时,MCB(DF)MAJ-A或MCB(DF)MAJ-B表示处理链A或B的MID存储器中有重大故障。这也表示至少有一个等级的操作不再能使用。

当触发时,MCB(DF)MIN-A或MCB(DF)MIN-B指出处理链A或B的MID存储器中有非重大故障。表示CTCS2-200C在所有等级中仍起作用,但有些功能可能不可用。

(5)保护MCB

当触发时,保护MCB表示受保护设备已经提取了过量的电流。

(6)故障时的处理步骤

①观察触发的MCB和DMI消息。

②查看下列故障列表识别故障号码。

③查看"解决方法"表,找到解决故障的方法。

④通知维修人员。

2)CTCS2-200C一般故障处理方法及故障应急预案

目前现场应用中,系统设备还处于完善过程中,针对可能出现的问题,有关部门给出可能出现的一般故障处理方法和应急故障应急预案,具体见表3.33~表3.35。

(1)一般故障处理(表3.33)

表3.33 一般故障现象及处理方法一览表

序号	现象	条件	解决方法
1	ATP在上电的过程中,不能正常启动	机柜上有断路器弹起,或开关位置不正确	恢复断路器和开关的正常位置,重启ATP
		显示器在出现配置屏幕时冻屏 CIMRE运行完毕没有亮灯	重启ATP,判定哪个MTORE板上的SS1/SS2/SS3灯没有全亮 解除"ATP切除开关"的铅封,隔离相应的故障链后重启ATP(见注)

续上表

序号	现象	条件	解决方法
2	ATP 启动后，DMI 显示各种错误信息，包括 BTM 自检错误、各种制动自检错误、测速测距自检错误等错误信息	无	重启 ATP
3	ATP 重启后不能恢复且无法提供机车信号	重启动 3 次均失败	将列控车载设备、LKJ 全部置于隔离状态；按调度命令或地面信号行车
4	ATP 重启后仍未完全恢复正常	能够正常接受机车信号	选择 C0 模式，按 LKJ 控车运行
5	ATP 不能重启	不能按照调度命令或地面信号行车	机车等待救援

注：在 C2，可能需要开启 ATP 6 s 后手动启动 BTM(方法：关机 5 s，弹出 MCB—BTM)；如果时间允许，可将故障链的 ACSDV 电源板和 ACSDV3 电源板对调，按三取二启机运行。

(2)紧急故障预案

①C0＋TVM 430 在出现紧急故障时紧急处理预案(表 3.34)

表 3.34　C0＋TVM 430 紧急故障处理预案

序号	现象	条件	解决方法
1	ATP 死机且不能传送机车信号	无	重启 ATP
2	ATP 触发紧急制动(EB)且不能缓解	无	重启 ATP
3	TVM 430→C0 或者 C2→C0 时，没有转换成功，触发制动后停车	如果 ATP 没有死机且 DMI 界面可以操作	在 DMI 上选择 C0 控车模式发车
		如果 ATP 死机或 DMI 界面无法操作	重启 ATP，选择 C0 控车模式发车
4	C0→TVM 430 时，没有转换成功，触发制动后停车	如果 ATP 没有死机且 DMI 界面可以操作	在 DMI 上选择 TVM 430 控车模式发车
		如果 ATP 死机或 DMI 界面无法操作	重启 ATP，选择 TVM 430 控车模式发车
5	DMI 黑屏	无	重启 ATP
6	DMI 显示测速测距故障，速度指针不显示，制动停车	无	重启 ATP

②C0＋C2＋TVM 430 出现故障时紧急处理预案(表 3.35)

表 3.35　C0＋C2＋TVM 430 紧急预案

序号	现象	条件	解决方法
1	DMI 显示“临时限速缺失进入部分监控模式”，同时限速45 km/h	如果此时列车接近前方站(2～3 个闭塞分区)	让司机按 45 km/h 通过前方站的出站端应答器，并在通过应答器后车尾保持 400 m。如果模式从部分监控转为完全监控模式，则正常行车；如果没有转变成完全监控模式，则立即停车后转 LKJ 控车，同时让司机和地面调度联系
		如果此时列车距前方站较远	立即停车后转 LKJ 控车，同时让司机和地面调度联系(注 1)

续上表

序号	现象	条件	解决方法
2	DMI 显示"超过移动授权终点",同时触发紧急制动停车	无	停车,重启 ATP 后转 LKJ 控车,同时让司机和地面调度联系(注 2)
3	DMI 显示"应答器接收故障"和"系统故障",同时触发紧急制动停车	无	停车,重启 ATP 后转 LKJ 控车,同时让司机和地面调度联系
4	DMI 黑屏紧急制动停车	无	停车,重启 ATP 后转 LKJ 控车,同时让司机和地面调度联系
5	速度表瞬间闪红	无	司机重新置牵引手柄(先置中立位再置牵引位)
6	DMI 显示测速测距故障,速度指针不显示,制动停车	无	停车,重启 ATP 后转 LKJ 控车,同时让司机和地面调度联系
7	DMI 上控制速度光带变为黄色,允许速度开始下降	LKJ 上的机车信号为绿灯	停车,重启 ATP 后转 LKJ 控车,同时让司机和地面调度联系
8	C0→C2 时,没有转换成功,触发制动后停车	如果 ATP 没有死机 DMI 界面可以操作 列车接近前方站	停车后,选择部分模式行车(限速 45 km/h),通过前方站的出站端应答器,并在通过应答器后车尾保持 400 m。如果模式从部分监控转为完全监控模式,则正常行车;如果没有转变成完全监控模式,则立即停车后转 LKJ 控车,同时让司机和地面调度联系
		如果 ATP 没有死机 DMI 界面可以操作 列车距前方站较远	立即停车后转 LKJ 控车,同时让司机和地面调度联系
		如果 ATP 死机或 DMI 界面无法操作 列车接近前方站	重启 ATP 后,选择部分模式行车(限速 45 km/h),通过前方站的出站端应答器,并在通过应答器后车尾保持 400 m。如果模式从部分监控转为完全监控模式,则正常行车;如果没有转变成完全监控模式,则立即停车后转 LKJ 控车,同时让司机和地面调度联系
		如果 ATP 死机或 DMI 界面无法操作 列车距前方站较远	重启 ATP 后转 LKJ 控车,同时让司机和地面调度联系
9	侧线接车时,进入站内 DMI 语音提示"目视行车"	无	停车后,司机选调车模式→结束任务→选部分模式发车

续上表

序号	现象	条件	解决方法
10	侧线发车后，ATP在接近应答器前出现降速到0的降速模式	如果在通过应答器前没有触发紧急制动	控制速度不超过限速值
		如果在应答器前限速为0并触发紧急制动	重启ATP后，选择部分模式行车（限速45 km/h），通过前方站的出站端应答器，并在通过应答器后车尾保持400 m。如果模式从部分监控转为完全监控模式，则正常行车；如果没有转变成完全监控模式，则立即停车后转LKJ控车，同时让司机和地面调度联系

注：1. C2转LKJ控车，不需要重启ATP。停车后在DMI上选择"模式"→"结束任务"→"等级"→"CTCS-0"→"载频"→"启动"，下同。

2. 因为此预案适用于第一阶段的添乘人员使用，为了保证行车点，所以设备出现故障而导致紧急停车后均按C0行车，下同。

3）系统故障列表

在CTCS2-200C中，系统可以对检测出的故障进行代码提示输出，这些输出反映了系统故障的可能原因，称为系统故障列表。系统故障见表3.36。

表3.36　系统故障列表

故障号码	触发的MCB	DMI消息	可能原因	等级可用性
1	主	M52：BTM故障 M60：计算机重大故障	BTM/应答器天线	CTCS-0：yes CTCS-1：yes CTCS-2：no TVM 430：yes
2	主	M58：DMI故障（如果可能） M60：计算机重大故障（如果可能） 黑屏	DMI	CTCS-0：no CTCS-1：no CTCS-2：no TVM 430：no
3	主	黑屏	DMI背光	CTCS-0：no CTCS-1：no CTCS-2：no TVM 430：no
4	次A 次B	M56：连续传输故障 M59：计算机非重大故障	TVM连续传感器，CRNB板（单故障）	CTCS-0：yes CTCS-1：yes CTCS-2：yes TVM 430：yes
5	主	M56：连续传输故障 M60：计算机重大故障	TVM连续传感器，CRNB板（双故障）	CTCS-0：yes CTCS-1：yes CTCS-2：no TVM 430：no

续上表

故障号码	触发的 MCB	DMI 消息	可能原因	等级可用性
6	次 A 次 B	M67：点式传输故障 M59：计算机非重大故障	TVM 点式传感器，CTP 或 CDP 板（单故障）	CTCS-0：yes CTCS-1：yes CTCS-2：yes TVM 430：yes
7	次 A 次 B	M67：点式传输故障 M59：计算机非重大故障	TVM 点式传感器，CTP 或 CDP 板（双故障）	CTCS-0：yes CTCS-1：yes CTCS-2：yes TVM 430：yes
8	次 A 次 B	M68：FSK 连续传输故障 M59：计算机非重大故障	FSK 连续传感器，CFSK 板（单故障）	CTCS-0：yes CTCS-1：yes CTCS-2：yes TVM 430：yes
9	主	M68：FSK 连续传输故障 M60：计算机重大故障	FSK 连续传感器，CFSK 板（双故障）	CTCS-0：no CTCS-1：no CTCS-2：yes TVM 430：yes
10	次	M69：里程计故障 M59：计算机非重大故障	速度传感器，CODOUH 板（单故障）	CTCS-0：yes CTCS-1：yes CTCS-2：yes TVM 430：yes
11	主	M69：里程计故障 M60：计算机重大故障	速度传感器，CODOUH 板（双故障）	CTCS-0：yes CTCS-1：no CTCS-2：no TVM 430：no
12	主	M61：LKJ 故障	LKJ	CTCS-0：no CTCS-1：no CTCS-2：yes TVM 430：yes
13	主 A 主 B （如果可能）	计算机重大故障（如果可能）	双故障（计算机板，电源，CTVMS 等）	CTCS-0：no CTCS-1：no CTCS-2：no TVM 430：no
14	次 A 次 B	M57：TIU 故障 M59：计算机非重大故障	MTORE 板（单故障）	CTCS-0：yes CTCS-1：yes CTCS-2：yes TVM 430：yes
15	主	M57：TIU 故障 M60：计算机重大故障	MTORE 板（双故障）	CTCS-0：yes CTCS-1：yes CTCS-2：no TVM 430：no

续上表

故障号码	触发的MCB	DMI消息	可能原因	等级可用性
16	主	M57:TIU故障 M60:计算机重大故障	EB继电器回读故障	CTCS-0: yes CTCS-1: yes CTCS-2: no TVM 430: no
17	次	M57:TIU故障 M59:计算机非重大故障	MSB继电器回读故障(最大常用制动)	CTCS-0: yes CTCS-1: yes CTCS-2: yes TVM 430: yes
18	主	M62:EB故障	EB1测试(单故障—阿尔斯通)	CTCS-0: no CTCS-1: no CTCS-2: no TVM 430: no
19	主	M62: EB故障	EB2测试(单故障—阿尔斯通)	CTCS-0: yes CTCS-1: yes CTCS-2: no TVM 430: no
20	主	M62:EB故障	EB测试(双故障—阿尔斯通)(EB1故障—川崎)	CTCS-0: no CTCS-1: no CTCS-2: no TVM 430: no
21	次	M70:SB故障	最大SB测试	CTCS-0: yes CTCS-1: yes CTCS-2: yes TVM 430: yes
22		M72:ATP不可用	Z_EB位置,CTCS-2隔离	CTCS-0: yes CTCS-1: yes CTCS-2: no TVM 430: no
23	TBD	TBD	ATPLKJ选择功能故障	CTCS-0: CTCS-1: CTCS-2: TVM 430:
24	主	M71:LKJ不可用 M60:计算机重大故障	ATP位置锁定(仅在CTCS-2或TVM 430级别有效)	CTCS-0: no CTCS-1: no CTCS-2: yes TVM 430: yes
25	主	M72:ATP不可用 M60:计算机重大故障	LKJ位置锁定(仅在CTCS-0或CTCS-1级别有效)	CTCS-0: yes CTCS-1: yes CTCS-2: no TVM 430: no

注:表中"等级可用性":yes,表示在此等级可以运行CTCS2-200C,然而一些功能可能不可用,见对应的"解决方法"表;no,表示在此等级不可以运行CTCS2-200C。

4)故障解决方法

(1)自检时检出故障的解决方法

自检时系统检出故障后,可以采用的处理方法见表 3.37。

表 3.37 自检时检出故障的解决方法

故障号	触发的 MCB	解决方法	自检时检出故障的解决方法
1	主	可以只选择 CTCS-0 或 TVM	
2	主	用 Z_EB 隔离 CTCS2-200C 设备,然后,根据轨旁信号(标记和交通灯)运行列车	选择 CTCS-0/1 的问题 在 CTCS-0/1 时,列车速度可以通过 LKJ DMI 读取
3	主	使用键盘,可以:选择 CTCS-0 或 CTCS-1 级,选择上、下行,然后,根据轨旁信号(标记和交通灯)运行列车	LKJ 控车 不能切换到 CTCS-2 或 TVM:列车将停留在 CTCS-0 或 CTCS-1 级
4	次 A 次 B	通知维修人员然后正常行车	运行备用处理链
5	主	可以只选择 CTCS-0 或 CTCS-1 级,通知维修人员	
6	次 A 次 B	通知维修人员,然后正常行车	运行备用处理链
7	次 A 次 B	通知维修人员,然后正常行车	
8	次 A 次 B	通知维修人员,然后正常行车	运行备用处理链
9	主	可以选择任何等级,但是:如果选择了 CTCS-0 或 CTCS-1 级,则不能显示机车信号,然后,根据轨旁信号(标记和交通灯)运行列车;如果选择 CTCS-2 或 TVM 430,则无任何问题,可以正常行车	在 CTCS-0 或 CTCS-1 级时,设备不能接收任何连续信息 LKJ 降级模式
10	次	通知维修人员,然后正常行车	结构不同:不能定义链
11	主	只可以选择 CTCS-0 级	
12	主	可以选择任何等级,但是:如果选择了 CTCS-0 或 CTCS-1 级,则无速度控制;如果选择 CTCS-2 或 TVM 430,则无任何问题,可以正常行车	LKJ 降级模式
13	主 A 主 B (如果可能)	用 Z_EB 隔离 CTCS2-200C 设备,然后,在 CTCS-0、CTCS-1 或 CTCS-2 线上,则根据轨旁信号(标记和交通灯)运行列车 在秦沈线上的 TVM 部分,不能行车	在 CTCS-0、CTCS-1 或 CTCS-2 线上,无速度控制
14	主 A 主 B	通知维修人员,然后正常行车	运行备用处理链
15	主	只可以选择 CTCS-0 或 CTCS-1 级 用 Z_EB 隔离 CTCS2-200C 设备	

续上表

故障号	触发的MCB	解决方法	自检时检出故障的解决方法
16	主	只可以选择CTCS-0或CTCS-1级 用Z_EB隔离CTCS2-200C设备	
17	次	无问题	CTCS2-200C设备内部故障 触发EB而不是MSB
18	主	通知维修人员，用Z_EB隔离CTCS2-200C设备，隔离LKJ(待确认)，然后，在CTCS-0、CTCS-1或CTCS-2线上，根据轨旁信号(标记和交通灯等)行车 在秦沈线上TVM部分，不可以持续运行列车。	在CTCS-0、CTCS-1或CTCS-2线上，无速度控制
19	主	通知维修人员，用Z_EB隔离CTCS2-200C设备，隔离LKJ(待确定)，然后，在CTCS-0、CTCS-1或CTCS-2线上，根据轨旁信号(标记和交通灯等)行车 在秦沈线上TVM部分，不可以持续运行列车	在CTCS-0、CTCS-1或CTCS-2线上，无速度控制
20	主	不可以选择任何等级 用Z_EB隔离CTCS2-200C设备	LKJ降级模式
21	次	无问题	如果对SB没有反应，LKJ是否控制EB?
22		只可以选择CTCS-0或CTCS-1级	
23	TBD	TBD	TBD
24	主	只可以选择CTCS-2或TVM，然而，可以在CTCS-0或CTCS-1级中运行 用Z_EB隔离CTCS2-200C设备	在CTCS-0/1中，可以在LKJDMI上读取列车速度
25	主	只可以选择CTCS-0或CTCS-1级	

(2)CTCS-0级运行中发生故障时的解决方法(表3.38)

表3.38　CTCS-0级运行中发生故障时的解决方法

故障号	触发的MCB	解决方法	备　注
1	主	无问题	列车保持在CTCS-0级，不转换到CTCS-1或CTCS-2级，正常转换到TVM
2	主	不再有机车信号，停车；用Z_EB隔离CTCS2-200C设备，然后，根据轨旁信号(标记和交通灯)行车	可以在LKJ DMI上读取列车速度
3	主	无问题	黑屏，但键盘工作正常 列车保持在CTCS-0级，不转换到CTCS-1或CTCS-2级，可以在LKJ DMI上读取列车速度
4	次A 次B	无问题 通知维修人员 然后正常行车	

续上表

故障号	触发的 MCB	解决方法	备　注
5	主	无问题 通知维修人员 然后正常行车	列车保持在 CTCS-0 级，不转换到 CTCS-2 或 TVM 可以转换到 CTCS-1 级
6	次 A 次 B	无问题 通知维修人员 然后正常行车	
7	次 A 次 B	无问题 通知维修人员 然后正常行车	
8	次 A 次 B	无问题 通知维修人员 然后正常行车	
9	主	不再有机车信号 然后，根据轨旁信号（标记和交通灯）行车	LKJ 的反应：由 LKJ 而定
10	次	无问题 通知维修人员 然后正常行车	
11	主	无问题 通知维修人员 然后正常行车	列车保持在 CTCS-0 级，不转换到 CTCS-2 或 TVM
12	次	LKJ 故障：不再有速度控制	符合 LKJ 的降级模式
13	主 A 主 B （如果可能）	CTCS2-200C 设备触发 EB。 用 Z_EB 隔离 CTCS2-200C 设备 最后隔离 LKJ 设备 然后正常行车	如果 LKJ 被隔离，则无速度控制
14	次 A 次 B	通知维修人员 然后正常行车	
15	主	CTCS2-200C 设备触发 EB 用 Z_EB 隔离 CTCS2-200C 设备 然后列车在 CTCS-1 级正常行车	列车保持在 CTCS-0 级，不转换到 CTCS-2 或 TVM
16	主	无问题 通知维修人员 然后正常行车	列车保持在 CTCS-0 级，不转换到 CTCS-2 或 TVM
17	次	无问题 通知维修人员 然后正常行车	CTCS2-200C 设备内部故障 触发 EB 而不是 MSB

续上表

故障号	触发的 MCB	解决方法	备　注
18	主	CTCS2-200C 设备触发 EB 用 Z_EB 隔离 CTCS2-200C 设备 最后隔离 LKJ 设备 然后，根据轨旁信号（标记和交通灯）行车	如果 LKJ 被隔离，则无速度控制
19	主	CTCS2-200C 设备触发 EB 用 Z_EB 隔离 CTCS2-200C 设备 最后隔离 LKJ 设备 然后，根据轨旁信号（标记和交通灯）行车	如果 LKJ 被隔离，则无速度控制
20	主	不可以选择任何等级 用 Z_EB 隔离 CTCS2-200C 设备 然后，根据轨旁信号（标记和交通灯）行车	LKJ 降级模式
21	次	无问题 通知维修人员 然后正常行车	
22		无问题 通知维修人员 然后正常行车	列车保持在 CTCS-0 级，不转换到 CTCS-2 或 TVM
23	TBD	TBD	TBD
24	主	CTCS2-200C 触发 EB 用 Z_EB 隔离 CTCS2-200C 设备 然后列车在 CTCS-0 线路上正常行车	可以在 LKJ DMI 上读取列车速度
25	主	无问题 通知维修人员 然后正常行车	列车保持在 CTCS-0 级，不转换到 CTCS-2 或 TVM

(3)CTCS-1 级运行中发生故障时的解决方法(表 3.39)

表 3.39　CTCS-1 级运行中发生故障时的解决方法

故障号	触发的 MCB	解决方法	备　注
1	主	停车 结束任务，然后开始任务 然后在 CTCS-0 级运行	不切换到 CTCS-0 或 CTCS-2 正常转换到 TVM 不能隔离 CTCS2-200C 设备：列车可能会在 LKJ 控制下运行，但不能转换到TVM
2	主	不再有机车信号 停车 用 Z_EB 隔离 CTCS-200C 设备 然后按照轨旁信号（标记和交通灯）行车	可以在 LKJ DMI 上读取列车速度

续上表

故障号	触发的 MCB	解决方法	备　注
3	主	无问题	黑屏,但键盘工作正常 不切换到 CTCS-2 或 TVM,而是切换到 CTCS-0 级。 可以在 LKJ DMI 上读取列车速度
4	次 A 次 B	无问题 通知维修人员 然后正常行车	
5	主	无问题 通知维修人员 然后正常行车	不切换到 CTCS-2 或 TVM,列车停留在 CTCS-1 级 将转换到 CTCS-0
6	次 A 次 B	无问题 通知维修人员 然后正常行车	
7	次 A 次 B	无问题 通知维修人员 然后正常行车	
8	次 A 次 B	无问题 通知维修人员 然后正常行车	
9	主	不再有机车信号 然后按照轨旁信号(标记和交通灯)行车	LKJ 反应:由 LKJ 定义
10	次	无问题 通知维修人员 然后正常行车	
11	主	为 LKJ 人工重新定位列车(通过选择载频) 然后在 CTCS-1 线上正常运行	不切换到 CTCS-2 或 TVM,列车停留在 CTCS-1 级 可以在 LKJ DMI 上读取列车速度
12	主	LKJ 故障:不再有速度控制	符合 LKJ 降级模式
13	主 A 主 B (如果可以)	CTCS2-200C 设备触发 EB 用 Z_EB 隔离 CTCS2-200C 设备 最后隔离 LKJ 设备 然后正常行车	如果 LKJ 被隔离,则无速度控制
14	次 A 次 B	通知维修人员 然后正常行车	
15	主	CTCS2-200C 设备触发 EB 用 Z_EB 隔离 CTCS2-200C 设备 然后在 CTCS-1 线上正常运行	不切换到 CTCS-2 或 TVM,列车停留在 CTCS-1 级
16	主	无问题 通知维修人员 然后正常行车	不切换到 CTCS-2 或 TVM,列车停留在 CTCS-1 级

续上表

故障号	触发的MCB	解决方法	备　注
17	次	无问题 通知维修人员 然后正常行车	CTCS2-200C设备的内部故障 将触发EB而不是MSB
18	主	CTCS2-200C设备触发EB 用Z_EB隔离CTCS2-200C设备 最后隔离LKJ设备 然后按照轨旁信号(标记和交通灯)行车	如果LKJ被隔离，则无速度控制
19	主	CTCS2-200C设备触发EB 用Z_EB隔离CTCS2-200C设备 最后隔离LKJ设备 然后按照轨旁信号(标记和交通灯)行车	如果LKJ被隔离，则无速度控制
20	主	不可能选择任何等级 用Z_EB隔离CTCS2-200C设备 然后按照轨旁信号(标记和交通灯)行车	LKJ降级模式
21	次	无问题 通知维修人员 然后正常行车	
22		无问题 通知维修人员 然后在CTCS-1线上正常运行	不切换到CTCS-2或TVM，列车停留在CTCS-1级
23	TBD	TBD	TBD
24	主	CTCS2-200C设备触发EB 用Z_EB隔离CTCS2-200C设备 然后在CTCS-1线上正常运行	可以在LKJ DMI上读取列车速度
25	主	无问题 通知维修人员 然后在CTCS-1线上正常运行	不切换到CTCS-2或TVM，列车停留在CTCS-1级

(4)CTCS-2级运行中发生故障时的解决方法(表3.40)

表3.40　CTCS-2级运行中发生故障时的解决方法

故障号	触发的MCB	解决方法	备　注
1	主	在轨道描述(侧线可能转换到PS1/PS2和45 km/h的PS4)末端转换为PS3模式 停车 重新初始化CTCS2-200C设备：执行结束任务，然后开始任务 在CTCS-0级运行列车	不会自动转换到CTCS-0或CTCS-1级 正常转换到TVM
2	主	不再有机车信号 停车 用Z_EB隔离CTCS2-200C设备 然后按照轨旁信号(标记和交通灯)行车	

续上表

故障号	触发的 MCB	解决方法	备　注
3	主	停车 重新初始化 CTCS2-200C 设备:执行结束任务,然后开始任务 在 CTCS-0 或 CTCS-1 级行车	黑屏但键盘工作正常
4	次 A 次 B	无问题 通知维修人员 然后正常行车	
5	主	CTCS2-200C 设备触发 MSB 或 EB(由于连续传输丢失) 重新初始化 CTCS2-200C 设备:执行结束任务,然后开始任务 在 CTCS-0 或 CTCS-1 级行车	
6	次 A 次 B	无问题 通知维修人员 然后正常行车	
7	次 A 次 B	无问题 通知维修人员 然后正常行车	
8	次 A 次 B	无问题 通知维修人员 然后正常行车	
9	主	无问题 通知维修人员 然后正常行车	如果转换到 CTCS-0,将再次显示 M68 错误消息 LKJ 降级模式
10	次	无问题 通知维修人员 然后正常行车	
11	主	CTCS2-200C 设备触发 MSB 或 EB(由于里程计故障) 重新初始化 CTCS2-200C 设备:执行结束任务,然后开始任务 然后在 CTCS-0 级行车	
12	主	在 CTCS-2 线上无问题 通知维修人员 然后正常行车	LKJ 故障
13	主 A 主 B (如果可能)	CTCS2-200C 设备触发 EB 用 Z_EB 隔离 CTCS2-200C 设备 最后隔离 LKJ 设备 然后按照轨旁信号(标记和交通灯)行车	
14	次 A 次 B	通知维修人员 然后正常行车	

续上表

故障号	触发的MCB	解决方法	备　注
15	主	CTCS2-200C设备触发EB 用Z_EB隔离CTCS2-200C设备 重新初始化CTCS2-200C设备：结束任务，然后开始任务 然后在CTCS-0或CTCS-1级正常行车	
16	主	CTCS2-200C设备触发EB 用Z_EB隔离CTCS2-200C设备 重新初始化CTCS2-200C设备：结束任务，然后开始任务 然后在CTCS-0或CTCS-1级正常行车	CTCS2-200C设备内部故障
17	次	无问题 通知维修人员 然后正常行车	CTCS2-200C设备内部故障 将触发EB而不是MSB
18	主	CTCS2-200C设备触发EB 用Z_EB隔离CTCS2-200C设备 最后隔离LKJ设备 然后按照轨旁信号(标记和交通灯)行车	
19	主	CTCS2-200C设备触发EB 用Z_EB隔离CTCS2-200C设备 最后隔离LKJ设备 然后按照轨旁信号(标记和交通灯)行车	
20	主	不可以选择任何等级 用Z_EB隔离CTCS2-200C设备 然后按照轨旁信号(标记和交通灯)行车	
21	次	无问题 通知维修人员 然后正常行车	
22		停车 重新初始化CTCS2-200C设备：执行结束任务，然后开始任务 然后在CTCS-0或CTCS-1级正常行车	
23	TBD	TBD	TBD
24	主	未检测到故障	
25	主	CTCS2-200C设备触发MSB或EB(由于连续传输丢失) 重新初始化CTCS2-200C设备：执行结束任务，然后开始任务 然后在CTCS-0或CTCS-1级正常行车	

(5)TVM 430运行中发生故障时的解决方法(表3.41)

表3.41 TVM 430运行中发生故障时的解决方法

故障号	触发的MCB	解决方法	备　注
1	主	无问题	正常切换到CTCS-0(有EMBO或BSP环线)(间接)不会自动转换到CTCS-1和CTCS-2级
2	主	停车 不可以继续用车	
3	主	停车 不可以继续用车	黑屏,但键盘工作正常
4	次A 次B	无问题 通知维修人员 然后正常行车	
5	主	停车 不可以继续用车	
6	次A 次B	无问题 通知维修人员 然后正常行车	
7	次A 次B	在人工报警下可以进入(和退出)TVM(在静止时)	TVM中M67点式传输故障
8	次A 次B	无问题 通知维修人员 然后正常行车	
9	主	无问题 通知维修人员 然后正常行车	如果切换到CTCS-0,将再次显示M68错误消息 LKJ降级模式
10	次	无问题 通知维修人员 然后正常行车	
11	主	CTCS2-200C设备触发MSB或EB(由于里程计故障) 不可以继续用车	
12	主	在TVM上时无问题 通知维修人员 然后正常行车	LKJ故障
13	主A 主B (如果可能)	CTCS2-200C设备触发EB 用Z_EB隔离CTCS2-200C设备 最后隔离LKJ设备 不可以继续用车	
14	次A 次B	通知维修人员 然后正常行车	

续上表

故障号	触发的MCB	解决方法	备　注
15	主	CTCS2-200C设备触发EB 用Z_EB隔离CTCS2-200C设备 最后隔离LKJ设备 不可以继续用车	
16	主	CTCS2-200C设备触发EB 用Z_EB隔离CTCS2-200C设备 不可以继续用车	CTCS2-200C设备内部故障
17	次	待与秦沈对比	CTCS2-200C设备内部故障 触发EB而不是MSB
18	主	CTCS2-200C设备触发EB 用Z_EB隔离CTCS2-200C设备 最后隔离LKJ设备 不可以继续用车	
19	主	无问题	
20	主	不能选择任何等级 用Z_EB隔离CTCS2-200C设备 不可以继续用车	
21	次	无问题 通知维修人员 然后正常行车	
22		停车 不可以继续用车	
23	TBD	TBD	TBD
24	主	未检测到故障	
25	主	停车 不可以继续使用列车	

3.4.3　知识拓展

1. CTCS2-200H型列控车载设备结构原理

列车控制系统是保证列车安全、高效的重要设备。目前，铁路信号已经从传统的方式，即以地面信号显示传递行车命令，机车司机按行车规则操作列车运行的方式，发展到了根据地面发送的信息自动监控列车速度，并由车载列控系统实施运行控制的方式。

CTCS2-200H型列控车载设备，是在日本数字ATC系统的基础之上，根据我国CTCS技术标准的要求，开发的新一代列车控制系统。CTCS2-200H型列控车载设备的引进开发，对实现我国列控技术与国际接轨，加快发展我国CTCS建设具有重大意义。

1)CTCS2-200H型列控车载设备总体结构

CTCS2-200H型列控车载设备由车载安全计算机、轨道信息接收单元(STM)、应答器信息接收单元(BTM)、制动接口单元、记录单元、人—机界面(DMI)、速度传感器、轨道信息接收天线、应答器信息接收天线等组成。CTCS2-200H 型列控车载设备主机如图 3.89 所示。

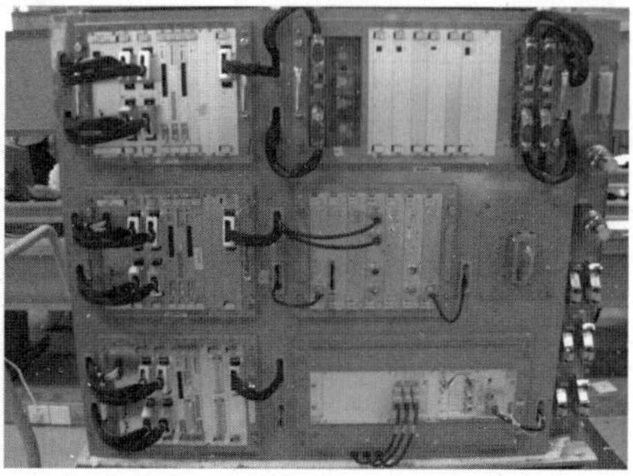

图 3.89　CTCS2-200H 型列控车载设备主机图

CTCS2-200H 型列控车载设备从应答器取得线路参数(轨道电路长度、坡度、静态限速和道岔限速),轨道电路信息告知前方空闲闭塞数、停车轨道电路和准许运行位置(Limit of Movement Authority,LMA)。然后,从该位置(LMA)绘出所谓一次制动模式曲线,并依据自己车辆位置与模式速度值的关系,输出制动力。检查记录部在记录车载 ATP 装置各种动作的同时,还提供部分自动检查的功能。

(1)安全计算机 VC(Vital Computer)

安全计算机是 ATP 装置的核心部分,负责从 ATP 各个模块搜集信息,依据轨道电路信息、列车制动力、线路坡度、列车运行速度和列车编组等信息,按照列车牵引计算模型的要求,生成制动模式曲线,并把列车运行速度与模式曲线相比较,必要时通过"故障—安全"电路向列车输出制动信息,控制列车安全运行。

安全计算机由功能完全相同的两个系统(第 1系统、第 2 系统)构成。各个系统包含两个功能相同的 CPU(A 系、B 系),每个 CPU 的处理结果与另一 CPU 的处理结构校准。如果 A 系、B 系两个 CPU 的处理结果不一致,则会作为故障处理。是典型的二乘二取二结构,用以保证列车控制的安全性和设备的冗余性。

安全计算机的核心安全逻辑由 FS—LSI("故障—安全"LSI)实现。FS—LSI 对两个 CPU 的运算结果(制动指令条件等)输出进行校核,如果校核不一致,就立即进行故障检测,确保"故障—安全"。

(2)轨道信息接收单元 STM(Specific Transmission Module)

STM 又称为轨道信息接收单元,该单元通过 STM 天线(图 3.90)感应器接收轨道电路信号,解调轨道电路上传的信号信息,并将解调的信息传递给安全计算机,为安全计算机生成制动模式曲线提供依据。STM 可以接收最多 16 种载频,包括国产移频及 ZPW-2000(UM)系列轨道电路信息。

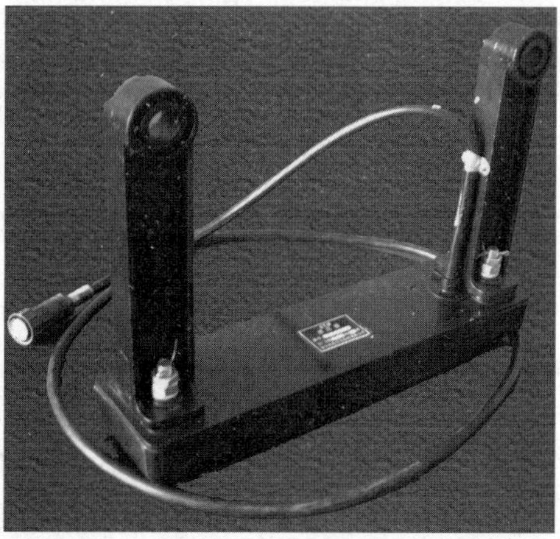

图 3.90　STM 天线

STM 可根据应答器信息、轨道电路载频锁定信息、司机操作锁定可接收的载频,以防止邻线干扰。

为提高系统的可靠性和安全性,STM 采用二乘二取二结构,即 STM 由功能完全相同的两个系统,每个 STM 系统与一个安全计算机配合,组成一系控制系统。两系 STM 完全独立工作。

(3)BTM 和 BTM 天线(Balise Transmission Module)

BTM 单元通过 BTM 天线(图 3.91),经 BTM 应答器传输单元(图 3.92)接收来自地面应答器的线路数据,经校核后,将正确的信息传输至安全计算机,为安全计算机生成制动曲线提供数据。来自应答器的数据包括:线路参数信息、进路信息、临时限速信息及级间切换等信息。

图3.91　BTM和BTM天线

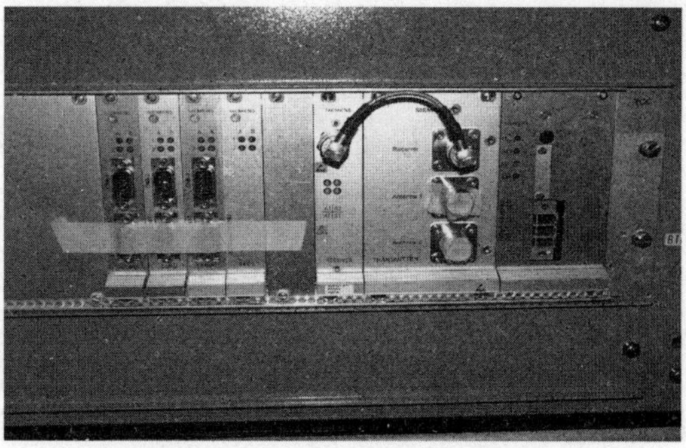

图3.92　BTM应答器传输单元

(4)数据记录单元DRU (Data Record Unit)

系统的DRU模块通过记录ATP装置的动作、状态、司机的操作等信息,可将行车及系统自身运行状况的关键数据记录到PCMCIA卡上,并可通过读卡器将数据下载至地面分析管理微机,进行设备运行状况分析。

(5)继电器逻辑单元(制动接口单元)RLU(Relay Logic Unit)

制动接口单元核对车载安全计算机各系统输出的制动指令,对两套车载安全计算机输出的制动指令进行“或”操作后,作为系统的最终输出。

当各系统制动指令输出不相同时,选择输出大制动力的进行输出。

双系统中单系统故障时,该系统的常用、紧急输出短路,制动接口单元不再核对双系统的输出。此时,正常系统的制动指令输出将作为系统的最终输出。两系统均故障时,则认为系统停机,最终输出紧急制动。

(6)人—机界面DMI(Driver-Machine Interface)

CTCS2-200H型列控车载设备的DMI(人—机界面)由下列部分组成:屏幕;输出显示;开关或按键;音响发生器。

DMI提供车载子系统与司机之间的接口,该接口通过声音、图像等方式将ATP车载装置的状态通知司机。司机可以通过DMI上的按键来切换ATP装置的运行模式或输入必要的信息。具体来说,人—机接口的主要功能包括:向司机显示下列信息:列车实际速度;目标速度;最大允许速度;目标距离;车载工作方式等;同时接收司机的数据。

(7)测速测距模块

测速测距模块由速度传感器、测量通道和测速测距板构成,为双机冗余结构,正常工作情况下,双机同时从速度传感器采集信号并进行处理。该模块除了进行正常的列车速度、加速度、走行距离的检测外,还具有防滑和防空转功能。

除以上主要模块外,车载系统还预留了GSM-R的接口,为将来向300 km/h扩展预留了接口。

(8)CTCS2-200H型列控车载设备主机与外部连接的电缆

有CN1、CN2、CN3、CN4、CN5、CN6、CN7、CN8,各起如下作用:

①CN1,外接速度传感器。

②CN2,外接110 V电源。

③CN3,外接手柄位。

④CN4,外接制动单元。

⑤CN5，外接 LKJ2000。

⑥CN6，外接 DMI。

⑦CN7，外接制动显示单元和车辆监视器。

⑧CN8，外接 GSM-R(暂不使用)。

2)系统主要功能

(1)载频切换功能

在 CTCS-2 级区段，车载设备可以通过应答器信息得到轨道电路的载频信息，通过 ATP 主机与 STM 的通信，可准确获得前方轨道电路的载频配置情况。在 CTCS-1 级区段，由于无应答器信息，载频自动切换与锁定的信息只能来自基于 25.7 Hz 的信息。

第二种载频切换手段是动车组司机通过设置在 DMI 上的操作按钮手动选择载频。

ZPW-2000 载频切换与锁定信息和司机的手动设置具有相同的优先级，以后收到者为准。

在 CTCS-0 级区段，由于无应答器信息，也无基于 25.7 Hz 的载频自动切换与锁定的信息，载频切换手段只有一种，即司机手动切换。

(2)速度、距离计算及防滑防空转

①速度传感器：系统采用 AG43 型速度传感器进行速度和距离的测量。

②防滑防空转：系统采用速度传感器检测列车速度，检测到异常加速度时，判断为出现空转或滑行现象，进行校正处理，列车速度回到合理范围时，结束校正。

③轮径补偿：系统可通过主机的开关进行轮径补偿系数的设定。

④距离测量：系统根据速度传感器的脉冲和轮径补偿系数计算实际运行距离。

⑤距离校正：系统根据轨道电路载频变化，和来自地面应答器的信息进行距离校正。

(3)数据记录

①详细数据记录

为了能在事故发生时进行原因分析，系统可采用连续记录的方式对信息进行记录，最少可以连续记录 24 h。关于记录的内容，一般建议按照表 3.42 中内容进行数据的纪录，具体的记录内容还通过设计联络确定。

表 3.42　CTCS2-200H 型车载列控系统数据记录内容

序　号	大分类	小分类	字节数	备注
1	轨道电路信息	信号状态	1	
2		显示	3	
3		载波	1	
4	欧式应答器信息	欧式应答器接收内容	117 max	
5	控制信息	常用制动模式速度	2	
6		紧急制动模式速度	2	
7		实际速度	2	
		累积距离	4	
8		位置(区段内距离)	2	
9		剩余区段数	1	
10		制动指令	1	

续上表

序　号	大分类	小分类	字节数	备注
11	整体	办理开关位置	2	
12		故障信息	2	
13		时间	8	

纪录的周期采用300 ms。但是，对于欧式应答器信息，只有在通过地面欧式应答器时才进行记录。所有数据域记录满后，用新数据覆盖旧数据。

②一般设备状态记录

作为一般设备记录，记录ATP装置主要状态，并保证记录容量达到记录内容保存30日以上。系统只有检测出故障时，才进行一般设备状态记录。

所有数据域记录满后，用新数据覆盖旧数据。

(4)位置校正

列控车载设备依据应答器的信息自动地对列车的位置进行检查。对于两个应答器之间的位置校正，列控车载设备通过检测轨道电路的边界来实现。

(5)应答器信息接收与处理

设备通过应答器信息接收天线和应答器信息接收单元(BTM)从地面应答器获取的地面信息，使列控车载设备能处理以下信息：

①获取前方线路信息。

②确定列车位置。

③确定列车的运行方向。

④获得进路信息。

⑤获得临时限速信息。

(6)与乘务员进行信息交互

通过DMI设备，可以接受乘务员的信息输入，部分非安全信息也可通过运行监控装置提供，并向乘务员提供以下信息：

①列车实际速度。

②目标速度。

③限制速度。

④目标距离。

⑤机车信号。

⑥车载工作方式。

⑦各种文本信息。

⑧设备制动状态。

⑨人控/机控优先表示。

⑩最限制速度曲线(MRSP)。

(7)设备制动优先和司机制动优先

ATP车载设备具有两种模式。根据用户的要求，允许通过列控车载设备内部设置(机柜内跳线)选择其中一种模式。

设备优先带来了高安全性和高运行效率。

(8)防溜逸功能

设备在列车停车的状态下,会对列车的不恰当移动进行防护。如果列车在停车状态下发生了非预期的前后移动,设备会启动制动。

①目标距离控制曲线

根据来自 STM 的轨道电路信息、来自 BTM 的线路描述数据,以及列车的特性,ATP 车载设备生成一次制动的连续控制曲线。

②超速运行防护

设备的超速运行防护功能监控列车允许的速度,具体包括:

a. 动车组构造速度。

b. 线路允许速度。

c. 进路允许速度。

d. 临时限速和紧急限速。

e. 其他。

如果列车速度同允许速度之间的差距超过报警门限,设备提供相应报警信息;如果列车速度同允许速度之间的差距超过常用制动门限(分三级),设备会产生常用制动;如果列车速度同允许速度之间的差距超过紧急制动门限,设备会产生紧急制动,直到列车停车。

(9)CTCS 级间切换

①与 LKJ 之间控制权的切换

ATP 车载设备在地面应答器的配合下,可以在区间完成与 LKJ 的自动切换,控车权的交接以 ATP 车载设备为主。

为保证制动的平稳性和连续性,在人控优先模式下,如果在切换时 ATP 车载设备或 LKJ 已经触发制动,则应停车后或司机缓解后手动切换。

②机车信号功能

地面配置不具备 CTCS-2 级条件时,设备可以根据条件,具备主体机车信号或通用机车信号功能,并向列车运行监控装置输出机车信号信息。

2. CTCS2-200H 型列控车载设备工作模式

CTCS2-200H 型列控车载设备控制方法有两个可选择的模式:机控优先和人控优先。系统分别在这两种控制模式可以进行 10 种工作模式下的运行。其中在 CTCS2-200H 型列控车载设备 DMI 上把反向运行模式归结到完全监控模式,应答器故障归结到部分监控模式。

1)待机模式 SB

如果预先选择了 CTCS-2,投入电源后,系统就直接转入待机模式。在本模式下 ATP 车载装置的接收轨道电路信息、接收应答器信息等功能有效,但不进行速度比较等控制,同时,无条件地输出制动,能自动启动防溜逸控制功能。

2)完全监控模式 FS

本模式是 CTCS-2 中最普通的模式,当车载设备具备控车所需的基本数据(轨道电路信息、应答器信息、列车数据)时,ATP 车载装置转入本模式。在本模式下,列车判断自身位置和停车位置后,产生一次制动速度模式曲线,并能通过 DMI 显示列车运行速度、允许速度、目标速度和目标距离等,控制列车安全运行。

完全监控模式分为两种情况正向完全监控模式和反向完全监控模式。

3)部分监控模式 PS

侧线发车得不到应答器线路数据、缺省线路数据时的模式。若 ATP 车载设备接收到轨道电路允许行车信息，但线路数据缺损时，ATP 车载设备产生固定限制速度，控制列车运行。

(1)连续两组及以上应答器的线路数据丢失，列车在 ATP 车载设备已查询到的线路数据末端前触发常用制动，当列车运行速度低于 120 km/h 后，提供允许缓解提示，司机缓解后，ATP 车载设备根据线路最不利条件，产生监控速度曲线(最高限制速度 120 km/h)，控制列车运行。

(2)侧线发车，ATP 车载设备根据股道轨道电路信息(根据道岔限速发送 UU 码或 UUS 码)，形成并保持固定限制速度(至出站口)，控制列车运行。

(3)引导接车，ATP 车载设备收到接近区段的轨道电路信息(HB 码)，形成并保持固定限制速度(20 km/h)，控制列车运行。

4)反向运行模式 RO(Reverse Operation)

上行列车运行在下行线或下行列车运行在上行线且线路数据完整时，ATP 的工作模式。

5)引导模式 CO

在引导运行中，ATP 从轨道电路接收 HB 码后在轨道电路出口处形成 NBP 为 25 km/h 的模式曲线，越过进站信号机后，自动转入本模式。在该模式下，司机应当在每 60 s 之内或运行 200 m 以前按下警惕开关，否则 ATP 将触动紧急制动。

6)应答器故障模式 BF(BTM Fault)

在站间由于不能正常检测出应答器等原因，无前方线路数据的模式称为应答器故障模式。当 ATP 在完全监控模式下正常运行时，一旦不能正确接收来自应答器的线路数据，从没有前方线路数据的点开始，ATP 设备输出制动，司机确认后，ATP 车载装置转入该工作模式。

7)目视行车模式 OS(On-Sight)

当 ATP 车载设备接收到禁止信号或无信号时，列车停车后，根据行车管理办法(含调度命令)，司机按规定操作(如按压专用按钮)，ATP 生成固定限制速度(20 km/h)，列车在 ATP 监控下运行，司机对安全负责。

8)调车监控模式 SH

车列进行调车作业时，司机经特殊操作(如按压专用按钮)后，转为调车模式，ATP 生成调车限制速度，控制车列运行。牵引运行时，限制速度 40 km/h；推进运行时，限制速度 30 km/h。

9)隔离模式 IS(Isolation)

ATP 车载设备故障，触发制动停车后，司机根据故障提示经特殊操作，ATP 车载设备控制功能停用，在该模式下司机按调度命令行车。若仅 BTM 失效，ATP 车载设备提供机车信号，可人工转换为 LKJ 控制列车。

10)机车信号模式 CS(Cab Signal)

属于运行在 CTCS-2 以外区段模式。另外，虽然运行在 CTCS-2 区段，但 ATP 车载设备故障时，用 LKJ 进行控制，在这种情况下采用本模式，ATP 车载装置不会输出制动。

综上所述，列控设备的工作模式是在各种不同的条件下运用的，条件发生变化，相应的工作模式也要变化，有些工作模式可以直接进行转换，但有的不能直接转换，必须间接进行。

3. CTCS2-200H 型列控车载设备基本操作

1)接通电源

接通列车电源的情况,分为车库、站内两种情况。

(1)车库内电源接通

第一步:司机接通列车的电源,将钥匙插入制动手柄,并将手柄从拔出位置旋转到运行位置,这样,MCR 被激活,接通 ATP 装置的电源,接通电源后,ATP 装置就会自动转为 SB 模式,但是接通电源时的初始设定为"CTCS-0",则会转为 CS 模式。

第二步:通常由于车库内不敷设 ZPW-2000 轨道电路。司机应按下 DMI 上的"调车"按键,ATP 装置会转为 SH 模式。

第三步:司机在 SH 模式时,以 40 km/h 以下的速度移动列车,运行到铺设 ZPW-2000 轨道电路的场所,并在规定的位置停下。

第四步:司机再次按下 DMI 上的"调车"按键, ATP 装置转为 SB 模式。

第五步:司机按下 DMI 上的启动按键,列车转入 PS 模式。

第六步: 出发,在通过应答器,位置确定后,ATP 装置即转为 FS 模式。

(2)站内侧线电源接通

第一步: 司机接通列车的电源,使受电弓上升,将钥匙插入制动器设定器手柄,并将手柄从拔出位置旋转至运行位置,这样,MCR 被激活,接通 ATP 装置的电源,接通电源后,ATP 装置就会自动转为 SB 模式。

第二步:因为站内敷设了 ZPW-2000 轨道电路,司机可在 DMI 上按下"启动"按键,这样,ATP 装置会转为 PS 模式。

第三步:在从侧线出发的情况下,会发出 UU 或 UUS,因为未接受 TSR 信息,ATP 装置所发生的 NBP 速度为 50 km/h。

第四步:在通过出站口应答器组后,位置确定后 ATP 装置即转为 FS 模式。

(3)站内正线电源接通

第一步:司机接通列车的电源,使受电弓上升,将钥匙插入制动器设定器手柄,并将手柄从拔出位置旋转至运行位置,这样,MCR 被激活,接通 ATP 装置的电源,接通电源后,ATP 装置就会自动转为 SB 模式。

第二步 :因为站内敷设 ZPW-2000 轨道电路。司机可在按下"启动"开关,这样,ATP 装置会转为 PS 模式。

第三步:ATP 装置会按照 PS 模式中的各信息码和速度的对应定义,生成一定速度的核对速度图形,监视列车的最高速度,如果超过了该速度,则会自动地输出制动信号。

第四步:当通过出站应答器组后,列车位置确定,ATP 装置即转为 FS 模式。

2)电源切断

电源切断时,当结束运行后,要将制动设定器从运行位置转为拔出位置,拔出位置位于紧急制动位置的后面。在这一时点,MCR 变为无加压状态,这样,ATP 的电源即被切断。然后司机将钥匙拔出,并在切断车体方的其他电源后,离开驾驶台。

4. CTCS2-200H 型列控车载设备显示单元(DMI)

1)DMI 设备组成

DMI 设置在司机驾驶台上,通过声音、图像等信息向司机告知列车各种信息及 ATP 的状态，提示驾驶员执行相应的操作。DMI设备的中心位置安装了LCD显示屏，周围配置了扬声器及键盘，驾驶员能够通过键盘输入，改变ATP系统的工作模式和工作状态，输入有关的信息。

DMI主要由显示屏、键盘、扬声器、航空插座，以及电源板、主板、嵌入式CPU板组成。DMI的外部结构如图3.93所示。

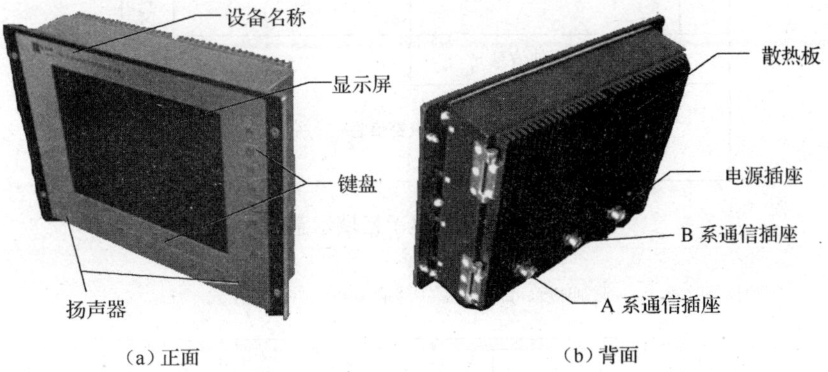

图3.93　DMI的外部结构图

DMI内部电路板结构如图3.94所示。

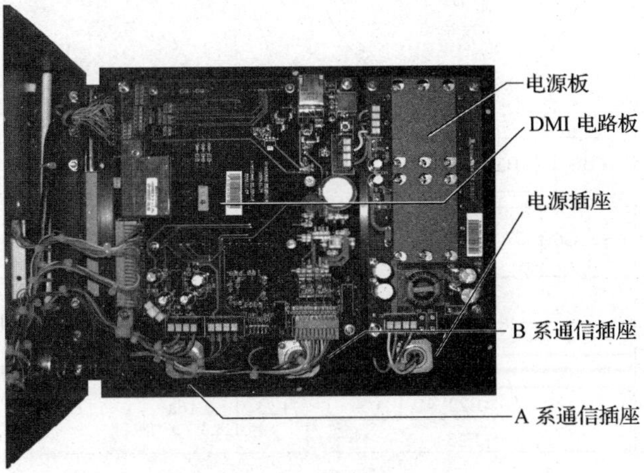

图3.94　DMI内部电路板结构图

2)DMI信息显示

列控车载显示单元(DMI)的显示分辨率设为640×480，在此分辨率下，DMI的主界面分别如图3.95所示的六个区域，A区——警示信息区；B区——速度信息区；C区——辅助驾驶信息区；D区——计划区；E区——报警信息区；F区——功能键区。

根据具体功能的不同，DMI各功能区又被分为不同的小区，图3.96中表示了DMI主界面的详细分区情况。在图3.96中，虚线框内的区域表示没有使用的区域。完整的ATP数据图形化显示界面如图3.97所示。

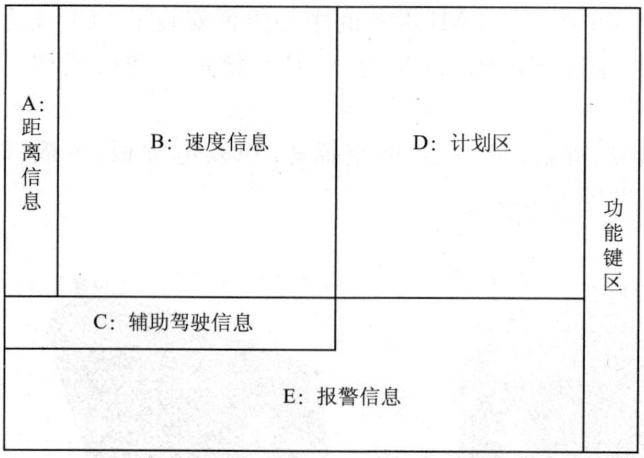

图 3.95　DMI 显示区域示意图

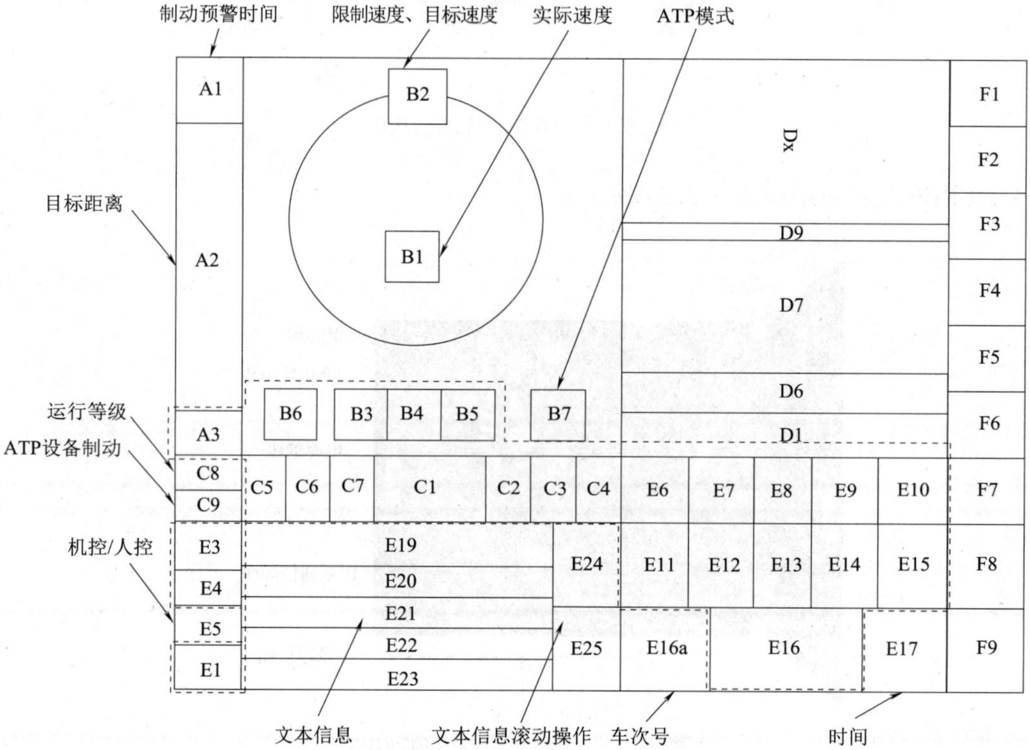

图 3.96　DMI 基础界面显示区域划分

3)DMI 键盘接口

(1)键盘布局

DMI 键盘分为固定功能键和可扩展功能键，布局如图 3.98 所示。固定功能键在屏幕正下方，共有 11 个按键，其中共有 5 个按键为功能复用键，它们分别是：调车/1、目视/2、启动/3、缓解/4、警惕/字母。在数据输入情况下，这些复用键的功能为数字、字母输入。除此之外，一般情况下，这些复用键的功能为相应按键上方所标的功能。可扩展功能键位于屏幕右侧，共 8 个按键，每个按键的具体功能由软件根据具体情况临时定义。

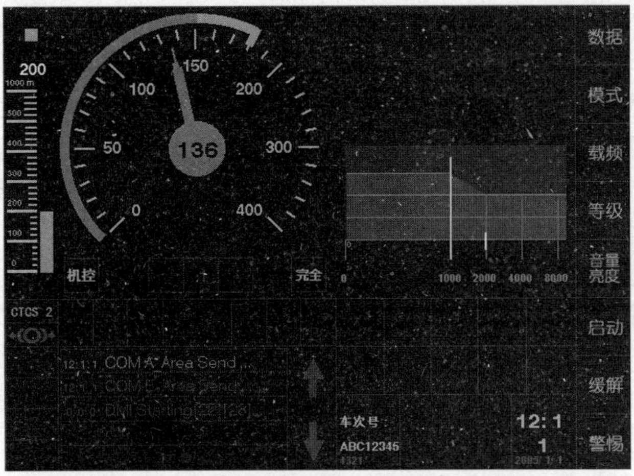

图 3.97　ATP 数据图形化显示界面

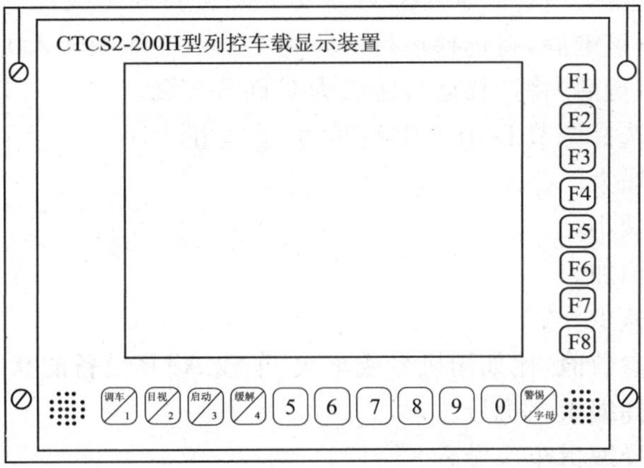

图 3.98　DMI 键盘布局

DMI 的按键根据功能分为输入选择和非输入选择两类按键。

输入选择类包括:【0】~【9】数字键,字母键,【↑】、【↓】方向键,以及【确认】、【取消】、【删除】、【返回】等键。

非输入选择类包括:【警惕】、【缓解】、【调车】、【目视】、【启动】、【载频】、【等级】、【模式】、【查询】、【数据】、【音量】、【亮度】等键。

以上两类按键如果未在固定功能键区定义,则由软件使用扩展功能键【F1】~【F8】根据具体情况临时定义。

(2)功能键使用

【调车】:在停车状态下,司机按下【调车】键,车载 ATP 设备进入或退出调车模式。

【目视】:当地面轨道电路为红灯,列车处在停车状态,司机按压【目视】按键后,ATP 设备进入目视行车模式。

【启动】:当车载 ATP 设备处于待机模式时,按压【启动】键,ATP 设置将从待机状态转入正常运行状态(通常为部分监控模式)。

【缓解】:用于缓解车载 ATP 设备的制动。只有当车载 ATP 设备给出缓解提示后,才可以通过此按键缓解制动。

【警惕】:如果车载 ATP 设备处于目视行车模式下,司机需每隔一定时间或距离(如 60 s 或 200 m)按压【警惕】键,以表明司机了解当前车载设备处于目视行车模式下,否则车载 ATP 设备就将输出紧急制动使列车停车。另外,车载 ATP 设备在进行级间转换后,会输出报警提示,司机需要按压该键,来停止报警提示的输出。

【数据】:按压该键后,可以使 DMI 进入基础数据输入界面,如前所述,在此界面下,可以修改司机号、车次号等非安全型数据。

【模式】:允许司机手动选择 ATP 的控制模式(OS、SH)。

【载频】:允许司机改变上、下行,通过 DMI 告知车载 ATP 设备地面轨道电路信号的载频是上行载频还是下行载频。

【上行】:按压该键后,将选择轨道电路载频为上行载频。

【下行】:按压该键后,将选择轨道电路载频为下行载频。

【等级】:允许司机选择 CTCS-等级(CTCS-0/1 级、CTCS-2 级)。

【CTCS-0/1】:按压该键后,将选择运行区段为 CTCS-0 级或转入 LKJ 控车模式。

【CTCS-2】:按压该键后,将选择运行区段为 CTCS-2 级。

【音量亮度】:用于选择调节 DMI 屏幕亮度、语音音量大小。

【大　音量】:音量增大。

【小　音量】:音量减小。

【亮　亮度】:亮度增加。

【暗　亮度】:亮度减少。

【查询】:查询各种参数值,比如司机号或车次、车载 ATP 设备的状态等信息。

【司机号】:用于选择编辑司机号。

【车次号】:用于选择编辑车次号。

【确认】:退出数据输入或功能设定状态并接受刚输入的所有参数。

【取消】:退出数据输入或功能设定状态但放弃刚输入的所有参数。

【删除】:数据输入状态时,用于删除当前输入的一个字符。

【返回】:返回上级界面。

【0】~【9】数字键:数字键包括【0】~【9】共 10 个数字键,用于输入数字。

【字母】:数据输入时用于输入英文字母。按压此键后,按键【2】~【9】分别具有字母输入功能。按键与字母输入对应关系见表 3.43。

表 3.43　按键与字母输入对应关系表

序号	键名	对应输入的字母	序号	键名	对应输入的字母
1	【2】	A、B、C	5	【6】	M、N、O
2	【3】	D、E、F	6	【7】	P、Q、R、S
3	【4】	G、H、I	7	【8】	T、U、V
4	【5】	J、K、L	8	【9】	W、X、Y、Z

按下一次【字母】键，按键【2】～【9】只具有字母输入功能，输入的字母内容按照表中规定的按键与字母输入的对应关系依次循环。

再次按下【字母】键，按键【2】～【9】同时具有字母、数字输入功能，输入的内容为该按键本身的数字值与表中所规定的字母输入对应关系中的字母。

再次按下【字母】键，按键【2】～【9】只具有数字输入功能。

【↑】、【↓】方向键：分向上、向下两个键，用于在查询文本信息时进行上、下翻页操作。

【F1】～【F8】可扩展功能键：具体功能显示在DMI屏幕右侧功能键区域，DMI根据实际情况对这些功能键的功能进行定义和更新。

DMI输出的语音种类见表3.44。

表3.44 DMI输出的语音种类

序号	语音内容	代码	序号	语音内容	代码
1	允许缓解	A0	4	减速	A3
2	级间切换	A1	5	目视行车	A4
3	前方限速	A2			

5. CTCS2-200H型列控车载设备维护与故障处理

CTCS2-200H型列控车载设备的日常维护近似于CTCS2-200C，都是预防性的维护，这里主要介绍它的故障表示和故障操作方面的内容。

1)故障表示

DMI作为车载ATP设备与司机交互的界面，很多控制信息都是通过DMI告知司机，同样，在设备出现故障后，DMI将对司机给出一定的提示，具体的提示方法如下。

(1)按键失效表示

当DMI通过检验判断出按键粘连或失效后，为了尽量减少对设备正常工作带来干扰，DMI在文本显示区给出相应的故障提示文本：显示器故障。

(2)通信故障表示

①一路通信故障表示

当DMI判断出与ATP主机VC的某一系通信故障后，如果发生故障的是主系，则在文本显示区显示相应的故障提示并切换至另一备用系，保持正常显示。

如果发生故障的是备用系，则只在文本显示区显示相应的故障提示。

②两路通信故障表示

如果DMI在通信过程中判断出与ATP的两路通信完全中断，为防止对司机产生误导，DMI将黑屏并在屏幕中央显示“双系通信故障”。如果在后续的过程中与ATP恢复通信则切换到正常的显示界面。

(3)ATP上报故障表示

①VC故障表示

如果在通信的过程中，DMI接收到“VC故障”的信息后，根据通信地址判断出是某一系VC后，DMI将在文本显示区显示相应的提示文本：“安全计算机#系故障”(#代表系别，由DMI根据通信地址判断)。

如果上报故障的是主系，则 DMI 除了显示相应的文本外，还将切换到备用系；如果上报故障的只是备用系，则 DMI 只在文本提示区给出相应的提示；如果两路 VC 均上报故障，则 DMI 显示黑屏，并在屏幕中央显示文本“安全计算机双系故障”。

②STM 故障表示

如果在通信的过程中，DMI 接收到“STM 故障”的信息后，根据通信地址判断出是某一系 STM 后，DMI 将在文本显示区显示相应的提示文本：“STM＃系故障”(＃代表系别，由 DMI 根据通信地址判断)。

如果上报故障的是主系，则 DMI 除了显示相应的文本外，还将切换到备用系；如果上报故障的只是备用系，则 DMI 只在文本提示区给出相应的提示；如果两路 VC 均上报 STM 故障，则 DMI 显示黑屏，并在屏幕中央显示文本“STM 双系故障”。

①BTM 故障表示

如果在通信的过程中，DMI 接收到“BTM 故障”的信息后，根据通信地址判断出是某一系 BTM 后，如果上报故障的是主系，将切换到备用系；如果两路 VC 均上报 BTM 故障，则 DMI 显示黑屏，并在屏幕中央显示文本“应答器信息接收故障”。

②其他故障表示

对于 ATP 上报的其他故障，DMI 将在获得故障代码后在文本显示区显示相应的故障提示。

2)故障操作

车载设备故障时的处理，这里只讨论对行车模式有影响的部件发生故障时的处理办法。

(1)BTM 故障时

在 BTM 故障时，由于 VC 无法正确获得应答器信息，VC 也为故障状态，此时该系输出紧急制动。如果需要继续行车，应通过司机操作，将 ATP 设备转换为隔离模式，司机按照调度命令行车。

(2)STM 故障时

在 STM 单系故障时，由于 VC 和无法正确获得轨道电路信息，与 STM 故障系相对应的 VC 也为故障状态，此时该系输出紧急制动。如果 STM 双系均发生故障，两系 VC 均输出紧急制动。如果需要继续行车，应通过司机操作，将 ATP 设备转换为隔离模式，司机按照调度命令行车。

(3)DMI 故障时

出现 DMI 故障时，就无法通过 ATP 装置进行运行，因此在取得指挥者的许可后，应该转为隔离模式，然后司机根据调度命令行车。

(4)测速故障

如果某一速度传感器断线，与该系相对应的 VC 检测到该故障后，将会输出制动。由于速度传感器有多个线组，所以在一个线组断线的情况下，各系统会脱离一个有故障的系统使运行能够继续，如果两个系列都出现故障时，就会一直保持制动状态。司机取得调度命令后，将 ATP 隔离开关切换到隔离侧，并将列车移动到最近的车站。

(5)ATP 整机故障

ATP 整机故障后，转为隔离模式，然后司机根据调度命令行车。

项目小结

本项目主要介绍CTCS-2级列控系统。CTCS-2级是基于轨道传输信息的列车运行控制系统，主要面向提速干线和高速新线，采用车—地一体化设计；CTCS-2适用于各种限速区段，地面可不设通过信号机，机车乘务员按车载信号行车。CTCS-2级采用目标—距离控制模式，闭塞方式为准移动闭塞。

CTCS-2级列车运行控制系统包括地面子系统和车载子系统。

地面子系统主要设备有，列控中心，根据列车占用情况及进路状态计算行车许可及静态列车速度曲线并传送给列车；轨道电路，采用UM71或ZPW-2000型轨道电路，完成列车占用检测及列车完整性检查，连续向列车传送控制信息，车站与区间采用同制式的轨道电路；地面应答器，负责向列车发送有关线路参数的信息，列车信号显示信息及临时限速信息等。

列控中心根据进路状态、线路参数、临时限速命令等产生进路及临时限速等相关控车信息，通过有源应答器传送给列车。

列控中心是中国列车运行控制系统CTCS的核心安全设备，属于地面部分设备之一，是实现应答器报文选择和发送的重要设备，可对列车运行进行动态控制，符合“故障—安全”设计原则。列控中心接收轨道电路的信息，具有轨道电路编码、应答器报文储存和调用、临时限速等功能；列控中心满足后备系统需要，设于各车站，原则上区间不设列控中心。

LEU(地面电子单元)周期地接收来自列控中心(TCC)的报文，并将其连续不断地向有应答器设于各进站端、出站端、区间的适当位置及特殊地点，向车载设备传输定位信息、进路参数、线路参数、限速信息等。

应答器分为有源应答器和无源应答器两种。

有源应答器与LEU连接，向列车传送实时可变信息。用于发送LEU传输过来的报文，在既有线提速区段，有源应答器设置在车站的进站和出站端，主要发送进路信息和临时限速信息。有源应答器发送实时变化的及固定的信息：临时限速、进路坡度、轨道电路参数、信号点类型等，车载子系统主要设备有：连续信息接收模块，完成轨道电路信息的接收和处理；点式信息接收模块，完成点式信息的接收与处理；测速模块，实时检测列车运行速度并计算列车走行距离；设备维护记录单元，对接收信息、系统状态和控制动作进行记录；车载安全计算机，对列车运行控制信息进行综合处理，生成控制速度与目标—距离模式曲线，控制列车按命令运行；人—机界面，车载设备与机车乘务员交互的设备；运行管理记录单元，规范机车乘务员驾驶，记录与运行管理相关的数据。

无源应答器设置在区间，与外界无物理连接，用于发送固定不变的数据，如发送线路坡度、最大允许运行的速度、轨道电路参数、列车等级切换信息等。

列控车载设备的核心功能是由车载安全计算机从列控车载设备的各个模块获取信息，根据列车运行速度、线路坡度、轨道电路的状态等信息，检测列车的确定位置，生成相应的控制速度与目标—距离模式曲线，得到列车行车许可后，生成制动模式曲线，并与控制速度及目标—距离模式曲线进行比较，当必要的情况则对列车输出制动信息，使列车能够安全运行。

复习思考题

1. 简述 CTCS-2 级列控系统的结构。
2. 简述 CTCS-2 级列控系统地面设备有哪些部分组成?
3. 叙述 CTCS-2 级列控系统车载设备的构成和各部件作用。
4. 简述列控中心功能。
5. 简述列控中心系统结构和各部件作用。
6. 列控中心系统与哪些外部系统有关联接口?
7. 简述列控中心的基本原理。
8. 简述地面电子单元 LEU 的功能。
9. 简述 LEU 的结构。
10. 分析 LEU 的基本工作原理。
11. 什么是地面电子单元? 其功能如何?
12. ALSTOM 的 LEU 的内部结构是什么样? 各部分的功能怎样?
13. ALSTOM 的 LEU 亮不同灯的含义。
14. 简述 CSEE 的 LEU 的结构。
15. 简述应答器的工作原理。
16. 应答器的功能是什么?
17. CTCS-2 中应答器的作用是什么?
18. 简述地面应答器传送的信息有哪些?
19. 应答器的分类有哪些?
20. CTCS-2 中区间应答器组如何设置?
21. CTCS-2 中车站应答器组如何设置?
22. CTCS-2 中级间转换应答器组如何设置?
23. 大号码道岔(18 号以上)应答器组如何设置?
24. 简述应答器编号及命名规则。
25. 简述应答器用户数据表的主要作用及内容。
26. 简述应答器的报文格式。
27. 简述描述应答器级间转换信息包的内容。
28. 简述应答器在轨道中的位置有哪些要求?
29. 简述应答器的日常维护包括哪些内容?
30. 简述应答器更换注意事项有哪些?
31. 简述应答器数据传输电缆的选用标准和接地方法。
32. CTCS-2 级列控车载设备中 STM、BTM、DMI 的作用是什么?
33. CTCS-3 级列控系统有哪些主要工作模式?
34. CTCS2-200C 型列控系统的车载设备有哪些?
35. CTCS2-200C 型列控系统的地面设备有哪些?
36. CTCS2-200C 型列控系统地—车传输方式有哪些? 请具体说明。

37. CTCS2-200C型列控设备的主要功能是什么?
38. CTCS2-200C型列控系统车载主机柜的组成是什么?
39. CTCS2-200C型列控系统速度传感器的安装位置及作用是什么?
40. CTCS2-200C型列控系统的功能是什么?
41. CTCS2-200C型列控系统的运行控制模式是什么?
42. 部分监控模式PS1在什么情况下使用?有哪些要求?
43. 什么是引导模式CO?在什么情况下使用?
44. 目视行车模式OS在什么情况下使用?
45. 待机模式SB在什么情况下使用?
46. 解释冒进模式TR和冒进后模式PT的不同?
47. 什么是行车许可?
48. 最大常用制动(MSB)在什么情况下触发?在什么情况下缓解?
49. 紧急制动(EB)在什么情况下触发?在什么情况下缓解?
50. 解释机控优先的含义?
51. CTCS2-200C型列控系统人—机接口界面DMI分为哪几个区?各区域的作用是什么?
52. CTCS2-200C型列控车载设备DMI光带的不同颜色分别表示什么含义?
53. CTCS2-200C型列控车载设备DMI能显示的模式信息和等级信息有哪些?
54. CTCS2-200C型列控车载设备DMI上第一个键盘按钮的含义是什么?
55. CTCS2-200C型列控车载设备DMI上第二个键盘按钮的含义是什么?
56. CTCS2-200C型列控车载设备的维护程序是什么?
57. CTCS2-200C型列控车载设备预防维护包括哪些内容?
58. 简述CTCS2-200C型列控车载设备的上电操作过程?
59. 简述CTCS2-200C型列控车载设备可能故障设备和故障指示设备有哪些?
60. 简述CTCS2-200H型列控车载设备的组成。
61. 简述CTCS2-200H型列控车载设备安全计算机VC的功能。
62. 简述轨道信息接收单元STM的功能。
63. 简述数据记录单元DRU的功能。
64. 简述CTCS2-200H型列控车载设备的功能。
65. 简述CTCS2-200H型列控车载设备工作模式。
66. 解释CTCS2-200H型列控车载设备的应答器故障模式BF。
67. 解释CTCS2-200H型列控车载设备的机车信号模式CS。
68. 什么是顶棚速度监视区?
69. 简述CTCS2-200H型列控车载设备故障表示和故障操作。

项目 4　CTCS-3 级列车运行控制系统维护

项目描述

CTCS-3 级列车运行控制系统主要是应用与我国 300 km/h 高速铁路的列车运行控制系统，是基于无线传输信息并采用传统方式检查列车占用的列车运行控制系统。CTCS-3 级列车运行控制系统采用基于无线通信的自动闭塞或虚拟自动闭塞，轨道电路完成列车占用检查，无线通信（GSM-R）在满足我国铁路移动信息网需求的同时，又能解决超防信息高速率可靠传输，两者结合互补。CTCS-3 级列控系统适用于各种限速区段，地面可不设通过信号机，司机凭车载信号行车，经实践证明完全能够满足客运专线和高速运输的需求。

CTCS-3 级列控系统是在 CTCS-2 级列控系统的基础上，地面增加 RBC 设备，车载设备增加 GSM-R 无线电台和信息接收模块，实现基于 GSM-R 无线网络的双向信息传输，用于 300～350 km/h 高速铁路。

教学目标

1. 能力目标

通过本项目的学习，学生应当能够熟知并准确说明 CTCS-3 级列车运行控制系统的整体结构、系统工作方式及无线闭塞中心系统设备、车载系统设备和 GSM-R 网络的结构、原理、日常养护、集中检修及故障分析处理方法，并能将所学知识应用于工作实践。

2. 知识目标

掌握 CTCS-3 级列控系统的总体结构及系统工作方式；掌握 CTCS-3 级列控系统对临时限速及系统故障后的降级处理方法；掌握 CTCS-3 级无线闭塞中心在系统中的作用和设备结构组成，与其他信号系统的接口关系及无线闭塞中心系统设备的养护维修及故障处理方法；掌握 CTCS-3 典型制式系统的车载设备的结构、原理及养护维修、故障分析处理方法；掌握 GSM-R 系统的基本组成、网络结构及传输方式和 GSM-R 系统实现的铁路专门业务等。

3. 素质目标

要求学生在学习时对照 CTCS-2 级列控系统，找出不同系统的发展，提高对比、辨析能力。

典型工作任务1　CTCS-3级列控系统的结构原理

4.1.1　工作任务

通过本任务的学习，熟知CTCS-3级列车运行控制系统的总体结构、运行方式、系统组成及各部分系统设备主要功能等基本问题。

4.1.2　知识链接

1. CTCS-3级列控系统基本结构

CTCS-3级列控系统使用准移动闭塞，并采用成熟的CTCS-2级列控系统作为后备模式。CTCS-3级与CTCS-2级列控系统结构基本类似，只是在CTCS-2级的基础上引入RBC实现了车—地双向通信。事实上，CTCS-3级列控系统使用的地面设备等于全套的CTCS-2级地面设备加上RBC和大量的GSM-R基站。

CTCS-3级列控系统总体结构包括：地面设备、车载设备、GSM-R无线通信网络、信号数据传输网络四部分。地面设备由RBC、TCC、ZPW-2000（UM）系列轨道电路、应答器（含LEU）、GSM-R通信接口设备等组成；车载设备由车载安全计算机（VC）、GSM-R无线通信单元（RTU）、轨道电路信息接收单元（TCR）、应答器信息接收模块（BTM）、记录单元（JRU/DRU）、人—机界面（DMI）、列车接口单元（TIU）等组成。

RBC根据轨道电路、联锁进路等信息生成行车许可，并通过GSM-R无线通信系统将行车许可、线路参数、临时限速传输给CTCS-3级列控车载设备；同时通过GSM-R无线通信系统接收车载设备发送的位置和列车数据等信息。

TCC接收轨道电路的信息，并通过联锁系统传送给RBC；同时，TCC具有轨道电路编码、应答器报文储存和调用、站间安全信息传输、临时限速的功能，满足后备系统需要。

应答器向车载设备传输定位和等级转换等信息；同时，向车载设备传送线路参数和临时限速等信息，满足后备系统需要。应答器传输的信息与无线传输的信息的相关内容含义保持一致。

车载安全计算机根据地面设备提供的行车许可、线路参数、临时限速等信息和动车组参数，按照目标—距离连续速度控制模式生成动态速度曲线，监控列车安全运行。

CTCS-3级列控系统地面设备和车载设备结构分别如图4.1和图4.2所示。

2. CTCS-3级列控系统的主要设备

1）地面设备

（1）无线闭塞中心（RBC）

RBC硬件采用冗余安全结构，设备包括：无线闭塞单元（RBU）、协议适配器（VIA）、RBC维护终端、司法记录器（WJRU）、ISDN服务器、操作控制终端和交换机等设备，如图4.3所示。

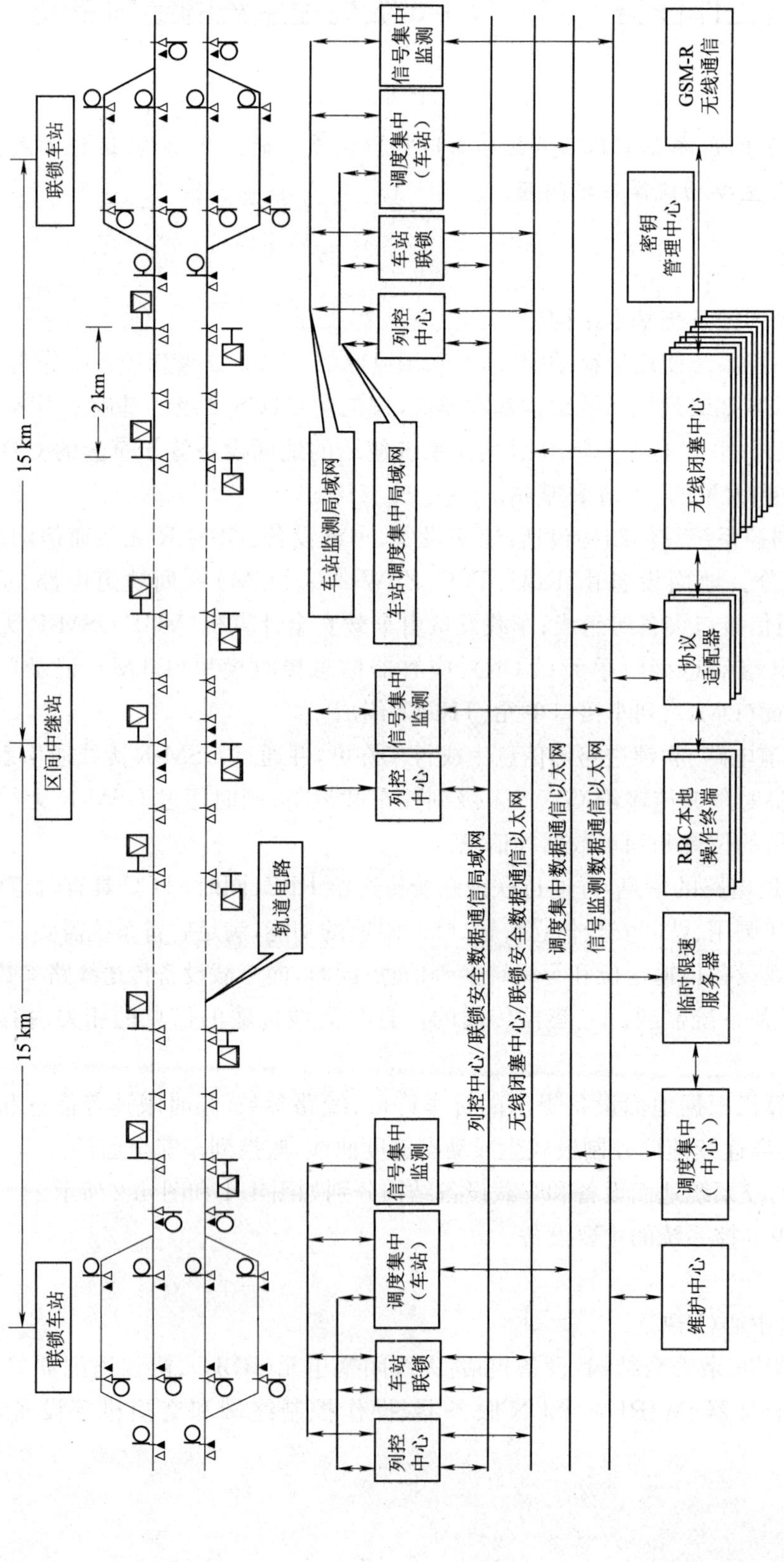

图 4.1　CTCS-3 级列控系统地面设备结构示意图

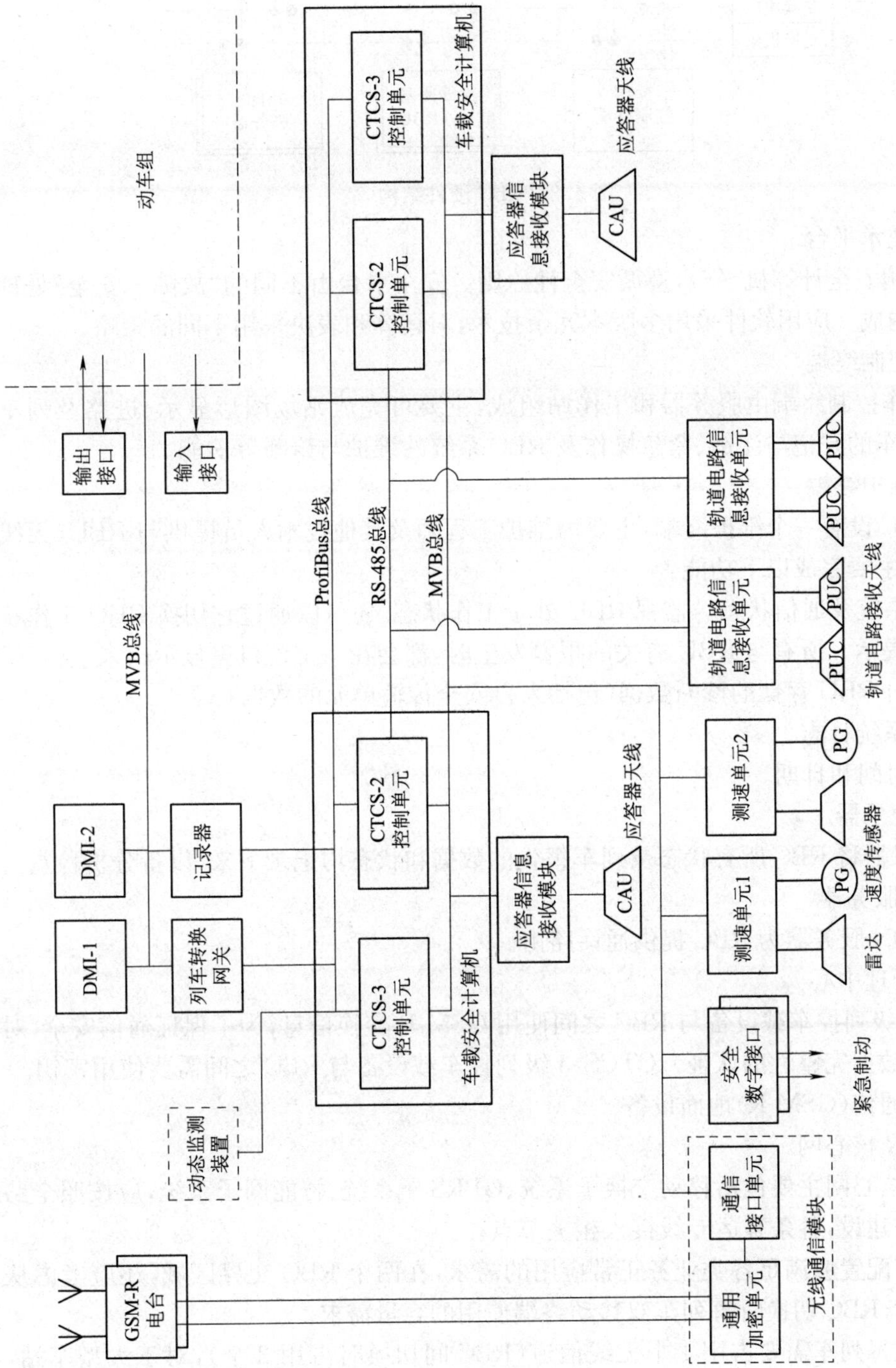

图 4.2 CTCS-3级列控系统车载设备结构示意图

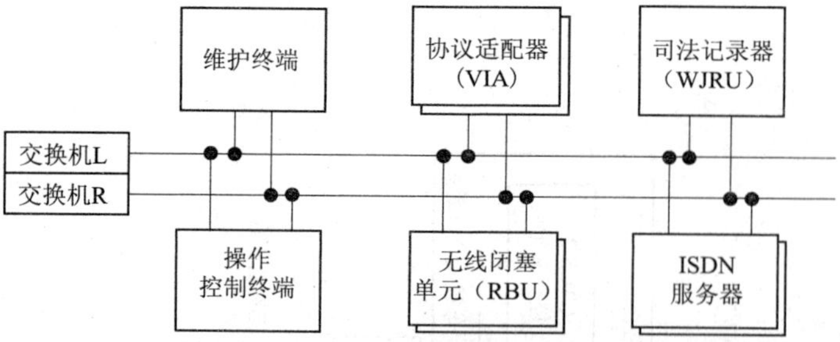

图 4.3　RBC 硬件结构

①安全技术平台

RBC 采用安全计算机平台,遵循安全性原则。安全平台由不同的"故障—安全"处理单元和操作系统构成。应用软件采用多版本冗余技术,对运算和表决采用不同的策略。

②操作控制终端

RBC 操作控制终端由服务器和工作站组成,主要可完成站场图形显示、进路及列车运行情况显示、列车的登记与注销、紧急操作及 RBC 系统的维护与诊断等功能。

③本地维护终端

每台 RBC 设有一个维护终端,主要为维护工程师及其他技术人员提供与 RBU(无线闭塞单元)接口。主要完成以下功能:

a. 监视系统及通信状态。监视 RBU 处于工作状态,还可以通过它切换 RBU 工作状态。

b. 告警提示。所有与 RBU 有关的报警发生时,都会在一个窗口里显示出来。

c. 读取由 RBU 存储的诊断数据(包括来自安全传输单元的数据)。

d. 下载系统日志。

e. 设定时间和日期。

④司法记录器

司法记录器将 RBC 所有状态及列车报告的数据和状态均记录下来,以备分析检查。

⑤ISDN 服务器

通过 ISDN 服务器为 RBC 提供通话路由。

⑥密钥管理中心

CTCS-3 级列控车载设备与 RBC 之间使用 GSM-R 交换信息,为了保证通信安全(对发送端/接收端及数据完整性的认证),CTCS-3 级列控车载设备与 RBC 之间需要使用密钥。

(2)无线通信(GSM-R)地面设备

①GSM-R 核心网

GSM-R 核心网主要包括移动交换子系统、GPRS 子系统、智能网子系统,应按照全路核心网建设规划来建设,各条客运专线接入相关节点。

基站频率配置应满足各类业务正常应用的需求,在两个 RBC 交界区域,还应考虑从一个 RBC 向另一个 RBC 切换时每列车双移动终端使用的容量需求。

列控系统每列车需要占用 1 个无线信道(RBC 间切换时占用 2 个),对于大型车站,由于停靠、通过的列车数量较多,需要占用大量的无线信道资源。

②系统功能

a. 为 RBC 设备及联锁设备间的数据通信提供全线车站至调度所的广域互联服务。

b. 提供独立的双网络承载服务。

c. 双网同时在线，不存在主用和备用之分。

d. 可对信号数据传输网络设备的每个端口进行安全性设置，只容许符合条件的设备接入该端口。

e. 端口可以设定为固定速率，可以关闭不使用的端口。

f. 可以同时从多个端口接收数据，也可以同时发送数据到多个端口。

g. 端口与设备地址对应关系表存储在交换机的内存中，交换机可通过此表判断数据的来源及决定数据的目的端口。

h. 信号数据传输网络只提供物理层、链路层的通信服务，上层的安全协议由RBC和联锁系统实施。

i. 支持三层功能，可按需求实现多种业务的隔离与互通。

(3)列控中心

TCC是列控系统地面子系统的核心部分。根据轨道区段占用信息、联锁进路信息、线路限速信息等，产生列车行车许可命令。为保证其管辖内的所有列车的运行安全，通过轨道电路和有源应答器，传输给车载子系统相关信息。

TCC采用二乘二取二安全计算机平台，具有技术成熟、可靠等特点。TCC之间通过信号安全数据网进行连接，实现TCC与车站联锁系统之间、TCC、与临时限速服务器之间安全信息传输。

CTCS-3级列控系统各车站、线路所及中继站均设置一套TCC，中继站距离一般不超过15 km，特殊困难地段不能超过20 km。

(4)轨道电路

①区间轨道电路

区间采用计算机编码控制的ZPW-2000系列无绝缘轨道电路，轨道电路的传输长度满足相关技术条件的要求。

轨道电路的正常码序为：L5—L4—L3—L2—L—LU—U—HU，满足CTCS-2级列控系统300 km/h速度列车安全运行的要求。

②站内轨道电路

复杂大站：正线及股道区段采用计算机编码控制的ZPW-2000系列有绝缘轨道电路，其他区段采用25 Hz轨道电路。

一般车站：全站采用与区间同制式的、由计算机编码控制的ZPW-2000系列有绝缘轨道电路。

为避免邻线轨道电路的干扰，当站内横向相邻同方向载频的轨道电路长度超过650 m(线间距不小于5 m)时，应对轨道电路进行分割。

(5)应答器与LEU

应答器与LEU用于向CTCS-3级列控车载设备提供位置、等级转换、建立无线通信等信息，同时对CTCS-2级列控车载设备提供线路速度、线路坡度、轨道电路、临时限速等线路参数信息。

2)车载设备

(1)车载子系统组成

车载安全计算机——对列车运行控制信息进行综合处理，生成目标—距离模式曲线，控制列车按命令运行。

应答器信息接收模块——完成点式信息的接收与处理。

测速模块——实时检测列车运行速度并计算列车走行距离。

无线通信(GSM-R)车载设备——作为系统信息传输平台完成车—地间大容量的信息交换。

设备维护记录单元——对接收信息、系统状态和控制动作进行记录。

(2)配置原则

车载设备采用分布式结构。车载设备中的车载安全计算机(VC)、应答器信息接收模块(BTM)、安全输入/输出接口(VDX)、轨道电路信息接收单元(TCR)、测速测距单元(SDU)、人—机界面(DMI)等关键设备均采用冗余配置。此外还配置列车接口(TIU)、动态监测接口等。车载设备与动车组的接口采用继电器或MVB总线方式。

车载安全计算机中的CTCS-3控制单元和CTCS-2控制单元独立设置,CTCS-3控制单元负责在CTCS-3线路正常运行时的核心控制功能,CTCS-2控制单元负责后备系统的核心控制功能。

300 km/h动车组不装设列车运行监控装置(LKJ)。

(3)设备功能

CTCS-3级列控车载设备负责接收地面数据命令信息,生成速度模式曲线,监控列车运行,保证列车运行安全。

典型工作任务2　无线闭塞中心设备组成与维护

4.2.1　工作任务

本工作任务主要介绍了无线闭塞中心的设备组成、设备的维护、故障处理措施,以及无线闭塞中心切换流程。通过学习,达到对无线闭塞中心设备结构、设备的维护、故障处理措施,以及无线闭塞中心切换流程认知的目的。

通过本任务的学习,熟练掌握无线闭塞中心的系统结构、在CTCS-3级列控系统中的主要功能、与其他信号系统设备的接口方式和系统设备的养护维修及故障处理。

4.2.2　知识链接

1. 无线闭塞中心系统结构

无线闭塞中心(RBC)是CTCS-3级列控系统的地面核心设备,是我国高速铁路的重要技术装备,是保证高速列车运行安全、可靠、高效的关键设备之一。

无线闭塞中心根据联锁、临时限速服务器、相邻RBC、CTC和车载设备提供的信息,生成列车行车许可等控制信息,并通过无线通信方式发送给车载设备,以控制列车的安全追踪运行。

1)RBC结构

RBC结构由RBC主机、ISDN服务器、RBC维护终端、接口服务器、RBC本地终端、RBC司法记录器(R-JRU)等部分构成,如图4.4所示。RBC设备概览如图4.5所示;RBC设备具体配置如图4.6所示。

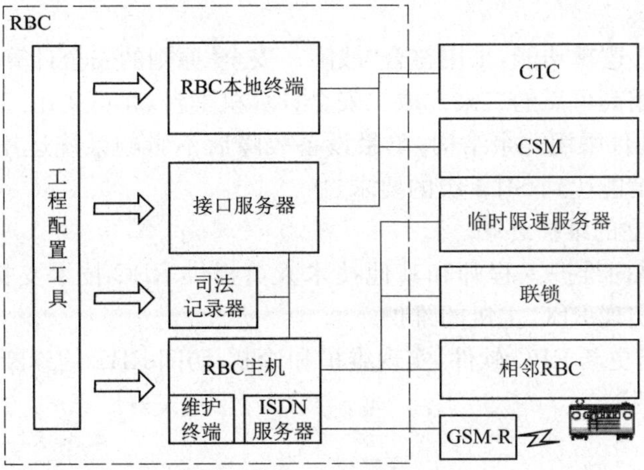

图 4.4 RBC 结构

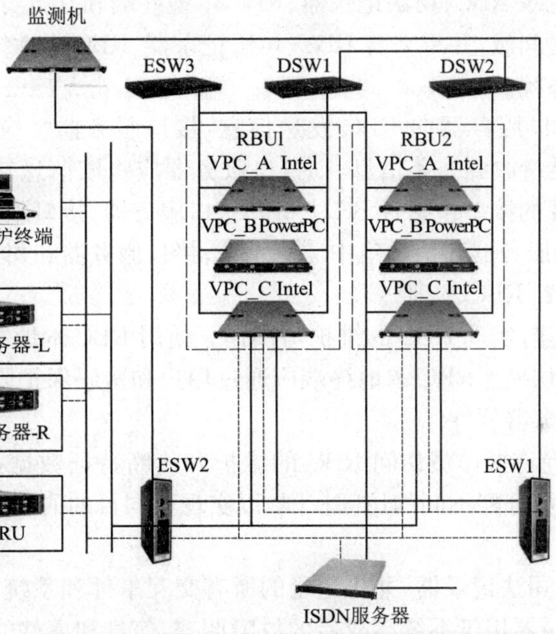

图 4.5 RBC 设备概览

图 4.6 RBC 设备具体配置图

(1)RBC 主机

实现 RBC 的核心逻辑功能,采用符合“故障—安全”原则的安全计算机平台进行安全相关逻辑运算和控制,采用高可靠的二乘二取二安全计算机平台,亦可采用三取二方式的安全计算机平台。RBC 主机硬件采用冗余结构,单系设备故障后不影响系统运用,并具有消息加密—解密功能,安全完整度能达到 SIL4 级的要求。

(2)RBC 配备独立的维护终端

RBC 维护终端是向维护工程师和其他技术人员提供 RBC 技术支持的系统。每个 RBC 设置一个维护终端,实现 RBC 主机的维护。

RBC 维护终端能更新 RBC 软件,实现维护和诊断,访问 RBC 的诊断数据,实现 RBC 在线单元和备用单元的切换。

(3)接口服务器

负责实现 RBC 和 CTC、信号集中监测系统(CSM)、RBC 本地终端设备之间的信息交互功能。接口服务器能记录 RBC、司法记录器、RBC 本地终端和其自身的报警和事件信息,每则信息都应保存相应的时间戳,并将来自 RBC、司法记录器、RBC 本地终端和其自身的报警信息报告给信号集中监测系统。

若 CTC 通过接口服务器向 RBC 发送信息,接口服务器则应判决将该信息传送至哪个 RBC。若接口服务器接收到一条信息,则接口服务器应将该信息转发至信息中指定的目的设备。接口服务器实现的接口包括:RBC 主机和接口服务器;接口服务器和 CTC;接口服务器和 RBC 本地终端;接口服务器和信号集中监测系统;接口服务器和司法记录单元 R-JRU。

(4)在机械室配置 RBC 本地终端

与 RBC 主机相连,实现 RBC 的维护与操作。使用 RBC 本地终端能实现 RBC 主机、接口服务器的在线、待机切换。RBC 本地终端应通过用户和密码保护限制不同类型用户的访问与操作,能更新接口服务器软件。

RBC 本地终端允许操作员访问 RBC 的维护和诊断特征数据,具有基于图形窗口的用户界面,为登录的操作员分配不同的访问权限,以实现不同目的的使用。

(5)司法记录器

RBC 装备 RBC 司法记录器,并将记录的所有交互事件和系统状态存储于 RBC 司法记录器中。RBC 司法记录器用于系统事故后的故障调查,信息和事件的记录功能基于计算机硬件平台和以太网数据通信来实现。RBC 司法记录器能提供工具以支持对日志的分析,能在 CD/DVD 上对日志进行存档,以报警的形式向 RBC 本地终端报告故障情况,并能被配置为从指定的设备获取数据。

2)无线闭塞中心的功能

(1)无线闭塞中心功能要求

①具备启动自检和安全侧初始化功能。

②具备与车载设备的双向信息传输功能。

③具备管理车载设备的注册和注销功能,并将车载设备状态信息发送给调度集中。

④具备根据从联锁获得的进路/轨道区段状态信息、车载设备发送的状态信息及前行列车发送的位置信息,向车载设备发送适合的行车许可功能。

⑤具备控制车载设备实现 CTCS-2 级/CTCS-3 级等级转换的功能。

⑥具备RBC—RBC移交功能。

⑦具备根据从临时限速服务器(TSRS)接受的临时限速命令(TSR),向车载设备发送临时限速信息功能。

⑧具备向车载设备发送分相区相关信息功能。

⑨具备调车管理功能。

⑩具备根据调度员的紧急停车命令,向车载设备发送紧急停车消息功能。

⑪具备完善的诊断与维护功能。

⑫具备接受密钥管理系统密钥的功能。

⑬具备保持与CTC设备时钟同步的功能。

⑭具备灾害信息处理的功能。

(2)RBC具体功能

RBC是CTCS-3级列控系统核心,是基于信号"故障—安全"计算机的控制系统。

RBC在CTCS-3级列控系统中的主要功能是:负责根据线路特性(如坡度、线路固定限速)、运输条件(列车间隔)和其他系统的情况(如轨道占用信息、联锁进路状态等)向列车发送速度一距离监控所需要的移动授权信息(MA),并通过GSM-R无线通信系统传输给车载自动超速防护系统ATP设备,保证其管辖之内列车的运行安全。

每个无线闭塞中心(RBC)最多可控制30列动车组,可与相邻的2个无线闭塞中心(RBC)和8个车站联锁设备接口。

无线闭塞中心(RBC)通过信号安全数据网实现与车站联锁设备的信息交换;通过冗余的E1通道,实现与CTC设备间信息交换。通过车站联锁计算机,获取轨道占用、进路状态、区间方向、闭塞分区的可用性等信息,RBC不直接与列控中心TCC进行信息交互;通过以太网与临时限速服务器进行连接,获取临时限速命令信息。TSRS与RBC间传递安全信息使用Subset-098安全协议,满足EN 50159-2对开放网络通信的安全要求,并且临时限速服务器可以和多个RBC相连,一个RBC只能和一个临时限速服务器相连;通过RBC—记录警报子系统ART与信号集中监测系统的CSM-RBC接口通信机接口,向信号集中监测系统输出其工作状态、收发信息记录等信息。

RBC的功能主要通过软件实现。

①RBC内部数据库

无线闭塞中心实现列车运行控制,需要大量的数据,这些数据不仅来源于外部设备(如车载设备OBC、地面联锁设备),而且还有许多既定的数据存储在RBC内部数据库。

来源于外部设备的数据,也要存入RBC内部数据库中,便于RBC的管理、处理和存储,RBC内部数据库主要子库有:

a. 线路参数子库

该数据库包含RBC控制范围内所有线路信息及特征,如桥梁、涵洞的位置与长度;线路的曲线长度、圆曲线半径、坡道坡度、限制行车速度等。

线路参数子库来源于线路勘测设计的数据,除线路改造外,是稳定不变的,在系统运行时,此子库是只读属性的。

在计算列车移动闭塞区间长度时,线路参数子库是其基本依据。

b. 车站信息子库

该数据库包含RBC控制范围内车站的基本信息和地面与行车有关设备的静态信息，如车站的类型、股道数、股道长度；道岔、信号机、应答器的位置和种类等。

c. 列车静态参数子库

该数据包含所有列车的静态参数，如列车车次、列车的种类、机车类型、车厢节数、长度、自重等。

d. 列车动态参数子库

该数据包含所有在RBC控制下的列车的动态数据，包括列车运行信息和列车的编组信息。

数据更新基于以下情况：列车编组改变，列车运行状态的改变。数据库中的信息由CBTC列车识别号进行区分。每个列车识别号与列车特征和列车安全运行状态信息

e. 锁定的进路，列车位置和发送的运行许可数据库

该数据库包含RBC控制下的地面与行车有关设备的动态信息。数据更新基于以下情况：

(a)列车移动并报告其位置。

(b)设定了新的进路。

(c)联锁设备请求收回进路。

数据库中的信息由进路标识进行区分，每条进路和下列信息相关：

ⓐ联锁设备的地面坐标。

ⓑ该进路上的OBC。

ⓒ每个OBC的运行许可。

ⓓ每个OBC的最严格静态速度曲线。

ⓔ每个OBC的绝对位置(地面坐标系)和运行方向。

ⓕ每个OBC的安全信息(如列车的运行模式等)。

ⓖ诊断和记录数据库。

记录RBC中发生的各种事件，如列车进入、驶出RBC的时间；列车运行许可、列车的通信状态；RBC设备的工作状态；与外部设备的通信状态等。

②RBC基本功能描述

a. 列车的注册和注销机制

无线闭塞中心对列车运行的控制是通过列车注册开始的，通过列车注销无线闭塞中心终止列车的运行控制或将列车的运行控制权交给下一个RBC。

列车的注册与注销机制主要解决列车控制权的归属问题。RBC可以同时管理多辆列车运行控制，实施列车的注册、注销。

列车注册——是列车接近无线闭塞中心的控制范围，列车与无线闭塞中心建立通信的过程。注册信息中包括车载设备的识别号、机车的识别号、列车车次、列车当前的位置等信息。注册成功后，列车与RBC之间就建立起实时、双向的通信信道，RBC开始对列车实施控制。

列车注销——所谓注销，就是指列车离开无线闭塞中心的控制范围，请求脱离RBC的运行控制，RBC将运行控制权交于下一RBC，完成列车的跨区运行。

无线闭塞中心会对其内部数据库进行操作，将列车信息写入列车注册信息表，创建该列车的动态运行信息表，并建立与该列车静态数据信息的链接。

列车注册表的内容包括：注册信息标识符；列车车次；车载设备识别号；车载系统版本号；列车类型；上行/下行；列车运行状态（区间运行、进站、出站）；通信状态。

列车注册及注销时机：

(a)列车注册情况，列车在始发站准备发车，机车车载设备启动时，首先向所在的车站的闭塞中心发送注册信息，请求 RBC 的控制，向 RBC 提出建立通信请求；RBC 接到列车建立通信请求后，进行确认并发送确认信息给车载设备；车载设备接收到 RBC 的确认信息后，正式与始发站 RBC 建立通信，列车开始处于 RBC 控制之下。

(b)列车到达终点站完成列车运行任务，车载设备关机前，向 RBC 发出列车注销请求，拆除列车与 RBC 之间的通信链路，RBC 收到列车的注销信息后，将列车注册信息表中，该列车的信息删除，表示拆除通信链路，并注销其内部数据库与列车相关的列车动态数据表。

b. RBC 注册后的运行

列车在运行中，无线闭塞中心根据列车注册的先后顺序，以轮询方式向 RBC 管辖范围内的所有列车发送运行许可，控制列车的运行。

无线闭塞中心也只向列车动态信息表中的列车发送运行许可。因此，运行在线路上的列车，必须在 RBC 注册，才能处于 RBC 的控制之下，才能收到 RBC 的控制信息。

当列车驶离 RBC 的控制范围时，列车向无线闭塞中心发送注销信息，请求脱离 RBC 控制。只有列车注销后，无线闭塞中心将该列车从列车动态信息表中删除。因此列车动态信息是动态更新的。

c. 更新列车动态数据库

更新列车动态数据库是调度集中系统和 RBC 共同完成的。调度集中系统完成列车编组信息的更新（主要针对货车）；RBC 完成列车运行状态信息的更新。

列车在运行中，列车向无线闭塞中心实时发送列车的运行报告，RBC 通过列车注册信息表，链接到相应的列车动态信息表。RBC 将列车的运行状态报告中的运行方向、列车位置、运行速度、列车状态、列车完整性，存储在相对应的动态信息表中，完成列车的动态数据库的更新，以便完成其他 RBC 功能时调用。

d. 向列车发送运行许可

无线闭塞中心对列车运行控制是通过向运行中的列车发送列车运行许可实现的，运行许可 MA 是列车运行的依据。列车运行许可包含：车载设备识别号；列车运行方向；列车最小安全前端距离；列车安全前端距离；列车安全后端；列车限制速度；前方列车位置；前方列车速度；列车运行状态；前方车站识别号；距前方车站距离；列车进路股道号；股道停车地点。

(a)车载识别号：确认车载设备的接收信息的正确性。

(b)列车安全前段距离：列车正常安全运行的距离，是 RBC 根据移动闭塞区间下，列车间隔控制原理计算得出的。

(c)列车安全后端：保证列车丢车后，发现并通知 RBC 和后续列车，保证后续列车行车安全所需要的安全距离。

e. 安全最小距离及移动闭塞区间长度计算

紧急制动所需要的最大制动距离和安全保护距离之和即为最小安全距离，其是根据列车当前行驶速度、线路条件、列车参数性能计算得出的。

列车安全后端、列车安全前端，再加上列车本身长度，就是列车此时的移动闭塞区间的长度，移动闭塞区间是 RBC 经过计算实时给出的，是随列车的移动而移动的。列车的移动闭塞分区长度计算如图 4.7 所示。

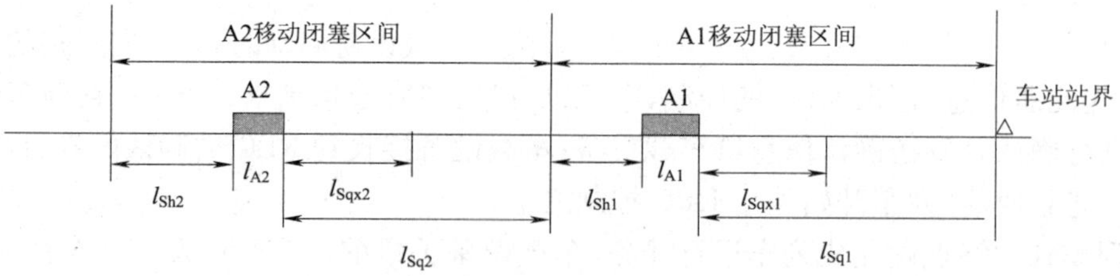

图 4.7　列车的移动闭塞分区长度计算示意图

l_{A1}—A1 列车长度；l_{Sh1}—A1 安全后端；l_{A2}—A2 列车长度；l_{Sh2}—A2 安全后端；
l_{Sq1}—A1 安全前端；l_{Sqx1}—A1 最小安全前端；l_{Sq2}—A2 安全前端；l_{Sqx2}—A2 最小安全前端

f. 列车运行状态控制

列车的运行控制状态包括：列车区间运行；列车进站；列车出站；列车站内停车。

当列车处于区间运行时，列车进路股道号、股道停车地点可以不传送或置为空。列车运行许可一旦给出，必须保持到下一个运行许可的到来，更新运行许可。

如果列车与 RBC 通信中断，列车按最后一个运行许可给出的移动闭塞区间继续运行，直到列车与 RBC 重新建立通信，接收新的运行许可。在未收到新的运行许可之间的时间，列车依据静态运行曲线运行，到许可给出的闭塞分区尾端时速度降为 0，确保列车不能超越闭塞分区尾端。

g. 管理列车移动闭塞区间

列车在区间运行过程中，RBC 周期发送给所有列车运行许可，每一列列车都有自身的移动闭塞区间，RBC 管理列车所有的移动闭塞区间，严禁任何一段线路同时存在于两个 RBC 中。

RBC 在进行移动闭塞分区管理时，具备以下特点：

(a)相同站间区间内，相同运行方向的先行列车先计算、赋予移动闭塞区间。

(b)列车的移动闭塞分区前端应大于列车的最小安全前端，否则列车必须进行紧急制动，而不是常用制动。

(c)站间区间内，无先行列车时，列车的安全前端是车站站界应答器。

(d)站间区间内，先行有列车时，列车的安全前端是先行列车的安全后端，如果先行列车速度大于后行列车，列车不需进行制动。

(e)如果先行列车的速度小于后行列车的速度，列车间的间隔不断缩小，列车需要常用制动，在列车间隔为最小安全前端时，与前行列车同速运行，保证列车在安全运行的前提下，保证最小列车间隔。

h. 申请进路及释放全部/部分联锁进路

列车在车站范围内，无线闭塞中心和车站联锁设备共同完成列车的站内运行控制。

列车进站——列车出站过程中，RBC 的工作过程：当列车到达车站站界应答器时，RBC 向车站联锁设备申请进路。联锁将进路状态反馈给 RBC，如果车站联锁设备根据调度集中系统 CTC 分机的列车进路办理好列车进路联锁，RBC 发送给列车的运行许可中，移动闭塞分区的末端是列车股道列车停车位置。

如果车站联锁设备未办理好列车进路联锁，RBC发送给列车的运行许可中，移动闭塞分区的末端是进站线路始点，直到列车进路办理好为止。

i. 紧急消息处理及紧急停车

(a)紧急消息机制

在发生紧急情况（突发危险情况），通过发送紧急消息，来确保列车的行车安全。紧急信息的发送应使用无线闭塞中心与车载设备无线通信链接中的高优先级通道，并单独发送到每个车载设备。只有紧急信息能够通过高优先权通道进行发送，紧急信息的确认和撤销信息则不需采用高优先级通道。一旦有危险情况，可以使用RBC和车载设备之间的无线链接中的高优先级通道来获得快速反应。

一个紧急消息中应包含由确定紧急消息的标识符、RBC识别号、车载设备识别号。当重复发送紧急消息时，应使用同样的标识符。如果车载设备接收到了具有同样标识符的新消息，它应该用新消息替代旧消息。应使用相应的紧急消息标识号码确认每一条发送到车载设备的紧急消息。紧急信息必须以可视和可听的方式在RBC和车载设备的人—机界面上显示。紧急消息分为：车—地紧急消息，地—车紧急消息。当司机给RBC发送紧急信息时，RBC必须在0.5 s内自动将紧急停车信号发送给正接近该司机启动紧急信息的位置的列车。

(b)紧急停车

车—地紧急消息导致紧急停车——司机发现紧急情况（如列车丢车情况）后，实施列车紧急制动，列车向无线闭塞中心发送紧急消息，报告列车紧急制动。无线闭塞中心接到紧急消息后，立即取消列车移动闭塞区间的计算和向列车发送新的运行许可（实施紧急制动），向列车发送紧急消息确认信息，接收列车位置报告。列车重复发出紧急消息直到接收到RBC发来的紧急消息的确认信息。在发送第一个紧急停车信息后拒绝接收新的运行许可，直到紧急消息撤销。当列车给RBC发送紧急信息时，RBC必须在0.5 s内自动将紧急停车信号发送给正接近该列车启动紧急信息的位置的列车。

地—车紧急消息导致紧急停车——无线闭塞中心接到其他设备的紧急通知，列车运行前方存在安全隐患，无线闭塞中心向列车发送紧急消息直到列车反馈列车回执，列车实施紧急制动。列车在收到RBC发来的紧急停车信号，必须在0.5 s之内命令进行紧急制动，列车不再接收运行许可直至撤销消息的到来。当其他设备（非ETCS）发送紧急信息给RBC时，RBC/CTS必须在0.5 s内自动地发送一条紧急警报信息给正在接近发送信息设备的列车。

(c)紧急消息的撤销

撤销消息应包含所要撤销的紧急消息的标识符、车载设备的识别号、RBC识别号。紧急消息的撤销应不影响对可能接收到的其他紧急消息的处理。

③RBC的软件框架结构

RBC的软件框架结构如图4.8所示。

各软件模块功能如下：

a. 车载通信模块。与车载设备建立通信，接收发送信息。

b. 联锁通信模块。与联锁设备建立通信，发送进路申请，接收联锁状态。

c. CTC通信模块。与CTC分机建立通信，发送列车运行状态信息，接收列车运行控制信息。

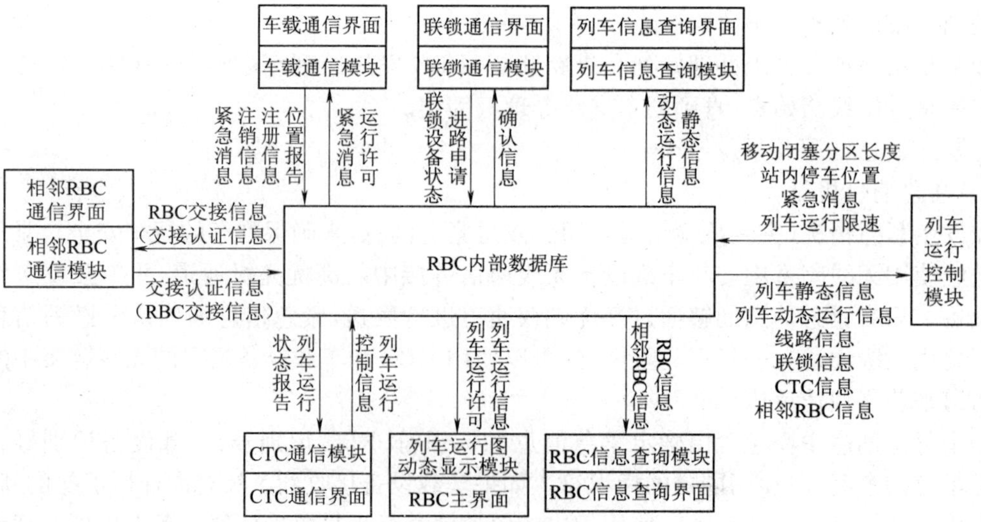

图 4.8　RBC 的软件框架结构图

d. 列车运行控制模块。调用数据库内信息计算列车的移动闭塞分区长度，管理移动闭塞分区，计算列车运行控制数据，控制列车运行。

e. 列车信息查询模块。可以查询 RBC 控制下的列车的详细信息。

f. RBC 信息查询模块。可以查询 RBC 和相邻 RBC 的详细信息。

g. 列车运行图动态显示模块。动态显示 RBC 范围内列车的运行状态。

h. RBC 内部数据库。记录、存储 RBC 运行过程中的所有信息。

3)无线闭塞中心的基本设备

(1)RBC 机柜

RBC 主机机柜的结构示意及机柜布置示意分别如图 4.9 和图 4.10 所示。

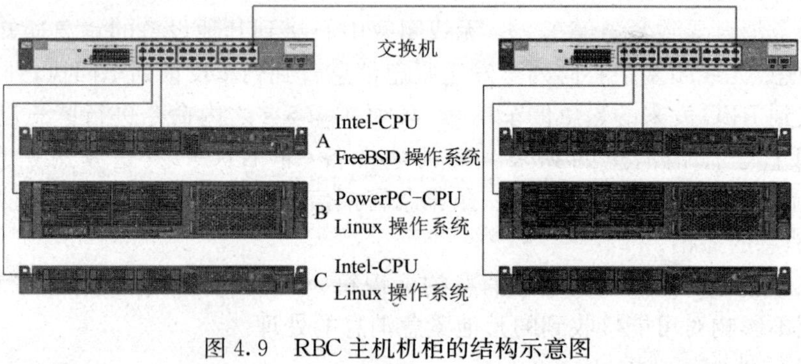

图 4.9　RBC 主机机柜的结构示意图

RBC 机柜主要包括以下几部分：

①RBC 主机。由 VPC_A、VPC_B、VPC_C 组成，运行 RBC 应用程序。

②VPC_T。运行维护、诊断、试验、记录和仿真应用程序。

③VPC_I。运行 ISDN 应用程序。

④LCM/KVM。监控器、键盘和鼠标多路复用器。

⑤DSW。内部交换机。

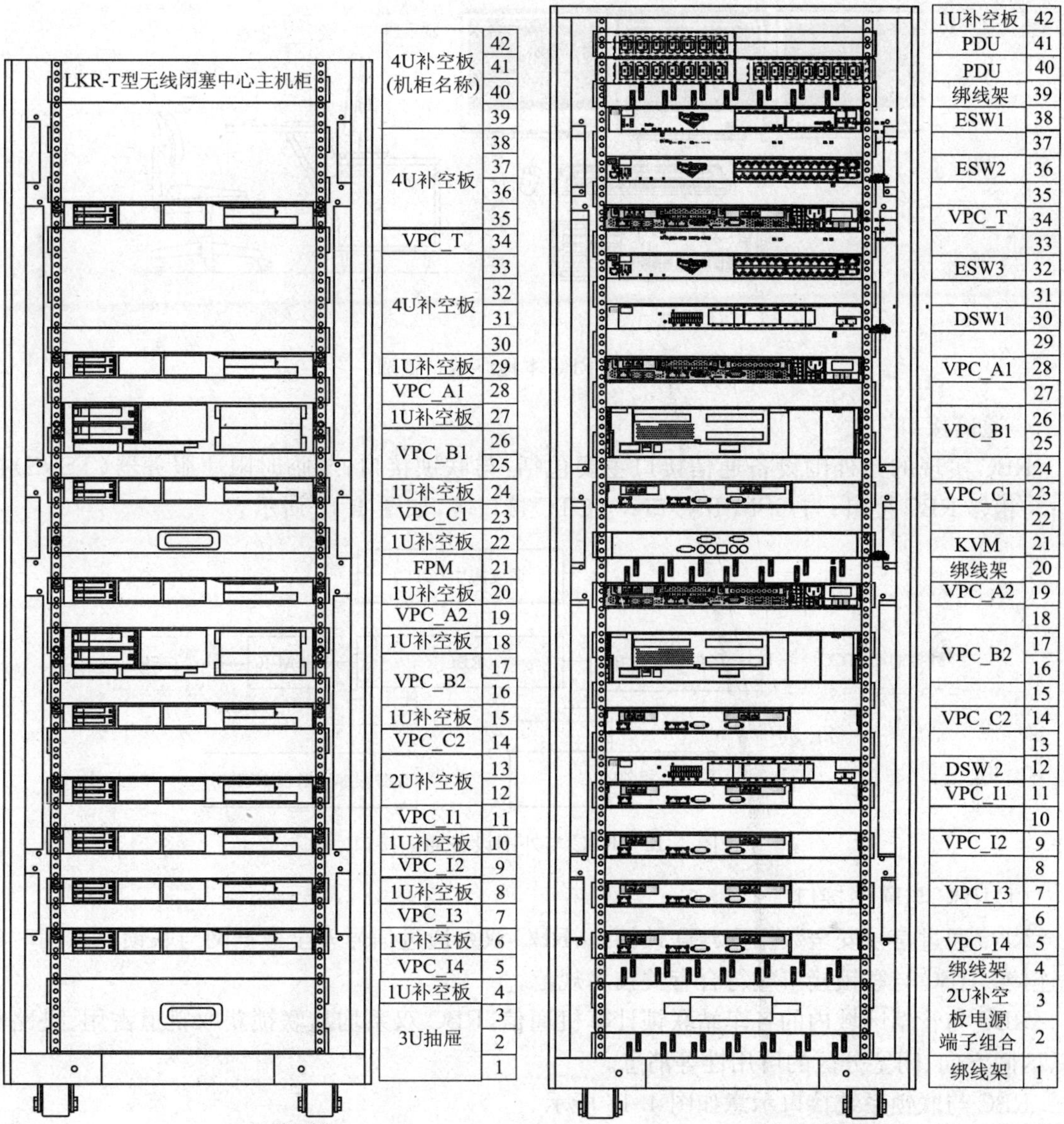

(a) 前视图　　(b) 后视图

图 4.10　RBC 主机机柜布置示意图

⑥ESW。外部交换机。

(2)接口服务器机柜

接口服务器机柜主要包括以下几部分：

①RBC 司法记录器(R-JRU)。

②接口服务器。

③接口服务器维护终端。

④LAN 交换机。

(3)RBC 本地终端

RBC 本地终端布置如图 4.11 所示，主要包括工作站、显示器、键盘、鼠标等部分。

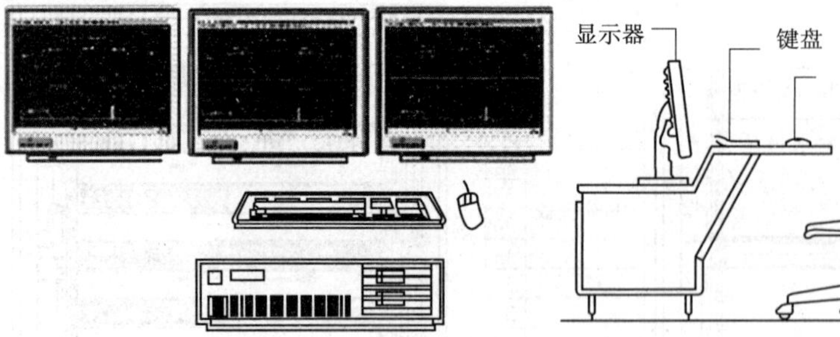

（a）正面　　（b）侧面

图 4.11　RBC 本地终端布置图

4)通信接口

RBC 实现的与外围设备通信接口主要包括：与联锁接口；与临时限速服务器(TSRS)接口；与相邻 RBC 接口；与 GSM-R 接口；与 CTC 接口等，如图 4.12 所示。

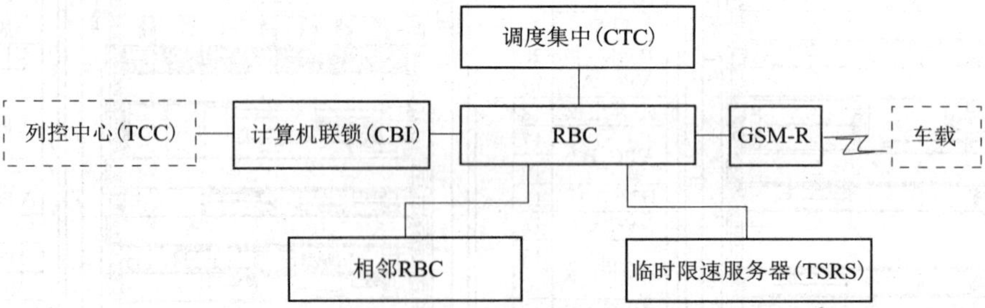

图 4.12　RBC 与外围设备通信接口

(1)RBC 与联锁接口

RBC 通过信号安全数据网与联锁接口，RBC 双系通过信号安全数据网与联锁双系同时建立连接。RBC 与联锁接口应符合有关技术规范。

RBC 与管辖区域内的各车站联锁计算机通信，RBC 双系均从联锁获取轨道占用、进路状态、区间方向、闭塞分区的可用性等消息。

RBC 与联锁系统接口示意如图 4.13 所示。

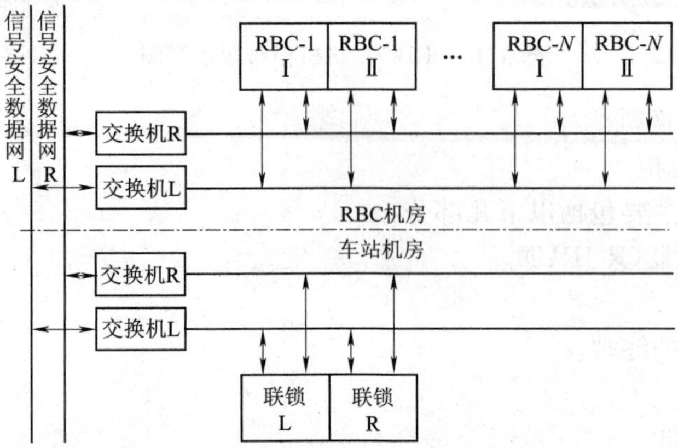

图 4.13　RBC 与联锁系统接口示意图

(2)RBC与临时限速操作服务器接口

RBC通过信号安全数据网与临时限速服务器接口,RBC双系通过信号安全数据网与临时限速服务器双系同时建立连接。RBC与临时限速服务器接口应符合有关技术规范。

RBC能接收临时限速服务器发送的初始化命令、临时限速命令等消息,能向临时限速服务器发送临时限速状态、初始化状态等消息,能接受设置在跨越RBC管辖范围边界的完整临时限速命令。

RBC与临时限速服务器接口示意图如图4.14所示。

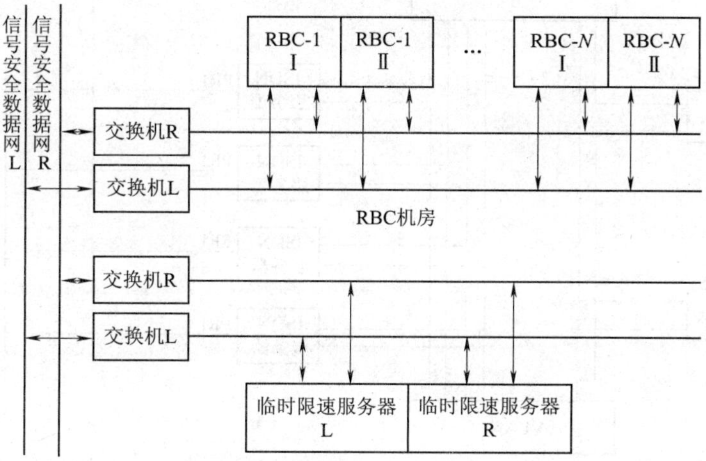

图4.14 RBC与临时限速服务器接口示意图

(3)RBC与相邻RBC接口

RBC通过信号安全数据网与相邻RBC接口,RBC双系通过信号安全数据网与相邻RBC双系同时建立连接。RBC与相邻RBC接口应符合有关技术规范。

RBC—RBC接口采用CTCS ID作为服务器端、客户端分配标识,CTCS ID较小的一侧作为服务器端,较大的一侧作为客户端。

RBC之间的通信内容包括列车信息、临时限速、边界处线路信息等。移交RBC时向接收RBC发送预告、授权相关信息请求、通告、取消等消息,接收RBC向移交RBC发送授权相关信息、接管职责、应答等消息。

RBC与相邻RBC接口示意如图4.15所示。

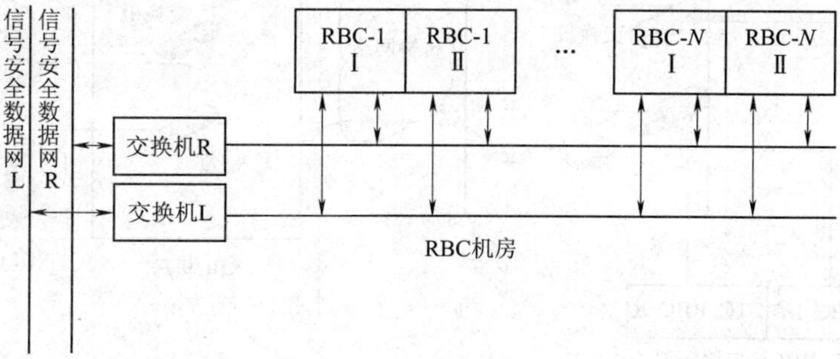

图4.15 RBC与相邻RBC接口示意图

(4)RBC 与 GSM-R 接口

RBC 通过 ISDN PRI 与 GSM-R 接口,一套 RBC 中所有 GSM-R 接口单元的 ISDN PRI 接口应采用相同的 ISDN 号码。

RBC 通过 GSM-R 接口向车载设备发送行车许可、临时限速、紧急停车等消息,RBC 通过 GSM-R 接口接受车载设备发送的位置报告、消息确认等消息。

RBC 与 GSM-R 的接口示意如图 4.16 所示。

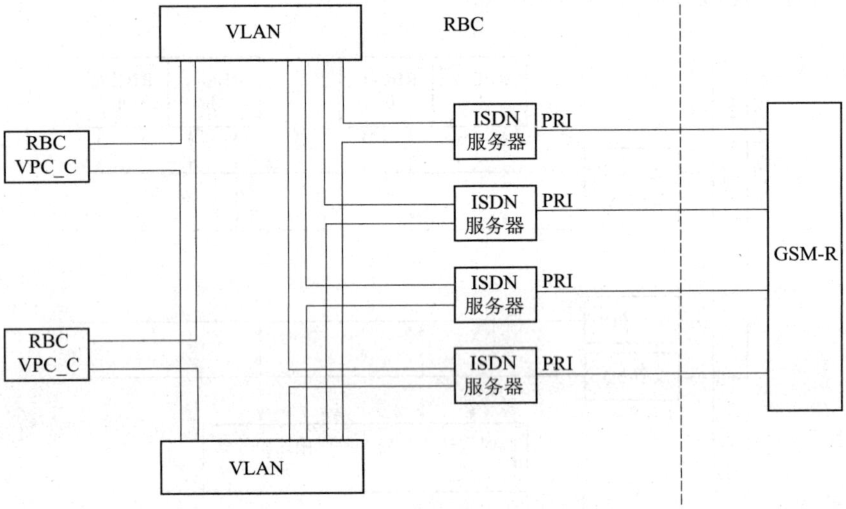

图 4.16　RBC 与 GSM-R 的接口示意图

(5)与 CTC 接口

RBC 通过 RBC 接口单元实现与 CTC 接口,RBC 与 CTC 间应通过冗余的专用 2 M 数字通道互连。RBC 与 CTC 接口应符合有关技术规范。

RBC 能接收 CTC 发送的紧急停车命令、文本消息等消息,向 CTC 发送列车信息、诊断信息及连接报警等消息。列车信息包括列车的车次号、列车长度、车载设备工作模式、列车速度、列车位置及行车许可终点位置等信息。

RBC 与 CTC 的接口示意如图 4.17 所示。

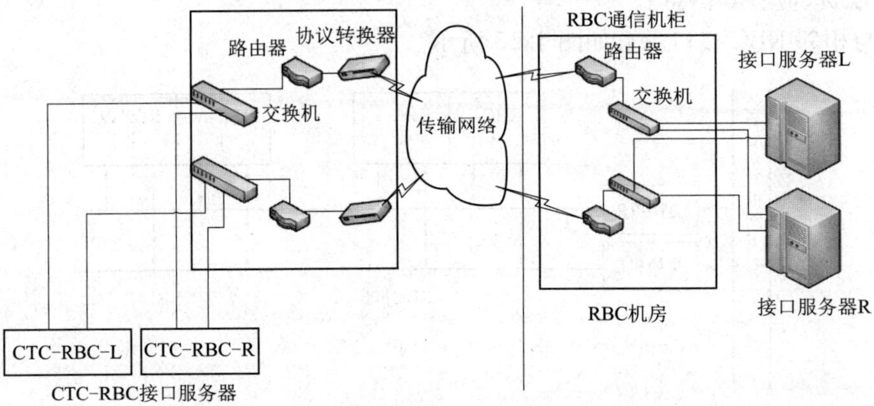

图 4.17　RBC 与 CTC 的接口示意图

2. 无线闭塞中心各RBC间切换

RBC切换描述了在不同RBC边界处，实现列车在两个RBC间行车许可控制的安全切换过程。

1)概述

RBC切换采用RBC间直接通信的方式交换RBC切换信息，如图4.18所示。

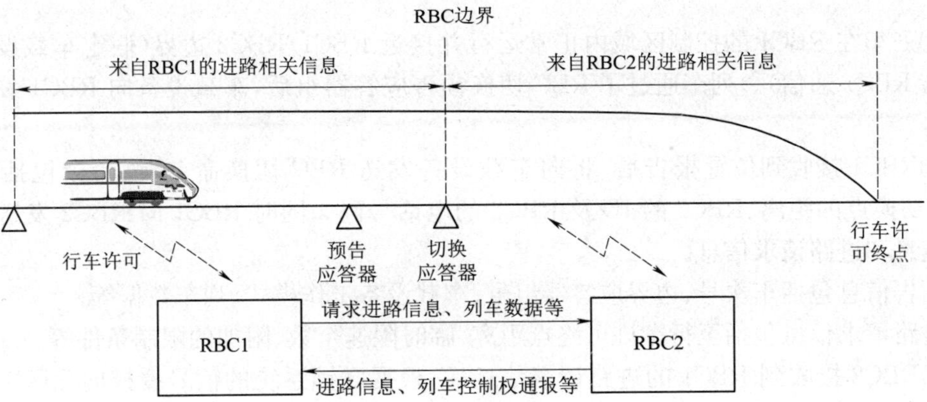

图4.18　RBC切换示意图

在RBC切换过程中，RBC1(移交RBC)负责向RBC2(接收RBC)发送切换预告信息、进路请求信息、切换通告信息、切换确认信息、切换取消信息。RBC2负责向RBC1发送进路信息、接管列车信息。

为消除RBC切换对列车正常运行的影响，车载设备应设置两个独立GSM-R通信电台，当列车距RBC切换边界一定距离时，在RBC1控制下通过另一部电台开始呼叫RCB2，并进行连接注册。

当其中一部GSM-R通信电台故障时，车载设备仍能用正常电台进行RBC切换，但如果切换时间超过车—地间允许通信中断时间，列车正常运行会受到一定影响。

由于在CTCS-3级线路上所有RBC都连接到相同的GSM-R无线网络上(即同一个GSM-R网络运营商网络)，在RBC正常切换时，不需要考虑任何新的GSM-R无线网络注册。

2)预告点、切换点及标志牌的设置

RBC—RBC转换应设置预告点、RBC切换点和切换标志牌。

(1)预告点(LTA)

当车载设备向RBC发送通过该应答器的位置报告后，RBC判断可以开始向列车发送RBC切换信息。预告点可以是区间任何一个位置合适的普通定位应答器组。

(2)RBC切换点(RN)

当列车前端通过该点时，当前RBC停止对列车的控制，切换到另一个RBC进行控制。同时，该点设置的应答器组向车载设备发送RBC切换命令，命令处于休眠模式(SL)的车载设备记录与新RBC连接所需要的信息。

(3)切换标志牌

在RBC切换点处，应设置标志牌提示司机列车进入另一个RBC控制区域。

3)RBC切换流程

RBC切换包括两部GSM-R无线电台都正常和只有一部GSM-R无线电台正常的场景，

适用于列车在本线不同 RBC 控制区域间 RBC 对列车控制权的切换，也适用于不同线路间 RBC 对列车控制权的切换。

(1)两部电台都正常的 RBC 切换

两部 GSM-R 无线电台(定义为电台 1 和电台 2)都正常时，RBC1→RBC2 的切换流程如下：

①列车在 RBC1 的控制区域内正常运行并接近 RBC1/RBC2 边界(假定车载设备使用电台 1 与 RBC1 通信)。列车通过了 RBC 切换预告应答器组后，车载设备向 RBC1 发送列车位置报告。

②RBC1 接收到位置报告后，将向车载设备发送 RBC 切换命令，该命令包括至 RBC1/RBC2 切换点的距离、RBC2 的 ID 及 RBC2 的电话号码。同时 RBC1 向 RBC2 发送移交列车预告信息和进路请求信息。

预告信息包括车次号、边界应答器组号、车载设备工作模式、列车数据等。

进路请求信息包括至行车许可终点距离、临时限速个数、附加的限制条件等。

③RBC2 接收到 RBC1 的进路请求信息后，根据联锁系统的信号授权向 RBC1 发送进路信息。进路信息包括行车许可、线路坡道、静态速度及其他与行车许可相关的附加信息。当 RBC2 管辖范围内进路发生变化时，RBC2 应当及时将进路信息发送给 RBC1。RBC1 根据 RBC2 提供的进路信息，向车载设备发送延伸至 RBC2 区域内的行车许可。

④根据 RBC1 提供的电话号码，列控车载设备使用电台 2 开始呼叫 RBC2。呼叫成功后，列控车载设备通过电台 2 向 RBC2 发送通信初始化信息、RBC2 向列车发送通信版本信息、车载设备向 RBC2 发通信建立信息。至此，车载设备与 RBC2 建立了通信会话。

⑤列车继续前行，在到达切换边界前，车载设备保持使用 RBC1 提供的行车许可监控列车运行，并向 RBC1、RBC2 发送位置报告。

⑥当列车头部(最大安全前端)越过边界后，车载设备向 RBC1 及 RBC2 发送位置报告。从此，车载设备开始只使用从 RBC2 接收到的消息，并拒绝接受 RBC1 除终止会话信息之外的其他消息。

⑦RBC1 接到列车最大前端越过切换边界的位置报告后，向 RBC2 转发列车位置信息。

⑧RBC2 收到列车最大前端已越过 RBC 切换边界的位置报告后，向 RBC1 发送接管列车信息。

⑨在切换过程中，如果列车越过切换边界而未能成功地与 RBC2 建立通信会话并获得行车许可，将继续按 RBC1 提供的行车许可运行，并在列车运行速度降至 CTCS-2 级列控系统允许运行速度时，系统将自动转换为 CTCS-2 级控车并提示司机进行确认。

⑩当列车尾部(最小安全末端)越过边界后，车载设备向 RBC1 及 RBC2 发送位置报告。

⑪RBC1 根据列车提供的位置报告命令车载设备切断电台 1 与 RBC1 的通信会话，同时将其从 RBC1 的列车清单中删除。

⑫车载设备接收到 RBC1 的切断无线连接的命令后，切断与 RBC1 的通信连接。

⑬列车尾部通过切换应答器组(RN)后，处于休眠模式(SL)的车载设备记录 RBC2 的呼叫信息。

⑭车载设备通过电台 2 继续保持与 RBC2 的通信会话并接收行车许可，监控列车安全运行，至此完成 RBC1 到 RBC2 的切换。

(2)只有一部电台正常的 RBC 切换

当只有一部 GSM-R 无线电台正常时,RBC1→RBC2 的切换流程如下:

①列车在 RBC1 的控制区域内正常运行并接近 RBC1/RBC2 边界。列车通过了 RBC 切换预告应答器组后,车载设备向 RBC1 发送列车位置报告。

②RBC1 接收到位置报告后,将向车载设备发送 RBC 切换命令,向 RBC2 发送移交列车预告信息和进路请求信息。

③RBC2 接收到 RBC1 的进路申请信息后,根据联锁系统的信号授权向 RBC1 发送进路信息。当 RBC2 管辖范围内进路发生变化时,RBC2 应当及时将进路信息发送给 RBC1。RBC1 根据 RBC2 提供的进路信息,向车载设备发送延伸至 RBC2 区域内的行车许可。

④当列车头部越过边界后,车载设备向 RBC1 发送位置报告。从此,车载设备拒绝接受 RBC1 除终止会话信息之外的其他消息。

⑤RBC1 接到列车最大安全前端越过切换边界的位置报告后,向 RBC2 转发列车位置信息。

⑥RBC2 收到列车最大安全前端已越过 RBC 切换边界的位置报告后,向 RBC1 发送接管列车信息。

⑦当列车尾部越过边界后,车载设备向 RBC1 发送位置报告。处于休眠模式(SL)的车载设备记录 RBC2 的呼叫信息。

⑧RBC1 根据列车提供的位置报告命令车载设备切断电台 1 与 RBC1 的通信会话,同时将其从 RBC1 的列车清单中删除。

⑨车载设备接收到 RBC1 的切断无线连接的命令后,切断与 RBC1 的通信连接。车载设备根据 RBC1 先前下达的切换命令,开始呼叫 RBC2。呼叫成功后,列控车载设备向 RBC2 发送通信初始化信息、RBC2 向列车发送通信版本信息、车载设备向 RBC2 发通信建立信息。至此,车载设备与 RBC2 建立了通信会话。

⑩RBC2 根据联锁的信号授权生成行车许可并发送给列控车载设备,RBC2 监控列车的运行。至此 RBC1 到 RBC2 的切换完成。

从车载设备与 RBC1 断开连接到与 RBC2 建立通信会话并获得新的行车许可,约需 40 s 的时间,此过程中车载设备使用 RBC1 先前提供的延伸到 RBC2 控制区域的行车许可监控列车运行,如果切换时间超过系统允许车—地连接通信中断时间,将导致列车常用制动。当列车运行速度降至 CTCS-2 级列控系统允许运行速度时,系统将自动转换为 CTCS-2 级进行控车并提示司机进行确认。

(3)更改计划

已经与 RBC2 建立通信会话的列车不按照计划继续前进的情况可能会发生。RBC1 将根据变更的联锁进路缩短列车的行车许可,以便在 RBC1/RBC2 切换边界前结束。

RBC1 将计划变化信息送给 RBC2。RBC2 接收到计划变化信息后向车载设备发送终止通信会晤命令,同时删除该列车的注册信息。

当联锁重新办理了向 RBC2 的延长进路,在 RBC1 的控制下,车载将重新呼叫 RBC2 建立连接。列车前端越过 RBC1/RBC2 切换边界时,车载设备自动切换到受 RBC2 的监控。

(4)司机关闭驾驶台

当车载设备通过两部电台与 RBC1 和 RBC2 同时进行连接通信时,如果司机关闭了驾驶台，车载设备将对 RBC1 和 RBC2 都执行终止任务程序。

当司机再次开启驾驶台时，车载设备将根据此时设备存储记忆的 RBC 连接呼叫信息（车载设备在休眠模式下或关闭前记忆的 RBC 呼叫信息）与相应 RBC 建立连接。

3. 无线闭塞中心系统设备的维护

无线闭塞中心设备的维护分为三级，其中，一级平均修复时间（MTTR）不应大于 30 min；二级平均修复时间（MTTR）不应超过 4 h；三级平均修复时间（MTTR）不应超过 15 h。

无线闭塞中心设备的维护主要包括日常巡检和集中检修。

1）日常巡检

（1）室内环境

①通过监测手段监视 RBC 机械室温度、湿度是否满足要求。

②RBC 机械室是否清洁；是否满足防尘条件。

（2）RBC 机柜

①切换 RBC 机柜内显示界面，逐个检查服务器工作状态，观察是否出现黑屏、显示不正常等现象；如不正常，则检查相关供电、显示、通信连接是否存在故障。

②逐个观察 RBC 服务器的硬件指示灯是否正常，包括硬盘指示灯和信息面板指示灯等。

③检查 RBC 机柜内交换机工作指示灯是否正常。

（3）VIA（接口服务器）机柜

①切换 VIA 机柜内显示界面，逐个检查服务器工作状态，观察是否出现黑屏、显示不正常等现象，如不正常，则检查相关供电、显示、通信连接是否存在故障。

②在 VIA 机柜中逐个检查硬盘指示灯是否正常。

③检查 VIA 机柜内指示灯是否正常。

（4）通过 RBC 本地终端的显示界面检查 RBC 系统工作状态

①RBC 系统内部连接显示是否正常。

②RBC 系统主、备系工作状态是否正常。

③RBC 是否发生主、备切换。

④VIA 工作状态是否正常。

⑤VIA 硬盘空间是否达到警戒线。

⑥R-JRU 工作状态是否正常。

⑦VIA 对 CTC 接口显示是否正常。

⑧VIA 对集中监测接口显示是否正常。

（5）通过 RBC 维护终端检查 RBC 系统接口状态

①RBC 内部 ISDN 服务器的连接状态。

②RBC 对联锁接口连接状态。

③RBC 对 TSR 接口连接状态。

（6）检查 R-JRU 的硬盘空间是否超过警戒线

如果超过，则导出之前的记录存储于外置设备中，然后清理 R-JRU 服务器中的记录文件。

2）集中检修

（1）每月检修工作内容

①检查 RBC 系统时间是否正确。

②检查RBC及VIA人工或自动切换是否良好，设备切换到备机。

③对机柜及附属设备进行清扫。

(2)每年检修工作内容

检查柜内及系统连接，包括：

①检查柜内配线是否发生异常变动，包括RBC机柜、VIA机柜、防雷机柜等。

②检查RBC系统相关机柜间配线是否发生异常变动。

③检查机柜内各项设备是否异常。

④定期进行地线测试、电源电压测试。

4. 无线闭塞中心故障处理

1)无线闭塞中心设备故障处理的一般流程

无线闭塞中心故障处理按照《高速铁路信号维护规则　技术标准》的相关规定执行。

RBC工区值班人员在无线闭塞中心日常维护、测试过程中发现设备有不良状况，应立即报告电务段调度指挥中心，并及时进行查找、分析、处理。

RBC设备故障影响正常使用时，RBC工区值班人员应立即报告电务段调度指挥中心，由电务段调度通知CTC中心值班人员在局调度所的“行车设备检查登记簿”上登记停用，并及时进行处理。设备修复后销记，恢复RBC使用。

根据掌握的列车运行异常信息、设备故障，检查分析告警日志、运行日志、通信日志等数据，查明原因。原因清晰的数据分析结果按规定反馈至相关部门；原因不明的及时向调度指挥中心和车间汇报；追踪故障信息分析及处理结果并销号。

对涉及ATP、现场信号、通信网络等设备的故障，RBC工区值班人员应将信息提报相关部门或厂家，要求反馈故障分析结果，根据反馈结果进行综合分析、查明原因并销号。

涉及跨局、跨段的问题，由电务段调度通知相关单位进行处理。故障处理完毕后，RBC工区需将报警内容、原因及处理结果进行填记。

2)设备故障应急处置

无线闭塞中心设备采取了多种冗余备用措施，如采用了双系热备工作的服务器、双网冗余设置的网络，RBC主机硬件也采用冗余结构。这些措施的使用，大大提高了无线闭塞中心的可靠性，保证单系设备发生故障时，系统仍可保证列车正常运行。但是，在极端情况下，仍有可能发生冗余设备同时发生故障，一旦出现故障，在故障排除设备修复前，为尽量减少对行车的影响，应采取应急处置办法。

(1)系统服务器故障

无线闭塞中心的服务器由RBC服务器、TSRS服务器，VIA接口服务器、R-JRU司法记录单元及TSR-CTC接口服务器等构成。除R-JRU为单套工作外，所有服务器均为双系热备。

采用双系热备工作的服务器，任何一系发生故障时，备系可以自动升级为主系工作，保证系统正常运行。值班人员发现无线闭塞中心服务器单系故障后，应及时对其进行重启处理，若故障仍未解决，应立即通知厂家技术人员及时处理故障服务器，保证尽快恢复系统双系工作。

对于只有单套工作的服务器，发生故障时，应先进行重启处理，若故障未解决，有备品的更换备品，没有备品应立即通知厂家技术人员及时处理故障服务器，保证尽快使设备恢复工作。

服务器双系故障，影响系统正常运行，RBC 工区值班人员应立即报告电务段调度指挥中心，由电务段调度通知 CTC 中心值班人员在局调度所的"行车设备检查登记簿"上登记停用，并及时进行处理。设备修复后销记，恢复 RBC 使用。

(2)系统网络故障

无线闭塞中心的网络都是双网冗余设置，一旦发生单网故障状态，虽不会影响系统工作，但值班人员必须立即查找故障原因。如果是 RBC 机房内网络设备故障造成，应立即进行处理，若无法解决，应立即通知相关技术支持人员前来处理；如果是相关通信设备故障造成，应立即通知通信部门处理，以尽早恢复双网工作状态。

双网同时故障，影响 RBC 正常运行，RBC 工区值班人员应立即报告电务段调度指挥中心，由电务段调度通知 CTC 中心值班人员在局调度所的"行车设备检查登记簿"上登记停用，并及时进行处理。设备修复后销记，恢复 RBC 使用。

(3)RBC 主机故障处理

RBC 主机硬件采用冗余结构，单系设备故障后不影响系统运用。RBC 的备用单元故障，在线单元要向信号集中监测系统(CSM)报告。RBC 发生双机切换，则转为在线的单元要向 CSM 报警。RBC 在线单元或备用单元故障，则该单元应自动重启。

在线和备用单元软件版本不匹配，则备用单元应保持在冷待机状态。

(4)接口异常处理

①与联锁系统接口

RBC 在规定时间内没有通过某连接通道接收到来自联锁的消息，则 RBC 认为该连接通道故障，并向 CSM 发送相应报警。

RBC 在规定时间内没有接收到来自联锁的任何消息，则 RBC 认为与该联锁的通信会话中断，并向 CSM 发送相应报警。

RBC 与联锁的通信会话中断后，停止向位于该联锁控制区域内的所有列车发送消息；停止向 MA(行车许可)已经延伸到该联锁控制区域内的所有列车发送消息，然后将所有来自该联锁的输入置为安全状态。安全状态有：站内信号授权(SA)——"无进路"状态；区间信号授权(SA)——"占用"状态；紧急区域——激活状态。

②与临时限速服务器接口

如果 RBC 不接受某一临时限速命令，应向临时限速服务器返回一个包含错误码的错误消息。RBC 接收到不符合顺序的临时限速消息，应向临时限速服务器发送报警。

如果一条消息中存在多个关于同一临时限速区域的临时限速命令，RBC 执行最后一条命令，并向临时限速服务器发送报警。

如果 RBC 在规定时间内没有通过某连接通道接收到来自临时限速服务器的消息，则 RBC 应认为该连接通道故障。RBC 应向 CSM 发送该报警信息。

如果 RBC 在规定时间内没有接收到来自临时限速服务器的任何消息，则 RBC 应认为与该临时限速服务器的通信中断。RBC 应向 CSM 发送该报警信息。RBC 应继续向 MA 在临时限速影响范围内的列车发送已经激活的临时限速。

③与 CTC 系统接口异常处理

如果 RBC 不接受 CTC 命令，则 RBC 应向 CTC 返回一条带错误码的错误消息。

如果 RBC 接收到不符合顺序的 CTC 命令，则 RBC 应向 CTC 发送报警消息。

如果RBC在规定时间内没有通过某连接通道接收到来自CTC的消息，则RBC应认为该连接通道故障，并向CSM发送报警信息。

如果RBC在规定时间内没有接收到来自CTC的任何消息，则RBC应认为与该CTC的通信中断，并向CSM发送该报警信息。该通信中断不应影响RBC系统其他功能。

④与列车接口异常处理

如果在规定时间内未收到有效数据，RBC应请求终止通信会话，并断开安全连接。

典型工作任务3　CTCS-3级临时限速信息的处理程序

4.3.1　工作任务

本工作任务主要介绍了CTCS-3级临时限速信息的处理流程、临时限速设备组成、维护及故障处理措施。通过学习，达到对CTCS-3级临时限速信息的处理流程、临时限速设备组成、维护及故障处理措施认知的目的。

通过本任务的学习，熟练掌握CTCS-3级列控系统中关于临时限速信息的处理方式及流程；掌握临时限速服务器的设备组成、服务器功能及服务器设备日常养护维修及故障处理。

4.3.2　知识链接

1. CTCS-3级临时限速信息的处理流程

临时限速(TSR)是CTCS-3级列车运行控制系统的重要功能，主要描述了在调度中心设置、下达和取消临时限速命令的工作过程。

1)概述

临时限速的设置、取消采用相同的操作原则，均在调度中心进行。临时限速设备构成及信息流程示意如图4.19所示。

调度中心设置专用临时限速操作终端，施工调度员通过该终端对全线有计划的限速进行拟定，经行调员通过CTC行调台确认，形成临时限速调度命令并储存在调度中心临时限速服务器(TSRS)中。

临时限速服务器不断检查其存储的临时限速命令计划，即将到达执行时间的限速命令将通过临时限速操作终端提示给施工调度员进行激活。施工调度员确认并择机激活，经信号安全数据通信网分别下达给无线闭塞中心和列控中心，无线闭塞中心和列控中心分别处理执行。

CTCS-3级和CTCS-2级列控系统采用统一的临时限速设置原则，限速命令、管辖范围应保持一致。

2)限速设置规则

(1)临时限速命令包括调度命令号、线路号、起始里程标(含起始正向闭塞分区号)、终点里程标(含终点正向闭塞分区号)、限速值、计划执行开始时间、计划执行结束时间等信息。侧线临时限速命令增加车站编号信息，并且起点与终点里程标固定为“K0000＋000”和“K9999＋999”。

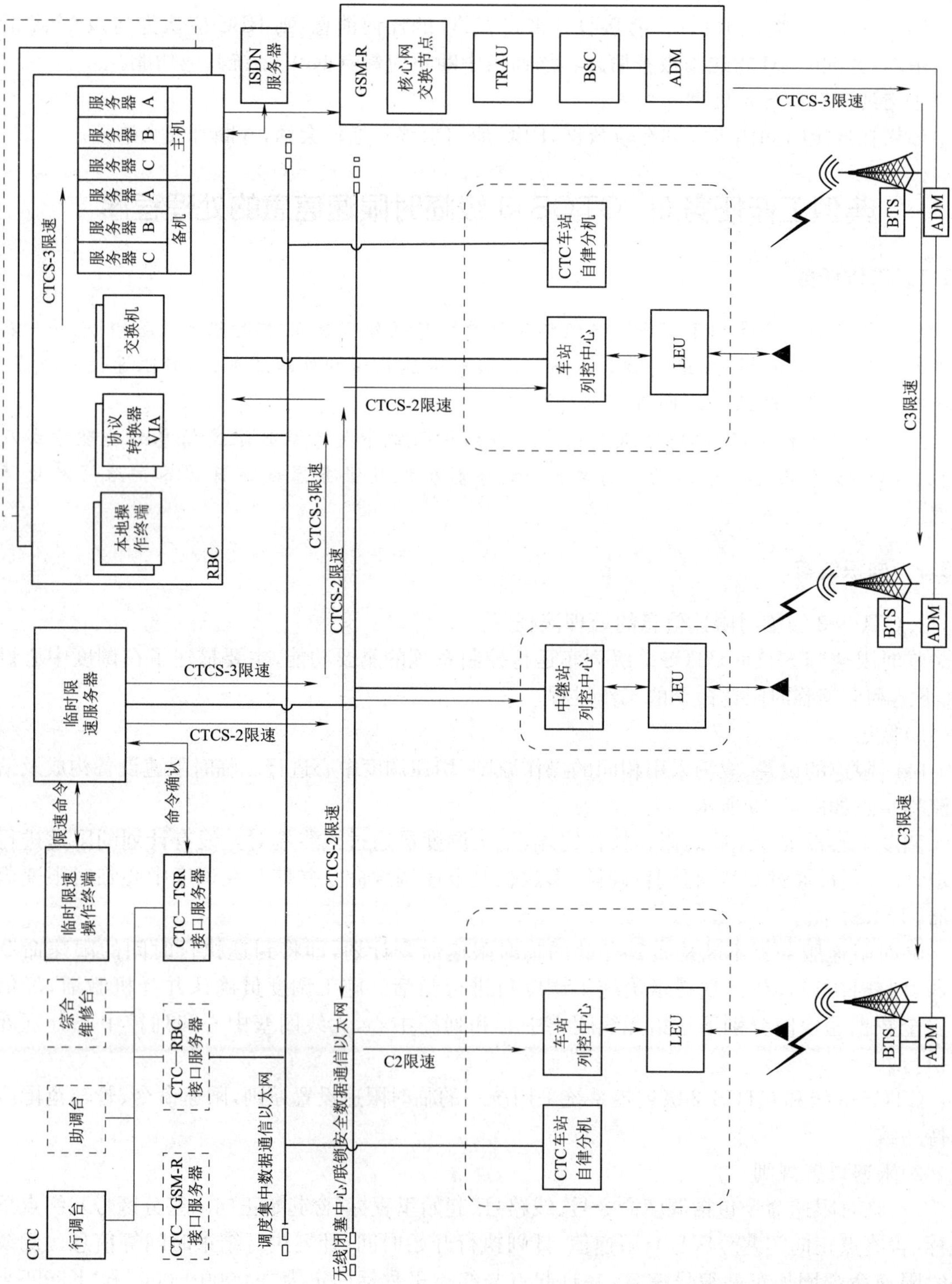

图 4.19 临时限速设备构成及信息流程示意图

(2)区间及站内正线临时限速按线路正向闭塞分区设置，由临时限速服务器(TSRS)负责闭塞分区归档，限速值按八挡(45 km/h、60 km/h、80 km/h、100 km/h、120 km/h、160 km/h、200 km/h、250 km/h)设置，最长限速区长度为TSRS对应的调度台管界范围。

(3)侧线临时限速以上、下行侧线分别(不含正线)按区设置。临时限速值设45 km/h、80 km/h两挡。

(4)临时限速命令的线路号按下行正线、上行正线、下行侧线、上行侧线的顺序编号。若线路号需扩展，应遵守以下限定：下行线用奇数号标识；上行线用偶数号标识。线路号3～9应仅限于分配给站场侧线分区(侧线区指除正线及正线间的渡线道岔外的区域，若侧线区超出7个，需对相邻侧线区号归并)。站内限速区划分和线路编号如图4.20所示。

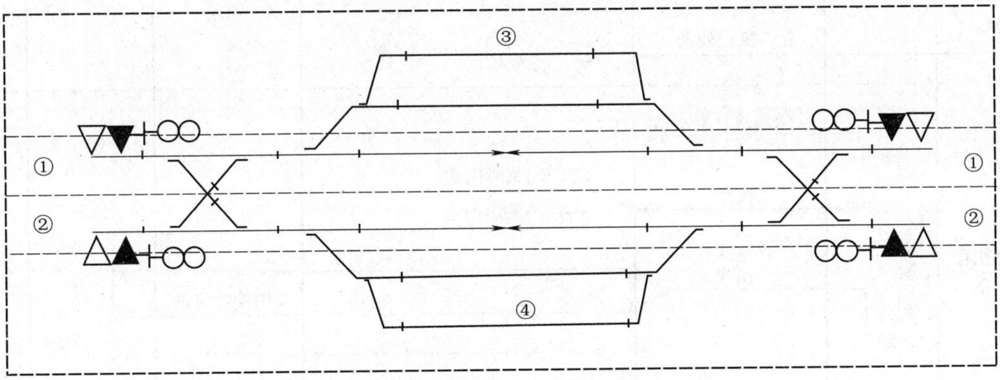

图4.20　站内限速区划分和线路编号示意图

(5)对于设有临时限速服务器的线路，每个有源应答器的单向正线临时限速管辖范围内最多允许同时设置3处临时限速。侧线限速可按区同时设置。

(6)正线上不得设置区域重叠的限速。

(7)临时限速命令的起、终点位置应按线路正向运行方向设置。

(8)临时限速命令的起点与终点均不得设置在线路短链点内。

(9)临时限速取消命令的计划开始时间固定为立即下达方式。

(10)临时限速取消命令需与要取消的临时限速设置命令参数一致，不得对某一限速区进行分段取消或覆盖取消。

(11)临时限速命令应由命令拟定调度台下达、取消和删除。

(12)跨调度台界的临时限速命令由两侧调度台按管辖分界人工拆分后分别下达。

(13)对于设有临时限速服务器的线路与未设临时限速服务器的线路衔接站，临时限速服务器从衔接站对应的中心CTC获取限速命令，或从衔接站列控中心获取限速命令，由临时限速服务器向衔接站及相关站下达限速命令。

(14)设置任何限速命令不能影响已存在的临时限速，取消限速命令不能影响其他临时限速。

3)生成临时限速命令

施工调度员根据限速作业计划，通过放置在CTC维护台的临时限速操作终端以图形方式输入限速计划，经行调员在CTC行调台上确认后形成临时限速命令。临时限速流程如图4.21所示。

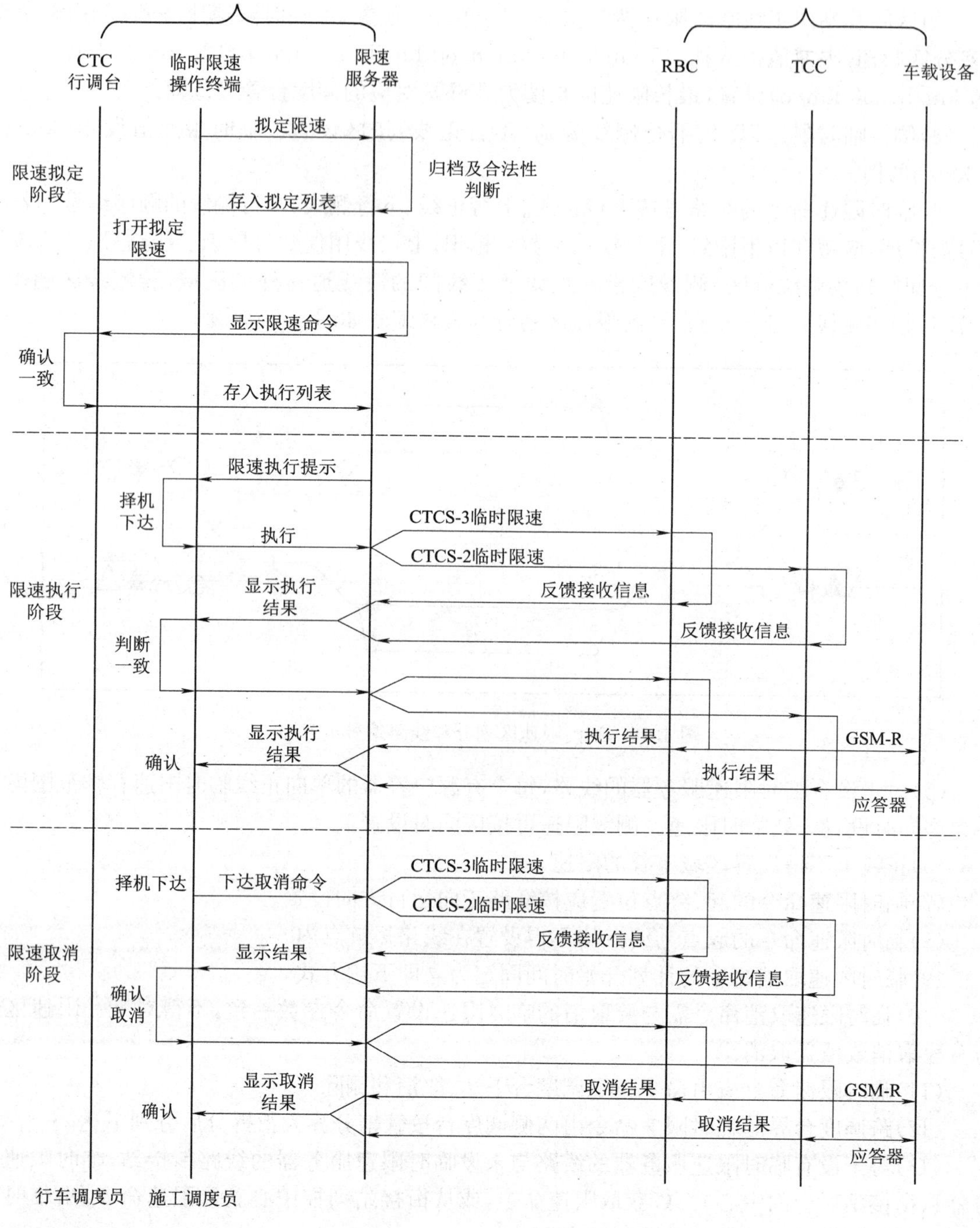

图 4.21　临时限速流程图

工作流程：

(1)操作人员在临时限速操作终端以图形方式选取需要设置临时限速的轨道区段、限速值、限速时间等参数，数据送临时限速服务器。

(2)临时限速服务器根据临时限速设置规则，对限速设置的合理性进行检查，并形成相应的文本形式临时限速调度命令，并送临时限速操作终端显示。

(3)施工调度员对服务器生成的临时限速调度命令进行确认后,限速的调度命令送CTC行调台。

(4)行调员通过CTC行调台对限速计划命令进行确认后,限速调度命令被存入临时限速服务器。

(5)临时限速(TSR)参数包括:起点信号、终点信号、可能通过的信号、速度、临时限速方向、列车类型、轴重、可撤销、列车长度延时和临时限速文本信息。

4)执行临时限速命令

调度中心临时限速服务器不断对其中存储的临时限速调度命令进行检查,在计划时间到来前通过放置在CTC维护台的临时限速操作终端自动提示施工调度员激活已到时间的临时限速。施工调度员对存储在其中的临时限速进行激活并下达给相应的无线闭塞中心和列控中心。

(1)施工调度员根据临时限速操作终端提示,打开存储在临时限速服务器中的临时限速清单,选取即将执行的临时限速调度命令。

(2)经安全信号数据通信网络分别下达给无线闭塞中心和列控中心。

(3)无线闭塞中心和列控中心分别接收临时限速调度命令,对命令进行合理性判断正确后,将接收临时限速调度命令返送回调度中心临时限速服务器。

(4)临时限速服务器对其一致性进行比较,如果一致,则将临时限速调度命令回送临时限速操作终端;如果不一致,则向临时限速操作终端报设置错误或由临时限速服务器重新向相关无线闭塞中心、列控中心再发送一次临时限速调度命令。

(5)施工调度员通过临时限速操作终端对回送的临时限速调度命令进行比较确认,如与其即将执行的命令一致,则进行确认;如果不一致,则取消先前下达的命令。

(6)临时限速服务器将调度员的确认信息或取消信息分别送给相关无线闭塞中心和列控中心。

(7)相关无线闭塞中心和列控中心根据调度员的确认信息,分别对临时限速进行执行,并分别向临时限速服务器回送已执行信息。

(8)临时限速服务器对回送的已执行信息进行比较,并将结果送临时限速操作终端。如果一致,则通知相关施工作业可以开始工作;如果不一致,则不能开始相关施工作业,调度员将重新下达限速调度命令或取消命令。

5)向列车发送临时限速

临时限速被执行后,无线闭塞中心和列控中心分别通过GSM-R无线通信和应答器将限速命令传送给列车,通过车载设备在限速区段使列车限速。

(1)CTCS-3级列控系统发送

激活的临时限速总是与相应的行车许可同时发送给列车。当临时限速被激活后,无线闭塞中心立即给接近临时限速区段的列车发送该临时限速命令。

(2)CTCS-2级列控系统发送

根据临时限速命令,列控中心从其存储的应答器报文中选取相应的应答器报文传送给进出站、中继站等处的有源应答器,当列车从应答器上通过时即可接收相应的限速报文,进行相关限速操作。

6)撤销临时限速

临时限速的撤销与临时限速的执行过程相似。

(1)撤销临时限速的执行

①施工调度员根据临时限速操作终端提示,打开存储在临时限速服务器中的临时限速清单,选取即将被撤销的临时限速调度命令,并送CTC行调台。

②行调员通过CTC行调台对即将被撤销的临时限速调度命令进行确认后,限速调度命令被送回临时限速服务器,并开始执行撤销的操作。

③被撤销的临时限速调度命令经信号安全数据通信网络分别下达给无线闭塞中心和列控中心。

④无线闭塞中心和列控中心分别接收撤销临时限速调度命令,对命令进行合理性判断正确后,将接收到的撤销临时限速调度命令返送回调度中心临时限速服务器。

⑤临时限速服务器对撤销命令的一致性进行比较,如果一致,则将撤销临时限速调度命令回送临时限速操作终端;如果不一致,则向临时限速操作终端报设置错误或由临时限速服务器重新向相关无线闭塞中心、列控中心再发送一次撤销临时限速调度命令。

⑥调度员通过临时限速操作终端对回送的临时限速调度命令进行比较确认,如果与即将撤销的一致,则进行确认;如果不一致,则重新下达命令。

⑦临时限速服务器将调度员的确认信息分别送给相关无线闭塞中心和列控中心。

⑧相关无线闭塞中心和列控中心根据调度员的确认信息,分别对临时限速进行撤销,并分别向临时限速服务器回送已执行信息。

⑨临时限速服务器对回送的已执行信息进行比较,并将结果送临时限速操作终端。如果一致,删除临时限速服务器中存储的相关命令;如果不一致,调度员将重新下达撤销限速调度命令。

(2)向列车发送撤销临时限速命令

当无线闭塞中心、列控中心分别接收到撤销临时限速调度命令信息后,即分别进行如下操作:

①无线闭塞中心向相关列车发送取消临时限速信息。

②列控中心向相关有源应答器发送一个线路无临时限速的应答器报文。

2. CTCS-3级临时限速服务器的维护

1)临时限速系统概述

为了提高临时限速命令的安全性,保证无线闭塞中心和列控中心临时限速命令的一致性、完整性、有效性,以及冲突检测等功能,列控系统设专门的临时限速系统。临时限速系统基于通用服务器、商用操作系统和以太网构成;临时限速系统所有接口均通过以太网连接;系统结构简单、合理,安全性和可靠性达到国际标准。

临时限速系统中最主要的组成部分是设在调度中心的临时限速服务器,用于临时限速的下达与取消。临时限速服务器系统的基本构成如图4.22所示。

LKX-T型临时限速服务器是基于通用服务器构建的二乘二取二安全计算机平台,由不同的"故障—安全"处理单元和操作系统构成,实现对线路管辖内TSR命令的集中管理,具备对拟定的临时限速命令进行存储、校验、拆分、撤销、设置和取消,以及限速设置时机的辅助提示等功能,适用于客运专线CTCS-2级和CTCS-3级列控系统,其系统软硬件配置如图4.23所示。

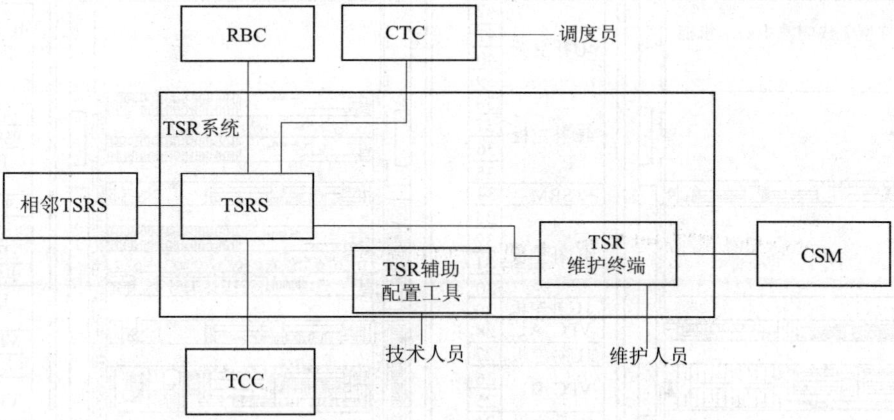

图 4.22　临时限速服务器系统的基本构成图

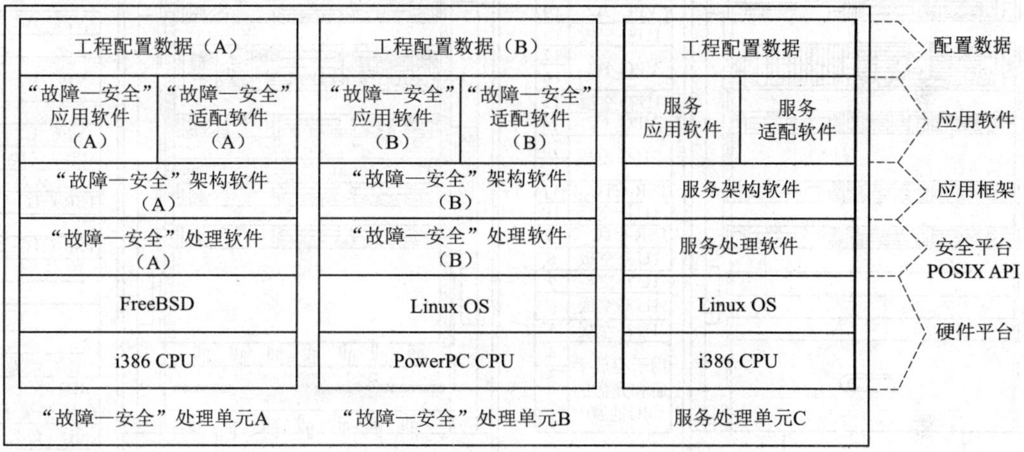

图 4.23　LKX-T 型临时限速服务器软硬件配置图

2）临时限速服务器设备组成

临时限速服务器设备结构由主机、维护终端、接口单元组成，采用硬件冗余结构，设备单系故障不应影响系统运用。

（1）主机实现临时限速服务器的核心逻辑功能，采用符合"故障—安全"原则的安全计算机平台进行安全相关的逻辑运算和控制，具有消息加密—解密功能，安全完整度应达到 SIL4 级的要求。LKX-T 型临时限速服务器机柜布置如图 4.24 所示。

（2）维护终端（TSRM）实现临时限速服务器的维护与记录功能，安全完整度为 SIL0 级。

（3）临时限速服务器与 CTC、列控中心、无线闭塞中心及相邻临时限速服务器等外部设备接口，并且均属于安全接口，接口单元采用硬件冗余结构。临时限速服务器的外部接口通道均应冗余配置，单通道故障时应能无缝切换并报警提示。

3）工作原理

临时限速服务器接收来自 CTC 的临时限速命令，综合储存并管理临时限速信息，当临时限速服务器认为时机合适时，将处理过的临时限速命令通过执行机构执行。

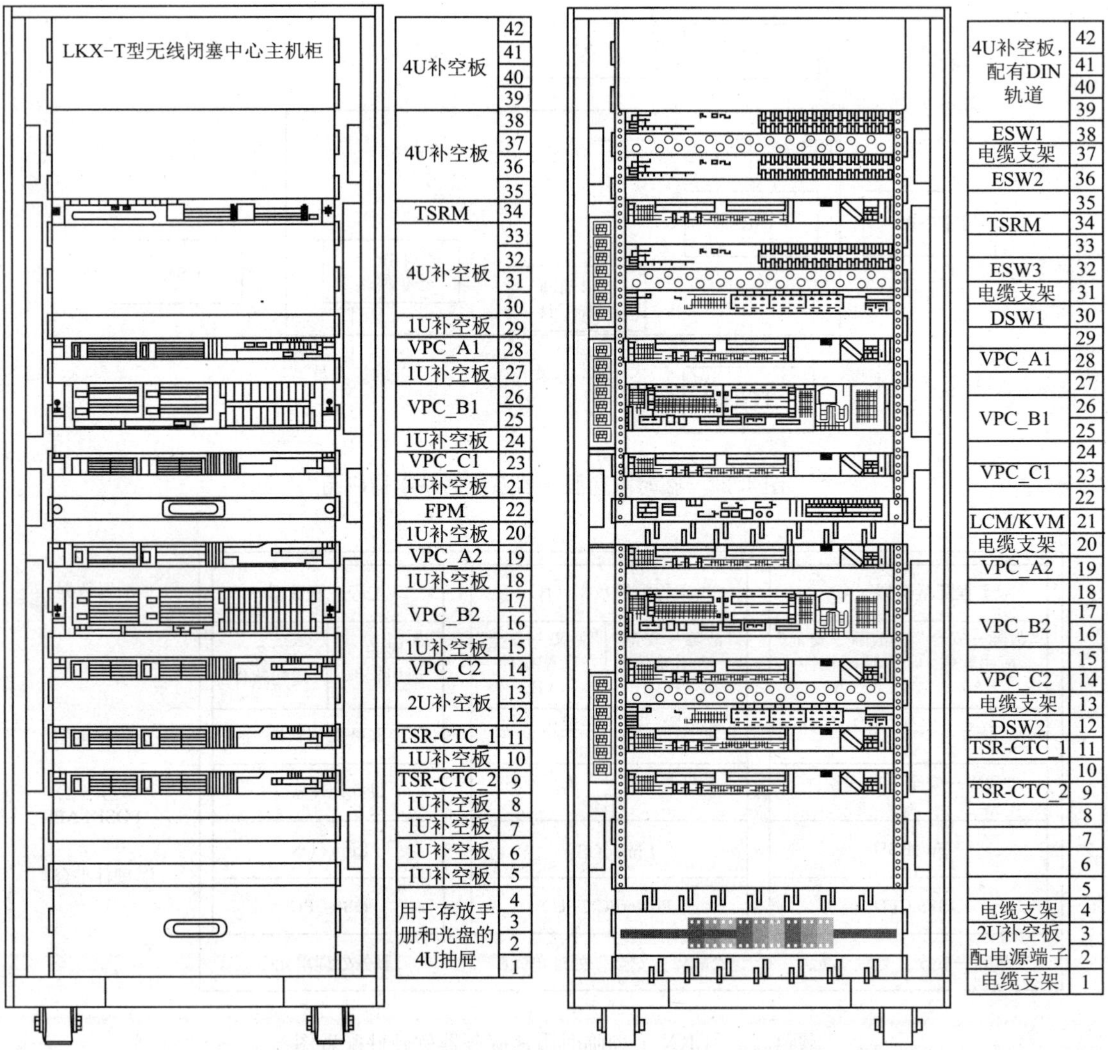

(a) 前视图　　　　(b) 后视图

图 4.24　LKX-T 型临时限速服务器机柜布置图

临时限速服务器通过列控中心发送的轨道区段状态及无线闭塞中心发送的列车信息等信息将临时限速命令择机下达。

临时限速服务器将自身运行状态和内部逻辑状态实时地传递给 CTC。

4)临时限速服务器的功能

(1)对限速命令进行安全存储，验证限速命令来源的合法性、限速数据的有效性，校核发往两个目标系统(RBC 和 TCC)的临时限速一致性。

(2)执行命令时检查两个目标系统的临时限速执行情况，当发生一致性冲突或其他异常情况下，向目标系统发送导向安全的恢复指令，同时向操作员终端发送报警信息，提醒操作员处理。

(3)记录限速命令的操作和状态变化日志，供查询和分析。

5)临时限速服务器的维护

临时限速服务器维护分为三级：一级平均修复时间(MTTR)不应大于 1 h；二级平均修复

时间(MTTR)不应超过8 h;三级平均修复时间(MTTR)不应超过15 h。

临时限速服务器维护主要包括日常巡检和集中检修。

(1)日常巡检主要工作内容

①机柜安装紧固,螺栓紧固,柜内模块、板件、断路器(熔断器)等安装、插接牢固,防护措施良好。

②系统机箱风扇运转正常,通风良好。

③各子系统Ⅰ、Ⅱ系同步,不脱机,模块、I/O板件等设备工作正常,指示灯显示正确。

④临时限速服务器与计算机联锁、集中监测等关联设备间相互通信正常。

⑤电缆、电线、接地线连接、插接良好,无异状,系统防雷单元正常,无劣化指示。

⑥对临时限速服务器报警信息浏览分析、处理、上报。

⑦终端设备工作正常,键盘、鼠标、打印机作用良好,铭牌标识齐全。

(2)集中检修主要工作内容

①带有误码检测的维护终端进行各站误码统计分析。

②测试机柜及附属设备电源电压符合规定标准。

③定期切换主(A)、备(B)机运用。

④接线端子紧固、不松动;插接件完整、固定良好;电缆、电线焊接及接地等电位连接牢固,防雷单元正常、无异状。

⑤设备配线无异常、焊接牢固、不老化,绑扎、防护措施良好。

⑥机柜、终端及设备、器材清洁干净,无粉尘。

⑦模块、I/O板件等设备工作正常,指示灯显示正确。

⑧关联设备间相互通信正常。

⑨查看并处理系统报警信息(硬件、软件问题)。

⑩存储文件整理,释放存储空间。

⑪时钟精度校核。

⑫各子系统Ⅰ、Ⅱ系(含双机热备)自动、手动切换试验正常。

(3)临时限速服务器的设备检修

临时限速服务器的设备检修应安排在“垂直天窗”下进行,其巡视、检修周期可定为:

①每日对临时限速服务器的运用状态进行一次巡视,每月对监测设备主机、机柜及附属设备进行清扫。巡视后将巡视情况记录在案,发现问题及时汇报并处理。

②每月进行一次临时限速服务器主、备机切换(A、B机互相切换)。

③每半年对临时限速服务器设备进行集中检修。

3. CTCS-3级临时限速服务器故障处理

1)临时限速服务器故障处理的一般流程

临时限速服务器故障影响正常使用时,车站及时在“行车设备检查登记簿”上登记并通知信号工区,动车组司机发现故障应及时通知列车运行前方车站,由前方车站值班员通知信号工区,并在“行车设备检查登记簿”上登记。

电务部门接到列控系统设备故障通知后要立即组织抢修,待确认设备故障后,要办理登记停用手续。设备修复,经使用部门核对确认设备正常后,要办理销记手续,并恢复列控设备使用。

为保证列控系统设备的正常运行和满足应急抢修的需要,在电务段、车间、工区备用适量的设备和器材。备件配置数量参照《高速铁路信号维护规则 技术标准部分》的相关规定配备,单件备用设备器材数量不低于设备运用数量的15%。

2)设备故障应急处置

(1)TSR服务器掉电

故障现象:服务器电源指示灯熄灭。

处理措施:

a. 如果多个服务器同时掉电,则首先检查柜内电源开关是否正常,然后检查电源屏输出是否正常。

b. 若单个服务器显示掉电,首先打开显示界面检查服务器是否确实停止工作,如设备正常工作,那么现象原因为指示灯显示有误,此时不宜立即采取操作,应另申请天窗时间进行检查。

c. 发生其对应的电源接口是否松动,如不能判断,应使用万用表测量服务器一端,如判断对服务器供电正常则转入(2)。

(2)TSRS设备发生不可立即修复的硬件故障,应采用备用设备对故障设备进行替换。

(3)无法对TSR服务器进行操作。

故障现象:无法通过鼠标键盘对指定的设备进行操作。

处理措施:检查指定服务器和KVM之间的连线接口是否正常,然后通过KVM开关按钮人工关闭KVM,等待5 s左右再行开启。

典型工作任务4 GSM-R无线通信系统原理与维护

4.4.1 工作任务

通过本任务的学习,掌握GSM-R系统的基本结构及各子系统功能;掌握GSM-R无线系统的基本业务和铁路专用业务实现方式;掌握GSM-R无线系统的网络结构和传输实现。

4.4.2 知识链接

GSM-R(GSM铁路)是一种基于目前世界最成熟、最通用的公共无线通信系统GSM平台上的、专门为满足铁路应用而开发的数字式的无线通信系统,它针对铁路通信列车调度、列车控制,支持高速列车,也是为铁路运营提供定制的附加功能的一种经济高效的综合无线通信系统。从集群通信的角度来看,GSM-R是一种数字式的集群系统,能提供无线列调、编组调车通信、应急通信、养护维修组通信等语音通信功能。GSM-R能满足列车运行速度为0～500 km/h的无线通信要求,安全性好。GSM-R可作为信号及列控系统的良好传输平台。

GSM-R是由UIC支持开发的欧洲铁路数字移动无线专用通信系统,可以解决铁路运输综合移动话音通信、数据通信的需要;可在CTCS中连续传送列车控制命令信息实现车—地之间双向、大容量的数据通信,体现通信信号一体化的特点;还可作为无线列调、集群、分散对讲或数传系统的更新换代产品。GSM集群与GSM-R异同点如下:

(1)GSM集群与GSM-R共同点

GSM集群和GSM-R系统,都是基于GSM系统基础上,进行相应集群调度业务开发的。GSM集群与GSM-R都起源于GSM,都遵从ASCI协议要求。

GSM 集群和 GSM-R 的集群调度业务的基础——组呼和广播呼叫，都是遵循 GSMASCI 先进语音呼叫项的 VGCS/VBS 协议。

(2)GSM 集群与 GSM-R 不同点

①业务应用不同，针对的用户不同

GSM-R 是 GSM for Railway 的缩写，也就是铁路的 GSM 系统，是在 GSM 基础上根据 PHASEⅡ＋ ASCI 标准进行 VGCS/VBS/eMLPP 的功能开发，同时针对铁路调度需求，开发出基于位置的路由、呼叫区域限制、功能号码寻址、呼叫矩阵、AC 功能、优选小区、无线列调、平面调车等功能，构成 GSM-R 的业务平台基础。

GSM 集群通信系统是在 GSM 基础上，根据 PHASEⅡ＋ ASCI 标准进行 VGCS/VBS/eMLPP 的功能开发，同时针对公网数字集群的需求，开发出基于位置的路由、呼叫区域限制、功能号码寻址、讲话方识别、动态重组、PTT 优先级抢占、私密呼叫、群发短消息、调度台子系统、虚拟调度专网等功能，构成 GSM 集群的业务平台基础。

②工作频段不同

GSM-R 采用 GSM 900 MHz 的工作频段，上行：885～889 MHz；下行：930～934 MHz；共 4 M 频率。

GSM 集群可工作于 800 M、900 M、1 800 M、1 900 M，可根据各地情况灵活设置工作频段。

③体系结构不同

GSM-R 核心网络一般采用大本地网方式建设。GSM-R 的无线网络规划的目标是为铁路沿线和枢纽地区提供连续覆盖。铁路枢纽地区 BSC 与 MSC 同机房设置，同归属；铁路干线和没有 MSC 的枢纽，BSC 设置在大通信站，铁路支线不设置 BSC。基站站址应该尽量靠近铁路线，充分利用车站、区间通信站的资源。

基于 GSM 基础的 GSM 集群系统，在网络结构上，除了增加集群调度子系统外，其他和 GSM 一样。为了运营和管理方便，GSM 集群运营者在每个大中城市都会建立一个本地 GSM 集群网络，各城市的本地 GSM 集群网络通过上一级的汇接局进行互联。

国铁集团决定采用 GSM-R 数字移动通信系统作为我国铁路综合移动通信的技术体制。已建成的京津、合宁、合武、石太、温福、青藏、大秦、胶济武广、郑西、福厦、新广深、京九、武九、昌九等多条线路应用。国铁集团还制定了系统网络标准、业务应用标准、设备标准和测试验收标准。

1. GSM-R 系统的结构及子系统功能

1)系统结构

GSM-R 系统结构如图 4.25 所示，由网络交换子系统(NSS)、无线子系统(BSS)、智能网子系统(IN)、网管子系统(OMC)、通用分组无线子系统(GPRS)、固定用户接入系统(FAS)和终端子系统等七部分构成。

2)子系统功能

移动交换子系统主要完成用户的业务交换及用户数据与移动性管理、安全性管理所需的数据库功能，其中 GCR 用于组呼管理，存储了组呼的区域和相关用户、优先级等信息。

无线子系统提供并管理移动终端到交换子系统之间的无线传输通道。

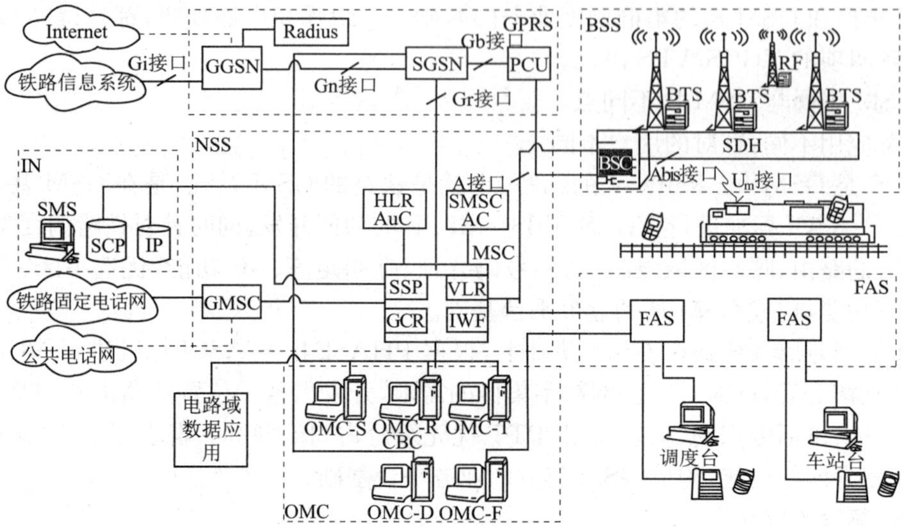

图 4.25　GSM-R 系统结构图

移动终端子系统包括机车综合无线通信设备(CIR)、车站值班员台、调车终端等专用移动终端,提供给不同身份的运营人员使用。

FAS 子系统用于调度台、车站台等终端设备接入 GSM-R 网络。

GPRS 子系统用于完成分组数据交互,可实现机车等终端与铁路信息网之间的信息交换。

智能网子系统用于实现功能寻址、位置寻址,并管理功能号。

网管子系统实现对交换子系统、无线子系统(含直放站)、GPRS 子系统的管理、维护、统计和监控等功能。

(1)移动交换子系统

GSM-R 中 NSS 部分与普通 GSM 网络结构完全一致。新增的逻辑实体 GCR 和 FFN 分别集成到 MSC 和 HLR 中,不新增网元,网络结构简单、清晰,功能实现快捷,能力强,成本低。

GSM-R NSS 包括 MSC/VLR/SSP/GCR/IWF、HLR/FFN/EIR/AUC 等实体功能,可支持 EIRENE 规范所定义的各种铁路业务,并能根据设备运营商的需求,提供多种增值业务和自定义的补充业务。

①移动交换中心(MSC)

MSC 为漫游到该 MSC 控制范围内的移动终端设备提供相关交换功能,具有呼叫处理、路由选择、回波抵消、超负荷控制功能,并可以收集计费信息,实现话务管理,支持电信业务、承载业务、补充业务和智能业务。GSM-R 的 MSC 还实现 VGCS/VBS、eMLPP、UUS1 等增强语音业务和功能号码寻址、依赖位置寻址、铁路紧急呼叫等铁路专有业务。

②组呼寄存器(GCR)

GCR 是为了在 GSM-R 网络中提供 ASCI(先进语音呼叫)服务而引入的新功能实体,它用来存储语音组呼的相关数据,为在控制区域内进行 VGCS(语音组呼业务)、VBS(语音广播业务)提供必要信息。

与 VLR 相同,GCR 也内嵌于 MSC 中,它用于存储与 VGCS 和 VBS 相关的组呼属性,包括组识别号、调度员地址、eMLPP 优先级及与组呼相关的服务区信息(服务区信息包括本 MSC 相关呼叫小区列表及其他相关 MSC 地址列表)。

GCR还提供相应的人—机接口，以便管理员可以增加、查询和修改这些组呼属性。

③归属位置寄存器(HLR)

HLR是GSM系统的中央数据库，存储着该HLR控制区内的所有移动用户的相关数据。在GSM-R系统中，HLR还保存用户VGCS/VBS/eMLPP等业务的签约信息。归属位置寄存器的功能示意如图4.26所示。

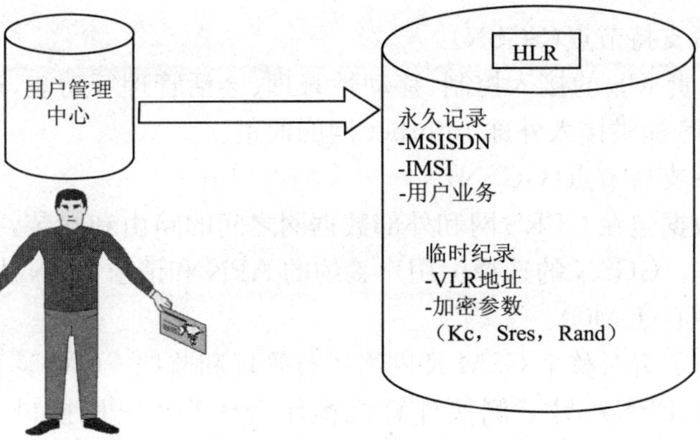

图4.26　归属位置寄存器的功能示意图

④拜访位置寄存器(VLR)

拜访位置寄存器(VLR)管理在一个MSC区(非归属MSC区)漫游移动用户的动态数据信息。当一个MS进入新的位置区时，首先要进行位置登记，这一区域的MSC注意到这一登记的信息后，就把MS所在位置区的识别信息传送给VLR。如果MS没有进行登记，漫游区的VLR就会从MS的HLR获取信息以使呼叫能够处理。当用户离开当前VLR控制区后，用户的临时数据信息将从VLR中清除。一个VLR可以管理一个或多个MSC。拜访位置寄存器功能示意如图4.27所示。

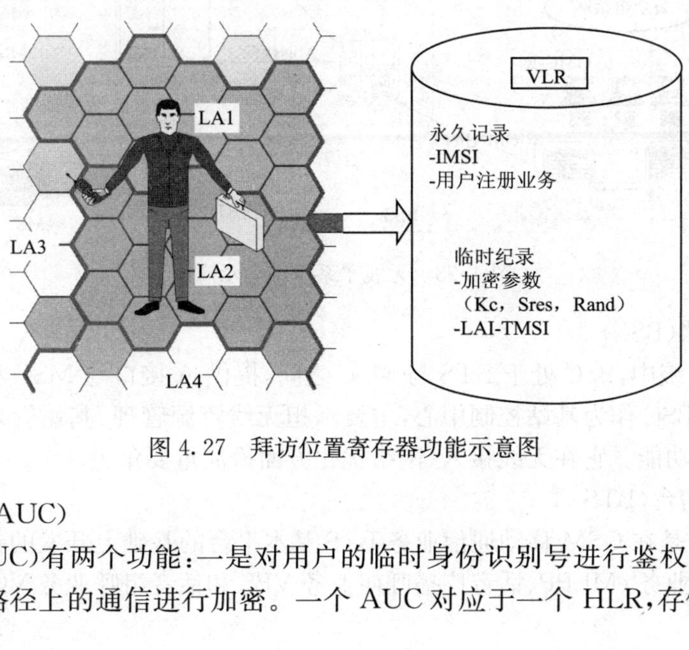

图4.27　拜访位置寄存器功能示意图

⑤鉴权中心(AUC)

鉴权中心(AUC)有两个功能：一是对用户的临时身份识别号进行鉴权；二是为移动台和网络之间在无线路径上的通信进行加密。一个AUC对应于一个HLR，存储与HLR中数据有关的鉴权算法和加密信息，AUC 通过 HLR 将鉴权和加密的信息传递给 VLR。一旦用户在 HLR 中进行了登记，AUC 就开始产生安全参数。

⑥Follow Me 功能节点(FFN)

FFN 是为了在 GSM-R 中提供功能号码寻址而引入的新功能实体，它存储着功能号码与相关用户号码间的对应关系，并以此为根据完成功能号码寻址过程中功能号码到真实用户号码的翻译。

⑦服务 GPRS 支持节点(SGSN)

SGSN 主要负责 MS 的接入控制、移动性管理、会话管理等功能，通过 SGSN 建立 MS 的 PDP 上下文，为 MS 提供接入外部 Internet 网的通道。

⑧网关 GPRS 支持节点(GGSN)

GGSN 提供数据包在 GPRS 网和外部数据网之间的路由和封装，并承担用户接入外部网的身份认证的工作。GGSN 的选择由用户签约的 APN 和请求 APN 决定的。

⑨操作维护中心(OMC)

操作维护中心负责对整个 GSM-R 网络进行管理和监控。OMC 一侧接 GSM-R 网络设备(MSC、BSC、HLR、FFN)，另一侧接计算机操作台作为人—机接口。通过 OMC 可实现对 GSM-R 网内各功能部件的实时监控、状态报告、故障诊断等功能。

(2)无线子系统(BSS)

BSS 主要完成无线链路的管理及无线链路和有线链路的转换，是 MS 与 NSS 之间的桥梁。BSS 的系统功能分为基本功能、扩展功能、GPRS 功能和 GSM-R 功能。无线子系统结构示意如图 4.28 所示。

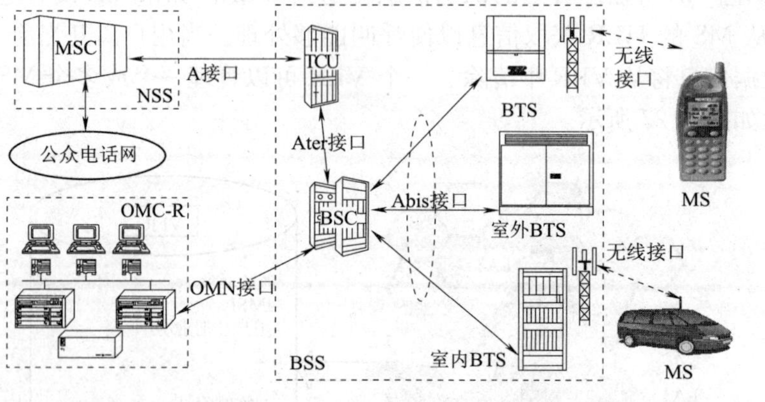

图 4.28　无线子系统结构示意图

①基站控制器(BSC)

在 GSM-R 系统中，BSC 处于 BTS 与 MSC 之间，提供 A 接口与 MSC 相连；提供 Abis 接口与 BTS 相连。BSC 作为基站控制中心，主要承担无线资源管理、基站管理、功率控制、切换控制、话务统计的功能。它在无线接入、网络优化方面扮演重要角色。

②基站收发信台(BTS)

GSM-R BTS 是在 GSM 移动通信业务 BTS 基本平台的基础上开发的铁路综合移动通信系统，包括优先级业务 eMLPP、话音广播呼叫业务 VBS 和话音组呼业务 VGCS 等集群移动通信的基本业务。

③分组控制单元(PCU)

PCU 是为了在 GSM 网络中提供 GPRS 业务功能而在无线子系统(BSS)侧增加的一个处理单元,主要完成 BSS 侧的分组业务处理和分组无线信道资源的管理。

(3)移动终端子系统

移动终端在 GSM-R 网络中主要使用以下三种:

①机车台(Cab Radio)

机车台是安装在机车列车上的车载设备,供司机进行无线调度通信和车—地之间传输数据用。一般机车台由三部分组成:人—机界面、无线模块(含 SIM 卡)、应用程序。

②通用手持台(General Purpose Handset,GPH)

铁路工作人员通常情况下使用,与普通 GSM 手持台类似,增加了 PTT 按键,并能提供 VGCS/VBS 呼叫功能和功能号码的显示功能。

③操作手持台(Operational Purpose Handset,OPH)

涉及列车运行的铁路人员使用的电台,与通用手持台不同的是新增了一个紧急呼叫按键,用户能通过这个按键快速发起铁路紧急呼叫。另外,用于调车业务的 OPH 还支持调车模式(Shunting Mode),处于调车模式(发起了调车的组呼)的 OPH 能定时自动发送 LAS(Link Assurance Signaling),通知各调车组成员当前组呼链路正常。

三种移动台所支持的业务是不尽相同的,但所有移动台均可在 GSM-R 网络及公众 GSM 网中使用。在以 0～500 km/h 速度行进时,移动台均能正常工作。

④SIM 卡

SIM 卡虽然不是单独的终端,但在无线终端中起重要作用。GSM-R 的 SIM 卡与普通 GSM 的 SIM 卡不同,里面存储了该用户签约的各种优先级、签约的组 ID、铁路紧急呼叫的被叫号码、AC 确认中心的号码等与铁路业务紧密相关的内容。

(4)FAS 子系统

GSM-R 系统中还存在一种固定终端——GSM-R 网络调度子系统。GSM-R 网络调度子系统是给调度员身份的用户使用,能完成与其他各种终端之间的通信。GSM-R 网络调度子系统与 MSC 之间通过 FAS 连接。

终端接入方式:

①调度区域调度员配置调度台,通过 FAS 接入 GSM-R 网络,进行无线列调通信。

②在各车站配置无线调度台,车站值班员通过无线方式接入 GSM-R 系统,进行无线列调通信。

③司机通过车载台接入 GSM-R 系统,参加无线列调通信和其他业务通信。

④站场安全组、路轨维护组、列车警务组等成员,通过手持终端接入 GSM-R 系统,可在规定的区域内进行组呼业务,在全覆盖区进行点对点呼叫。

(5)OMC 子系统

OMC 子系统可以分为两部分:对应 BSS 的操作与维护中心(OMC-R)和对应 NSS 的操作与维护中心(OMC-S)。OMC-R 与 BSC 的连接有两种途径:一种是直接通过 X. 25 数据网络与 BSC 相连;另一种是 BSC 先与 TRAU 相连,然后通过 MSC 再与 OMC-R 连接。OMC-S 通过 OMN 接口与 MSC 相连。

OMC 子系统是操作人员与系统设备之间的中介,它实现了系统的集中操作与维护,完成了包括移动用户管理、移动设备管理及网络操作维护等功能。它的一侧与设备相连(不包括BTS,对 BTS 的操作维护是经过 BSC 进行管理),另一侧是作为人—机接口的计算机工作站。这些专门用于操作维护的设备被称为操作维护中心 OMC。系统的每个组成部分都可以通过特有的网络连接至 OMC,从而实现集中维护。

3)网络结构及基本业务解决方案

(1)无线网络结构

GSM-R 无线网络采用蜂窝网的频率复用概念,利用空间分隔,把固定的频率资源在整个系统的地理区域内分配并循环复用,提供给无限的用户使用。GSM-R 小区沿铁路线带状覆盖。

GSM-R 工作频率中上行频段:885～889 MHz;下行频段:930～934 MHz;频道间隔:200 kHz。

GSM-R 话路网网路结构应满足铁路运输行车指挥的需求。根据全网话务流量、流向,兼顾技术经济合理性、运行维护管理等因素,全网宜划分为移动业务汇接网和移动业务本地网两级。

①移动业务汇接网

全路划分为若干个汇接区,在大区中心设立移动业务汇接中心(TMSC),并网状相连。TMSC 为大区长途话务交换中心,负责汇接所在区域的电路交换信息和转接长途的来去话务量。

移动业务汇接中心和中继线路构成移动业务汇接网。

②移动业务本地网

全路设置若干个移动业务本地网,在每个移动业务本地网中设一个或若干个移动交换中心(MSC),也可根据业务量由一个 MSC 覆盖多个移动业务本地网。MSC 为移动业务本地交换中心,负责疏通移动用户与移动用户之间、移动用户与固定用户之间的通信业务,处理本地网内移动用户的通信业务。

MSC 通过局间中继与相应的 TMSC、其他 MSC 及铁通专用固定电话交换网、固定用户接入交换机 FAS 相连。每个 MSC 应至少与两个 TMSC 相连,任意两个相邻或话务量较大的 MSC 间可建立高效直达中继。

③无线网络设计

因为受覆盖范围和铁路速度的影响,采用 GSM-R 无线规划技术与 GSM 无线规划技术规划的网络在基站站址的选择、天馈合路、频点规划、切换算法、部分特殊功能的使用等方面有较大的区别。

a. 基站选址

GSM-R 基站站址的选择主要考虑需要覆盖地域的特殊性,GSM-R 基站覆盖主要需要铁路沿线的线状区域,目前 GSM-R 主要用于调度系统,用户也集中在铁路周围,因此不像常规的 GSM 网络那样需要考虑大范围宽而广的覆盖区域,在基站站址的选择上要根据铁路系统目前现成的机房条件、供电能力、传输条件等方面考虑。基站的选址将主要利用目前铁路系统的各个车站台,然后采用基站中间补点的方法。这样主要是有效利用现有资源便于 GSM-R 网络的维护和安全性。

在基站站址选择时也需要尽量利用地势走向，如基站选择可以选择在铁路拐弯地带，对于山谷区域可以建在山谷直面的小山包上，对于有隧道的，若隧道距离不长，可以将基站安放在靠近洞口区域等。

b. 网络覆盖设计

GSM-R覆盖比较特殊，因为在铁路上有比较多的隧道。在GSM-R中，和正常网络的区别就是需要满足切换要求和弱场覆盖。

小区覆盖重叠设计要求：列车高速运行时，要保证切换正常进行，相邻小区的覆盖必须要有一定覆盖重叠区。假设列车以350 km/h的速度行驶，GSM信号解码和切换判决大约需要5 s时间，那么重叠覆盖的铁路长度应该大于350/3 600×5＝0.486(km)，以此建议小区重叠区域应该为500 m左右方能确保切换正常进行，保证网络性能。而对于一些速度比较慢的列车线，这个重叠区可以减小。

GSM-R弱场覆盖解决：在GSM-R系统中，尽量做到隧道内信号分布均匀，避免两辆火车错车时信号快速衰减而导致掉话或切换失败。解决弱场覆盖的基本方案是：基站＋光纤直放站＋泄露电缆方案。

从目前各类泄露电缆性能指标来看，对于7/8泄露电缆，接收电平为－85 dBm，一般都是950 m长度为限(具体的可以通过实际需求进行计算)。光纤直放站分为近段站和远端站，图4.29就是一个隧道弱场解决方案。

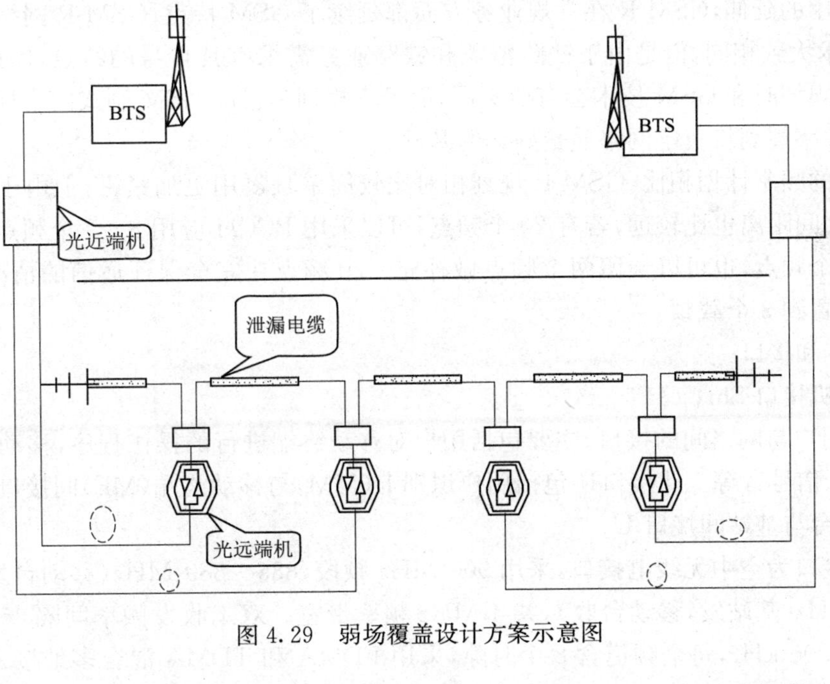

图4.29　弱场覆盖设计方案示意图

在上图中，每段泄露电缆最大长度大约在950 m，根据目前已经应用过的某厂家的光纤直放站性能，一个近端机可以最大带8个远端机，在规划时，必须重点考虑下行链路的场强、载噪比，以确保隧道、出入口移动信号的覆盖效果。

列车出入隧道切换分析：列车在出入隧道时，由于隧道内、外信号变化较大，车速较快，会使隧道内、外两个小区信号之间来不及切换而产生掉话。因此，必须加长隧道内、外信号的重叠区域(切换区),确保移动台信号在两小区间顺利切换,以保证用户通话的顺利进行。

对于列车出隧道的切换:根据隧道、地铁移动电话信号覆盖的经验,在隧道出口的泄漏电缆末端加一副定向天线,向隧道外发射信号以延长隧道内小区的覆盖范围,这样就可解决列车出隧道时的切换问题。

对于列车入隧道前的切换:在隧道入口处,由于隧道的屏蔽作用,造成隧道外信号锐减,从而来不及切换而产生掉话,但可以在隧道口架设天线将隧道内能量向外辐射。天线的波束要求很窄,能够有效地将能量集中发射,那么列车在隧道外就已经完成了切换。

如果隧道内能量到隧道口时已经很小,可以将隧道外信号引入隧道内,在隧道口安装一台直放站,将隧道外信号放大后引入泄漏电缆以增强信号重叠区(切换区)的信号,从而解决切换问题。

根据以上分析,铁路列车进出隧道的解决办法有:列车出隧道时,采用在泄漏电缆末端加装定向天线的办法,以加长隧道内、外无线信号的重叠区域,保证切换的顺利进行;列车进隧道时,采用在隧道口架设天线,将隧道内信号辐射到隧道外,列车在外面就完成切换或用直放站将隧道外的信号引入隧道内,以加长隧道内、外无线信号的重叠区域保证切换的顺利进行。

GSM-R 频率规划:GSM-R 是基于 GSM 技术来解决铁路通信的新技术,是 GSM 技术在铁路方面应用的延伸,GSM-R 在常规业务方面都延续了 GSM 特点,GSM-R 网络规划技术也同 GSM 技术大致相同,但是由于铁路覆盖和铁路业务需求有其自身的特点,因此在 GSM-R 系统的网络规划时和 GSM 技术会有所不同,而频率规划是目前 GSM 制式网络规划的重要环节,良好的频率规划将奠定网络质量好坏的基础。

与常规的频率计划相比,GSM-R 规划相对比较简单且复用更加紧密,但由于邻区数目比较少,同频之间距离也比较远,若有 20 个频点,可以采用 BCCH 应用 8～9 个频点,采用 TCH 应用 9～10 个频点,也可以预留两个频点做补充。20 频点在完全保证通信的情况下,平均每扇区可以配置到 3 个载频。

(2)信令和接口

①人—机接口 Sm

Sm 指用户与网络间的接口,主要包括用户对移动终端进行的操作程序,移动终端向用户提供的显示、信号音等。此接口还包括用户识别卡(SIM)与移动终端(ME)间接口的内容。

②移动台与基站间接口 U_m

U_m 此接口为空中无线电接口,采用 900 MHz 频段,885～889 MHz(移动台发,基站收),930～934 MHz(基站发,移动台收),共 4 MHz 频率带宽。双工收发频率间隔 45 MHz,相邻频道间隔为 200 kHz,每个频道含 8 个时隙,采用 FDMA 和 TDMA 混合多址接入方式,射频调制方式应支持 EDGE 调制方式。

③基站与移动业务交换中心间的 A 接口

A 接口为 BSS 与 MSC 之间的接口,主要传递呼叫处理、移动性管理、基站管理、移动台等信息。此接口基于 2 Mbit/s 数字接口。当 BSC 与 MSC 不在同一站址,为节省 BSC 与 MSC 间传输线路,应尽量采用 16 kbit/s×4 子复用设备。

④MSC/VLR与HLR/AUC间的D、C接口

D接口是VLR与HLR之间的接口；C接口是MSC与HLR之间的接口，此接口用于传递有关移动台位置和用户管理信息，以使移动台在整个服务区中能建立和接收呼叫，传递管理和路由选择信息，以使入口MSC能询问被叫移动台的漫游号码。此接口为一个至No.7信令网的接口，基于2 Mbit/s数字接口或64 kbit/s。

⑤MSC/VLR与其他MSC/VLR间的E、G接口

此接口用于在进行MSC间切换时交换有关的信息，以及在两个MSC间建立用户呼叫接续时传递有关的信息。此接口基于2 Mbit/s数字接口。

⑥移动业务交换中心至PSTN的接口

GSM-R网通过移动业务交换中心与其他通信网互通。与PSTN网互通，向用户提供话音、数据、交替的话音/数据业务及某些补充业务，接口基于2 Mbit/s数字接口，信令规程采用No.7信令方式。

⑦移动业务交换中心至FAS的接口

GSM-R网通过移动业务交换中心与FAS互通，接口基于2 Mbit/s数字接口，信令规程采用PRI信令方式。

⑧移动业务交换中心至电路域数据应用节点的接口

GSM-R网通过移动业务交换中心与其他电路域数据应用节点互通，接口基于2 Mbit/s数字接口，信令规程采用PRI信令方式。

⑨移动业务交换中心、无线子系统至操作维护中心OMC接口

此接口基于2.4～64 kbit/s的No.7信令网接口。

⑩GCR与MSC间的接口

此接口用于有语音组呼或语音广播的需求时，MSC向GCR查询相应的语音组呼。

(3)安全

①信令信息单

移动台与基站间交换的下列信令信息单元需要保护：国际移动设备识别IMSI；国际移动用户识别IMSI(主叫用户电话号码被叫时)；被叫用户电话号码(当移动台主叫时)。此功能是为了防止无权者得到移动台与基站间交换的信令信息，以确保与用户有关的信令信息的机密性。

②业务安全

在无线路径上，系统对业务提供两种保密功能：

a. 用户识别的保密

在无线路径上，用临时用户识别IMSI替代国际移动用户识别IMSI，使窃听者不能确认在无线路径上使用资源的是哪个用户，以保证用户识别秘密性。

b. 用户数据

对业务信道上传输的用户信息的保密。在MS与BSS同时用移动台与网络计算处的密钥对用户信息进行加密/解密。

③接入安全

移动台每次与网络进行信令交互前，都必须首先通过鉴权。只有合法用户才能接入网络。

(4)漫游

随着业务发展和政策许可,在签订单向漫游协议的前提下,铁路 GSM-R 网络也可以直接与公众 GSM 网络互联,在无 GSM-R 网络覆盖的地区,铁路 GSM-R 用户自动单向漫游到公众 GSM 网络,实现 GSM 网络功能规定的通信业务,而公网 GSM 用户不能漫游到铁路 GSM-R网络。

(5)呼叫管理

①呼叫流程

以点到点呼叫中移动台发起和接收呼叫为例,移动台发起呼叫的控制过程如图 4.30 所示。

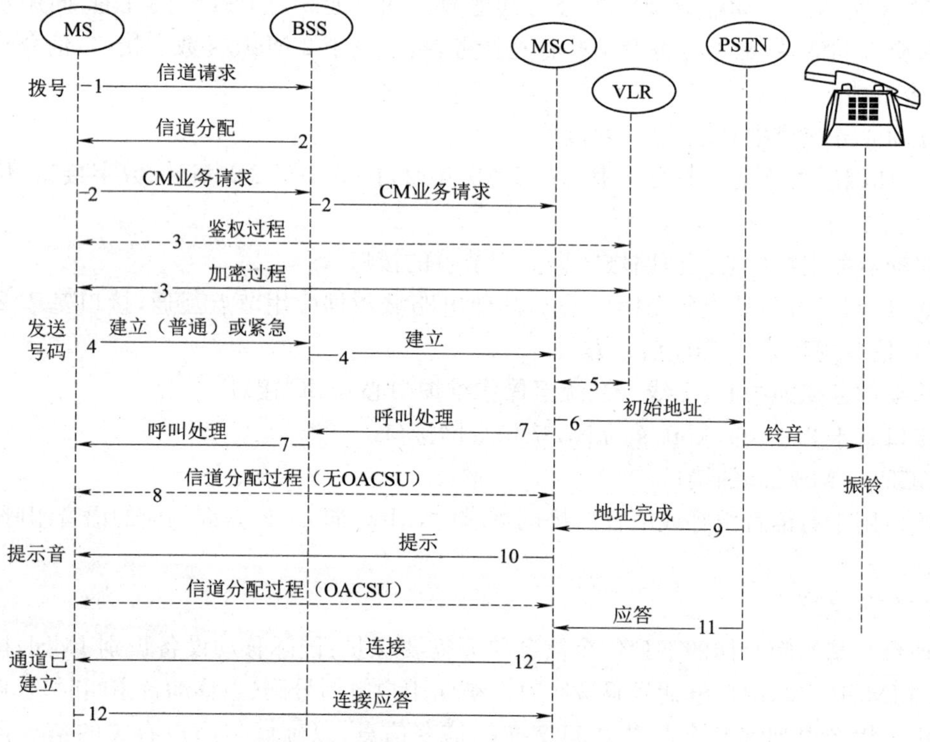

图 4.30 移动台发起呼叫的控制过程图

移动台接收呼叫(持续呼叫)的呼叫控制过程如图 4.31 所示。

②优先级管理

a. 0 级:紧急呼叫。

b. 1 级:列控信息。

c. 2 级:三站两区间组呼和调度辖区组呼。

d. 3 级:铁路运营呼叫。

e. 4 级:其他呼叫。

③呼叫限制

根据用户身份和号码段,对用户呼叫进行限制,以保证运营或安全用户不会受到其他无关用户的干扰。

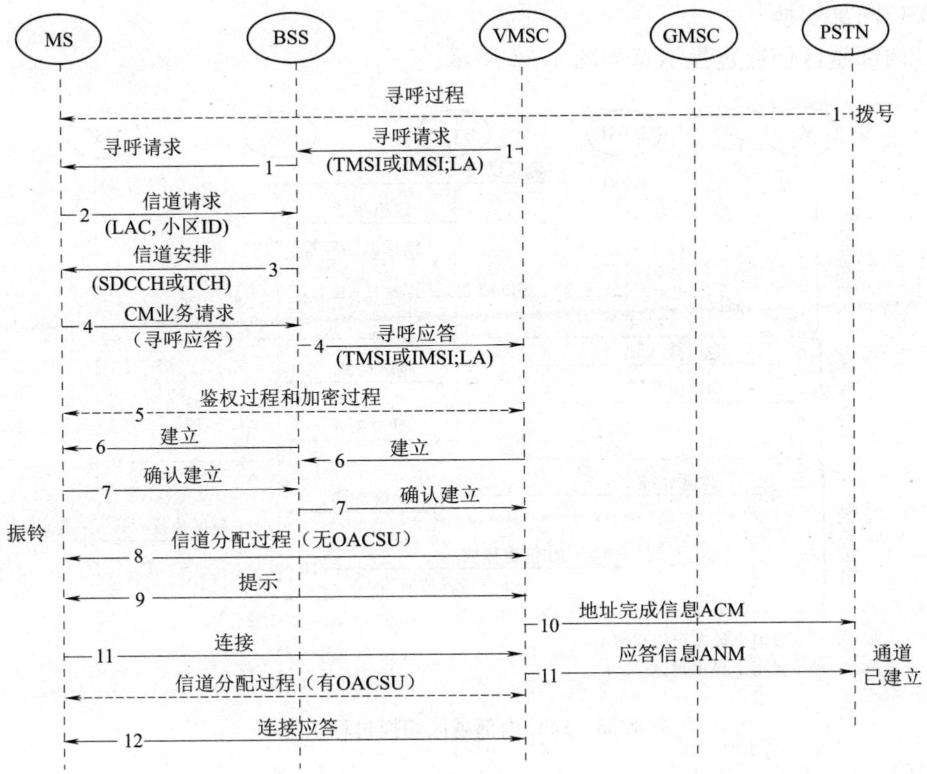

图 4.31　移动台接收呼叫(持续呼叫)的呼叫控制过程图

(6)越区切换

在 GSM-R 系统中,当移动设备从一个小区进入另一个小区时,需要进行越区切换,越区切换的类型主要有:BSC 内部切换,BSC 之间的切换和 MSC 之间的切换,如图 4.32 所示。

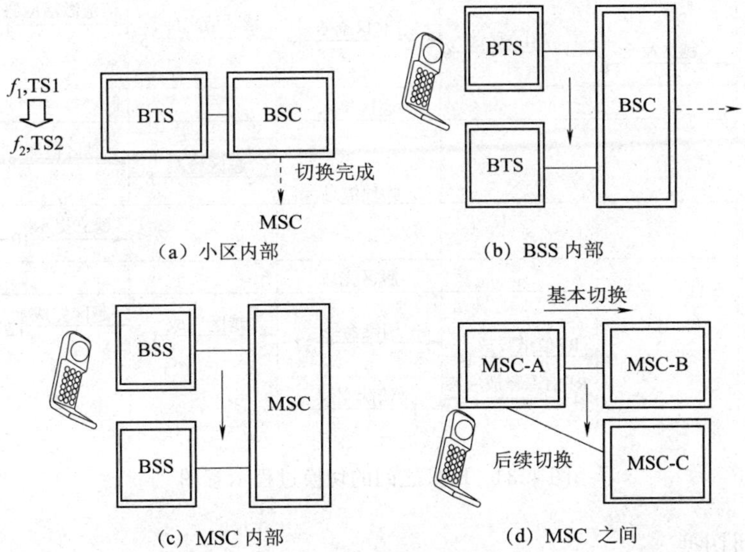

图 4.32　越区切换类型示意图

①BSC 内部切换

BSC 内部越区切换过程示意如图 4.33 所示。

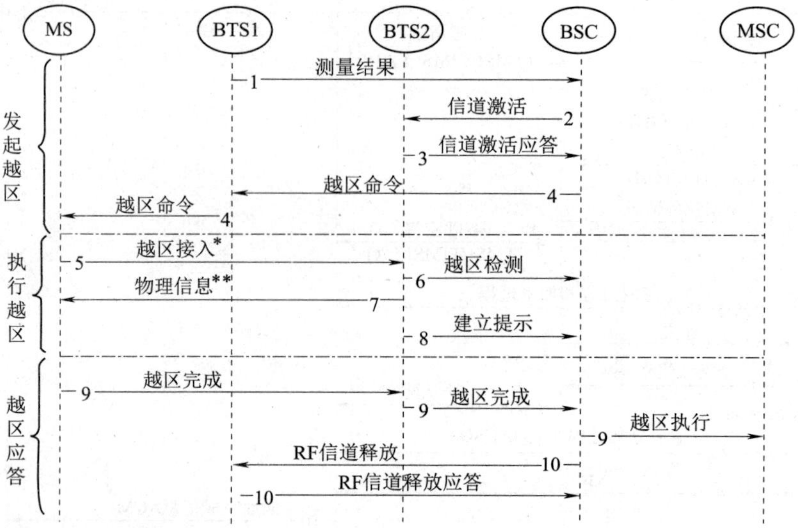

* : 该消息最多可以重复4次

** : 只用于异步越区

图 4.33　BSC 内部越区切换过程示意图

②BSC 之间切换

BSC 之间的切换过程示意如图 4.34 所示。

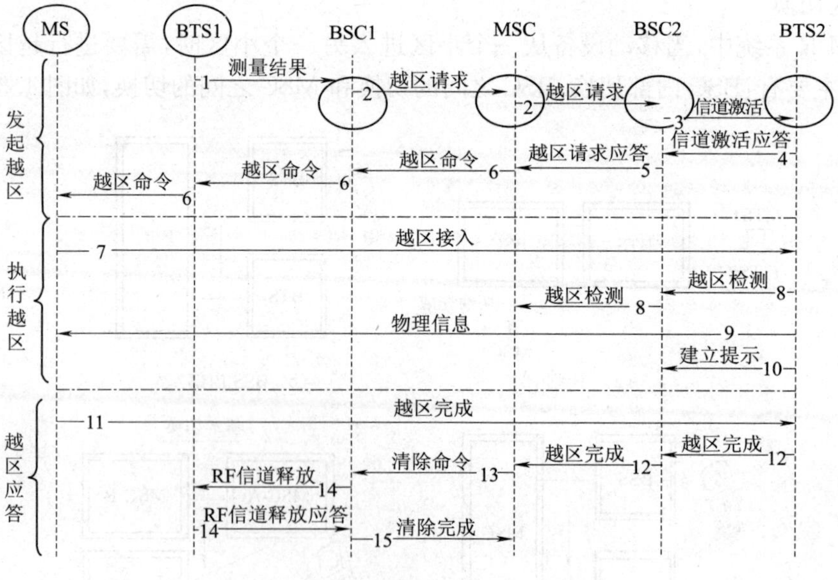

图 4.34　BSC 之间的切换过程示意图

③MSC 之间切换

MSC 之间的切换过程示意如图 4.35 所示。

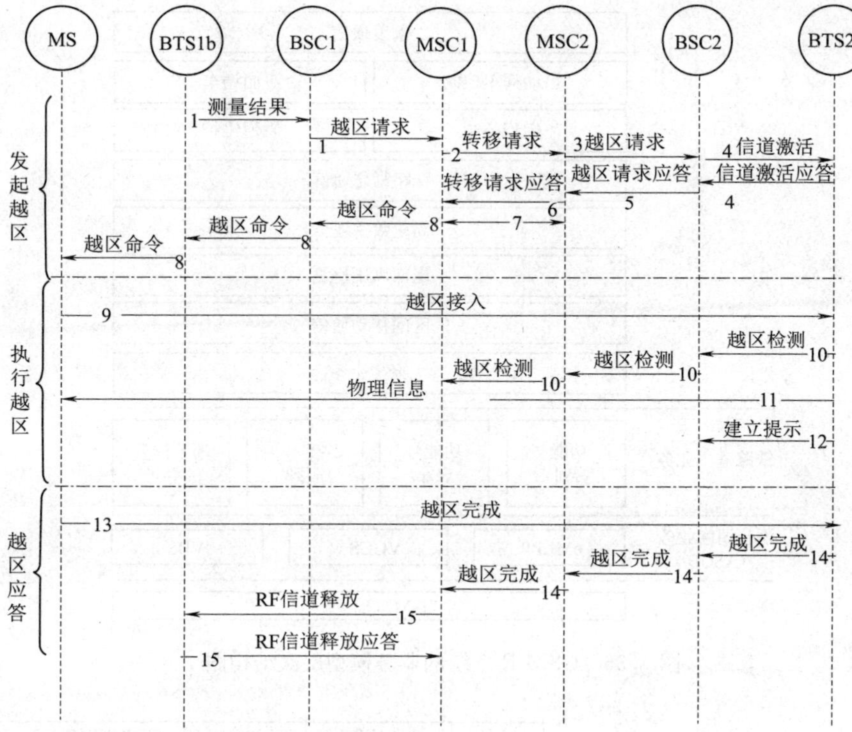

图 4.35 MSC之间的切换过程示意图

2. GSM-R系统的主要业务

GSM-R是专门为铁路通信设计的综合专用数字移动通信系统，它基于GSM的基础设施及其提供的ASCI(先进语音呼叫业务)，其中包含eMLPP(增强型多优先级与强拆)、VGCS(语音组呼)和VBS(语音广播)，并提供铁路特有的调度业务，包括：功能寻址、功能号表示、接入矩阵和基于位置的寻址；并以此作为信息化平台，使铁路部门用户可以在此信息平台上开发各种铁路应用。

图4.36为GSM-R系统的业务模型层次结构图，因此，GSM-R的业务模型可以概括为：GSM-R业务＝GSM业务＋语音调度业务＋铁路应用。

1)GSM-R的基本业务

(1)基本业务类型

GSM-R的电信基本业务包括：语音业务；短消息业务(SMS)；传真业务；语音组呼业务；语音广播业务；语音业务；短消息业务(SMS)；传真业务；语音组呼业务；语音广播业务；增强的多优先级和强拆业务(eMLPP)；号码识别；呼叫转移(call diversion)；呼叫完成；多方通话(MPTY)；闭合用户群(CUG)；用户到用户信令(UUS)；呼叫禁止；呼叫转接；遇忙呼叫完成(CCBS)；专用拨号方案(SPNP)；名字识别(CNAP)。

(2)基本业务解决方案

①GSM-R用户编号方案

GSM-R用户的号码包括国内号码和国际号码，国内号码编码格式如图4.37所示；国际号码编码格式如图4.38所示。

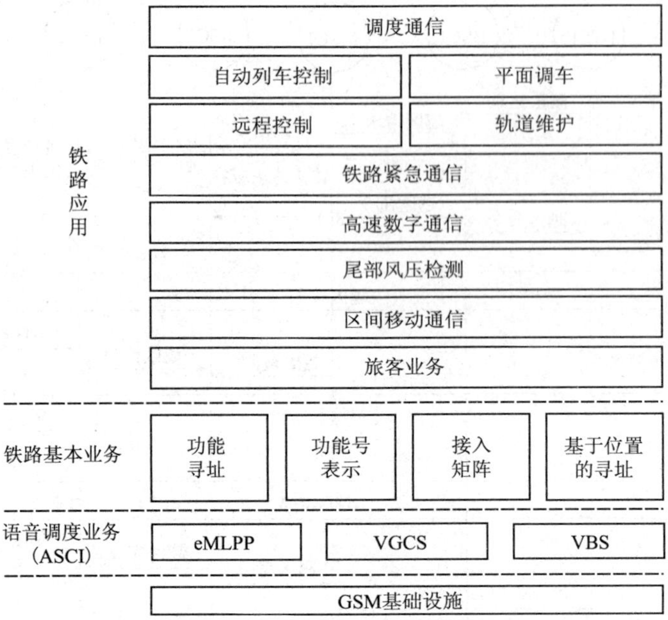

图 4.36　GSM-R 系统的业务模型层次结构图

图 4.37　国内号码编码格式

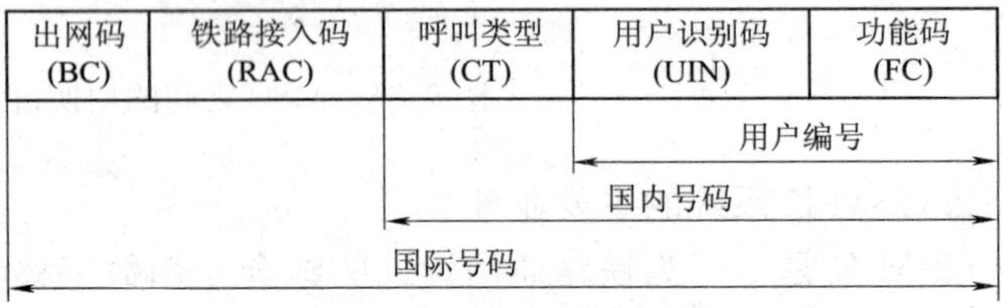

图 4.38　国际号码编码格式

a. 出网码

GSM-R 网内用户可通过出网码 BC(Breakout Code)访问其他铁路专用通信网。铁路专用网的出网码分配见表 4.1。

若到铁路专用固定电话网的出网码为 901,则 GSM-R 网内用户可通过拨打“901＋被叫方完整的电话号码”来访问铁路专用固定电话网的用户。

b. 铁路接入码

GSM-R 网内用户通过铁路接入码 RAC(Railway Access Code)访问公众电信网。GSM-R 网络到 PSTN/PLMN 网络的接入码见表 4.2。

表 4.1　铁路专用网的出网码分配

出网码	目标网络
900	国际 GSM-R 网络
901	铁路专用固定电话网
901～909	预留
91～99	预留

表 4.2　GSM-R 网络到 PSTN/PLMN 网络的接入码

接入码	目标网络
0	国内公众电信网
00	国际公众电信网

当 GSM-R 网内用户呼叫公众电信网的用户时，应拨打"接入码＋被叫方的国内/国际用户号码"。

c. 呼叫类型

呼叫类型 CT(Call Type)是国内号码中的一个前置符，由 1～2 个数字组成，用于标识不同类型的用户编号。不同的呼叫类型对应于不同的用户编号类型，表 4.3 是呼叫类型编号举例。

表 4.3　呼叫类型编号举例

呼叫类型	含　义	呼叫类型	含　义
1	短码(用于缩位拨号)	56～59	保留国内使用
2	列车功能编号	6	维修和调车组成员
3	机车功能编号	7	调度员、车站值班员及其他固定用户
4	车厢编号	8	移动用户号码
50	语音组呼	9	保留为分割码和国内使用
51	语音广播	0	保留为 PSTN、PLMN 接入码使用
52～55	保留国际使用		

d. 用户识别码

用户识别码 UIN(User Identifier Number)是各种用户呼叫类型(即用户编号类型)中，标识某一具体用户的号码，如列车调度员的 UIN 是一个位置编号，用以说明调度员所处的区域。

e. 功能码

功能码 FC(Functional Code)是在 UIN 的基础上，对 UIN 的进一步细化。如它可以表示特定列车上或站场内的某个人或设备，或者在给定区域中的某个队。表 4.4 是列车调度员的功能码的举例。

表 4.4　功能码应用举例

功能码	说　明
1	主调度员
2	副调度员
3	电力调度员
4～9	为国家应用保留
0	保留为 PSTN、PLMN 接入码使用

②调度通信

调度通信系统的组网示意如图 4.39 所示。

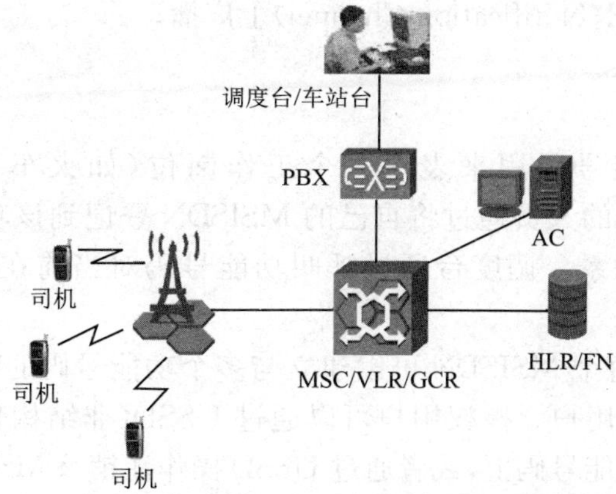

图 4.39　调度通信系统的组网示意图

AC—确认中心；BSC—基站控制器；BTS—基站收发信台；MSC—移动交换中心；VLR—拜访位置寄存器；GCR—组呼寄存器；PBX—专用分组交换机；FFN—Follow-Me 功能节点；HLR—归属位置寄存器

通过无线列调系统，可以进行以下通信：

a. 点对点呼叫

调度员通过调度台，使用功能号码可以直接呼叫其调度区域内指定列车的机车移动台，从而建立双工的话音通道；司机可以通过短号呼叫机车所在区域的调度员，也可以通过按紧急呼叫按钮向所属区间的调度员发起高优先级的紧急呼叫，该紧急呼叫被调度台终端优先接入或排队等待处理。

车站值班员、司机之间均可进行点对点的语音呼叫；相邻车站值班员之间也可以进行点对点的语音呼叫。

b. 组呼

调度员利用 VGCS/VBS 可以向其调度区域的所有司机发起语音组呼或语音广播；司机利用 VGCS/VBS 可以向其所属区域的所有司机和调度员发起语音组呼或语音广播。VGCS/VBS 呼叫结束后，可由 AC(确认中心)保存相应的组呼呼叫记录。

简单地说，VGCS 就是要实现多个人可以讲话(至多 6 个讲者)，更多的人可以作为听者(听者数量无限制)的业务。参与 VGCS 呼叫的成员包括两类：调度员和业务用户。

每个 VGCS 呼叫中最多可以有 5 个调度员，调度员可以是固定用户或移动用户，通过网络为其建立的专用通道参与组呼的话音通信；签约 VGCS 业务的移动用户，如机车司机，被叫业务用户通过组呼区域内的组呼通道参与组呼的话音通信。

VGCS 业务呼叫在任何时刻只准许 1 个业务用户及至多 5 个调度员同时讲话。处于听状态的业务用户可以通过抢上行的操作[按 PTT(Push To Talk)键]获得讲话权，参与讲话，抢上行的操作按照“先到先得”的方式进行，谁先抢到谁说话，其他业务用户只有当上行空闲时才可以继续抢上行的操作。调度员由于具有自己的专用通道，所以无需抢上行的操作，随时可以参与讲话。

VGCS 允许用户建立到属于某一指定服务区和组识别号(Group ID)的一组用户的呼叫，呼叫期间所有的调度员都可以发言，但是所有的业务用户抢占一个上行通道。服务区可由若干属于同一 MSC 或不同 MSC 的小区组成，呼叫时每个相关小区有一个组呼通道，其中上行链路仅供当前讲者使用(组发射模式)，所有听者守候在下行链路上(组接收模式)，有关组呼的通知消息在通知信道 NCH(Notification Channel)上广播。

组呼建立时间小于 2 s。

③功能寻址

在铁路应用中，功能号码用来表示一个工作岗位(如火车司机)而不是一个用户 MSISDN 号码。当前在岗的人员通过将自己的 MSISDN 登记到该功能号码上，建立起功能号码和真实用户之间的联系。调度台通过呼叫功能号码对当前在岗的真实用户进行调度和指挥。

在功能寻址业务中，每个 MSISDN 可以建立与多个功能号码的映射关系，但是一个功能号码一次只能指定给一个用户。授权用户可以通过 USSD(非结构化补充业务数据)操作将 MSISDN 登记到某一个功能号码上，或者通过 USSD 操作注销该 MSISDN 已经登记的功能号码。也可以由管理员修改 MSISDN 与功能号码的对应关系。

功能寻址业务分为语音呼叫功能寻址和短消息功能寻址。

按照 EIRENE 规范，MSC 通过 MAP 操作 SRI(Send Routing Info)从 FFN(Follow-Me

Function Node)查询到与功能号码对应 MSISDN,该过程与标准 GSM 网络当中 MSC 通过 SRI 操作从 HLR 查询漫游号码的流程完全相同,同时 HLR 强大的数据库功能也能够方便、可靠地管理功能号码与 MSISDN 之间的对应关系。

例如,列车 1234 在运行过程中机车可能会更换,在机车更换过程中需要注册或注销列车司机功能号对应的机车司机号码,以便可以依据列车 1234 司机功能号码呼叫到正在为列车 1234 服务的机车司机。

④基于位置的路由

在铁路通信实际应用中,用户可以用同一个短号码表示多个职责相同但调度区域不同的调度员。作业人员在与当时所在地调度员联系时可以拨打统一的短号码,系统利用依赖位置寻址业务将当前呼叫路由到合适的调度员。

基于位置的路由是指网络根据用户所拨打的短号和用户自身位置确定目标地址的路由。该业务用于机车司机通过短号呼叫机车所在区域的调度员,如列车司机在 A 区域拨打调度员号码 1234,则接续到 A 区域的调度员 A,而在 B 区域拨打同一号码 1234 则接续到 B 区域的调度员 B。

在当前 EIRENE 规范框架内,该位置信息是基于 GSM 网络当中的小区 ID,MSC 完全可以解析呼叫建立消息当中的小区 ID 信息,并根据小区 ID 信息与短号从 MSC 内置数据库查询得到合适调度员的号码,并将呼叫路由到合适的调度员。这种解决方案可在 MSC 内部实现,不牵涉其他网元,与不同供应商设备之间的兼容性好,同时由于这种翻译关系是从内置数据库中查询得到,避免网元间信息交互,呼叫处理速度快。

功能寻址与基于位置的路由的 MSC 实现方式与智能网实现方式相比有以下几个特点:

a. 兼容性好。

b. 呼叫处理速度快。

c. 节省智能网投资。

⑤增强多级优先和强占业务(eMLPP)

eMLPP(Enhanced Multi-Level Precedence and Pre-emption)业务允许网络根据用户的不同优先级在网络资源被占用的情况下实施不同的策略:排队和抢占,另外还可采用不同的呼叫建立和指配过程,以满足不同优先级呼叫对时延的要求。

eMLPP 作为一种补充业务既适用点对点话音或数据呼叫,也适用于广播呼叫和组呼。

在增强多级优先和强占业务(eMLPP)中,每个 GSM 用户被分配一个或多个特定的优先级权限,用户可以在自己的权限内选择每个特定呼叫使用的优先级,不同优先级的呼叫占用网络资源的优先级别不同。另外,每个优先级的呼叫还可以选择不同的呼叫建立方式。

eMLPP 业务包含两个部分:快速呼叫建立、排队和抢占。

快速呼叫建立是指对于每个优先级的呼叫,可以选择是否采用快速呼叫建立流程;排队和抢占是指在缺乏网络资源(包括处理能力、信令信道和业务信道)的情况下,高优先级的呼叫不会释放,可以优先排队,甚至可以抢占低优先级呼叫的资源。

eMLPP 业务可以提供多至 7 级(A、B、0、1、2、3、4)的优先级划分。其中最高的两个优先级(A 和 B)供网络运营者内部使用,如用于紧急呼叫或特殊的 VGCS/VBS 呼叫,这两级仅供本地使用,即在一个 MSC/VLR 范围内有效,在本 MSC/VLR 之外被作为 0 级对待。其他

5级供用户使用，这5级可以在所有支持eMLPP业务的地方使用，可以和提供MLPP业务的ISDN网络互通。

⑥呼叫矩阵业务

呼叫矩阵业务仅应用于点对点呼叫，VGCS/VBS呼叫不在本业务的应用范围内。

铁路运营中，不同身份的用户拥有不同的功能号码。通过定义呼叫矩阵表，根据主、被叫的身份进行呼叫裁决，判断是否允许呼叫继续，从而定义GSM-R网络中主叫方与被叫方的接入关系。

⑦铁路紧急呼叫

铁路紧急呼叫为具有最高优先级的语音广播呼叫，包括列车紧急呼叫和调车紧急呼叫。呼叫的类别由基于移动台的操作模式自动确定，移动台在调车模式时按动紧急呼叫按钮发起的呼叫为调车紧急呼叫，其他情况下的紧急呼叫即为列车紧急呼叫。

紧急呼叫建立时间小于1 s。

a. 列车紧急呼叫

列车紧急呼叫应在预定的区域内发送给所有司机及调度员。应通知适当的RBC(无线区域中心)某地发起了一个列车紧急呼叫。

b. 调车紧急呼叫

调车紧急呼叫应发送给在调车区域内涉及调车操作的所有用户。

⑧GPRS在GSM-R网络中的应用

a. GPRS主要技术特点

由于GPRS具备以下主要技术特点，非常适合于突发性的数据应用业务，因此可以考虑在GSM-R中使用GPRS。

一直在线，用户无需为每次业务请求进行拨号、建立连接，因此能够更快地接入外部Internet等分组网络。

高效的无线资源利用策略：

(a)无线资源按需分配，用户有数据需要发送的时候才占用无线信道资源。

(b)时隙共享，允许多个用户共享一个无线时隙(信道)。

(c)多时隙捆绑，允许一个用户占用多个时隙(协议支持8个，终端目前最多支持4个)。

(d)支持上行和下行的非对称传输。

(e)无线资源可根据业务流量在语音和数据业务之间共享。

b. GPRS在GSM-R网络中的主要应用

GPRS在GSM-R网络中主要应用于以下几个方面：

(a)TDCS/CTC无线车次号传输(机车—车站)。车载台通过GPRS方式将车次号发送到DMIS系统。

(b)书面调度命令传输(调度中心—机车)。调度中心向车载台发送书面调度命令也是采用GPRS方式。

(c)调车场调车作业。调车场调车作业是一项需要网络与终端、车载台同时配合完成的功能，调车场调车作业数据传输方式采用GPRS。根据不同地区实际调车作业操作规范，提供与其适应的解决方案。

(d)尾部风压传输与控制(机车—列车尾部)。列车司机查询尾部风压通过GPRS传输数据。

(e)车上信息向地面的传送。即车次号、列车接近信息传送等,采用GPRS传输方式。

(3)互联互通和网间漫游解决方案

互联互通主要是指GSM-R网络与其他移动网络、固定网络及专网的互联互通。网间漫游主要是指GSM-R网络向其他GSM网络及集群网络的单向漫游和GSM-R网间漫游。本项目所提及的互联互通和网间漫游方式只是解决问题的一种方式,具体实现可根据不同地区的情况提出合适的解决方案。

①互连互通

GSM-R网络以专网方式与其他网络互联,需要接入码,那么网外用户呼叫GSM-R网内用户的拨号为“接入码+GSM-R网内编号”,GSM-R网络的GMSC收到呼叫后将去掉“接入码”,保证在GSM-R网络内理解的编号均为“GSM-R网内编号”。

GSM-R网内用户呼叫网外用户时的拨号为“0+网外用户号码”,以“0”开始的号码将直接送GMSC,GMSC去掉“0”后将呼叫送到其他网络,保证GSM-R网络送给其他网络的号码符合其他网络本身的编号规范。也就是说,GSM-R网络透过GMSC来互联互通、来翻译不同网络的不同编号方式。

②GSM-R网络向其他GSM网络及集群网络的单向漫游

在呼叫处理时,GSM-R网络的GMSC完成不同网络的不同编号方式,但是在GSM-R用户漫游到其他PLMN时,由于没有类似GMSC的信令网关设备来完成不同编号方式的信令翻译,而且也不能要求其他PLMN改动,因此需要GSM-R网络对漫游到其他PLMN用户做特殊处理。HLR向GSM-R网内VLR插入用户数据时,其MSISDN为“国家码+移动用户号码”;HLR向网外VLR插入用户数据时,其MSISDN为“国家码+接入码+移动用户号码”。

③GSM-R网络用户向其他GSM网络的单向漫游

要解决GSM-R网络和其他移动网之间的单向漫游问题,就必须保证GSM-R网络和这些移动网之间的信令和话路网络的连接畅通。

④GSM-R网间漫游

GSM-R网间用户漫游与GSM网间用户漫游情况类似。

2)GSM-R铁路应用业务

(1)调度通信

调度通信系统业务包括列车调度通信、货运调度通信、牵引变电调度通信、其他调度及专用通信、站场通信、应急通信、施工养护通信和道口通信等。

利用GSM-R进行调度通信系统组网,既可以完全利用无线方式,也可以同有线方式结合起来,共同完成调度通信任务。事实上,在铁路上的有线通信已经比较完善,因此完全可以利用现有的有线资源,构成“GSM-R+FAS(即固定用户接入交换机)”的无线/有线混合网络。这种混合网络的系统主要由NSS(包括MSC、HLR、AUC、VLR、GCR等)、BSS(包括BSC、BTS)、OSS、固定用户接入交换机FAS、调度台、车站台、机车综合无线通信设备、作业手持台OPH及其他固定终端等构成,系统构成及组网方式如图4.40所示,其接口及信令在图中都已标明。

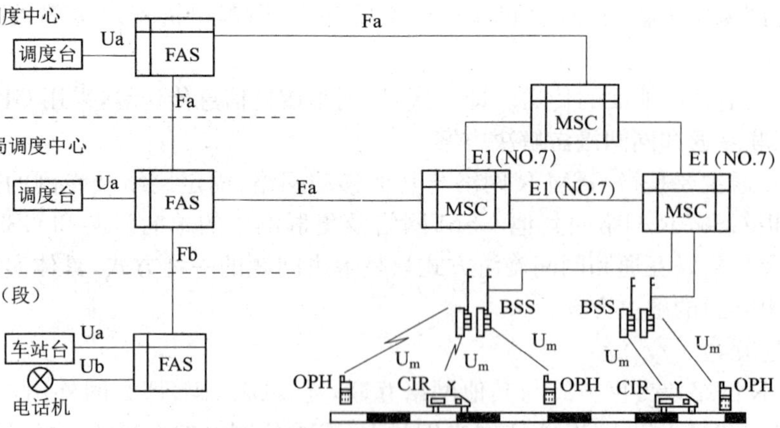

图 4.40　调度通信系统构成及组网方式图

注:FAS:固定用户接入交换机;MSC:移动交换中心;CIR:机车综合无线通信设备;OPH:作业手持台;Fa 接口:ISDN 基群速率接口(30B+D),DSS1 信令;Fb 接口:ISDN 基群速率接口(30B+D),DSS1 信令;或基群速率 E1,内部信令;Ua 接口:ISDN 基本速率接口(2B+D),DSS1 信令;或基群速率 E1,内部信令;Ub 接口:选用 Z 接口、音频 2/4 线接口、64 kbit/s 同向接口、录音接口等;U_m 接口:空中接口。

铁路沿线采用无线覆盖,机车上采用无线终端,即机车综合无线通信设备,而车站台和调度台都是有线终端。采用有线/无线组网方式,其中车站台和调度台通过 FAS 连接到 GSM-RMSC 上,进而实现有线和无线用户的通信。下面以列车调度功能为主,介绍其是如何采用 GSM-R 来实现的。

(2)车次号传输与列车停稳信息的传送

GSM-R 车次号传输与列车停稳信息对铁路运输管理和行车安全具有重要的意义,它可通过基于 GSM-R 电路交换技术的数据采集传输应用系统来实现数据传输,也可以采用 GPRS(通用分组无线业务)方式(用户数据报 UDP 协议)来实现。系统由 GSM-R 网络(叠加 GPRS)、监控数据采集处理装置(以下简称采集处理装置)、GSM-R 机车综合无线通信设备、TDCS(铁路调度指挥系统)/CTC(列车控制)设备等组成。

当通信方式为 GPRS 方式时,该系统可实现车次号传送的目的 IP 地址自动更新,按要求进行车次号信息和列车停稳信息传送,能对发送的车次号信息、列车停稳信息进行存储,DMIS/CTC 可向采集处理装置查询车次号信息。

(3)调度命令传送

铁路的调度命令是调度所里的调度员向司机下达的书面命令,它是列车行车安全的重要保障。调度员通过向列车司机发出调度命令,对行车、调度和事故进行指挥控制,是实施铁路运输管理的重要手段。调度命令传送的过程示意如图 4.41 所示。

采用车—地数据通道传输调度命令无疑将加速调度命令的传递过程,提高工作效率。调度员可以通过计算机编辑调度命令,而司机也是通过计算机接收调度命令,这样就可以把调度命令保存在计算机的磁盘中,用于事故分析和明确责任,而且双方都可以用打印机打印成书面文件,其优点显而易见。

调度命令子系统包括列车调度的机车台、列车调度台,以及它们各自连接的用于打印调度命令的打印机设备。调度命令数据传输也可以采用 GPRS 分组交换通信方式(UDP 协议)。

该子系统由GSM-R网络(叠加GPRS)、GSM-R机车综合无线通信设备(含操作显示终端、打印终端)、TDCS设备等组成。

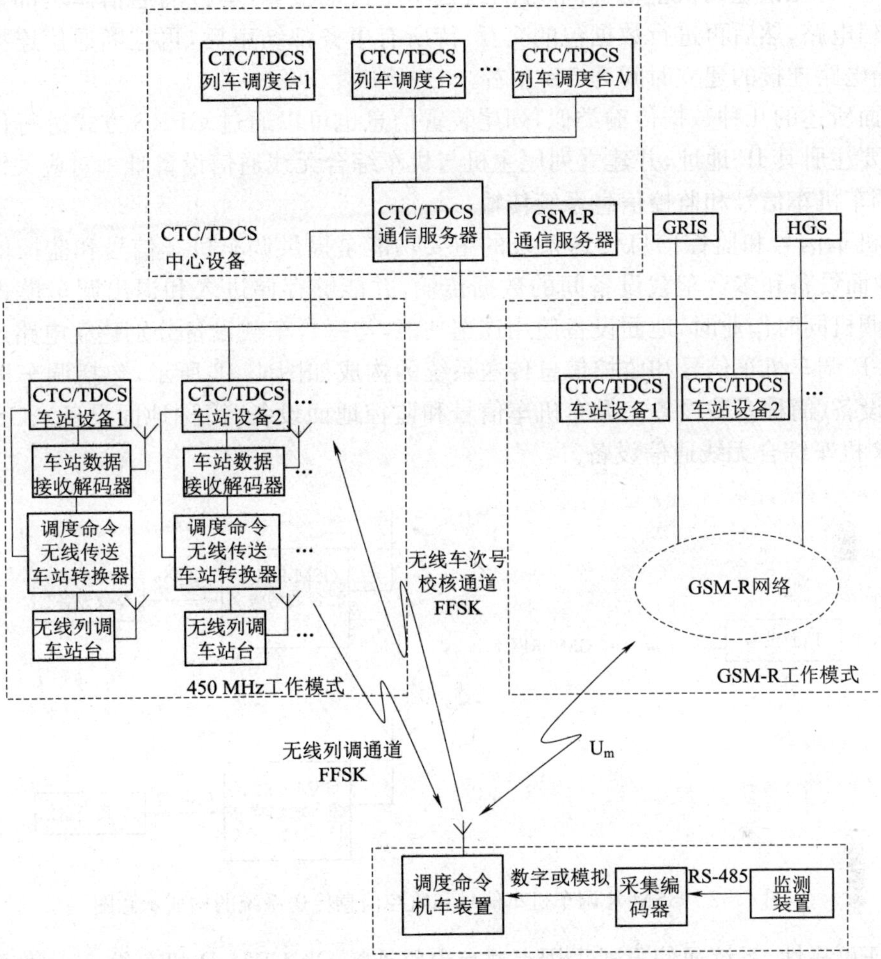

图4.41　调度命令传送的过程示意图

(4)列尾装置信息传送

将尾部风压数据反馈传输通道纳入GSM-R,可避免单独投资及单独组网建设,同时利用GSM-R强大的网络功能,克服了原有的抗干扰性差、信息无法共享等缺点。但它具有以下优势:

①尾部风压状态随时通过车尾装置传输。

②机车司机随时可以查询、反馈车尾工作状态。

③在复线区段或邻线,追踪列车之间不会相互干扰。

④在隧道内也能传输。

利用GSM-R网络的电路交换的数据通信功能,可以方便地解决尾部风压数据的传输问题。在车头的司机查询器和车尾的风压检测器上分别安装GSM-R通信模块,两者就可以利用GSM-R的电路数据功能传输风压数据。当司机查询尾部风压时,车头通信模块首先与车尾通信模块建立电路连接,然后向车尾的模块发送查询数据包,在收到该数据包后,车尾模块检测风压并封装在数据包中发给车头装置。同时，若风压超过告警界限，车尾模块也将首先与车头模块建立数据链路，然后向车头显示器发送数据包以报告险情。

概括起来，无论是司机主动查询风压，还是车尾自动报警，本方的通信模块都要首先与对方建立通信电路，然后再进行数据包的交互，待所有事务都结束后，再挂断通信连接。一般情况下，通信电路连接的建立时间为 5 s 左右。

与前面所述的几种数据传输类似，列尾装置信息也可以通过 GPRS 方式进行传输，此时，列尾主机要注册其 IP 地址，并建立列尾主机与机车综合无线通信设备唯一对应关系。

(5)调车机车信号和监控信息系统传输

调车机车信号和监控信息传送系统的主要功能是提供调车机车信号和监控信息传输通道，实现地面设备和多台车载设备间的数据传输，并能够存储进入和退出调车模式的有关信息。多台调机同时作业时，地面设备使用连选功能，与每台车载设备分别建立电路连接。

GSM-R 调车机车信号和监控信息传送系统的构成如图 4.42 所示，包括调车机车信号和监控车载设备(简称车载设备)、调车机车信号和监控地面设备(简称地面设备)、GSM-R 网络和 GSM-R 机车综合无线通信设备。

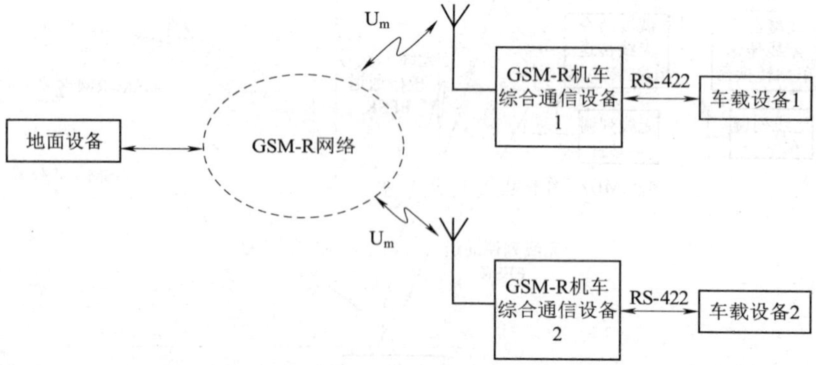

图 4.42　GSM-R 调车机车信号和监控信息传送系统的构成示意图

为保证可靠性，系统通信方式采用点对点电路连接，当 GSM-R 机车综合无线通信设备接收到车载设备发送的进入调车监控模式命令时，自动按分配给地面设备的功能号进行基于位置的呼叫，GSM-R 网络接收到功能号呼叫后，将路由指向对应的地面设备，在地面设备与车载设备之间建立一条电路链路，同时操作显示终端提示处于调车监控模式。地面设备发送数据时，根据信息内容中的机车号选择对应的端口将数据转发，GSM-R 机车综合无线通信设备接收到数据后，按照目的端口码转发给车载设备。车载设备通过已建立的数据链路将数据发送给 GSM-R 机车综合无线通信设备，GSM-R 机车综合无线通信设备再通过链路把数据发送到地面设备。当GSM-R机车综合无线通信设备接收到车载设备发送的退出调车监控模式命令时，GSM-R 机车综合通信链路设备则释放电路链路。

(6)机车同步控制传输

对于需要采用多机车牵引模式的情况，机车间的同步操作格外重要，如各机车的同时启动、加速、减速、制动等。如果牵引机车操作不同步，就会造成车厢间的挤压或产生拉钩现象，影响运输安全，降低运输效率。为了保证操作的可靠性，可以利用 GSM-R 网络提供可靠的数据传输通道，采用无线通信的方式来实现机车间的同步操控。机车同步控制示意如图 4.43 所示。

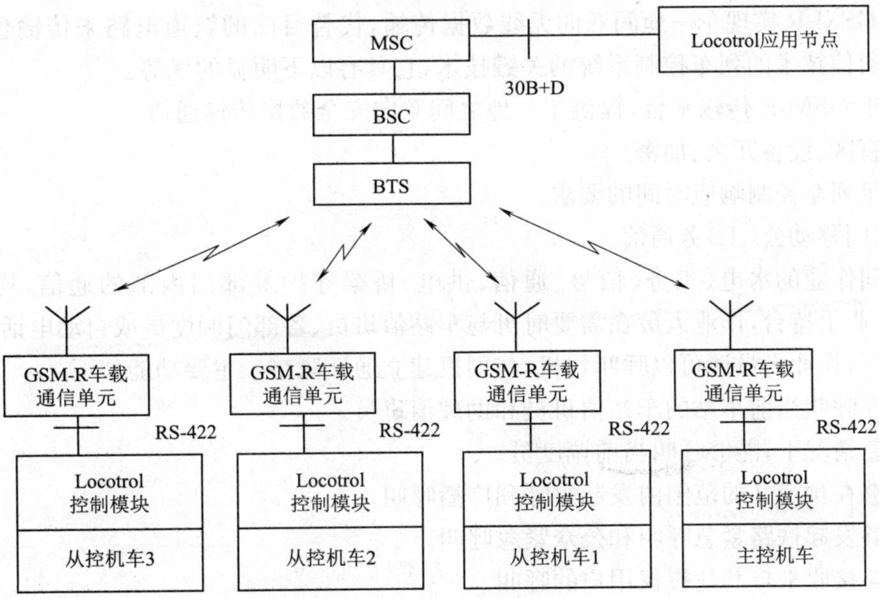

图 4.43 机车同步控制示意图

机车同步操作控制系统由地面设备和机车车载设备组成。其中,地面设备由 Locotrol 应用节点(以下简称地面应用节点)组成,与外部 GSM-R 网络采用标准的 PRI(30B+D)接口相连;机车车载设备包括 Locotrol 车载控制模块(简称 Locotrol)和 GSM-R 车载通信单元(简称通信单元)。Locotrol 与通信单元采用 RS-232 或 RS-422 接口方式。

Locotrol 的功能包括:主控机车分别连接从控机车、主控机车分别和从控机车断开连接、排风和紧急制动操作、制动缓解指令发布、制动管路测试、状态检测和查询、从控机车确认收到操作指令等;通信单元的功能包括:通信链路建立、通信链路保持、通信链路监视、数据传送等;地面应用节点的功能包括:通信链路连接控制、通信链路保持、通信链路监视、数据转发、数据记录和查询等。

(7)CTCS-3 级/CTCS-4 级车一地双向通信

中国列车控制系统(CTCS)是在采用传统的闭塞系统或移动闭塞系统的条件下,增强列车自动控制功能的超速防护系统。同时,它也是一个驾驶辅助系统,帮助司机以安全的方式驾驶列车。从国情路情实际出发,CTCS 共划分为五级,其中 CTCS-3 级(基于轨道电路和无线通信的固定闭塞系统)和 CTCS-4 级(完全基于无线通信的移动闭塞系统)与 GSM-R 有着密切关联。

CTCS-3 级系统是一个基于轨道电路和无线通信系统(GSM-R)的列车运行控制系统。在 CTCS-3 级系统中,车载设备应与地面设备配合工作,列车按固定闭塞方式运行,由无线闭塞中心(RBC)控制,利用无线通信系统(GSM-R)在车—地之间双向传输信息,车载设备配备无线通信模块,应答器作为定位设备。机车信号为主体信号,可以取消地面信号,另外,利用轨道电路或计轴设备进行轨道占用及列车完整性检查,但它们不属于 CTCS-3 级的设备。

CTCS-4 级是一个完全基于无线通信(GSM-R)的列车运行控制系统,该系统具有移动自动闭塞的特征。区间占用靠 GPS 和 GSM-R 实时数据传输解决(站内仍需轨道电路)。列车完整性检查、定位校核分别靠车载设备和点式设备实现,使得室外设备减少到最低程度。

采用 GSM-R 实现车—地间双向无线数据传输，代替目前的轨道电路来传输色灯信号是铁路基于通信技术的列车控制系统的关键技术，它具有以下明显的优势：

①基于 GSM-R 传输平台，提供车—地之间双向安全数据传输通道。

②无盲区、设备冗余、加密。

③满足列车控制响应时间的要求。

(8)区间移动公(工)务通信

在区间作业的水电、工务、信号、通信、供电、桥梁守护等部门内部的通信，均可以使用 GSM-R 作业手持台，作业人员在需要时可与车站值班员、各部门调度员或自动电话用户联系。紧急情况下，作业人员还可以呼叫司机，与司机建立通话联络。主要功能如下：

①能够呼叫当前车站的车站值班员和助理值班员。

②紧急情况下，能够呼叫当前调度员。

③能够在预定义的范围内发起组呼和广播呼叫。

④能够发起铁路紧急呼叫和公众紧急呼叫。

⑤能够接收来自其他授权用户的呼叫。

⑥能够接收语音组呼和广播呼叫。

(9)应急指挥通信话音和数据业务

应急通信系统是当发生自然灾害或突发事件等影响铁路运输的紧急情况时，为确保实时救援指挥通信需要，在突发事件现场与救援中心之间，以及现场内部建立的语音、图像、数据通信系统，它是铁路战备通信系统的重要组成部分，应做到迅速准确、可靠畅通、机动灵活。基于 GSM-R 移动通信的应急通信系统话音业务包括铁路紧急呼叫和 eMLPP 业务，铁路紧急呼叫是指具有“铁路紧急优先级”的呼叫，用于通知司机、调度员和其他处于危险级别的相关人员，要求停止在预先指定地区内的所有铁路活动。由于铁路运营存在的紧急情况，这些呼叫被连接到事先定义的用户或用户组，所有铁路紧急呼叫都应使用 GSM 语音组呼规范。eMLPP 业务规定了在呼叫建立时的不同优先级，以及资源不足时的资源抢占能力。对于应急指挥话音业务，可为其设置高优先级，以保障通信的快捷畅通。

(10)旅客列车移动信息服务通道

旅客列车移动信息服务可包括移动售票和旅客列车移动互联网等服务。可靠车—地数据传输系统(基于 GSM-R 电路交换)的出现，使在列车上完成的移动售票成为可能。在列车上乘客可以通过售票终端完成客票查询、订票、购票或补票业务，再通过车—地数传系统将客票信息实时传送到地面上的票务中心，以及时更新客票信息。列车旅客信息服务系统是为列车上具有一定接入条件(如笔记本电脑、PDA、手机等)的旅客提供互联网的业务。然而当今互联网的业务日新月异，千变万化，而列车是一个高速的移动体，所以在此前提下，应该优先开展的业务有：电子邮件；基于 WEB 的新闻浏览；铁路相关信息服务(如列车运行时刻表查询)；旅客移动位置业务；在线电影；网络游戏；网上聊天。

3. GSM-R 系统设备的维护

铁路 GSM-R 数字移动通信系统(以下简称 GSM-R)是铁路专用移动通信网，是直接为铁路运输生产和铁路信息化服务的综合通信平台。GSM-R 维护管理的目标是保证设备处于可靠、稳定、安全、高效地运行，使其运行服务质量能够满足铁路运输业务的需求。

1)网络子系统设备维护

网络子系统包括移动交换子系统(NSS)、移动智能网(IN)子系统和通用分组无线业务(GPRS)子系统。

网络子系统设备的日常维护主要是维护人员对机房环境、设备外观强度、指示灯进行巡视,按照厂家提供的操作说明和方法,通过输入不同的操作命令,对设备的各种功能进行检查,以证实系统的工作正常可靠,发现问题及时解决。

网络子系统设备的日常维护项目和参考周期见表4.5。

表4.5 网络子系统设备的日常维护项目和参考周期表

序号	维护作业项目与内容	周期	备注
1	机房环境状况、温度、湿度检查	日	
2	机房环境及设备表面清洁	日	
3	配套传输系统、电源、空调检查	日	
4	设备、环境告警检查及处理	实时	
5	设备状态(门、指示灯)巡视	日	
6	系统单板状态检查	日	
7	系统时钟同步状态检查	日	
8	系统负荷性能、高话务量外围模块负荷检查	日	
9	各接口状态检查	日	
10	中继电路状态检查	日	
11	信令链路及信令路由状态检查	日	
12	VLR/HLR占用率检查	日	
13	话务流量负荷统计及信令链路负荷统计	日	
14	基本呼叫测试、按网络拓扑进行拨打测试	日	
15	GPRS业务测试	日	
16	组呼等新业务测试	日	
17	系统接通率、寻呼成功率、短信成功率等指标统计	日	
18	A接口位置更新成功率等系统指标统计	日	
19	漫游号的使用情况检查	日	
20	忙时A接口中继负荷检查	日	
21	根据数据工单进行数据增加和修改	实时	
22	最新镜像数据(Image)复制到磁带中进行保存	周	
23	对翻译表格数据进行检查(Transvers)	周	
24	对客户数据进行复检	周	
25	局数据(系统和用户)备份	月	局数据修改调整时应及时备份
26	系统时间校对	月	
27	设备面板、防尘网、机架清洁、电风扇检查	月	
28	设备地线巡检	月	

续上表

序号	维护作业项目与内容	周期	备　注
29	设备电源线、信号电缆巡检	月	
30	指定单板的 CPU 负荷情况	月	
31	检查蓄电池和电源设备，测试输出电压	月	
32	障碍统计分析	月	
33	话务量统计、分析	月	
34	根据测量结果优化配置	月	
35	各种呼叫功能测试	月	
36	系统设备口令、维护用户名和密码核对或修改	月	
37	设备告警记录统计、分析	月	
38	系统设备障碍、用户投诉等统计、分析	月	
39	系统运用质量统计分析、网络优化方案	月	
40	备品、备件、工具、仪表和资料的清理	月	
41	局数据/修改过的系统数据核对检查	月	
42	录音通知的正确性检查	月	
43	地线的检查、测试和紧固	年	
44	网络例行测试	年	
45	软件升级与补丁程序	按需	

2)无线子系统设备维护

无线子系统设备的日常维护由 BSC 机房维护人员和现场维护人员共同负责，BSC 机房维护人员通过维护终端对无线子系统设备运用状态及环境进行实时监控，对各种数据进行修改、备份等，现场维护人员负责进行定期巡视检查、测试。在日常维护和障碍处理时现场与网管中心要密切配合。

无线子系统设备的日常维护项目和参考周期见表 4.6。

表 4.6　无线子系统设备的日常维护项目和参考周期表

序号	维护作业项目与内容	周期	备　注
1	BTS、光纤直放站运行状态及机房环境告警监控和性能监控	日	
2	X.25 的链路检查、BTS 传输检查	日	
3	小区 TDMA 时隙分配、BTS 阻塞率、掉话率检查，TCH 分配失败率统计	日	
4	基站位置、天线参数和频率、功率、功能、邻小区及其他参数检查、备份	周	网管中心负责，任何参数的调整都应及时更新参数表
5	机房环境及安全隐患检查	半月	每月 2 次
6	机房、设备清洁、滤网清洗	半月	
7	机房温度、湿度、空调检查	半月	

续上表

序号	维护作业项目与内容	周期	备　注
8	机房配套传输、电源及备有蓄电池检查	半月	
9	设备地线巡检	半月	
10	设备电源线、信号电缆巡检	半月	
11	设备防雷系统强度检查	半月	
12	设备单板工作状态、指示灯检查	半月	
13	各种配线、接头等外观强度检查	半月	
14	用手机拨打电话进行通话试验	半月	主机房BSC侧配合，观察是否所有通道都通话正常
15	漏缆、铁塔、电杆等外观强度检查	半月	
16	基站天线安装参数、天线抱杆、天线安装固定及周围环境检查	半月	每遇天气特殊情况应立即检查
17	基站馈线、小跳线安装固定、天馈系统防雨、密封性能、回水弯、馈线接头等强度检查	半月	每遇天气特殊情况应立即检查
18	环境告警采集设备检查	半月	
19	设备面板、防尘网、机架、机柜清洁、	半月	
20	电风扇检查	半月	
21	场强覆盖范围和小区切换测试	月	
22	各种接地装置、防雷系统检查	月	
23	铁塔及抱杆结构、紧固件强度检查、紧固	年	
24	防腐防锈检查、垂直度测量	年	
25	漏缆、天馈线接头、避雷接地夹检查	年	
26	BTS、光纤直放站频率校准、时钟	年	
27	用手机测试基站各个信道运行情况	年	主机房BSC侧配合
28	测量基站输出功率	年	
29	基站、直放站天馈线驻波比	年	每年不少于总数的10%
30	直放站信号强度	年	
31	漏缆吊挂件、吊线、固定件整修、更换	按需	
32	清除架空线路和吊线上的杂物	按需	
33	杆路整修	按需	
34	接地电阻阻值测试	年	在雷雨季前进行

3)运营与支撑子系统设备维护

运营与支撑子系统包括网络设备维护管理系统和用户管理系统。设备的维护范围包括：设备网管主机及各模块部件、网络通信设备、打印设备、显示设备、UPS电源设备等。

运营与支撑子系统设备的日常维护项目和参考周期见表4.7。

表 4.7 运营与支撑子系统设备的日常维护项目和参考周期表

序号	维护作业项目与内容	周期	备注
1	主机、外设、通信端口等硬件检查	日	
2	操作系统、应用系统、文件系统、进程监视、数据库系统等软件检查	日	
3	各网管服务器状态、各节点状态、所连接网元的告警、CPU、内外存利用率等监测	实时	
4	病毒检测与清除	实时	
5	服务器文件系统及主要进程的运行状态监测	日	
6	各种原始统计数据备份	周	
7	系统设备口令修改	月	
8	日志文件、系统数据、性能数据等备份	月	系统硬件升级前、系统软件升级、补丁前、网络系统结构调整前备份一次
9	网管数据与由网元直接采集的数据进行核对	季	

4)移动终端设备维护

移动终端设备主要指机车综合无线通信设备(简称 CIR)。因 CIR 设备的使用分散、流动性大、工作环境差,所以其日常维护结合机车的修程同步进行。

CIR 设备实行入库检查制度,在机车入库时,维护人员必须按作业程序上车检查。对 CIR 设备入库障碍应在 1 h 内修复,当在下一个交路前不能及时修复时,必须提前向机务部门报扣车计划。

CIR 设备出库实行故障修,但在库内滞留超过 24 h 后出库的必须上车检查。

机车入段定期检修时,维护人员同步进行定期整修、测试。机车入厂检修时,维护人员按有关规定将 CIR 设备拆除,进行落地整修和测试。在机车返回机务段时,根据机务部门通知,将 CIR 设备安装在机车上,交付使用。

跨局运用的机车,相关铁道通信中心必须按有关规定签订跨局障碍修协议。跨局运用的 CIR 设备的检查和维护,按障碍修办理。值班人员在接到申告后,应立即对障碍设备进行检查处理,并按维护协议履行设备交接手续。

考虑到 GSM-R 用户编号的特殊性,在 CIR 设备拆装、更换或障碍处理时,必须保证 SIM 卡与机车一一对应,如 SIM 卡损坏,需启用备用卡时,必须立即向交换网管中心汇报,以便制作数据,保证正常通信。SIM 卡上存储与用户相关的所有身份特征信息、安全认证和加密信息等。

CIR 设备的日常维护项目和参考周期见表 4.8。

表 4.8 CIR 设备的日常维护项目和参考周期表

序号	维护作业项目与内容	周期	备注
1	访问用户了解设备运用情况	机车入库时	
2	检查设备供电电源电压		
3	配线、配件、MMI、送(受)话器及扬声器、打印机等外观强度检查		

续上表

序号	维护作业项目与内容	周　期	备　注
4	表面清扫		
5	打印机色带、打印纸检查、更换、添加		
6	机车号检查(是否与实际相符)注册试验	机车入库时	
7	呼叫通话及各种功能试验		
8	司机确认签字		
9	各部配线、配件、MMI、送(受)话器、扬声器、打印机等强度检查、清扫、整修、更换		
10	CIR机箱清扫		
11	打印机功能试验,打印机色带、打印纸检查、更换、添加	机车入段定期检修时	
12	机车天馈线整修、驻波比等测试		
13	机车号注册试验		
14	呼叫通话及各种功能试验		
15	MMI、主机各部件强度整修		
16	接收灵敏度测试	结合机车厂修设备落地进行	
17	最大发射功率测试		
18	蓄电池的充、放电试验检查		

典型工作任务5　列车运行控制系统等级转换与降级模式

4.5.1　工作任务

本工作任务主要介绍了列车运行控制系统的等级转换、故障降级模式。通过学习,达到对列车运行控制系统的等级转换认知,以及地面设备和车载设备发生故障后,列控系统的故障降级模式认知的目的。

通过本任务的学习,掌握CTCS-3系统中控制等级转换的条件、转换方式及故障时降级处理的模式。

4.5.2　知识链接

1. 列车运行控制系统的等级转换

1)概述

等级转换考虑了CTCS-2级→CTCS-3级、CTCS-3级→CTCS-2级的转换过程。正常情况下等级转换将在CTCS-3级列控系统控制下,在固定地点进行转换。

在CTCS-2级→CTCS-3级转换前,应完成的工作包括:GSM-R车载电台注册到GSM-R

网络、车载设备与 RBC 建立通信会话、车载设备从 RBC 获得系统配置参数和行车许可等信息。如果在转换边界不具备 CTCS-3 级控车条件时，列车将继续按 CTCS-2 级运行，直至 CTCS-3 级控车条件具备后，车载设备将自动转入 CTCS-3 级工作。

当进行 CTCS-3 级→CTCS-2 级转换开始时，RBC 提前一定距离开始给列车发送等级转换预告信息，同时在转换分界点设置应答器组发送无条件等级转换命令，强制车载设备在通过分界点后转换为 CTCS-2 级控车。

在等级转换时，车载设备的 CTCS-2 级控制单元与 CTCS-3 级控制单元应互相通信，确保不因转换触发制动。

2）转换点、标志牌和确认区的设置

CTCS-3 级与 CTCS-2 级之间的转换需要设置转换点、标志牌和确认区。

（1）转换点设置

①GSM-R 连接点（GRE）：在 GSM-R 覆盖区域，当列车前端通过该点时，车载设备根据应答器信息与 GSM-R 建立连接并注册。

②RBC 连接点（RE）：在转换开始设置该点，当列车前端通过该点时，车载设备根据应答器信息呼叫 RBC 并进行注册。

③转换预告点（LTA）：在至转换点唯一进路入口处设置该点，当列车前端通过该点时，车载设备将向 RBC 报告所在位置，RBC 判断为唯一进路时，向车载设备提供行车许可及等级转换命令。

④转换执行点（LTO）：当列车前端通过 LTO 点时，本务端的车载设备执行 CTCS-2 级→CTCS-3 级或 CTCS-3 级→CTCS-2 级的控车转换，非本务端处于休眠模式（SL）的车载设备记录等级转换信息。

⑤转换取消点（RT）：对于不进入 CTCS-3 级区域的列车，取消已与 RBC 建立的连接及注册。

（2）标志牌设置

①通信连接标志牌：当进行 CTCS-2 级→CTCS-3 级转换时，标志牌将通知司机车载设备应与 RBC 建立通信会话。

②等级转换标志牌：在 CTCS-3 级/CTCS-2 级控车转换分界处，设置等级转换标志牌。

（3）确认区设置

在距等级转换边界前一定距离和转换后列车运行 5 s 的区域为等级转换确认区，列车在区域内运行司机应根据车载设备提示对 CTCS-2 级→CTCS-3 级或 CTCS-3 级→CTCS-2 级转换进行确认。

3）容量保护

在同一时间，RBC 只能与不超过最大数量的 CTCS-3 级列控车载设备通信。当达到这个极限，就不能与列车开始任何新的通信会话。所有在 CTCS-2 级列控系统下运行的列车将继续以 CTCS-2 级运行。

当激活会话的数量距最大值仅有较小的余量时，RBC 将向 CTC 报警。调度员可以命令停在 RBC 区域内的列车的司机，关闭 RBC 通信以缓解容量压力。

4）无线覆盖距离

必须在从 CTCS-2 级转换到 CTCS-3 级前向列车发送呼叫 RBC 的命令。从 GSM-R 车载电台开始注册 GSM-R 网络至具备等级转换条件的时间由 GSM-R 网络注册时间；车载设备与

RBC 的连接时间;建立通信会话后,RBC 与车载设备之间传输必要信息的估计时间;进行等级转换前司机确认的时间等因素决定。

5)CTCS-2 级进入 CTCS-3 级

CTCS-2 级进入 CTCS-3 级等级转换边界应答器布置和确认区设置示意如图 4.44 所示。

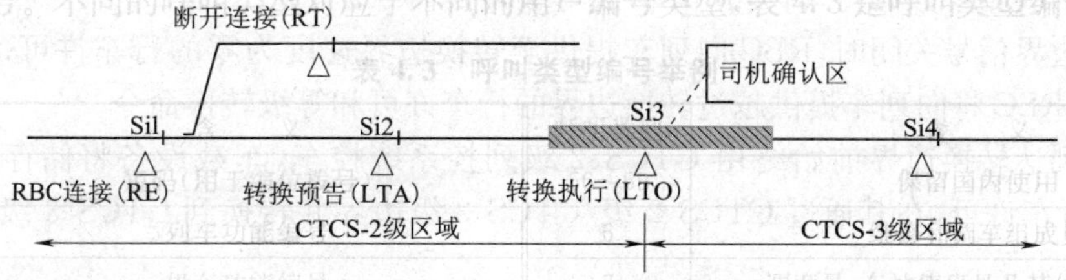

图 4.44 等级转换边界应答器布置和确认区设置示意图

(1)列车与 GSM-R 建立连接

从 CTCS-2 级控车转换为 CTCS-3 级控车首先应建立车载设备与 GSM-R 的通信连接,一般情况下,当 GSM-R 网络为唯一网络时,车载设备中的无线电台检测到 GSM-R 网络后,自动连接并注册到 GSM-R 网络。

当 GSM-R 网络与其他 GSM 网络存在互联互通时,为避免车载设备错误注册到其他网络,应设置 GSM-R 网络连接注册信息应答器组(GRE),该应答器组应向接近的列车发送用于 GSM-R 连接并注册的命令信息。处于休眠模式(SL)下的车载设备通过该应答器组时,按该命令信息的要求操作。

(2)列车与 RBC 建立连接

车载设备与 GSM-R 网络建立连接后,从 CTCS-2 级转换为 CTCS-3 级控车应建立车载设备与 RBC 的通信会话,为此在转换区入口处设置 RBC 连接应答器组(RE),该应答器组应向接近的列车发送用于建立通信会话的命令。处于休眠模式下的车载设备不呼叫 RBC,仅保存该命令。

车载设备接收到应答器组 RE 传送的与 RBC 建立连接的命令后,开始与 RBC 进行无线通信连接。

①车载设备按照应答器组 RE 提供的 RBC 信息呼叫 RBC,如果呼叫连接成功,则进行如下操作:

a. 在 RBC 中注册车载设备有效身份。

b. RBC 将车载设备有效身份信息传送给 CTC。

c. CTC 在其注册表中显示该列车。

如果呼叫不成功,则继续保持 CTCS-2 级工作。

②RBC 向列控车载设备发送位置报告参数信息和行车许可(MA)请求参数信息。

③列控车载设备向 RBC 报告参照于 LRBG 的列车位置和当前等级及模式信息。

④RBC 向车载发送配置参数。

⑤列控车载设备向 RBC 确认接收到配置参数等参数。

(3)获得行车许可

CTCS-3 级列控系统只向真正进入 CTCS-3 级区域的列车提供行车许可。由于 CTCS-3

级列控系统不对 CTCS-2 级线路进行控制，无法确切掌握 CTCS-2 级线路实际进路情况，为此在至转换边界前唯一进路的线路上设置用于向车载设备提供准确列车位置进路的等级转换预告应答器组(LTA)。当列车前端通过应答器组时，车载设备向 RBC 报告列车所处进路位置，RBC 就可以知道列车接近的准确进路，然后根据 CTCS-3 级控制区域联锁进路条件，向车载设备提供包括线路参数的行车许可(MA)及等级转换命令。

当转换边界信号关闭时，RBC 向列车提供至转换边界速度为零的行车许可；当转换边界信号开放时，RBC 将向列车提供越过转换边界的行车许可和等级转换命令。

列车在到达转换边界前始终由 CTCS-2 级列控系统控车，车载设备将储存此前获得的 CTCS-3 级行车许可，在其通过 CTCS-2 级/CTCS-3 级边界并转换到 CTCS-3 级列控系统控车时使用。

当不止一列开通了与 RBC 通信会话的列车经过了相同的应答器组，该应答器组规定了某一线路上进入 CTCS-3 级区域的入口。特别在区间自动闭塞线路，RBC 将只为离转换边界最近的列车提供进入 CTCS-3 级区域的行车许可，当该车越过 CTCS-2 级/CTCS-3 级边界，转入 CTCS-3 级系统控车后，再向后一辆列车提供行车许可及等级转换命令。

(4)等级转换执行

CTCS-2 级/CTCS-3 级等级转换边界一般应是闭塞分区和 RBC 控制范围的边界，当列车前端通过 CTCS-2 级/CTCS-3 级边界时，根据 RBC 的命令并具备 CTCS-3 级列控系统控车条件，车载设备将自动转为 CTCS-3 级模式控车。

在 CTCS-2 级/CTCS-3 级等级转换边界设置转换执行应答器组(LTO)向列车发送等级转换信息，该应答器组将命令休眠模式(SL)下的车载设备记录等级转换信息。

为保证在等级转换边界列车能以 CTCS-2 级最高允许速度运行，CTCS-2 级列控系统的行车许可必须越过 CTCS-2 级/CTCS-3 级边界至少一个完整常用制动距离。

等级转换命令由 RBC 通过 GSM-R 发送给列车。

在 CTCS-2 级向 CTCS-3 级转换时，车载设备 CTCS-3 级控制单元和 CTCS-2 级控制单元应实时通信，CTCS-2 级控制单元比较列车的实际速度与 CTCS-3 级控制单元的允许速度，若实际速度高于允许速度，则 CTCS-2 级控制单元触发常用制动；当列车速度低于 CTCS-3 级控制单元允许速度后，实施等级转换。

等级转换不受制动状态的限制。如在进行 CTCS-2 级/CTCS-3 级等级转换时，CTCS-2 级列控系统触发制动，列车前端通过 CTCS-2 级/CTCS-3 级边界转换后，根据需要可由 CTCS-3 级列控系统继续实施制动。

如果由于某种原因(如 GSM-R 通信、RBC 故障)，车载设备不能同时得到 CTCS-3 的等级转换命令和行车许可信息，列车将不停车按 CTCS-2 级列控系统继续运行。当 GSM-R 通信、RBC 故障消除并具备 CTCS-3 级列控系统控车条件时，由司机确认车载设备在列车运行前方最近的闭塞分区边界自动转为 CTCS-3 级列控系统工作。

在 CTCS-3 级列控系统控车过程中，CTCS-2 级列控车载设备控制单元处于后台工作状态，不输出制动及 DMI 信息。

(5)对司机的显示及操作

根据 RBC 传送的等级转换命令，车载设备将向司机显示即将进行的等级转换操作。

当列车运行接近 CTCS-2 级/CTCS-3 级转换边界一定距离时，车载设备将请求司机确认即将进行的等级转换，列车前端进入CTCS-3级区域并自动转为CTCS-3级列控系统工作后5 s内允许司机继续进行确认。

如果司机未确认，将对其非正常操作进行记录。当列车前端越过转换点后车载设备自动由CTCS-2级列控系统转换到CTCS-3级列控系统工作。

(6)更改计划

①与RBC已经建立了通信会话

如果已经与RBC建立了通信连接，列车进入了不通往CTCS-3级线路的分支进路，此时，应设置一个命令列车关闭通信会话的应答器组(RT)。等级转换变更计划情况(一)如图4.45所示。

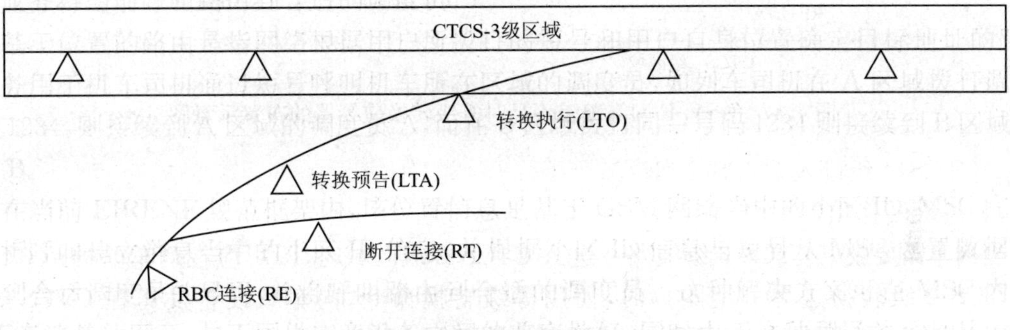

图4.45　等级转换变更计划情况(一)

②列控车载已经收到CTCS-3行车许可

当列车通过转换预告点(LTA)后，至CTCS-2级/CTCS-3级边界的进路应为唯一进路。但在受线路条件限制的特殊情况下，在进入CTCS-3级进路之前，有CTCS-2级的分支线路。等级转换变更计划情况(二)如图4.46所示。

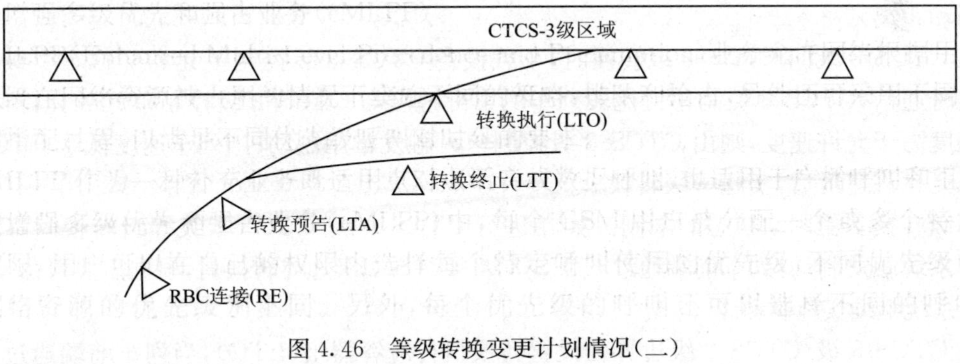

图4.46　等级转换变更计划情况(二)

当列车通过等级转换预告点(LTA)后，从RBC获得至CTCS-2级/CTCS-3级边界的行车许可及等级转换命令，而进路为去CTCS-2级支线，为此应在CTCS-2级支线上设置CTCS-3级→CTCS-2级等级转换终止点(LTT)，该点使用等级转换命令。从等级转换预告点(LTA)到该点的距离应小于从等级转换预告点(LTA)到CTCS-2级/CTCS-3级边界的距离。当在预告点已获得CTCS-3级行车许可的列车前端通过该点后，原转换命令将被取消，列车继续维持CTCS-2级系统工作。

(7)GSM-R 网络覆盖不足的情况

如果 GSM-R 无线系统的网络覆盖不能满足从开始进行 GSM-R 无线通信连接并注册至转换边界列车需运行的一段长距离线路，RBC 连接应答器组(RE)也可设置在无线系统覆盖区起始点。在这种情况下，由 CTCS-2 级转换到 CTCS-3 级的过程将会在 CTCS-3 级区域内进行。GSM-R 网络覆盖不足时等级转换应答器的布置如图 4.47 所示。

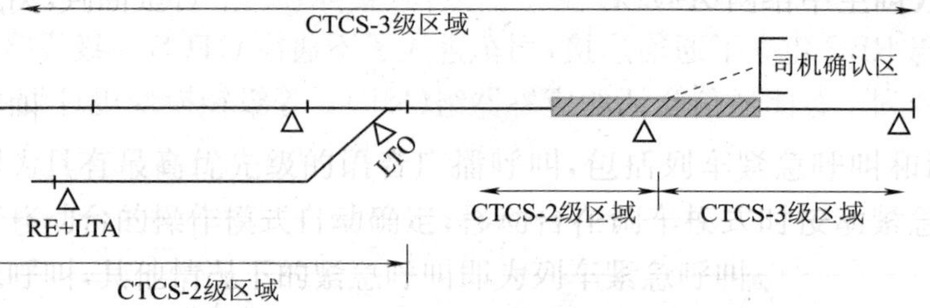

图 4.47　GSM-R 网络覆盖不足时等级转换应答器的布置示意图

6)CTCS-3 级进入 CTCS-2 级

(1)等级转换预告

当列车需要驶离 CTCS-3 级线路并进入 CTCS-2 级区域时，RBC 应在列车前端距 CTCS-3 级/CTCS-2 级转换边界一定距离时，使用等级转换命令，向车载设备发送在 CTCS-3 级/CTCS-2 级转换边界转换为 CTCS-2 级控车的等级转换预告命令。

(2)等级转换执行

CTCS-3 级/CTCS-2 级等级转换边界一般应是闭塞分区和 RBC 控制范围的边界，当列车前端通过 CTCS-3 级/CTCS-2 级边界时，车载设备根据 RBC 命令将转为 CTCS-2 级列控系统控车。

为使列车能以 CTCS-2 级最大允许运行速度通过 CTCS-3 级/CTCS-2 级转换边界，在 CTCS-3 级区段从 RBC 得到的 CTCS-3 级行车许可将向 CTCS-2 级区域延伸一定距离(完整常用制动距离)。

在 CTCS-3 级向 CTCS-2 级转换时，车载设备 CTCS-3 级控制单元和 CTCS-2 级控制单元应实时通信，CTCS-3 控制单元比较列车的实际速度与 CTCS-2 级控制单元的允许速度，若实际速度高于允许速度，则由 CTCS-3 级控制单元触发常用制动；当列车速度低于 CTCS-2 级控制单元允许速度后，实施等级转换。

等级转换不受制动状态的限制。如在进行 CTCS-3 级/CTCS-2 级等级转换时，CTCS-3 级列控系统触发制动，列车前端通过 CTCS-3 级/CTCS-2 级边界转换后，根据需要可由 CTCS-2 级列控系统继续实施制动。

在 CTCS-3 级/CTCS-2 级边界处设置转换执行应答器组(LTO)，当列车前端通过该应答器组还未转换为 CTCS-2 级控车时，将命令车载设备转为 CTCS-2 级列控系统控车，处于休眠模式(SL)的车载设备记录等级转换信息。该应答器使用的等级转换命令的级别应为第一优先级：CTCS-2 级。

当列车尾部越过 CTCS-3 级/CTCS-2 级边界后，车载设备向 RBC 报告列车位置，RBC 接收到位置报告后，将命令车载设备断开与 RBC 的连接并注销列车注册信息，车载关闭与 RBC 的连接。

为确保转换过程的完成，GSM-R 应覆盖从 CTCS-3 级/CTCS-2 级转换边界开始到车载设备关闭与RBC的连接列车所运行的线路。

(3)对司机的显示

根据RBC传送的等级转换命令,车载设备将向司机显示即将进行的等级转换操作。

当列车运行接近CTCS-3级/CTCS-2级转换边界一定距离时,车载设备将请求司机确认即将进行的等级转换。当列车前端越过转换点后,车载设备自动由CTCS-3级列控系统转换到CTCS-2级列控系统工作。

列车前端进入CTCS-2级区域5 s前和自动转为CTCS-2级列控系统工作后5 s内允许司机进行确认,如果司机不确认,将对其非正常操作进行记录。

(4)更改的计划

如果已接到命令将在前方位置转换到CTCS-2级的列车还未驶离CTCS-3级区域,RBC应向该列车发送新的等级转换命令。

RBC使用的等级转换命令的等级应为:第一优先级——CTCS-3级;第二优先级——CTCS-2级。

7)在CTCS-3级区域内等级转换

在等级转换边界通过应答器向列车发送有条件等级转换命令,更新车载设备的等级列表。当GSM-R无线通信或RBC发生故障时,装备了CTCS-3级列控系统的列车在CTCS-3级线路上可以在列车速度降至CTCS-2级允许速度后,自动转换为CTCS-2级运行,并关闭与RBC的通信会话。等级自动转换后5 s时间内司机进行确认,如果司机不确认,将对该非正常操作进行记录。

在CTCS-3级控制区域,各车站反向进站信号机处的应答器组均设置有与RBC进行连接所需要的报文,如果工作在CTCS-2级,当列车前端经过该应答器组时,车载设备开始呼叫RBC并建立连接。一旦连接成功并获得CTCS-3级行车许可,系统将在下一闭塞分区边界自动转入CTCS-3级工作。自动转换后5 s时间内司机进行确认,如果司机不确认,将对其非正常操作进行记录。

2. 列车运行控制系统的降级模式

在地面设备或车载设备发生故障后,列控系统应采取故障降级等相应故障处理措施。

1)区间轨道非正常占用

(1)本区段内轨道电路故障

列车在35信号点防护区段内运行,列车所在闭塞分区轨道电路故障,如图4.48所示。由于联锁提供给RBC的35G锁闭进路状态仍然是“使用(Used)”状态,RBC、车载不作任何反应,保持原有工作状态。

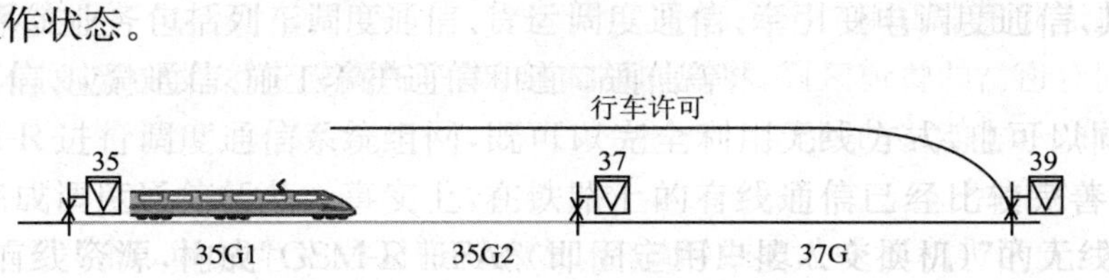

图4.48　本区段内轨道电路故障

(2)进路前方轨道电路故障

列车在35信号点防护区段运行,行车许可已延伸至41信号点,39信号点防护的区段轨道电路故障，如图 4.49 所示。

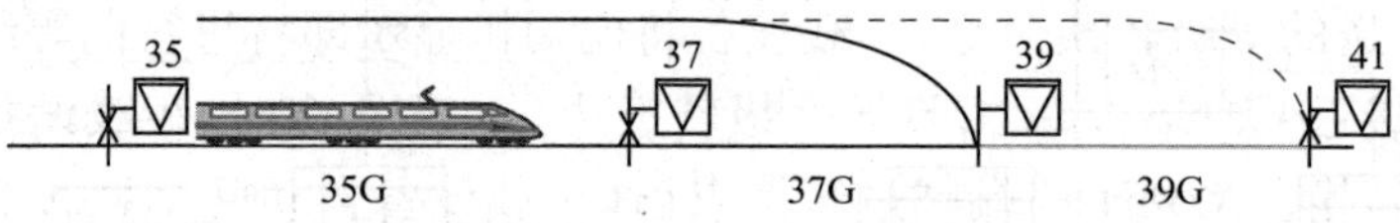

图 4.49　进路前方轨道电路故障

处理措施：

①置 39G 锁闭进路状态转为“使用(Used)”状态。

②RBC 将向列车发送一个以 39 信号点为目标点的有条件紧急停车消息(CEM)。

③车载设备生成一个以 39 信号点为目标点的缩短行车许可(SMA)，并向 RBC 发送确认已执行有条件紧急停车消息，列车根据缩短行车许可实施制动。

(3)通过故障区段

37 信号点防护区段轨道电路故障，列车已在 37 信号点前停车，如图 4.50 所示。

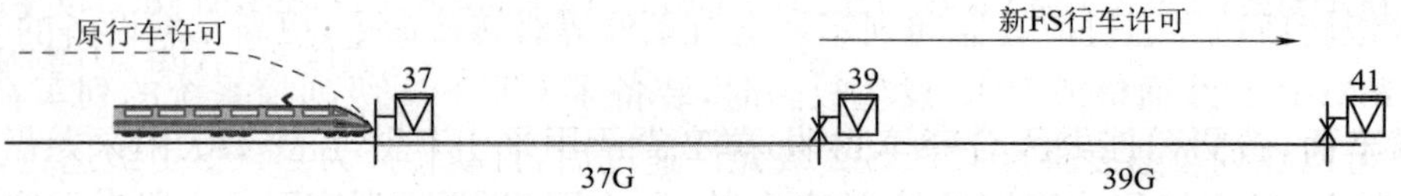

图 4.50　通过故障区段

处理措施：

①根据运行规则，列车在故障轨道区段 37G 入口前停车 2 min。

②司机按压“越行”按钮。

③车载设备自动转入目视行车模式(OS)，向 RBC 报告已转入目视行车模式，然后按固定限速 40 km/h 监控列车运行。

④列车以目视行车模式越过 37 信号点，进入 37G 故障轨道区段。

⑤当列车经过参考位置应答器并到达工作正常且锁闭的 39G 轨道区段时，向 RBC 报告有效的位置。

⑥当新的进路占用与列车报告位置的时间间隔在 6 s 以内时，RBC 将向列车发送新的完全监控行车许可。否则列车将继续以目视行车模式向 41 信号点运行。

⑦车载设备获得新的行车许可(MA)后，自动转为完全监控模式(FS)继续运行。

2)站内轨道非正常占用

对于区间有道岔的轨道区段，将视同站内接、发车进路轨道区段故障，列车停车后，司机必须等待调度员命令才能移动列车。

(1)进路未锁闭

当车站接、发车进路还未办理或锁闭时，站内轨道区段发生故障，调度员可以通过办理引导进路接、发列车，如图 4.51 所示。

处理措施：

①调度员办理了引导发车进路 X_I-S_N。

②车站联锁设备将引导发车进路信息 SA-39 传送给 RBC。

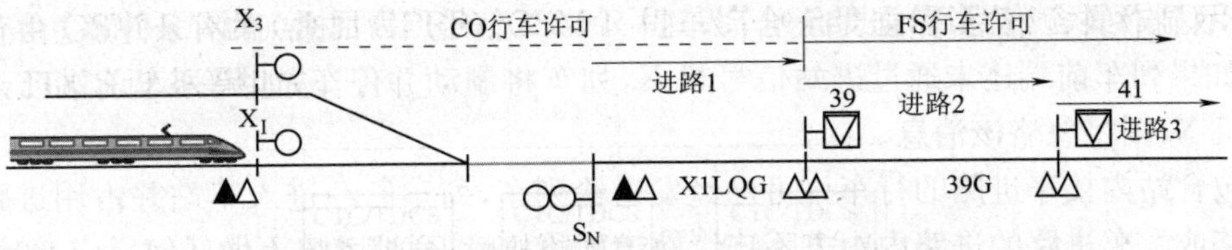

图 4.51　进路未锁闭

③RBC 向列车发送至 39 信号点为引导模式(CO)的行车许可:→39MA(CO)。

④列车收到行车许可后,列车以引导模式发车。

⑤列车出清进路后,调度员人工解锁车站联锁引导发车进路。

(2)进路已锁闭

当车站接、发车进路已经锁闭而列车还未占用进路时,出现轨道非正常占用,应及时使接近该进路的列车停车。如果列车已进入车站,则使用原行车许可继续运行。

①包含站内接车进路的行车许可已经发送给列车,列车还未到达车站,此时站内 1DG 轨道非正常占用,如图 4.52 所示。

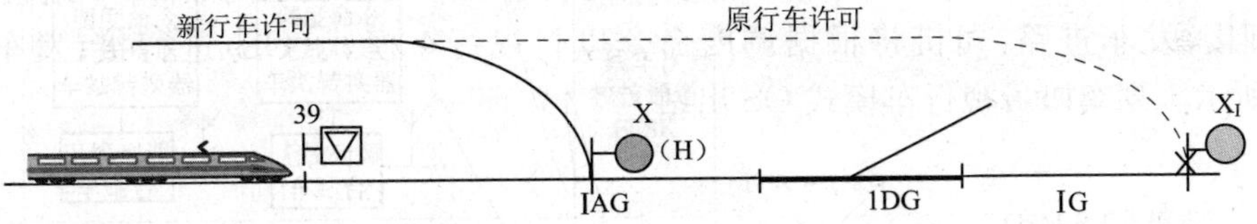

图 4.52　进路已锁闭的示意图 1

处理措施:

a. 车站联锁立即关闭进站信号机 X,并向 RBC 发送接车进路为"使用(Used)"状态。

b. RBC 收到联锁进路信息后,立即向列车发送一个以 X 信号点为目标点的有条件紧急停车消息。

c. 如果列车前端还未通过进站信号机 X,列车将制动并停车;如果列车前端已经越过进站信号机 X,则将忽略该消息。

d. 列车停车后,司机应与调度员联系并得到调度员允许后,司机通过按压"越行"按钮,以目视行车模式 OS 继续前行。

②包含站内接车进路的行车许可已经发送给列车,列车已经接近车站。站内接车进路或发车进路的进路内方第一轨道区段故障,如图 4.53 所示。

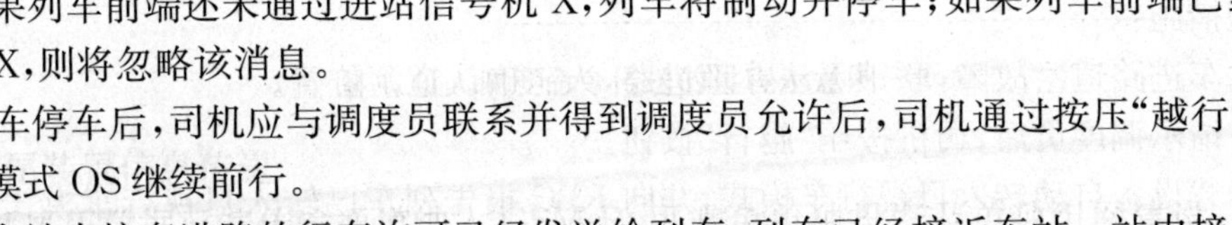

图 4.53　进路已锁闭的示意图 2

处理措施:

a. 车站联锁立即关闭进站信号机 X,并向 RBC 发送接车进路为"使用(Used)"状态。

b. RBC 收到联锁信息后，立即向列车发送一个以 X 信号点为目标点的有条件紧急停车消息。

c. 如果列车前端还未通过进站信号机 X，列车将制动并停车；如果列车前端已经越过进站信号机 X，则将忽略该消息。

③包含站内接车进路的行车许可已经发送给列车，列车已经进入车站并占用进路。站内接车进路或发车进路的进路内内方不连续轨道区段故障，列控系统不做任何反应，继续保持原工作状态，如图 4.54 所示。

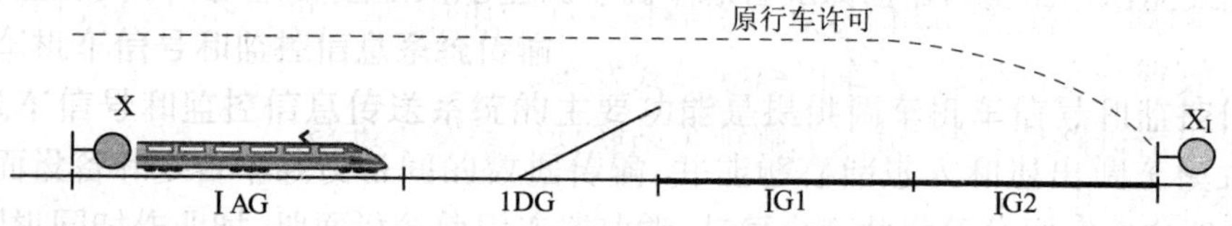

图 4.54　进路已锁闭的示意图 3

3)道岔失去表示故障

(1)进路未锁闭

当车站接、发车进路还未办理或锁闭时，站内道岔发生失去表示的故障，车站联锁设备将无法办理接、发车进路，司机将根据调度命令以目视行车模式(OS)进行接、发车作业，如图 4.55所示。列车以目视行车模式 OS 出站。

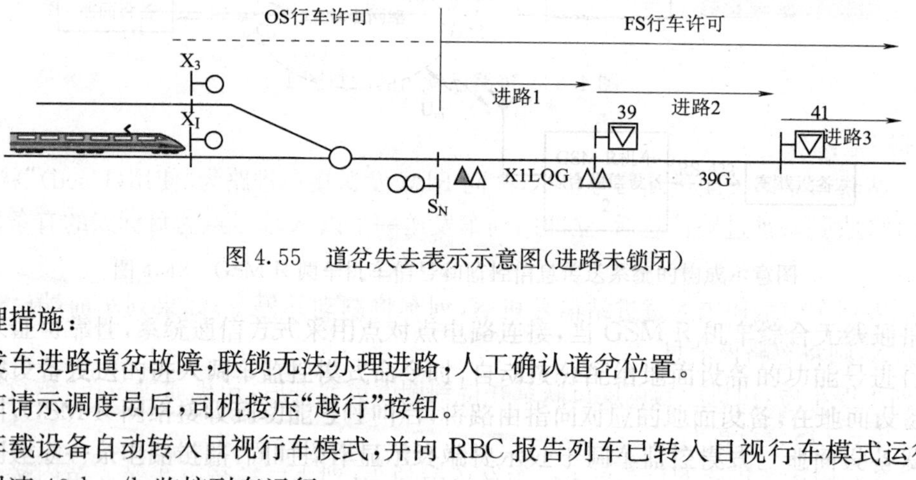

图 4.55　道岔失去表示示意图(进路未锁闭)

处理措施：

①发车进路道岔故障，联锁无法办理进路，人工确认道岔位置。

②在请示调度员后，司机按压"越行"按钮。

③车载设备自动转入目视行车模式，并向 RBC 报告列车已转入目视行车模式运行，然后按固定限速 40 km/h 监控列车运行。

④列车越过出站信号机，向区间方向运行。

⑤当列车前端通过 S_N 信号点处应答器组后，列车将向 RBC 报告列车位置。

⑥只有当新的进路占用与列车报告位置的时间间隔在规定时间以内时，RBC 才会给列车发送完全监控行车许可。否则列车将继续以目视行车模式向 39 信号点运行。

⑦列车进入完全监控区段并获得新行车许可后，列车将自动转换到完全监控模式行车。

(2)进路已锁闭

当车站接、发车进路已锁闭而列车还未占用进路轨道区段时，锁闭进路中发生道岔失去表示故障，应及时使接近该进路的列车停车。如果列车已进入车站，则使用原行车许可继续运行。

①包含站内接车进路的行车许可已经发送给列车，列车还未进入车站，此时站内进路道岔失去表示，如图 4.56 所示。

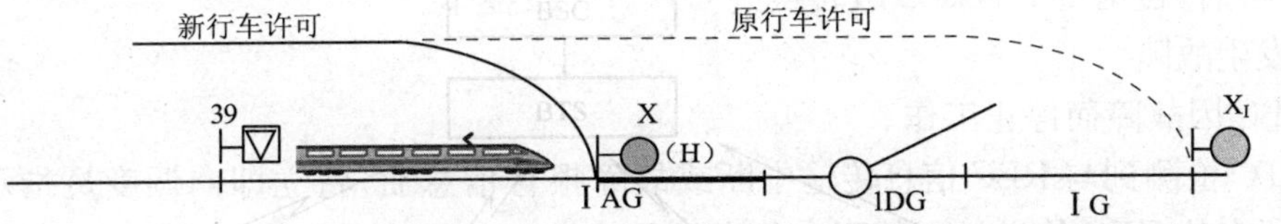

图 4.56　道岔失去表示示意图(进路已锁闭 1)

处理措施：

a. 车站联锁立即关闭进站信号机 X，置 X→X_I 锁闭进路为信号关闭(非正常)＝SISset，并通知 RBC SA-X_I 进路状态为“使用(Used)”。

b. RBC 收到联锁进路信息后，立即向列车发送一个以 X 信号点为目标点的有条件紧急停车消息(CEM)。

c. 列车接收到 CEM 消息后，向 RBC 发送确认消息。

d. RBC 接收到车载确认信息后，通知车站联锁接车进路的行车许可状态为“无行车许可(NoMA)”。

e. 车载设备生成到进站信号机的制动曲线，并进行以下处理：

(a)如果列车能够在进站信号机 X 前停车，列车将停在进站信号机 X 前。

(b)如果即使采用紧急制动，列车仍然不能在进站信号 X 前停车，列车将越过进站信号机 X，车载设备触发紧急制动并停车。

(c)列车停车后，司机应与调度员联系并得到调度员允许，之后司机通过按压“越行”按钮，以目视行车(OS)模式继续前行。

②包含站内接车进路的行车许可已经发送给列车，列车已经进入车站，此时站内进路道岔失去表示，列控系统不做任何反应，继续保持原工作状态，如图 4.57 所示。

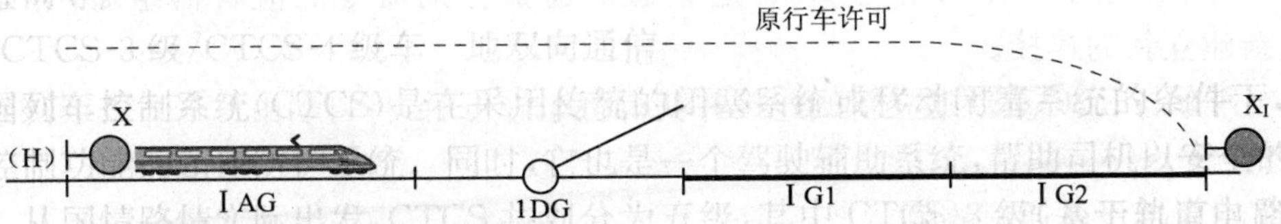

图 4.57　道岔失去表示示意图(进路已锁闭 2)

4)信号机灯丝断丝故障

信号机灯丝条件不纳入联锁的检查，信号机灯丝断丝不影响列控系统正常工作，装有 ATP 车载信号的列车以车载信号作为行车凭证。

信号机仅为非 ATP 列车使用，平时为熄灭状态。当办理特殊进路时，信号机点亮。

5)RBC 设备故障

RBC 采用双套冗余设备。当两套设备均故障后，受其控制的列车将中断与 RBC 之间的通信连接，通信超时后，由于列车不能从 RBC 收到任何消息，将实施制动。列车运行速度降至满足 CTCS-2 级列控系统运行所允许的速度时，自动转为 CTCS-2 级列控系统继续运行。

故障 RBC 设备区域内所有 CTCS-3 级列车注册信息将在 5 min 后被自动删除。列车经过 RBC 连接应答器,将呼叫 RBC 并重新进行注册且申请行车许可。列车在获得 CTCS-3 级的行车许可后,自动由 CTCS-2 级转换到 CTCS-3 级控车。

(1)发生故障

①RBC 因故障而停止工作。

②CTC 检测到与 RBC 信息传输中断或故障报警信息后,将立即向调度员指示告警。同时,删除所有从 RBC 传送过来的列车状态显示信息。

③区域内工作在 CTCS-3 级状态的列车将使用原有的行车许可继续运行,直至行车许可结束或与 RBC 的通信超时。

④当与 RBC 通信超时后,工作在 CTCS-3 级状态的列车将实施最大常用制动,速度降到 CTCS-2 级列控系统允许的运行速度后自动转换到 CTCS-2 级列控系统继续工作。车载设备关闭与 RBC 的通信连接,删除故障 RBC 的呼叫信息。

⑤转换到 CTCS-2 级列控系统继续工作的列车,当列车经过了一个带有与 RBC 建立通信连接会话命令的应答器组时,开始尝试与 RBC 重新建立新的连接。

⑥当列车与 RBC 重新建立新的连接并获得行车许可后,将自动由 CTCS-2 级转到 CTCS-3 级进行控车。

(2)故障恢复

①RBC 设备故障经修复可以开始正常工作。

②其管辖范围列车均在 CTCS-2 级列控系统控车。

③RBC 设备经调度员同意,由设备维护人员负责重新上电并启动。

④RBC 启动后不向列车发送任何信息。除了建立连接通信信息外,其他从列车发来的信息均被忽略。

⑤RBC 根据 CTC 系统时钟进行时钟同步,以确保系统计时标准统一。

⑥调度员确认 RBC 系统已恢复,并进入正常工作状态。

⑦当列车经过了一个带有与 RBC 建立通信连接会话命令的应答器组时,开始尝试与 RBC 重新建立新的连接。

⑧当列车与 RBC 重新建立新的连接并获得行车许可后,将自动由 CTCS-2 级转到 CTCS-3 级进行控车。

6)车站联锁设备通信故障

当车站联锁设备与 RBC 通信发生故障时,RBC 将无法获得该联锁管辖范围内各进路状态信息,系统将参照 RBC 设备故障的反应进行相应处理。RBC 立即停止与行车许可已涉及该联锁控制区的列车通信。

(1)发生故障

①RBC 检测到车站联锁信息传输中断后,将立即向调度员提示告警。同时,不再接受行车许可涉及该联锁区域的列车注册,不对已注册列车的行车许可进行更新。

②工作在 CTCS-3 级状态的列车将使用原有的行车许可继续运行,直至行车许可结束或与 RBC 通信超时。

③当与 RBC 通信超时后,工作在 CTCS-3 级状态的列车将实施最大常用制动,速度降到 CTCS-2 级列控系统允许的运行速度后,自动转换到 CTCS-2 级列控系统继续工作。车载设

备关闭与RBC的通信连接，删除故障RBC的呼叫信息。

④转换到CTCS-2级列控系统继续工作的列车，当列车经过了一个带有与RBC建立通信连接会话命令的应答器组时，开始尝试与RBC重新建立新的连接。

⑤当列车与RBC重新建立新的连接并获得行车许可后，将自动由CTCS-2级转到CTCS-3级进行控车。

(2)故障恢复

①RBC与联锁设备通信故障经修复后可以开始正常工作。

②行车许可涉及该联锁管辖范围的列车均在CTCS-2级列控系统控车。

③当列车经过了一个带有与RBC建立通信连接会话命令的应答器组时，开始尝试与RBC重新建立新的连接。

④RBC根据车站联锁提供的车站进路及转发的区间进路状态信息，向该联锁管辖范围内相关的列车提供行车许可。

⑤当列车收到等级转换命令并获得行车许可后，将自动由CTCS-2级转到CTCS-3级列控系统进行控车。

7)车载设备故障

当车载设备中涉及GSM-R无线通信设备单元故障时，列车运行速度降至CTCS-2级允许速度后，自动转为CTCS-2级列控系统工作。

车载设备采用双套冗余，当其中一套设备故障时，将立即触发紧急制动。列车停车后，司机将转换冗余切换开关启动冗余设备。在冗余设备上电后，将执行启动程序。

当两套设备均故障后，将立即触发紧急制动。根据行车规定司机打开车载设备隔离开关，切断车载设备触发列车制动条件，将设备与列车隔离并进入隔离模式(IS)行车。

8)应答器设备故障

在CTCS-3级列控系统中，应答器组主要用于列车的定位。应答器组一般应进行链接，只有链接的应答器组才可被用为参考位置，用于向RBC报告位置。

应答器故障可能有下列情形：

(1)在期望窗口之前发现期望的应答器组。

(2)在期望窗口之后发现期望的应答器组。

(3)在期望窗口中未发现期望的应答器组。

(4)应答器组的数据不可读。

(5)列车通过了一组错误方向的应答器组。

作为一个通用的规则，如果发生了上述(1)～(4)的应答器故障情形，车载设备将只向RBC发送位置报告，并报告应答器故障信息而不作其他应急反应，位置报告将还使用原来的位置参考应答器。

如果发生了(5)中所描述的故障情形，列车将实施紧急制动停车。

9)无线通信设备故障

GSM-R无线通信主要用于CTCS-3级列控系统车—地间信息的双向传输。当无线通信单元故障后，RBC与列车中断通信连接，列车降低到CTCS-2级允许速度后将自动转入CTCS-2级系统工作。具体过程如下：

(1)区域内工作在CTCS-3级状态的列车将使用原有的行车许可继续运行，直至行车许可结束或与 RBC 通信超时。

(2)当与 RBC 通信超时后,工作在 CTCS-3 级状态的列车将实施最大常用制动,速度降到 CTCS-2 级列控系统允许的运行速度后自动转换到 CTCS-2 级列控系统继续工作。车载设备关闭与 RBC 的通信连接,删除故障 RBC 的呼叫信息。

(3)通信中断 5 min 后,RBC 删除相关列车的注册信息。

(4)转换到 CTCS-2 级列控系统继续工作的列车,当经过了带有与 RBC 建立通信连接会话命令的应答器组时,如果无线通信单元故障已经修复,车载设备开始尝试与 RBC 重新建立新的连接。

(5)当列车与 RBC 重新建立新的连接并获得行车许可后,将自动由 CTCS-2 级转到 CTCS-3 级列控系统进行控车。

典型工作任务 6　CTCS3-300T 车载设备维护

4.6.1　工作任务

熟知 CTCS3-300T 车载设备组成、设备单元基本功能和总体功能;了解 CTCS3-300T 的列车接口、CTCS3-300T 车载控制模式和 CTCS3-300T 等级转换。

通过本任务的学习,熟知 CTCS3-300T 维护人员需要注意的事项;掌握 CTCS3-300T 车载设备维护方法;了解 CTCS3-300T 车载设备检测及维护工具;熟知 CTCS3-300T 车载设备的错误提示和故障追踪信息,能根据这些信息实现故障现象分析和故障应急处理。

4.6.2　知识链接

1. CTCS3-300T 车载设备结构与原理

CTCS-3 级列控系统包括地面设备和车载设备。地面设备由 RBC、TCC、ZPW-2000(UM)系列轨道电路、应答器(含 LEU)、GSM-R 通信接口设备等组成;车载设备由车载安全计算机(VC)、GSM-R 无线通信单元(RTU)、轨道电路信息接收单元(TCR)、应答器信息接收模块(BTM)、记录单元(JRU/DRU)、人—机界面(DMI)、列车接口单元(TIU)等组成。这里主要对 CTCS-3 级列控车载设备进行介绍。

1)车载设备组成

车载设备采用分布式结构,包括车载安全计算机单元(VCU)、应答器信息接收模块(BTM+CAU)、轨道电路信息接收单元(TCR)、测速测距单元(SDU)、人—机界面(DMI)、列车接口(TIU)、司法记录单元(JRU)、GSM-R 无线通信单元(RTU)、动态监测接口等。

车载设备一部分安装在车头的不同位置,其余的都放在车载控制机柜中。安装在车头的不同位置的设备有:DMI、TCR 接收线圈、雷达、速度传感器、BTM/CAU、GSM-R 天线、冗余开关及隔离开关等。集中在机柜中的是:GSM-R 电台、司法记录单元 JRU、TCR 主机、VCU(ATP CUa, ATP CUb, C2CUa, C2CUb, SDPa, SDPb, TSG)、SDU1、SDU2、STU-V、GCD、VDX1、VDX2、DX、DI、开关和继电器等。

车载安全计算机单元(VCU)、应答器信息接收模块(BTM+CAU)、人—机界面(DMI)等关键设备均采用冗余配置。

车载安全计算机中的 CTCS-3 控制单元(ATP CU)和 CTCS-2 控制单元(C2CU)独立设

置，CTCS-3 控制单元负责在 CTCS-3 线路正常运行时的核心控制功能，CTCS-2 控制单元负责后备系统的核心控制功能。

车载设备与动车组的接口采用继电器或 MVB 总线方式。

列控车载设备和 CRH2 型列车采用继电器接口；和 CRH3 型列车采用 MVB 总线接口。两种配置的系统结构如图 4.58 所示，差异在虚线框内。

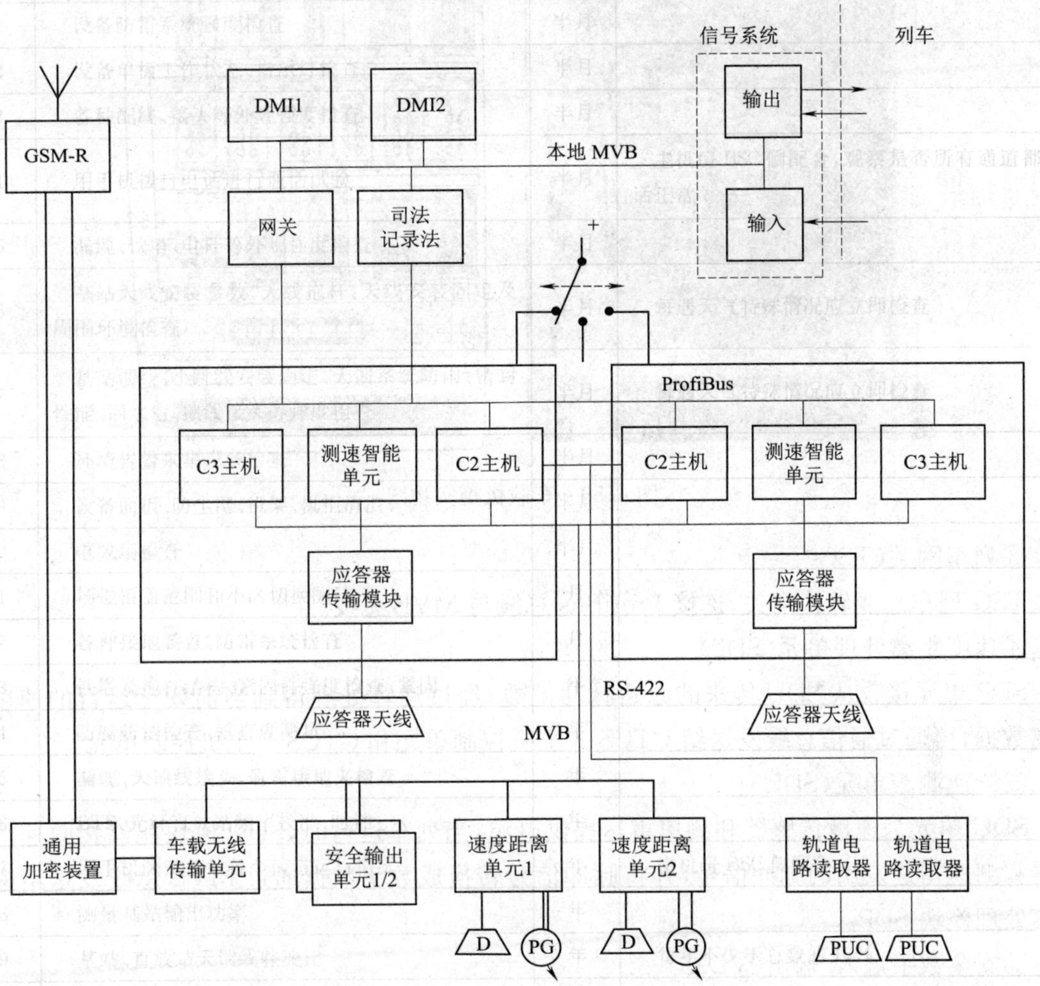

图 4.58　CTCS3-300T 列控车载设备结构图

(1)设备单元基本功能描述

以 CRH2 型列车车载机柜为例，机柜实物图如图 4.59 所示。

①车载安全计算机单元(ATP CU)

ATP CU 是 CTCS-3 主机控制核心单元，接收 RBC 传来的数据，结合 BTM 传来的数据和当前列车速度计算速度曲线，监控列车运行。

②CTCS-2 级专用传输模块(C2CU)

C2CU 是 CTCS-2 主机控制核心单元，接收 BTM 传来的数据，结合 TCR 传来的数据和当前列车速度计算速度曲线，监控列车运行。

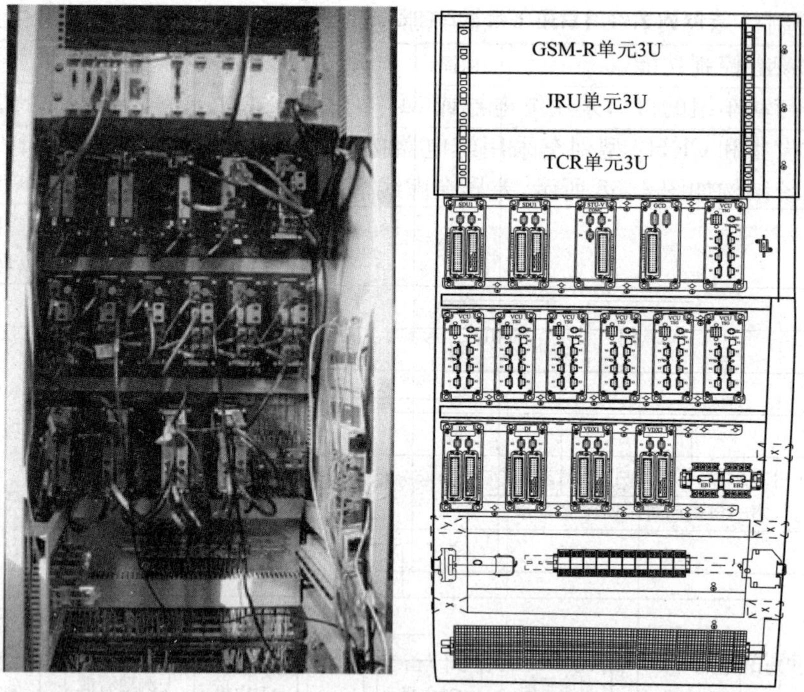

图 4.59　车载机柜实物图

③列车网关(TSG)

TSG 列车总线转换网关,连接 ProfiBus 总线与 MVB 总线。

④速度距离处理单元(SDP)

SDP 单元接收从 SDU 传来的原始脉冲记数,经过运算处理得到当前列车运行的速度和距离数据,再通过通信总线发送给 CTCS-3 主机控制单元和 CTCS-2 主机控制单元。

⑤测速测距单元(SDU)

SDU 单元为速度传感器和测速雷达提供电源,当列车运行时,SDU 模块能够接收速度传感器和测速雷达发出的脉冲信号,并将脉冲信号转换成数字数据通过 MVB 总线发送给速度距离处理模块 SDP。

⑥安全数字输入/输出(VDX)

VDX 列车接口用于列车超速时,输入/输出安全相关的信号,如紧急制动、全常用制动、紧急制动反馈等。

⑦数字输入(DI)

DI 列车接口用于采集列车输入信号,包括驾驶室激活、向前、向后、睡眠信号等。

⑧数字输入/输出(DX)

DX 列车接口用于采集列车输入信号和输出控制列车的其他信号,如切断牵引。

⑨通用保密装置+车载安全传输单元(GCD+STU-V)

STU-V 和 GCD 为 CTCS-3 专用。GCD 是密钥管理模块;STU-V 是 GSM-R 无线电台与 MVB 总线接口单元。

⑩无线通信电台(GSM-R)

GSM-R用于将接收到的RBC信息进行解调处理,通过RS-422通信接口与车载ATP中的GCD单元相连,再通过STU-V实现与车载ATP之间的数据交互,其外观如图4.60所示。

图4.60 无线通信电台

⑪司法记录单元(JRU)

JRU用于记录列车运行中,车载设备采集的原始信息和车载设备输出的控制信息。

⑫轨道电路读取器(TCR)

TCR用于接收轨道电路信息,并将该信息通过RS-422接口传送给主机C2CU,其实物如图4.61所示。

图4.61 TCR单元实物图

⑬速度传感器

每套车载设备两个速度传感器,通过检测轮轴转速的方式,得到当前列车运行速度,其外形如图4.62所示。

图4.62 速度传感器外形图

⑭雷达(雷达速度传感器)

每套车载设备两个雷达速度传感器,当目标向雷达天线靠近时,反射信号频率将高于发射频率;反之,当目标远离天线而去时,反射信号频率将低于发射频率。如此即可借由频率的改变数值,计算出目标与雷达的相对速度,其外形如图 4.63 所示。

图 4.63　雷达速度传感器外形图

⑮应答器传输模块(BTM)+紧凑型天线装置(CAU)

BTM+CAU 接收地面应答器信息,并将其信息转发给 ATP CU、C2CU 处理,其外形及尺寸如图 4.64 所示。

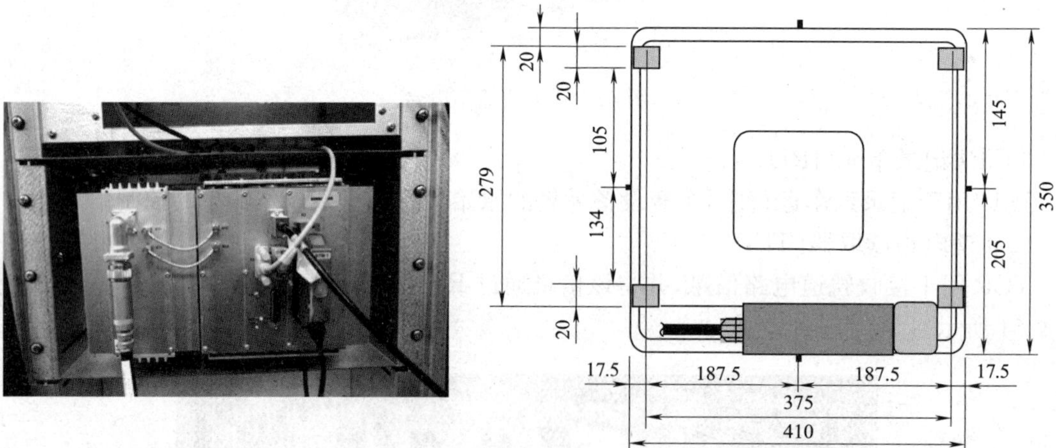

(a) 外形图　　(b) 尺寸图

图 4.64　应答器传输模块和紧凑型天线(单位:mm)

⑯人—机界面(DMI)

显示列车当前速度、最大限速、目标速度、目标距离及报警等驾驶信息,以及列车相关数据的输入。

⑰冗余开关

冗余开关有三挡,如图 4.65 所示,用于选择系统 1、系统 2 和系统关闭电源。开关处在 1 位时选择系统 1 工作;开关处在 2 位时选择系统 2 工作;开关处在 0 位时,系统断电。

图 4.65　冗余开关和隔离开关

⑱隔离开关

隔离开关有两挡,如图 4.65 所示。开关处在 1 位时,设备正常工作;开关处在 2 位时,设备断电，并切除 ATP 设备输出控制。

现总结 CTCS3-300T 车载设备相关模块信息见表 4.9。

表 4.9 CTCS3-300T 车载设备相关模块信息表

功能模块名称	用途	功能概述
CTCS-3 主机模块	CTCS-3 专用	CTCS-3 主机控制，核心控制单元
CTCS-2 主机模块	CTCS-2 专用	CTCS-2 主机控制，核心控制单元
速度距离处理 SDP	共用	根据 SDU 的速度信息，对速度进行处理
网关 TSG	共用	列车网关
速度距离单元 SDU	共用	速度读取单元
GSM-R 通信单元(MT)	CTCS-3 专用	GSM-R 通信接收和发送
车载无线传输单元 COMC	CTCS-3 专用	通信传输控制单元
通用加密装置 GCD	CTCS-3 专用	实现无线信息的加密和解密
TCR 轨道电路读取	CTCS-2 专用	ZPW-2000 轨道电路信息读取
安全输出单元 VDX	共用	安全输出，控制列车紧急制动及紧急制动状态回采
输出单元 DX	共用	列车接口，10 个数字输入和 6 个数字输出
输入单元 DI	共用	列车接口，16 个数字输入
速度传感器(雷达和车轮速度传感器)	共用	用于检测列车速度
应答器读取天线 CAU	共用	应答器读取天线
应答器传输模块 BTM	共用	接收应答器报文，解码后发送给主机
司机显示单元 DMI	共用	司机显示和操作界面
司法记录器 JRU	共用	记录单元，记录系统

2)车载系统功能

CTCS3-300T 列控车载设备负责接收地面数据命令信息，生成速度模式曲线，监控列车运行，保证列车运行安全。车载设备总体功能需求如下：

①最大适应速度，350 km/h。

②测速测距综合误差不超过 2%。

③采用常用制动和紧急制动监控列车速度，防止列车：

a. 超过进路允许速度。

b. 超过线路结构规定的速度。

c. 超过列车的构造速度。

d. 超过临时限速及紧急限速。

e. 溜逸及退行。

f. 紧急制动在列车停稳后方可缓解。

(1)基本功能

CTCS-3 级列控车载设备基本功能与 CTCS-2 基本相同，此处不再赘述。

(2)CTCS-3 级列控车载设备集成功能

CTCS-3 级列控车载设备既包含 CTCS-3 控制单元，也包括 CTCS-2 控制单元，二者同时运行。

CTCS-3 控制单元负责 CTCS-3 级模式下的核心控制逻辑计算功能；CTCS-2 控制单元负责 CTCS-2 级核心控制逻辑计算功能；两者共用 DMI 人—机界面模块、列车接口单元模块、测速测距模块、BTM 模块、速度传感器及雷达速度传感器。CTCS-3 控制单元连接 GSM-R 单元，并负责系统总线管理及统一对外输出。CTCS-2 级车载控制单元连接轨道电路读取器单元(TCR)，从 TCR 获得行车许可信息。

当 CTCS-2 控制单元设备控车的时候，其根据接收到轨道电路信息和应答器信息计算限速曲线，对列车的速度进行监督控制，并把相关信息通过 DMI 进行显示。CTCS-2 控制单元监督控制功能的实现，需要 CTCS-3 控制单元的辅助和监管，这时 CTCS-3 控制单元的作用如下：

①监视整个系统，包括 CTCS-2 级设备的状态是否安全。

②控制系统的启动包括自检(CTCS-2 控制单元设备自检，当 CTCS-3 控制单元授权之后 CTCS-2 控制单元也可以检查列车接口)。

③提供访问列车接口通道。

④提供制动的控制。

⑤提供对速度传感器数据的访问通道。

在 CTCS-3 级列控车载设备控车时，CTCS-2 级列控车载设备仍正常接收轨道电路信息和应答器信息，并根据接收到的地面信息计算限速曲线，根据列车实际运行速度和限速曲线进行比较，但计算和比较结果不作为控制列车的依据和不传送 DMI 显示，仅作为 CTCS-3 控制单元的备用，在 CTCS-3 转换到 CTCS-2 时能马上投入控车和送 DMI 显示。

CTCS-3 和 CTCS-2 之间的转换分为正常转换和故障转换，正常转换通过转换点地面设置的应答器实现不停车转换；在 GSM-R 通信中断时，当列车运行速度降至后备系统可控的允许速度后，车载设备自动转为 CTCS-2 级设备控车(需司机确认)。

CTCS-2 控制单元和 TCR(轨道电路读取器)故障不影响 CTCS-3 级列控系统的正常运营；CTCS-3 级专用模块(如 GSM-R 模块)故障不影响 CTCS-2 级列控系统的正常运营。

3)列车接口

车载设备与列车进行接口，实现对列车状态的采集和对列车控制的输出；接口采用继电器或 MVB 多功能车辆总线。

(1)继电器接口的输入信号主要有：驾驶室激活；方向手柄；紧急制动反馈；睡眠信号。

(2)继电器接口的输出信号主要有：紧急制动；全常用制动；常用制动 4 级；常用制动 1 级；切牵引信号；过分相(使能)信号。

2. CTCS3-300T 车载设备控制模式与等级转换

1)车载控制模式

CTCS-3 级列控车载设备(含 CTCS-2 级功能)有 9 种主要工作模式，其中通用的模式有完全监控模式(FS)、目视行车模式(OS)、引导模式(CO)、调车模式(SH)、隔离模式(IS)、待机模式(SB)和休眠模式(SL)等 7 种；仅适用 CTCS-2 级的模式有部分监控模式(PS)和机车信号模式(CS)，如图 4.66 所示。每一种控制模式的简单描述见表 4.10。

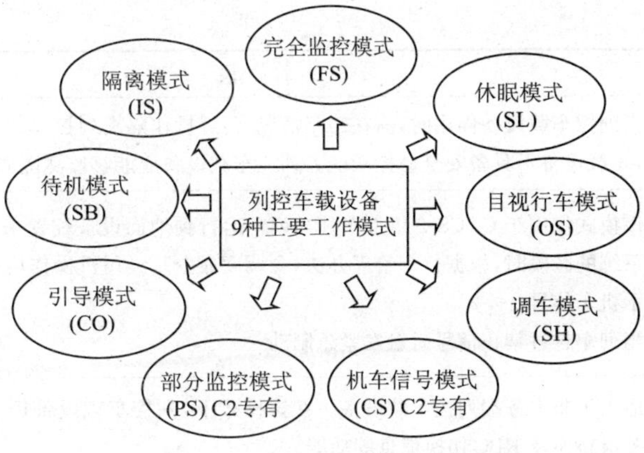

图 4.66　CTCS-3 级列控车载控制模式

表 4.10　CTCS-3 级列控车载监控模式

序号	模式名称	说　明
1	待机模式 SB	当列控车载设备上电时，执行自检和外部设备测试正确后自动处于待机模式，车载设备禁止列车移动。 当司机开启驾驶台后，列控车载设备中的 DMI 投入正常工作
2	完全监控模式 FS	当车载设备具备列控所需的全部基本数据(包括列车数据、行车许可和线路数据等)时，列控车载设备生成目标—距离连续速度控制模式曲线，并通过人—机界面(DMI)显示列车运行速度、允许速度、目标速度和目标距离等信息，监控列车安全运行
3	部分监控模式 PS	本模式为缺少应答器数据而采用缺省线路数据时的监控模式
4	引导模式 CO	CTCS-2 级主控时，车载设备从轨道电路接收到 HB 码后，形成轨道区段终端限速 40 km/h，接收到无码时，自动转入本模式，当列车速度超过 45 km/h 时，ATP 触发常用制动。在本模式下，如果走行 60 s 或 300 m 不按压"警惕"按钮，则 ATP 触动紧急制动停车。 CTCS-3 级主控时，当开放引导信号或出站信号机开放且列车前端距离出站信号机较远(大于 250 m)发车时，列控车载设备生成目标—距离连续速度控制模式曲线，并通过 DMI 显示列车运行速度、允许速度、目标速度和目标距离等，车载设备按引导监控曲线控车，司机负责在列车运行时检查轨道占用情况
5	目视行车模式 OS	CTCS-2 级主控时，如果轨道电路出现 HU 或 H 或无信号，列车停车后，如果司机按压"目视"键，ATP 转入目视行车模式，限速 40 km/h，当列车速度超过 45 km/h 时，ATP 触发常用制动。在本模式下，如果走行 60 s 或 300 m 不按压"警惕"按钮，则 ATP 触动紧急制动停车。 CTCS-3 级主控时，在待机模式下且 RBC 无法确定列车位置时，司机按压"越行"键，转入"目视"，限速 40 km/h
6	调车监控模式 SH	CTCS-2 级主控时，在站内停车时，司机按压"调车"键，ATP 车载装置不管有无轨道电路信息，都会生成 40 km/h 的限速，当列车超过该 45 km/h 速度时，ATP 触发常用制动。同时当收到出站口"调车危险"的应答器信息包时，列控车载设备启动紧急制动停车。 CTCS-3 级主控时，当进行调车作业时，司机按压"调车"按钮，向 RBC 发出调车请求，经 RBC 同意，列控车载设备转入调车模式(SH)后，并与 RBC 断开连接，退出调车模式(SH)后再重新与 RBC 连接

续上表

序号	模式名称	说　明
7	隔离模式 IS	当列控车载设备停用时,需在停车情况下,经操作隔离列控车载设备的制动功能。在该模式下,车载设备不具备安全监控功能。列控车载设备应能够监测隔离开关状态
8	机车信号模式 CS	该模式仅用于 CTCS-2 级控车。当列车运行到地面设备配置未装备 CTCS-3/CTCS-2 级列控系统的区段时,根据行车管理办法(含调度命令),经司机操作后,列控车载设备按码行车,并显示机车信号。 当列车越过禁止信号时触发紧急制动
9	休眠模式 SL	适用于非本务端列控车载设备。在该模式下,列控车载设备仍执行列车定位、测速测距、记录等级转换及 RBC 切换信息等功能。 列车折返,非本务端升为本务端后,车载设备可自动进入正常工作状态

2)主要运营场景

CTCS-3 级列控系统主要包括注册与启动、注销、进/出动车段、等级转换、自动过分相、重联与摘解等运营场景。

(1)注册与启动

注册与启动描述停在车站股道或线路上的列车,从车载设备上电、司机开启驾驶台、具备发车条件至列车启动时信号系统的工作过程。

①设备上电

动车组机械师或司机闭合动车组为列控车载设备(含非本务端)提供电源的供电开关,车载设备开始自检。完成自检后,列控车载设备自动进入待机模式(SB)。

②列车唤醒

司机开启驾驶台,处于待机模式(SB)的列控车载设备将被唤醒。

③列车注册

列控车载设备自动进入设备关机前所处的工作等级。车载设备具有断电检查功能,一旦检测到车载设备断电,则此时存储在设备中的位置信息将标识为无效信息。如果关机前工作在 CTCS-2 级时,车载设备提示当前等级为 CTCS-2 级,司机确认后进入 CTCS-2 级工作状态;如果关机前工作在 CTCS-3 级时,车载设备将自动转入 CTCS-3 级工作状态。

④输入列车数据

当列控车载设备进入确定的工作等级(CTCS-3 级或 CTCS-2 级)后,要求司机输入控车所需列车参数(列车长度)。

⑤准备发车

司机按压"启动"键。如果列控车载设备工作在 CTCS-3 级,车载设备向 RBC 请求行车许可(MA)。

⑥启动列车

车载设备正式投入工作后,如果 CTC 控制联锁办理了发车进路,车载设备可以通过 RBC 或轨道电路得到发车的行车许可(MA),其中:工作在 CTCS-3 级时,车载设备从 RBC 获得行车许可;工作在 CTCS-2 级时,车载设备从轨道电路获得行车许可。

⑦注销

注销描述了列车停车后，从注销列车信息至关闭车载设备电源的工作过程。RBC 注销列车信息，列车停车后，司机关闭驾驶台，车载设备进入待机模式(SB)。如果车载设备工作在 CTCS-3 级，系统还将进行下列操作：

a. 车载设备将向 RBC 报告任务结束。

b. RBC 通知 CTC 列车进入待机模式(SB)，并命令车载设备关闭与 RBC 的通信会话。

c. 车载设备关闭与 RBC 的通信会话。

d. 通信会话被关闭后，RBC 注销该列车的注册信息。

⑧关闭电源

断开为列控车载设备提供电源的供电开关，车载设备断电。列控车载设备断电后，除此前最后使用的工作等级及连接 RBC 所需的信息外，其他所有列控信息均将变为无效。

(2)进出动车段

进出动车段描述了在动车组进入和驶出动车段时信号系统的工作方式和流程。动车组将在 CTCS-2 级系统工作状态下进入或驶出动车段。如动车走行线较短，可采用 CTCS-2 级调车模式(SH)控制列车进/出动车段。

当采用列车进路方式进/出动车段时，动车段相关接、发车股道装设 ZPW-2000 电码化轨道电路；进段口设置由动车段 TCC 控制的有源应答器组，为进/出段动车组提供 CTCS-2 级列控系统工作所需要的线路信息。

①进入动车段

一般情况下，当列车驶离客运专线并进入动车走行线后，通过等级转换转为 CTCS-2 级列控系统工作，列车将按 CTCS-2 级列控系统车站接车方式进入动车段。

当客运专线正线上与动车段衔接的车站离动车段距离较近时，也可采用 CTCS-2 级列控系统调车方式使列车进入动车段。列车在该站停车后由司机根据调度命令将车载设备转为 CTCS-2 级调车模式(SH)，车站联锁办理调车进路，司机根据调车信号机的显示以 CTCS-2 级调车模式(SH)进入动车段。

进入动车段后，司机关闭驾驶台，断开动车组为车载设备供电的电源开关。车载设备关闭并停止使用。

②驶出动车段

司机开启驾驶台，车载设备进行自检正确后根据关机前工作状态或默认状态自动进入 CTCS-2 级待机模式(SB)。司机输入司机号、车次号及必要的列车参数后，设备进入正常工作状态。

当联锁办理了发车进路时，电码化轨道电路发送相应的轨道电路信息码，车载设备接收到轨道电路信息后自动生成部分监控曲线，允许列车从动车段发车。列车以 CTCS-2 级部分监控模式(PS)发车并驶出动车段，通过出站口的应答器组得到相应的信息后，在联络线上按 CTCS-2 级的完全监控模式(FS)运行。

如果车载设备进行自检不正确，不允许动车组出段运行。

③动车段内移动

在动车段内的动车组移动可按 CTCS-2 级调车模式(SH)运行。

3)等级转换

等级转换描述了列车在 CTCS-3 级区段和 CTCS-2 级区段边界，列控系统应遵守的原则和车载设备等级转换过程。

等级转换考虑了CTCS-2级→CTCS-3级、CTCS-3级→CTCS-2级的转换过程。正常情况下等级转换将在CTCS-3级列控系统控制下，在固定地点进行转换。

在CTCS-2级→CTCS-3级转换前，应完成的工作包括GSM-R车载电台注册到GSM-R网络、车载设备与RBC建立通信会话、车载设备从RBC获得系统配置参数和行车许可等信息。如果在转换边界不具备CTCS-3级控车条件时，列车将继续按CTCS-2级运行，直至CTCS-3级控车条件具备后，车载设备将自动转入CTCS-3级工作。

当进行CTCS-3级→CTCS-2级转换开始时，RBC提前一定距离开始给列车发送等级转换预告信息，同时在转换分界点设置应答器发送无条件等级转换命令信息，强制车载设备在通过分界点后转换为CTCS-2级控车。

在等级转换时，车载设备的CTCS-2级控制单元与CTCS-3级控制单元应互相通信，确保不因转换触发制动。

3. CTCS3-300T车载设备维护

1)维护人员需要注意的事项

(1)维护人员要求

①维护人员应已参加了车载设备相关的培训。

②维护人员应遵守程序以确保遵守电气相关的法律和规定，从而保证维护不被电击。

③维护人员应学习与电气相关的法律和规定及电气相关工作的标准操作。

④在对任何设备进行任何维护或服务之前，维护人员应意识到与电路相关的危险，并应熟悉标准的操作以防止事故的发生。

(2)安全相关的要求

①电源警告

在连接和断开一个单元前应首先关闭电源。

②对静电敏感装置的预防

在放置电子单元时，应遵守ESD原则，以保护对静电敏感的单元。避免接触连接器的引脚，这可能损坏单元内的电子器件。所有维护人员应接受了关于处理静电敏感产品的程序培训。

③对无线频率辐射的预防

维护人员在接近CAU的位置工作时，应首先关闭车载系统电源。当车载系统激活时，CAU开始发送频率为27 MHz的无线射频信号。

④对单元和设备处理的预防措施

不能在任何环境下打开单元，故障单元应用新单元替换。BTM包含由铍氧化物BeO构成的发射晶体管。由于该物质可能导致严重的人身伤害，因此该单元不应进行任何机械处理或被打开。

(3)车载设备的安全

当车辆在线路上运行或载客时，不可进行维护工作，这样可能导致出现危险情况；当车辆在线路上运行或载客时，不可连接测试设备，这样可能导致出现危险情况。

(4)运行测试

为了达到ATP车载设备安全运行，必须确保设备正确安装和测试。在维护结束后，应上电、激活驾驶室并进行传输测试；在进行车载系统维护后，为确保司机制动不受到列车制动系统接口的影响，必须移动列车进行额外的制动测试。

2）车载设备检测及维护工具介绍

CTCS3-300T车载设备维护工具有两种：便携式车载检测设备和车载综合测试平台。

（1）便携式车载检测设备

主要用于对车载设备的日常维护和检测，通过对采集的车载设备运行状态数据进行分析，判断车载设备和各模块运行是否正常，并具有设置车载设备运行参数的功能。

便携式车载检测设备结构如图4.67所示。

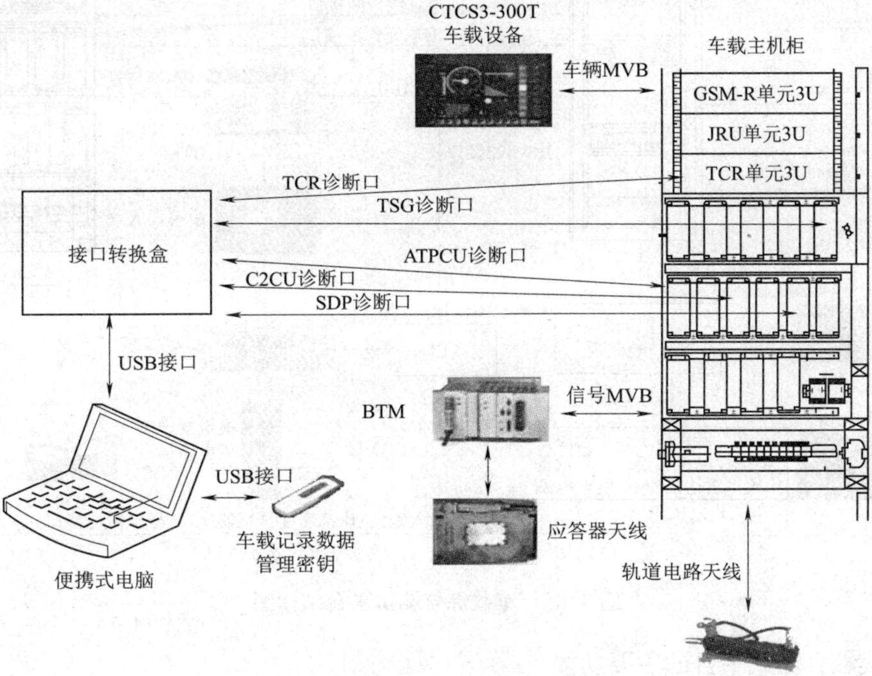

图4.67　便携式车载检测设备结构图

①便携式车载检测设备的主要功能

数据采集功能：可采集ATP CU、C2CU、TSG、SDP和TCR等模块的运行数据；对采集到的数据进行实时分析和存储；对照分析各模块数据，准确故障定位；下载主要模块的AElog数据；JRU数据分析；TCR数据分析；设置车载设备系统时间；修改轮径参数。

②便携式车载检测设备的主要特点

a. 体积小、质量轻、便于携带上车。

b. 采用通用串行通信方式采集数据，对设备运行影响较小。

c. 多点并行采集运行数据，能够更准确定位故障。

d. 故障诊断使用简单，故障定位时间短。

e. 集成了既有分析诊断工具，如JRU分析工具、TCR分析工具等，具有更强大的功能。

（2）车载综合测试平台

该测试平台主要用于车载设备的大修或对故障模块的深入检测，可对系统进行检测，也可以对单个模块进行检测，可以输入模拟数据，检测被测模块的反馈。车载综合测试平台结构如

图 4.68 所示。

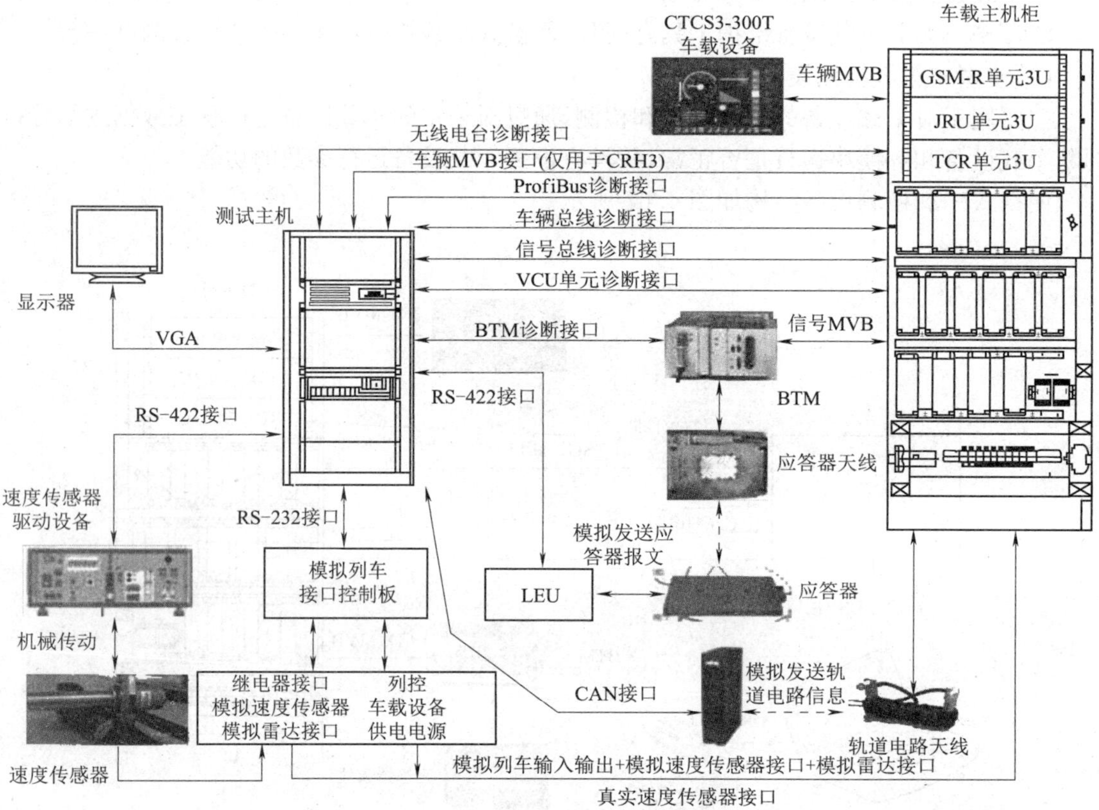

图 4.68　车载综合测试平台结构图

①车载综合测试平台的主要功能

a. 对系统进行整体测试。

b. 车载内部各单元状态测试。

c. 无线传输接口测试。

d. 应答器接收功能测试。

e. 轨道电路接收功能测试。

f. 列车接口，包括制动接口、过分相接口等各种列车接口（同时支持 CRH2 和 CRH3 型动车组）测试。

g. 测速测距系统测试，包括雷达接口和速度传感器接口。

h. 模拟输入测试数据，检测被测模块的反馈。

②车载综合测试平台的主要特点

a. 数据采集方式多，可以通过 MVB 端口、ProfiBus 端口、串口等多种方式采集数据。

b. 可以对单个模块进行离线式测试。

c. 可以输入模拟测试数据进行主动测试。

d. 测试数据综合分析能力更强，可对采集的原始数据分析结果与车载自身诊断结果进行比较。

e. 对车载自身诊断依赖性降低，具有更高的灵活性和自主性。

f. 测试功能更完善，故障定位精度高。

3）车载设备维护方法

不同的列车，车载系统单元和设备的替换具有不同的维护时间间隔。车载设备维护方法及周期见表 4.11。

表 4.11　车载设备维护方法及周期

设备或其他	事　件	方　法	周期
速度传感器	由于车轮磨损或更换车轮导致车轮尺寸发生变化时	检查 CAU 和多普勒雷达的安装位置	按照需要
		检查速度传感器的固定螺栓及电缆接口 检查多普勒雷达的安装位置及其接口	6 个月
怀疑有损坏时的维护	1. 如果怀疑存在损坏 2. 如果怀疑 CAU 被移动 3. 如果怀疑多普勒雷达被移动	1. 检查 ATP 设备 2. 检查 CAU 安装的位置 3. 检查多普勒雷达安装位置	按照需要
整列车		使用 BAVT 工具校准 CAU	1 年
	1. 检查 ATP 电缆 2. 清洁 ATP 设备	1. 检查 ATP 电缆，检查连接到 MVB、现场总线的电缆盒及其他串行接口电缆的安装 2. 擦除机柜上的灰尘	2 年
	检查 CAU 安装位置	检查 CAU 安装位置	
仅对非定期运行的机车	替换 MOBAD 电池	替换 MOBAD 电池	
定期运行的列车、整列车	更换 GCD 电池	更换 GCD 电池	5 年
整列车	更换冗余开关和隔离开关	更换冗余开关和隔离开关	10 年

4）维护后的测试

在车辆投入运行之前，应执行对车载设备的测试。当出现以下情形时，应考虑执行该测试：CAU 位置发生变化时；多普勒雷达位置发生变化时；MOBAD 单元被替换时；设定车轮直径或车轮直径发生变化时；车载设备软件被更新时；单元模块被替换时。

注意：当对列车制动系统的接口进行维护后，在列车投入运行前，应执行对列车制动系统的测试。当进行维护时，维护工作应记录文件作为维护日志，并且该日志应由授权负责维护程序的人员签署。但该授权人员不应与执行维护的人员为同一个人。

5）维护原则和方法

（1）维护原则

如果是通过替换单元来完成校正工作，则测试顺序为：上电测试→驾驶室激活测试→移动测试，并且不能出现错误。

如果进行了任何重新配线或其他安装程序，则必须执行安装测试，验收后，上述提及的测试也必须执行。

安全相关故障的一般反应都为进入系统故障模式。当对整个系统的供电中断时，系统自动进入该模式。导致某单元掉电的 ATP 系统内部故障不会导致系统进入掉电模式。ATP 确保给出安全反应，但具体的反应动作取决于故障发生的位置。

BTM、TSG、DMI、DX/DI 或 SDU 掉电时，将导致停车故障反应。ATP CU 掉电时，将导致平台故障反应措施，这是由于该单元受 SDP 单元中的平台主控器的监督。

(2)设备故障模式

在检测到一个影响安全运行的故障时，ATP CU 将主动使系统进入系统故障模式，实加制动，车载设备需重新启动。

①平台故障

ATP 的运行可能由于处理器或相关电路的故障而失控，因此，ATP CU 无法进入系统故障模式，但根据系统配置，可输出紧急制动或常用制动。该命令被保持到 ATP 重新启动。

②停车故障

为了提高 ATP 的可用性，停车故障反应可推迟进入系统故障模式的时间。当检测到故障时，ATP 通知司机故障并输出常用制动命令。当前模式和所有正在进行的监控，包括制动监控，都将被保持。如果是 ATP CU 软件故障，列车停车后直接进入系统故障模式。

③提示故障

提示故障通常由列车上故障的冗余硬件、VDX 和 SDU 引起。为了增加 ATP 的可用性，只要该单元不是必需的，则冗余硬件单元的故障可被忽略。一旦检测到提示故障，ATP 将给司机显示故障消息，司机对其确认。当故障得以解决后，ATP 将删除该消息且无需司机动作。只要故障保持，则在每次输入司机数据后，该消息将再次显示且带有确认请求。

典型的提示故障有：DMI 故障；脉冲发生器或速度传感器中的一个故障；非安全设备故障，如辅助串行通信设备；冗余列车接口组件故障，如制动继电器。

除了上述硬件相关的故障以外，也同样用于以下功能：制动测试超时；传输测试超时；DMI 通信测试时。

4. CTCS3-300T 车载设备故障处理

1)CTCS3-300T 的 ATP 错误提示

(1)启动时的错误提示

在上电测试和正常运行过程中检测到的故障可通过以下两种不同的方式表示：在 DMI 显示一条有关错误的文本；在 VCU、COMC、STU-V 和 BTM 等上的运行状态指示灯。

(2)DMI 上的错误和消息提示

DMI 上的错误信息被显示在文本区；错误信息按时间顺序显示。

2)故障追踪

(1)上电测试

必须对两端驾驶室都执行该程序，并且每个驾驶室内都有两套 ATP(ATPa 和 ATPb)，都必须进行测试。

上电测试流程如下：

①关闭驾驶室。

②通过将选择开关从“0”位拨到“ATPa”位给系统上电。在对 ATPa 执行完所有测试后，要对 ATPb 的测试。

③系统上电，成功启动后，“驾驶室未激活”文本消息显示在 DMI 上。

上电后出现故障的追踪流程如下：

①检查驾驶室是处于关闭状态的，给整个系统上电。当启动并运行后，“驾驶室未激活”文

本消息显示在DMI上。

②如果没有，使用便携式车载检测设备，确定故障模块。

③检查系统单元状态指示灯，进一步确定故障模块。

④如果一个或多个单元未处于运行状态，则尝试重新上电或用新单元替换。

⑤检查系统单元的软件版本。

(2)驾驶室激活测试

系统上电后未检测到故障，进行以下步骤，激活驾驶室，然后检查以下内容：

①DMI显示待机模式，显示速度表盘。

②司机数据输入菜单出现在DMI上。

③系统提示是否进行制动测试。在制定测试期间，列车必须位于制动缓解后不会引起列车移动的位置。

④如果制动测试成功，选择进入目视行车模式。

(3)故障追踪流程

①如果系统不能正常工作，检查在DMI上是否显示"ATP CU故障"消息。系统将施加常用制动，然后等待约5 s的"系统恢复"时间。如果系统故障仍存在，则系统将进入"平台故障"状态，且SB(CRH2)或EB(CRH3)将被施加。

②进入平台故障状态后，系统将尝试重新自启。

③查看AElog，确定故障原因。

(4)移动测试

ATP上电、驾驶室激活且ATP制动测试中未出现任何故障。将驾驶模式切换为目视行车模式，执行以下测试：

①将方向控制手柄设置在前进位，向前驾驶约20 m。检查DMI上显示的列车速度是否正确。ATP不应给出制动命令。

②在线路上放置含有MA和限速信息的应答器，进行移动测试的下一步测试。请注意进行该测试地点的安全事宜。

③将方向控制手柄设置在前进位，并加速到速度参数值。ATP输出常用制动命令。不要在DMI上缓解制动。让ATP以常用制动停止列车。检查在DMI上无故障报告，列车停车后，在DMI上缓解常用制动。

④继续测试，加速到设置的紧急制动的速度参数值。ATP输出紧急制动命令。检查在DMI上无故障报告。列车停车后，在DMI上缓解紧急制动。

(5)临时故障

如果故障是临时的且由很难再现的特定条件引起的，如接触不良、电缆损坏或瞬间干扰(EMC等)，则其可能需要对引脚/插座、触点和电缆进行手动检查。如果检查后一切正常，则根据安装指导中的说明替换引脚/触点和电缆。

3)常见故障现象及处理方法

(1)ATP CU单元故障

①ATP CU的主要功能

ATP CU软件负责在CTCS-3级运行过程中监控静态速度、动态速度和目标距离，在超出限制时发出制动命令，控制列车安全运行。同时监控CTCS-2级的运行状态。

②ATP CU 的故障现象及检测方法

a. ATP 上电 2 min 后没有成功启动。

b. DMI 一直显示“ATP 正在启动,请等待”。

c. ATP CU 模块状态运行指示灯显示异常。

d. 用便携式检测设备测试,提示 ATP CU 运行异常。

③ATP CU 故障处理方法

a. 查看 ATP CU 模块供电是否正常。

b. 检查 ATP CU 模块相关的 MVB 线和终端电阻是否有松动。

c. 检查 ATP CU 模块相关的 ProfiBus 线和终端电阻是否有松动。

d. 使用 JRU 软件分析工具,分析故障原因。

e. 分析 ATP CU 的 AElog,查找故障原因。

f. 查看 ATP CU 模块供电是否正常。

g. 检查 ATP CU 模块相关的 MVB 线和终端电阻是否有松动。

h. 检查 ATP CU 模块相关的 ProfiBus 线和终端电阻是否有松动。

i. 使用 JRU 软件分析工具,分析故障原因。

j. 分析 ATP CU 的 AElog,查找故障原因。

(2)C2CU 单元故障

①C2CU 的主要功能

C2CU 软件负责列车在 CTCS-2 级运行过程中监控静态速度、动态速度和目标距离等,并在超出限制时发出制动命令,控制列车在 CTCS-2 级下安全运行。

②C2CU 单元的故障现象及检测方法

a. ATP 启动过程中,无法选择 CTCS-2 等级。

b. ATP 启动成功后,DMI 显示“CTCS-2 故障”。

c. C2CU 模块状态运行指示灯显示异常。

d. 用便携式检测设备测试,提示 C2CU 运行异常。

③C2CU 单元故障处理方法

a. 查看 C2CU 模块供电是否正常。

b. 检查 C2CU 单元相关的 MVB 线和终端电阻是否有松动。

c. 检查 C2CU 单元相关的 ProfiBus 线和终端电阻是否有松动。

d. 使用 JRU 软件分析工具,分析故障原因。

e. 分析 CTCS-2 级的 AElog,查找故障原因。

(3)TSG 单元故障

①TSG 单元的主要功能

TSG 即列车安全网关,主要用于处理车载各主要核心模块数据的传输,实现各模块之间的数据交换。

②TSG 单元的故障现象及检测方法

a. ATP 上电 2 min 后没有成功启动。

b. DMI 一直显示“ATP 正在启动,请等待”。

c. TSG 模块状态运行指示灯显示异常。

d. 用便携式检测设备测试，提示TSG运行异常。

③TSG单元故障处理方法

a. 查看TSG模块供电是否正常。

b. 检查TSG单元相关的MVB线和终端电阻是否有松动。

c. 检查TSG单元相关的ProfiBus连线和终端电阻是否有松动。

d. 分析TSG的AElog，查找故障原因。

(4)SDP单元故障

①SDP单元的主要功能

SDP软件负责速度和距离数据的处理，以及车载系统单元和设备通信的平台主控器处理。

②SDP单元的主要故障现象和检测方法

ATP启动后，DMI显示"测速单元故障"；用便携式检测设备测试，提示SDP运行异常。

③SDP单元故障处理方法

查看SDP模块供电是否正常；检查SDP单元相关的MVB线和终端电阻是否有松动；检查SDP单元相关的ProfiBus线和终端电阻是否有松动。

(5)DMI故障

①DMI的主要功能

DMI主要用于显示列车运行的速度、距离、制动状态等信息，以及司机的输入和操作。

②DMI的主要故障现象和检测方法

ATP上电后，DMI上没有显示；DMI软件显示异常。

③DMI故障处理方法

查看DMI供电是否正常；检查DMI的MVB线和终端电阻是否有松动。

(6)SDU故障

①SDU单元的主要功能

SDU软件负责处理从速度传感器和测速雷达接收到的脉冲数据。

②SDU的主要故障现象和检测方法

ATP上电后，DMI提示"测速计故障"；用便携式检测设备测试，提示SDU单元运行异常。

③SDU故障处理方法

查看SDU供电是否正常；检查SDU相关的连线和终端电阻是否有松动。

(7)STU-V故障

①STU-V单元的主要功能

STU-V是安全无线传输系统，由一个COMC和一个GCD组成。STU-V软件负责对无线数据进行加密和安全传输。

②STU-V的主要故障现象和检测方法

a. ATP启动后，无法与RBC建立连接，DMI提示"无法与RBC建立连接"或"没有可用的无线连接"。

b. 用便携式检测设备测试，提示无线传输单元运行异常。

c. COMC单元或GCD单元运行状态指示灯显示异常。

③STU-V故障处理方法

检查COMC单元和GCD单元的供电是否正常；检测COMC单元和GCD单元连线和终

端电阻是否有松动。

(8)输入/输出单元故障

①输入/输出单元的主要功能

VDX是安全数字输入/输出单元,是“故障—安全”单元;DX是高电压数字输入单元,是非安全输入/输出单元;DI是低电压数字输入单元,是非安全输入/输出单元。

②输入/输出的主要故障现象和检测方法

a. 若是VDX故障,ATP上电2 s后仍不能正常启动,DMI一直显示“ATP正在启动,请等待”。

b. 若是DI或DX故障,司机室不能激活。

c. 用便携式检测设备测试,提示相应的输入/输出单元状态异常。

③输入/输出单元的故障处理方法

检查各输入/输出模块供电是否正常;检查各输入/输出模块的连线是否有松动。

(9)GSM-R双通道无线模块故障

①GSM-R双通道无线模块主要功能

GSM-R软件负责车载设备无线通信功能,处理无线数据的传输。

②GSM-R双通道无线模块故障现象和检测方法

ATP启动后,无法与RBC建立连接,DMI显示“无线故障”或“没有可用的无线连接”;GSM-R运行状态指示灯显示工作异常。

③GSM-R单元的故障处理方法

a. 检查GSM-R单元的供电是否正常。

b. 检查GSM-R的连线是否有松动。

c. 检测GSM-R的天线连接是否正常。

(10)BTM故障

①BTM的主要功能

应答器传输模块是应答器传输处理器,处理接收到的应答器数据。

②BTM的主要故障现象和检测方法

a. ATP启动后,DMI提示“BTM故障”。

b. 用便携式检测设备测试,提示BTM异常。

c. BTM状态指示灯显示异常。

③BTM故障处理方法

查看BTM供电是否正常;检查BTM的MVB线和终端电阻是否有松动。

(11)TCR故障

①TCR的主要功能

轨道电路信息读取器是对接收到的轨道电路编码的解码器。

②TCR的主要故障现象和检测方法

a. ATP启动后,在轨道电路发码正常的情况下,DMI上显示无码。

b. 用TCR分析工具分析,提示TCR异常。

c. TCR运行状态指示灯指示异常。

a. 主机板指示灯

主机板有两个指示灯，如图 4.69 所示，其含义见表 4.12。对应本主机板允许接收的载频信息，上行灯亮表明允许接收 2 000/2 600 Hz 信息；下行灯亮表示允许接收 1 700/2 300 Hz 信息；上、下交替闪亮表示主机板处于搜索载频切换信息状态。

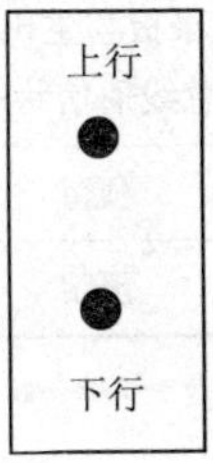

图 4.69　主机板指示灯示意图

表 4.12　主机板指示灯含义

位置及标注	表示内容
上行	指示主机板工作于上行状态
下行	指示主机板工作于下行状态
交替闪亮	指示处于搜索载频切换信息状态
两灯同时闪(亮长灭短)	指示主机板检测到本路接收线圈连接通道开路

b. 通信板指示灯

通信板上设置了 10 个指示灯，如图 4.70 所示，用于指示 TCR 的工作状态和通信状态，其含义见表 4.13。

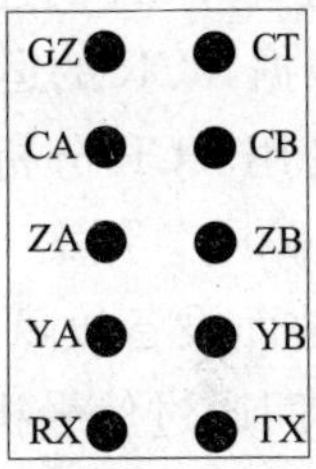

图 4-70　通信板指示灯示意图

c. 电源板 1 指示灯

电源板 1 有两块。电源板 1 上的电源模块可将机车供电的 DC 110 V 转换为 DC 24 V，主要向电源板 3 和测试板供电。两块电源板 1 转换出的 24 V 输出后并联起来。

表 4.13　通信板指示灯含义

位置及标注	表示内容	位置及标注	表示内容
1A　GZ	亮：通信板工作正常 灭：通信板工作异常	1B　CT	闪亮：CAN 发送正常 灭：CAN 发送异常
2A　CA	闪亮：A 主机板 CAN 总线正常 灭：A 主机板 CAN 总线异常	2B　CB	闪亮：B 主机板 CAN 总线正常 灭：B 主机板 CAN 总线异常
3A　ZA	亮：A 主机板是工作主机 灭：A 主机板是备机	3B　ZB	亮：B 主机板是工作主机 灭：B 主机板是备机
4A　YA	亮：A 主机板有码 灭：A 主机板无码	4B　YB	亮：B 主机板有码 灭：B 主机板无码
5A　RX	闪亮：通信板接收信息 灭：通信板没有接收信息	5B　TX	闪亮：通信板发送信息 灭：通信板没有发送信息

d. 电源板 2 指示灯

电源板 2 可将两块电源板 1 输出的 DC 24 V 转换为 DC 5 V。电源板 2 上提供 2 个DC 24 V转 DC 5 V 的电源模块，各自输出独立的 5 V。A 路 5 V 供应 1 块主机板和 1 块通信板；B 路 5 V 供应 1 块主机板、1 块通信板和记录板。

记录板故障只影响 TCR 的记录功能。记录板正面有 8 个指示灯，如图 4.71 所示，其含义见表 4.14。

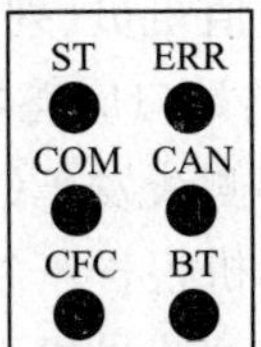

图 4.71　记录板指示灯示意图

表 4.14 记录板指示灯含义

位置及标注	表示内容	位置及标注	表示内容
1A ST	指示主机板是否出现过异常	1B ERR	指示记录板故障和 USB 转储错误
2A COM	预留(常亮)	2B CAN	指示记录板与主机板 CAN 总线通信状态
3A CFC	指示内置 CF 卡读写和转储状态	3B BT	预留
4A USB	指示 USB 转储状态	4B DTU	预留

③TCR 故障处理方法

a. 查看 TCR 供电是否正常。

b. 检查 TCR 的连线是否有松动。

c. 根据 TCR 的运行指示灯,判断故障板。

d. 使用 TCR 分析工具分析故障原因。

4)故障应急预案

(1)地面设备故障

①区间通过信号机故障

列车在故障信号机前停车后,司机按照有关行车办法执行。如需越过该信号机,则选择目视行车模式。

注意:在目视行车模式下,如果司机忘记按“警惕”键,车载设备输出紧急制动,停车后,司机要先按“警惕”键,再按“缓解”键才能缓解紧急制动。

②级间转换不成功

a. CTCS-2 级转 CTCS-3 级不成功

越过地面级间转换应答器后,DMI 无级间转换信息提示和语音提示。可维持 CTCS-2 控车继续运行,同时司机立即向车站值班员、列车调度员报告。

b. CTCS-3 转 CTCS-2 级不成功

越过地面级间转换应答器后,DMI 无级间转换信息提示和语音提示。停车手动转换,同时司机立即向车站值班员、列车调度员报告。

③应答器故障或丢失

a. 侧线接车时进站应答器故障或丢失

侧线接车通过进站应答器时,CTCS-2 车载设备触发最大常用制动停车。停车后,司机立即向车站值班员、列车调度员报告,按照运营规则,转目视行车模式或调车模式行车。

b. 出站口应答器故障或丢失

列车侧线发车(含正线始发),越过出站口应答器组后,CTCS-2 车载设备仍保持部分监控模式。司机报告车站值班员、列车调度员,并按照运营规则,维持部分监控模式运行或停车。

④进站信号机无法开放,人工引导进站

列车在进站信号机前停车,司机确认引导手信号显示正确后,选择目视行车模式。

⑤出站信号机无法开放

动车组的行车凭证为绿色许可证,司机按照运营规则选择目视行车模式运行。

(2)车载设备故障

①车载设备上电自检不通过

DMI一直显示“ATP正在启动,请等待”,不能进入待机模。确认启动时司机手柄处于非激活位,重新启动,如还不能正常启动则切换到备用车载设备,并报告车站值班员、列车调度员。

②DMI黑屏或白屏(包括时间不刷新)

DMI黑屏或白屏,车载设备先触发常用制动,再触发紧急制动。停车后,切换到备用DMI,重新启动车载设备,并报告列车调度员、车站值班员。

③系统故障

DMI显示“BTM故障”、“ATP CU故障”等故障信息,“ATP与DMI通信中断”,车载设备触发制动。停车后,重启或切换到备用车载设备,并报告车站值班员、列车调度员。

④在CTCS-3区段CTCS-2主机故障

DMI显示“CTCS-2故障”,按“确认”键确认故障信息,报告车站值班员、列车调度员。

⑤在CTCS-2区段CTCS-2主机故障

DMI显示“CTCS-2故障”,车载设备触发制动。停车后,重启或切换到备用车载设备,并报告车站值班员、列车调度员。

⑥BTM故障

DMI显示“应答器信息接收模块故障”和“ATP CU故障”、“ATP与DMI通信中断”,车载设备触发制动。

停车后,重启或切换到备用车载设备,并报告车站值班员、列车调度员。

⑦测速测距故障

DMI显示“测速计故障”和“ATP CU故障”、“ATP与DMI通信中断”,车载设备触发制动。停车后,重启或切换到备用车载设备,并报告车站值班员、列车调度员。

⑧列车接口故障

DMI显示“VDX故障”和“ATP CU故障”、“ATP与DMI通信中断”,车载设备触发制动。停车后,重启或切换到备用车载设备,并报告车站值班员、列车调度员。

⑨CTCS-2级区段连续信息接收故障

DMI显示“TCR故障”。停车后,重启或切换到另一套车载设备。如故障不恢复,司机与车站值班员、列车调度员联系,可将车载设备隔离按调度命令行车。

⑩车载设备制动不缓解

在允许信号下,车载设备制动后不缓解,按压“缓解”键无效。重启或切换到另一套车载设备,并报告车站值班员、列车调度员。仍无效时,检查车辆状态。

⑪RBC故障

DMI显示与RBC的连接中断图标,车载设备输出最大常用制动,当速度降到CTCS-2控车速度后,自动切换到CTCS-2级运行。司机向车站值班员、列车调度员报告。

⑫无线通信故障

DMI显示“未及时收到安全无线信息制动”,并显示与RBC的连接中断图标,车载设备输出最大常用制动,当速度降到CTCS-2控车速度后,自动切换到CTCS-2级运行。司机向车站值班员、列车调度员报告。

⑬轨道电路信息缺失的处理

a. 区间运行、正线通过和接发车时

当由 HU 变为无码时，列控车载设备启动紧急制动；当由其他码变为无码时，启动常用制动停车。司机与控制中心联系，可转为目视行车模式，列车运行到轨道电路正常的区段，接收到轨道电路时，自动转为 FS 模式。

b. 车站侧线接车时

列车经过 UUS 或 U2S 轨道电路侧线进站时，如果应答器预告道岔区无码，当股道的轨道电路故障也无码时，列车根据累计走行距离得知进入股道区域后，启动常用制动停车；如果应答器预告道岔区有码且轨道电路故障后无码或股道故障无码时，列车在检测到轨道无码时启动常用制动停车；如果码序由 HU 变为无码，则列车启动紧急制动停车。

c. 车站侧线发车时

股道发车时，如果出站信号机轨道电路故障无信号时，列控车载设备制动(满足 HU 码转无码的条件时紧急制动，允许码转无码常用制动)，列车不能以 FS 或 PS 模式出发。如果出站信号机轨道电路正常，从股道进入正线的轨道电路故障，这时，PS 模式具有在 UU 或 UUS 区段后限速保持(1 500 m 后常用制动停车)的功能，当越过出站信号机应答器确定位置后如果还未收到轨道电路信号，则列车不能进入 FS 模式。

d. 反向运行时

在反向自动站间闭塞时(地面发送 27.9 Hz)，反向运行以无信号为前提。如果 27.9 Hz 变为无码，输出常用制动停车。在到达进站接近区段时，如果轨道电路故障，RO 模式转为 FS 模式时，进行常用制动停车。在反向追踪运行时(发送追踪码序)，轨道电路故障的处理同正向运行。

e. 应答器信息丢失的处理

在客运专线中，应答器均为成组布置，其中一个丢失或报文错误均判整组应答器丢失。应答器组丢失采取的措施视应答器链接信息里所告知的链接失败反应而定，施加常用制动或紧急制动。若链接失败措施为无反应，根据 CTCS-2 现有的地面配置原则，由于地面的线路数据冗余设置，丢失一组应答器不影响列车正常运行；连续多组无源应答器丢失时，线路数据不足，则在列车速度降到 45 km/h 后转为 PS 模式。

f. TCR 故障

TCR 为双套热备，当一套 TCR 设备故障后，TCR 应自动切换，不影响运行；当双套 TCR 都故障后，CTCS-2 列控车载主机控制列车输出最大常用制动。停车后可以以目视行车模式行车，司机对列车运行安全负责。

g. 整机故障

CTCS-2 级列控车载设备为双套冗余配置(冷备)，有较高的可靠性和可用性。当一套设备故障时，可停车切换到备用设备工作；当发生双套设备故障时，司机可和控制中心联系后，转为隔离模式运行，并对列车运行安全负责。

(3)其他故障

①车载设备异常断电

DMI 黑屏，车载设备触发制动。停车后，重启车载设备，并报告车站值班员、列车调度员。

②两套车载设备均不能正常工作

两套车载设备多次重启，均无法进入待机模式。如果仍需使列车前行，根据调度命令，将车载设备隔离开关置隔离位，车载设备转入隔离模式，在没有ATP防护下移动列车。此时列车运行的安全防护由司机完全负责。

项目小结

CTCS-3级列控系统使用准移动闭塞，并采用成熟的CTCS-2级列控系统作为后备模式。CTCS-3级与CTCS-2级结构基本类似，只是在CTCS-2级的基础上引入RBC实现了车—地双向通信。事实上，CTCS-3级列控系统使用的地面设备等于全套的CTCS-2级地面设备加上RBC和大量的GSM-R基站。

CTCS-3级列控系统总体结构包括：地面设备、车载设备、GSM-R无线通信网络、信号数据传输网络四部分。地面设备由RBC、TCC、ZPW-2000(UM)系列轨道电路、应答器(含LEU)、GSM-R通信接口设备等组成；车载设备由车载安全计算机(VC)、GSM-R无线通信单元(RTU)、轨道电路信息接收单元(TCR)、应答器信息接收模块(BTM)、记录单元(JRU/DRU)、人—机界面(DMI)、列车接口单元(TIU)等组成。

RBC根据轨道电路、联锁进路等信息生成行车许可，并通过GSM-R无线通信系统将行车许可、线路参数、临时限速传输给CTCS-3级列控车载设备，同时通过GSM-R无线通信系统接收车载设备发送的位置和列车数据等信息。

TCC接收轨道电路的信息，并通过联锁系统传送给RBC，同时TCC具有轨道电路编码、应答器报文储存和调用、站间安全信息传输、临时限速功能，满足后备系统需要。

应答器向车载设备传输定位和等级转换等信息，同时向车载设备传送线路参数和临时限速等信息，满足后备系统需要。应答器传输的信息与无线传输的信息的相关内容含义保持一致。

车载安全计算机根据地面设备提供的行车许可、线路参数、临时限速等信息和动车组参数，按照目标—距离连续速度控制模式生成动态速度曲线，监控列车安全运行。

GSM-R(GSM铁路)是一种基于目前世界最成熟、最通用的公共无线通信系统GSM平台上的、专门为满足铁路应用而开发的数字式的无线通信系统，具有铁路通信列车调度、列车控制、支持高速列车等特点，也是为铁路运营提供定制的附加功能的一种经济高效的综合无线通信系统。从集群通信的角度来看，GSM-R是一种数字式的集群系统，能提供无线列调、编组调车通信、应急通信、养护维修组通信等语音通信功能。GSM-R能满足列车运行速度为0～500 km/h的无线通信要求，安全性好。GSM-R可作为信号及列控系统的良好传输平台。

复习思考题

1. CTCS-3级列控系统有哪些主要工作模式？
2. 简述CTCS-3级列控系统的结构。
3. CTCS-3级列控系统的地面设备主要有哪些部分组成？
4. 简述CTCS-3级列控系统车载设备的组成和设备组成原则。
5. CTCS-3级列控系统车载设备有哪些功能？

6. 简述 RBC 的配置原则、组成及各部件的作用。
7. RBC 有哪些接口？各交换哪些信息？
8. 无线闭塞中心系统结构由哪些部分构成？
9. 无线闭塞中心要求具备哪些功能？
10. 无线闭塞中心与外围设备包括哪些通信接口？
11. 简述两部电台都正常时 RBC 的切换流程。
12. 无线闭塞中心集中检修主要包括哪些工作内容？
13. 简述无线闭塞中心设备故障处理的一般流程。
14. 简述生成临时限速命令的工作流程。
15. 简述执行临时限速命令的工作流程。
16. 简述向列车发送临时限速的工作流程。
17. 临时限速服务器设备由哪些部分组成？
18. 临时限速服务器日常巡检主要包括哪些工作内容？
19. 简述生成临时限速命令的工作流程。
20. 简述执行临时限速命令的工作流程。
21. 简述向列车发送临时限速的工作流程。
22. 临时限速服务器设备由哪些部分组成？
23. 列车从 CTCS-2 级进入 CTCS-3 级等级转换边界时如何进行等级转换？
24. 列车从 CTCS-3 级进入 CTCS-2 级等级转换边界时如何进行等级转换？
25. 区间进路前方轨道电路故障时应采取哪些故障处理措施？
26. RBC 设备故障时，应如何采取降级处理措施？
27. 无线通信设备故障时，应如何采取降级处理措施？
28. CTCS3-300T 车载设备结构组成是什么？简单说明各组成部分的功能。
29. CTCS3-300T 列控车载设备的功能？
30. CTCS3-300T 的车载控制模式有哪些？
31. 简述 CTCS3-300T 车载设备的引导模式。
32. CTCS3-300T 车载设备的进/出动车段的过程中如何进行各种模式的转换？
33. 简述列车在 CTCS-3 级区段和 CTCS-2 级区段边界等级转换的过程。
34. CTCS3-300T 列控车载设备维护人员需要注意的事项有哪些？
35. 简单说明 CTCS3-300T 列控车载设备的维护工具有哪些？
36. CTCS3-300T ATP 的错误提示有哪些？
37. ATP CU 单元故障现象及检测处理是什么？
38. C2CU 单元的故障现象及检测处理是什么？
39. BTM 的主要故障现象和检测处理是什么？
40. TCR 的主机板指示灯分别代表什么含义？
41. CTCS-2 和 CTCS-3 的等级转换不成功的应急故障应如何处理？
42. 轨道电路信息缺失的应急故障应如何处理？
43. 应答器信息丢失的故障应如何处理？
44. 什么是 GSM-R？它与 GSM 的关系是怎样的？

45. GSM-R系统包括哪些子系统？各子系统的功能分别是什么？
46. GSM-R系统的无线网络采用的频段是什么？
47. GSM-R如何实现无线信号的可靠传输？
48. GSM-R的基本业务有哪些？简要说明其实现调度通信的过程？
49. GSM-R系统铁路专用业务包括哪些？
50. 什么是基于功能的寻址？它与传统的GSM寻址方式有何区别？

参 考 文 献

[1] 张铁增. 列车运行控制系统[M]. 北京：中国铁道出版社，2009.
[2]钟章队，李旭，蒋文怡，等. 铁路 GSM-R 数字移动通信系统[M]. 北京：中国铁道出版社，2008.
[3]朱慧忠，张亚平，蒋笑冰，等. GSM-R 通信技术与应用[M]. 北京：中国铁道出版社，2005.
[4]安海君，殷惠媛，刘伟，等. 叠加预发码和闭环电码化技术[M]. 北京：中国铁道出版社，2008.
[5]林瑜筠，徐木根，姚晓钟，等. 机车信号车载系统和站内电码化[M]. 北京：中国铁道出版社，2008.
[6]杨志刚. LKJ2000 型列车运行监控记录装置[M]. 北京：中国铁道出版社，2007.